रति-भक्ति
भारत की कथा-परम्परा में

"कोई शाम बिन्द्राबन सुणींदा"

– शाह हुसैन (१५३८-१५९९)

रति-भक्ति

भारत की कथा-परम्परा में

कपिल कपूर

डी॰के॰ प्रिंटवर्ल्ड प्रा॰ लि॰
भारतीय परम्पराओं के प्रकाशक
नई दिल्ली

Cataloging in Publication Data — DK
[Courtesy: D.K. Agencies (P) Ltd. <docinfo@dkagencies.com>]

Kapoor, Kapil.

Rati-bhakti : Bhārata ki kathā-paramparā meṃ / Kapila Kapūra.

p. cm.

In Hindi.

Study on medieval period Hindi devotional poetry.

Includes bibliographical references.

ISBN 13: 9788124605943

1. Devotional poetry, Hindi — History and criticism. 2. Hindi poetry — 1500-1800 — History and criticism. I. Title.

DDC 891.43109 22

ISBN 13: 978-81-246-0594-3 ISBN 10: 81-246-0594-7

सर्वप्रथम भारत में प्रकाशन, 2011

प्रकाशक एवं मुद्रक :–
डी०के० प्रिंटवर्ल्ड (प्रा०) लि०
पंजीकृत कार्यालय : *"वेदश्री,"* एफ-395, सुदर्शन पार्क
रमेश नगर मेट्रो स्टेशन
नई दिल्ली – 110 015
दूरभाष : (011) 2545 3975; 2546 6019; फैक्स : (011) 2546 5926
ई-मेल : indology@dkprintworld.com
वेब : www.dkprintworld.com

अपनी नटखट दौहित्री

अनन्या खोसला

के लिए

प्राक्कथन

कई वर्षों पूर्व मुझे अनुभूति हुई कि भारतीय परम्परा ने आख्यान (या कथा) को ज्ञान बाँचने और बाँटने का मुख्य साधन माना। शास्त्र का ज्ञान सर्वग्राह्य नहीं – उसे प्राप्त करने के लिए एक विशिष्ट स्तर का बौद्धिक विकास तथा साधनों की क्षमता चाहिए, साथ ही एकाग्रता भी – यह सामान्य व्यक्ति के गुण नहीं होते। आनन्द-बोधक, रसात्मक काव्य-कथा शास्त्रीय ज्ञान सर्वग्राह्य बना देती है और अभिनवगुप्त के अनुसार यह सारस ज्ञान उसी प्रकार व्यक्ति के मोक्ष का साधन बनता है जैसे दूध में मिलाई गई औषधि व्यक्ति के स्वास्थयवर्धन की। ततः देश की विद्वत् तथा लोक-परम्परा दोनों में और सभी भारतीय भाषाओं में कथाओं/आख्यानों का असीम भण्डार है।

अन्य सांसारिक और आध्यात्मिक चेष्टाओं की तरह, भारत में, काव्य/साहित्य भी व्यक्तिगत तथा सामाजिक जीवन में साधन-मात्र है पुरुषार्थ-चतुष्टय को सिद्ध करने का। विश्वनाथ (चौदहवीं शताब्दी) कहते हैं –

> वेद तथा शास्त्रों से, पुरुषार्थ-चतुष्टय की सिद्धि रस-रिक्त होती है। परन्तु काव्य क्योंकि आनन्द-समूह की अभिव्यक्ति है, यह अपरिपक्व तरुणों को भी पुरुषार्थ-चतुष्टय (अपने जीवन में) सिद्ध करने में सक्षम बनाता है। – *साहित्यदर्पण*, १

महाभारत में भी कहा गया है –

> . . . वेदों के अर्थ और उनकी सार्थकता (काव्य में) दर्शाए जा सकते हैं। – I.२६७-६८

काव्य/साहित्य का हमारे समाज में एक सार्थक स्थान है। और काव्य में कथा मुख्य विधा है। भारत की मौखिक परम्परा में अनेक प्रकार के आख्यान हो सकते थे, और हैं – उपनिषदों के आख्यान, पालि में बौद्धों की जातक कथाएँ, प्राकृत में जैन गाथा, *महाभारत* के उपाख्यान, पुराण कथाएँ, *पंचतन्त्र* में निदर्शन कथाओं की माला, कथाओं का “समुद्र,” *कथासरित्सागर*, प्रेम व युद्ध

की लोक-कथाओं का भारत की भिन्न भाषाओं में अपार भण्डार। यह एक विशाल कथा-राशि है जिसमें भिन्न-भिन्न विषय-वस्तु, भिन्न-भिन्न रस, भिन्न-भिन्न नायक और नायिका हैं।

इस "परम्परा" का क्रम निश्चित करना कठिन है – इस परम्परा में, प्रत्यक्ष रूप से उपनिषदों की नचिकेता जैसे ज्ञान-समर्पित नायकों वाली ज्ञान-विषयक कथाएँ हैं। उनके उपरान्त कर्म-समर्पित बोधिसत्व नायक वाली पालि भाषा की जातक कथाएँ आती हैं और उनके उपरान्त प्राकृत भाषा की जैन थेर व थेरी गाथाएँ। कहना कठिन है कब से, परन्तु, पुराणों की भक्त नायकों वाली भक्ति कथाएँ तीसरी मार्ग-धारा के रूप में, ऐसा सम्भव है, लगभग साथ-साथ बनती, चलती रहीं।

धर्म यदि प्रथम प्रयोजन है तो प्रश्न भारतीय मानसिकता के सामने यह था कि "धर्म किसमें है?" इसका सबसे पहले उत्तर उपनिषदों की कथाओं में है – "धर्म *ज्ञान* में है"। बौद्ध जातकों ने दूसरा उत्तर दिया – "धर्म उस *कर्म* में है जो दूसरों की भलाई के लिए किया जाए।" तीसरा उत्तर पुराणों में है – "धर्म *भक्ति* में है"।

वैदिक ज्ञान, बौद्ध कर्म तथा पौराणिक भक्ति को एक रस में बाँधा आदि शंकराचार्य ने, जिन्होंने *भगवद्गीता* के दूसरे अध्याय पर टीका करते हुए निर्णय किया कि "ज्ञानयुक्त कर्म ही भक्ति है।"

काव्य में इसका प्रभाव कथा-परम्परा में स्पष्ट है। शृंगार और भक्ति, इस जगत् तथा पारलौकिक तत्त्व, को एक ही स्थायी भाव रति से निष्पन्न मानकर एक लम्बी कथा-परम्परा का सृजन हुआ जो सातवीं शताब्दी के तमिल आलवार सन्त-कवियों से शुरू हुई तथा गुरु गोबिन्द सिंह के काव्य तथा परम्परागत पंजाबी प्रेमलोक-कथाओं में अठारहवीं शताब्दी तक जीवन्त रही। १६वीं शताब्दी में और उसके बाद पाश्चात्य प्रभाव में आकर भारतीय साहित्य में प्रेम को भक्ति के स्थान पर एक मानसिक/शारीरिक आवेग मान लिया गया।

प्रेम और भक्ति की कविताओं और कथाओं का बाहुल्य है। इनमें रति और भक्ति एक ही तथ्य के दो रूप माने गए हैं। इन कविता-कथाओं में मानवीय प्रेम भागवत् है तथा प्रेमी-प्रेमिका भगवान् के रूप की तरह वर्णित होते हैं। तथा भागवत् कथाओं में भगवान् प्रेमी/प्रेमिका का रूप लेते हैं। प्राकृत गाथा *सतसई*, तमिल की *मणिमेंखलई*, संस्कृत की *गीत-गोविन्द*, मीरा की वाणी, सूफ़ीशाह हुसैन की वाणी, पंजाबी किस्सा "सोहनी-महिवाल," क्षेत्रैया का तेलुगू काव्य *शृंगार कीर्तन* (सत्रहवीं शताब्दी) तथा कमला दास की अद्भुत कहानी *पद्मावती* का सच यही है।

इसी लम्बी रति-भक्ति कथा-परम्परा का अध्ययन करने का अवसर मुझे बिरला फाउण्डेशन ने २००७ में दिया। मैं बिड़ला फाउण्डेशन का आभारी हूँ कि उन्होंने एक ऐसे विषय को मान्यता दी जो आजकल के जितने वाद हैं उनसे हटकर है। मैं फाउण्डेशन के तत्कालीन निदेशक श्री बी.एन. टंडन जी के प्रति हार्दिक आभार प्रकट करता हूँ कि उन्होंने ऐसे विषय को महत्त्व दिया जो कि समसामयिक वैचारिक सन्दर्भ में "फैशनेबल" नहीं है।

इस शोध और अध्ययन के क्रम में मुझे भारत की दार्शनिक परम्पराओं तथा भारतीय संस्कृति को समझने का अवसर मिला। इसके फलस्वरूप भारत की सनातन गंगा-प्रवाह-रूपी ज्ञान-परम्परा के प्रति मेरी श्रद्धा अगाध हो गई।

इस पुस्तक का लिखना मेरे और मेरे विस्तृत परिवार के लिए अविस्मरणीय है। मैंने इसे लखनऊ में १५ दिसम्बर २००७ को लिखना प्रारम्भ किया जब मेरी दौहित्री का जन्म होने वाला था। उसका जन्म २७ दिसम्बर को हुआ। आज जब यह छपने जा रही है तो मेरी प्रतिभाशाली दौहित्री अनन्या ३ वर्ष की हो गई है। इस प्रबन्ध को उसका यह 'नानू' उसी को समर्पित करता है।

जे.एन.यू. संस्कृत केन्द्र के डॉ. रजनीश मिश्र तथा डॉ. संतोष शुक्ला ने सामग्री संकलन एवं मूल आलेख को व्यवस्थित करने में अपना अथक सहयोग दिया। एतदर्थ उन्हें साधुवाद एवं आशीर्वाद।

मैं डी.के. प्रिण्टवर्ल्ड के श्री सुशील मित्तल के प्रति अपनी कृतज्ञता प्रकट करता हूँ। सुशील जी के नाम और व्यक्तित्व में समरसता है और उनका मेरे प्रति विशेष प्रेम है। उन्हीं के कारण यह पुस्तक पाठकों के पास है।

शोध सामग्री की हस्तलिखित पाण्डुलिपि के टंकण में श्री शिव प्रताप यादव ने बहुत परिश्रम किया। अतः उनके प्रति आभार व्यक्त करना मैं अपना कर्त्तव्य समझता हूँ।

अन्ततः असीम भगवत्कृपा ने ही यह प्रबन्ध सम्भव किया है। और इस प्रबन्ध में मेरा कुछ भी मौलिक नहीं – जो सब है, जो भी अच्छा है, वह भक्तों, सन्तों, कवियों और आचार्यों का है। जो त्रुटियाँ है – बहुत त्रुटियाँ हैं इसमें – वह सब मेरे सीमित ज्ञान के कारण है, और उनके लिए मैं क्षमा-प्रार्थी हूँ।

दिल्ली **कपिल कपूर**
अप्रैल २०११

विषयानुक्रम

आभार

मैं आभार व्यक्त करता हूँ उन सब विद्वानों का जिनके *कल्याण* के ५५वें, ६३वें और ७७वें विशेषांक में छपे लेख का प्रयोग इस प्रबन्ध में आधार-स्रोत रूप में मैंने किया। विशेषतः इनका -

(i) दण्डीस्वामी श्रीमद्दत्तयोगेश्वर देवतीर्थ जी महाराज का, उनके लेख (*कल्याण* ७७वां वर्ष विशेषांक) "मुस्लिम संत कवि सांई दरवेश की भगवतोपासना" के लिए।

(ii) श्री सुरेशचन्द्र जी श्रीवास्तव का उनके लेख (*कल्याण* ७७वां वर्ष विशेषांक) "रहीम का भगवत्प्रेम" के लिए।

(iii) *कल्याण* के ७७वें वर्ष के विशेषांक मे प्रकाशित लेख "जायसी की प्रेम-व्यञ्जना" के लिए।

(iv) श्री केशव रघुनाथ कान्देरे जी का, उनके लेख (*कल्याण* ७७वां वर्ष विशेषांक), "महाराष्ट्र के वारकरी सन्तों का अहैतुक भगवत्प्रेम" के लिए।

मैं आभारी हूँ स्व. श्री हनुमान भाईजी पोद्दार का जिनकी गीता प्रेस गोरखपुर द्वारा छपी पुस्तिका *मीराबाई* का मैंने मीरा के काव्य के विवरण और विश्लेषण में आधार-स्रोत रूप में प्रयोग किया है।

मैं उन सब विद्वानों और विचारकों का भी आभारी हूँ जिनके विचारों या ग्रन्थों ने मुझे इस विषय पर ज्ञान दिया, परन्तु वे संख्या में इतने अधिक हैं कि उन सभी के नामों का उल्लेख करना असम्भव सा प्रतीत होता है।

अप्रैल २०११ **कपिल कपूर**

१

परम्परा

भारतीय काव्य-कथा परम्परा वेद से ही आरम्भ हो जाती है। *काव्य* शब्द गद्यात्मक तथा पद्यात्मक दोनों ही अर्थों में प्रयुक्त होता है तथा "कथा" भी गद्यात्मक तथा पद्यात्मक दोनों ही होती है। *कथा* शब्द का *कथ्* धातु से निष्पन्न अर्थ है – "कहना"। और काव्य *कव्* धातु से निष्पन्न है तथा जिसका अर्थ भी है "कहना"। अतः "कथा परम्परा" काव्य परम्परा ही है।

परम्परा शब्द की परिभाषा से ही शुरू करें। "स्वतन्त्र" भारत में अंग्रेज़ी शब्दों "tradition – modernity" के परस्पर विरोध को भारतीय सन्दर्भ में बिना परखे स्वतः-सिद्ध और "परम्परा" को "tradition" का पर्याय मानते हुए, कुछ आधुनिकतावादी पाश्चात्य विचारधारा-ग्रस्त प्रगतिशील बुद्धिजीवियों ने "परम्परा" को दकियानूसी पिछड़ापन, कट्टरता, ज्ञान-विरोधी अर्थ वाला एक निन्दात्मक अपशब्द बना दिया। शब्दों का भी व्यक्ति, चन्द्रमा और नदी की तरह भाग्य होता है। व्यक्ति की तरह उनके प्रयोग में उतार-चढ़ाव होता है, चन्द्रमा की तरह उनका सम्मान घटता और बढ़ता है और नदी की तरह उनके प्रयोग-संसार का विस्तार और संकुचन होता है। परन्तु शब्द मरते नहीं अपितु ऋतु बदलने से उनका भाग्य, व्यापार-भाग्य बदल जाता है। बौद्धिक ऋतु के बदलने से, शब्द को फिर सम्मान मिल जाता है। परम्परा गौरवपूर्ण शब्द है उन समुदायों में, जिनके पास संस्कृति का भण्डार समय की धारा में प्राचीन समय से विद्यमान है – जैसे चीन और भारत। किसी भी समकालीन भौतिक रूप से समृद्ध देश के पास ऐसा बौद्धिक व कलात्मक भण्डार नहीं है, परम्परा नहीं है। "परम्परा" शब्द का प्रयोग उन देशों के लिए नहीं कर सकते जिनका "इतिहास" पाँच सौ या हज़ार वर्ष मात्र है।

परम्परा मानस, अध्यात्मवादी व आचार-मूल्य-केन्द्रित सभ्य संस्कृति का शब्द है। इस अवधारणा का प्रातिभासिक सत्ता मात्र को पूर्ण सत्य मानने वाली

आज की भौतिक संस्कृति में कोई महत्त्व नहीं है। सभ्यताएँ प्राधान्येन, विशिष्टतया चार प्रकार की रही हैं (हो सकती हैं) : (१) मानस; (२) आध्यात्मिक; (३) आचार-मूल्य-केन्द्रित; तथा (४) शारीरिक।

पुरातन यूनान की सभ्यता मानस-संस्कृति पर आधारित थी और मन-बुद्धि उसके केन्द्र में थे। उस यूनान में कई सौ वर्षों तक जीवन के भिन्न-भिन्न पक्षों पर सोचने वाले एक के बाद एक महान् विचारक हुए जिन्होंने जीवन तथा जीवन से जुड़े हुए विभिन्न पक्षों पर गहन चिन्तन किया। उनके मूलभूत साहित्य, दर्शन, भाषा, मूल्य इत्यादि से सम्बन्धित सेद्धान्त आज की सभी सभ्यताओं के आधार में निहित हैं।

मानस संस्कृतियों का चिन्तन-विषय मनुष्य है। परन्तु भारत की सभ्यता अध्यात्म पर आधारित है। इस अर्थ में भारत के चिन्तन का विष। है – मनुष्य का स्व, प्रत्यगात्मा तथा उसका विश्वात्मा, जगदात्मा ब्रह्म से सम्बन्ध। चीन की सभ्यता आधार-व्यवहार-मूल्य-केन्द्रित संस्कृति की सभ्यता है। पुराने समय से चीन ने व्यावहारिक जीवन पद्धति के मूल्यों पर विशेष ध्यान दिया है। ऐसी सभ्यता में महात्मा बुद्ध के अष्टांग मार्ग का वहाँ की बौद्धिक सम्पदा का व्यापक अंग बन जाना समझ में आता है।

आधुनिक पश्चिमी सभ्यता शरीर या पेट पर केन्द्रित है। यह सभ्यता रोम के पतन से रनैसां (Renaissance) तक की ७०० वर्षों की ईसाई सभ्यता की प्रतिक्रियात्मक सभ्यता है, जिसने भगवान् को छोड़कर मनुष्य को ज्ञान का उद्देश्य तथा पुस्तक, *बाईबल* को छोड़कर, तर्क को ज्ञान का साधन मानकर अपनी संरचना की है। इसकी ५०० वर्षों की संस्कृति का अगर कोई एक लक्षण माना जाए तो उसके लिए "भौतिक" शब्द का ही प्रयोग कर सकते हैं। परन्तु धर्म से हटकर इसके मूल सिद्धान्त बाईबल-नैश्चित सिद्धान्त ही हैं। भगवान् की विशिष्ट कृति के रूप में मनुष्य सृष्टि का सबसे उत्तम प्राणी है, और इस तथ्य के अनुरूप उसको अपने जीवन को सुविधात्मक बनाने के लिए प्रकृति और दूसरे जीवों के प्रयोग और उपभोग का पूर्ण अधिकार है। जिस प्रकार आधुनिक, पश्चिमी सभ्यता ईसाई सभ्यता की प्रतिक्रियात्मक सभ्यता है उसी प्रकार, मध्ययुगीन ईसाई सभ्यता रोम की सभ्यता से टूटकर बनी हुई एक सभ्यता थी। रोम ने, जिसने बाद में ईसाई धर्म अपनाया, अपने पहले देवता-प्रतिमा-पूजक रूप में यूनानी सभ्यता को ध्वंस किया और यूनान की रक्षात्मक समुद्री सभ्यता से अलग एक आक्रामक स्थलीय सभ्यता का निर्माण किया। तत्र पश्चिमी सभ्यता के चार अवस्थान रहे – चारों, यहूदी,

यूनानी, ईसाई, रोम, एक-दूसरे से भिन्न यद्यपि संस्कार रूप में कुछ-न-कुछ पहली सभ्यता का दूसरी में, दूसरी का तीसरी में और तीसरी का चौथी में जुड़ता गया। परन्तु जिसे हम "परम्परा" कहते हैं, एक सूत्र में पिरोई हुई अविच्छिन्न माला, उसका पश्चिमी सभ्यता में अभाव ही मानेंगे। पश्चिम की चारों सभ्यताओं में आन्तरिक समय-सीमित "परम्पराएँ" रहीं, परन्तु सम्पूर्ण पश्चिमी सभ्यता की परम्परा की अवधारणा नहीं कर सकते। इसकी शृंखला चार जगह टूटी और इस टूटने को पश्चिमी विद्वान् "rupture," "भंग होना" कहते हैं। यह भी सब जानते हैं कि यूनान के ग्रीक विचारक खो गए थे। रोमन लातीनी सभ्यता के बाद की ईसाई सभ्यता में और तेरहवीं-चौदहवीं शताब्दी की रनैसां में ही उनका पुनर्स्थापन हुआ।

इसके इतर चीन व भारत की प्राचीन अविरल सभ्यताएँ परम्परागत हैं – उन दोनों की "परम्पराएँ" अब भी जीवन्त हैं।

"परम्परा" का समासात्मक स्वतः-सिद्ध अर्थ है – "पर + पर" = '(आरम्भ होकर) एक के बाद एक (की सन्धि)'। अविच्छेद निरन्तरता तथा संचय (राशिकरण) इसके दो लक्षण हैं। परम्परा में कई उप-परम्पराएँ होती हैं – यथा दर्शन, कला, साहित्य, विधाओं इत्यादि की और उनके सकल तन्त्र को किसी सभ्यता की सांस्कृतिक परम्परा कहा जाता है। इस अर्थ में भारत और चीन ऐसी ही दो सभ्यताएँ हैं जिनकी सांस्कृतिक परम्पराएँ प्रत्यक्ष प्रमाणित हैं। ये परम्पराएँ अपने-अपने संदर्भ और घटना-क्रमों के अनुसार विकसित हुईं और इनकी उप-परम्पराओं में भेद स्वाभाविक है जो अध्ययन-विषय है परन्तु इस प्रबन्ध में प्रासंगिक नहीं। दोनों देशों में अपनी परम्परा के लिए लोक-मानस में अपार श्रद्धा है और वह परम्परा के अनुरूप जीवन जीते हैं। पश्चिमी प्रभाव से शहरी जीवन कम या ज्यादा प्रभावित हुआ है परन्तु सामान्य व्यक्ति का जीवन परम्परागत रंग-ढंग का जीवन है।

मूलतः परम्परा ज्ञानात्मक होती है – यूनान, चीन व भारत ने पुराने समय से ज्ञान का अर्जन व सृजन किया। यूनान भौगोलिक दृष्टि से छोटा देश होने के कारण और दोनों दिशाओं के आक्रमणकारियों के रास्ते में पड़ने के कारण, ईसा से दो शताब्दी पूर्व रोम के सैन्य-बल से ध्वस्त हो गया। परन्तु विशाल देश होने के कारण और महाद्वीप के छोर पर होने के कारण, आक्रमणों और हिंसा के बावजूद, चीन और भारत की सभ्यताएँ अविच्छिन्न रहीं। चीन ने कन्फ्यूशियस, लाओ-त्से तथा बुद्ध के विचार और दर्शन को आत्मसात् करके परिवार और मूल्य-केन्द्रित आचार-व्यवहार वाली जीवन-शैली

विकसित की; जो आज भी जीवित है। केन्द्रीय चीन में २५० कि. मी. की धरती पर बुद्ध शाओ-लिन मन्दिर, कन्फ्यूशियस विद्या मन्दिर और लाओ-त्से का मन्दिर है, जो चीनवासियों के लिए आज भी श्रद्धा-केन्द्र हैं। यह १५० कि.मी. की भूमि चीनी सभ्यता का ऊर्जा-स्रोत/केन्द्र (battery) है, जो उसकी संस्कृति को हज़ारों सालों से ऊर्जस्वित (charge) कर रही है। चीन की ज्ञान परम्परा, दर्शन, स्थापत्य कला, बुनकरी, चित्रकला, चीनी के बर्तन, बारूद, पतंग, संगीत, नृत्य, राजतन्त्र, सैन्य-शास्त्र इत्यादि में पालित हुई। चीनी लोग बड़ी-बड़ी वस्तुओं का निर्माण करते आए हैं। सर्वप्रसिद्ध चीनी दीवार, बीजिंग की "फोरबिड्डन सिटी" के महल, शओलिन मन्दिर में धर्मरक्ष की ४०-४० फुट की कुंग-फू की मुद्राओं में प्रतिमाएँ, मध्य चीन की "माँ" नदी के किनारे पर बाँध बनाने वाले जनरल चांग की विशाल प्रतिमा से लेकर शंघाई की आधुनिक ८०-८० मंजिल के टावर्ज़ (इमारतें) तक – चीन की निर्मित इन कृतियों में विशालता के साथ-साथ पक्कापन और सौन्दर्य भरा रहता है। विशालता, पक्कापन (सदियों तक टिके रहने की खूबी), सौन्दर्य, इनके समन्वय में ही चीन की ज्ञान परम्परा सजीव है। शंघाई की गगनचुम्बी इमारतों को रंगों से सुन्दर बनाया जाता है और उनके ऊपर परम्परागत बौद्ध-शैली का हैट-रूपी पगोडा छत बना दिया जाता है। विशालता, शक्ति और ललित/कोमल भाव चीन की संस्कृति के तीन लक्षण हैं।

२

भारत की बौद्धिक परम्परा

एक तरह से जिस प्रकार भारत ने अपने बौद्धिक ग्रन्थों को संजोए रखा है, वह इस देश की ज्ञान की परम्परा का अद्वितीय उदाहरण है। *ऋग्वेद* विश्व का प्राचीनतम ग्रन्थ है। हज़ारों साल पुराना परन्तु बिना वर्ण ध्वनि भेद के *ऋग्वेद* आज भी विद्यमान है। यह एक अद्भुत बात है क्योंकि यह मौखिक परम्परा में मौखिक माध्यम से गुरु-शिष्य परम्परा में आज तक पहुँचा है। पाण्डुलिपियाँ बनाई जाती थीं, बनाई जाती रही होंगी, परन्तु पाण्डुलिपियों का जीवन सीमित होता है और समय व वातावरण के कारण जीर्ण-शीर्ण हो जाती हैं। इसलिए न केवल इस ग्रन्थ को अपितु सभी महत्त्वपूर्ण ग्रन्थों को स्मृति के माध्यम से अविकल रक्षण किया गया। इन ग्रन्थों का रक्षण करने के लिए वेदांगों/षडंगों का विकास हुआ। स्मृति में धारण करने और उनका शुद्ध उच्चारण करने के लिए परिवर्त्त पाठ-विधियों का विकास हुआ। ग्रन्थ-संयोजन की यह इतनी सक्षम विधि थी कि आज तक सब महत्त्वपूर्ण ग्रन्थ अपने मौलिक स्वरूप में मिलते हैं। मैक्समूलर कहते हैं –

> भारत की अद्भुत विचित्रता यह है कि यदि *ऋग्वेद* के सारे लिखे हुए, छपे हुए ग्रन्थ नष्ट हो जाते हैं, तो भी *ऋग्वेद* की संहिता को वेदपाठी मनीषियों की स्मृति से पुनःनिर्मित किया जा सकता है।
>
> – *What India Can Teach Us ?*

इस ज्ञान भण्डार का संरक्षण किस-किस प्रकार से किया गया, यह कहानी भी अपने में ज्ञान है। किसी ग्रन्थ को अक्षुण्ण रखने के लिए आवश्यक है उसको स्मृति में धारण करना। स्मृति में धारण करने के लिए आवश्यक है उसका शुद्ध उच्चारण। शुद्ध उच्चारण के लिए आवश्यक है वर्णों की प्रकृति और उच्चारण विधि का ज्ञान। क्योंकि हमारे ग्रन्थ संहिता रूप में व्यवस्थित हैं, वर्णों के शुद्ध ज्ञान के लिए आवश्यक है संहिता ग्रन्थ का अर्थ ज्ञान, जिसके आधार पर संहिता का पद-विच्छेद और पद का वर्ण-विच्छेद करके ही उस ग्रन्थ का मौखिक स्वरूप स्मृति में धारण किया जा सकता है।

यह सम्भव हुआ छः वेदांगों, अर्थ-निर्धारण पद्धति और ग्रन्थ के परिवर्त्त पाठ बनाने की विधा से।[१] केवल यही नहीं, ग्रन्थों को जीवित रखने, उनके पुनरुद्धार या पुनर्स्थापन के लिए परम्परा में कई प्रक्रियाओं का विकास और प्रयोग हुआ जैसेकि –

(i) अनुवाद;

(ii) गुणदोष-युक्त आवृत्ति;

(iii) रूपान्तरण/अनुकूलन (adaptation);

(iv) पुनर्विरचना;

(v) सुगमीकरण;

(vi) लोक-जन प्रिय व्याख्या यथा कथा-प्रवचन;

(vii) नव-निर्माण; व

(viii) टीका।

ग्रन्थों के लुप्त होने की प्रवृत्ति और उनके पुनरुद्धार की प्रक्रिया पर विस्तृत विचार हमने एक लेख में किया है। (इसकी विस्तार से चर्चा अपनी पुस्तक में की है।[२] उस प्रबन्ध के आरम्भ में यह चिर्तिं किया कि "सबसे पहले विकसित होने वाले शास्त्रों, शिक्षा, व्याकरण, निरुक्त, मीमांसा तथा पाठ-प्रक्रिया और अर्थ निर्धारण की शास्त्र-पद्धति द्वारा भारत ने अपने बौद्धिक ग्रन्थों को ज्यादा नहीं तो पाँच हज़ार वर्ष जीवित रखा।" (इसकी विस्तार से चर्चा अपनी पुस्तक में की है।[३] आगे यह व्याख्या की कि सभ्यता के निरन्तर जीवित और एकरस रहने का एकमात्र लक्षण है उसकी बौद्धिक विचारधारा का निरन्तर प्रवाह और यह निरन्तर प्रवाह उसके बौद्धिक ग्रन्थों के अस्तित्व में रहने से ही सम्भव है।

भारत की बौद्धिक परम्परा सनातन गंगा प्रवाह है। सर्वदा सम्भवतः ज्ञान को भारत की सभ्यता ने सर्वाधिक महत्त्व दिया। किसी और परम्परा में ग्रन्थों व चिन्तकों के ज्ञान की इतने विभिन्न क्षेत्रों में इतनी लम्बी और प्रामाणिक कड़ी नहीं मिलती। भारत की बौद्धिक परम्परा का अपना चरित्र है। हमारा

१. देखिए "Loss, Recovery and Renewal of Texts in Indian Tradition", in *Evam: Forum on Indian Representation*, 3.

२. देखिए *Text and Interpretation in the Indian Tradition*, 2005.

३. देखिए *Text and Interpretation in the Indian Tradition*, 2005.

वाङ्मय बहुत समृद्ध है। यह समृद्ध भण्डार जीवन्त रहा क्योंकि भारत की संस्कृति में प्राचीन काल से ज्ञान की ही प्रतिष्ठा रही है इसलिए हर महत्त्वपूर्ण ग्रन्थ को बड़े ध्यान से अपने मूल रूप में संरक्षित रखा गया। समाज इन ग्रन्थों को सबसे मूल्यवान् धरोहर मानता रहा और इनको अखण्ड, सापेक्ष और अविकल रखने के लिए इस समाज में कई विधाओं और विद्याओं का विकास हुआ। बौद्धिक ग्रन्थों का इतना विशाल भण्डार, ज्ञान के इतने विविध क्षेत्रों (domains) में ग्रन्थों की उपलब्धता, चिन्तकों और सम्प्रदायों की प्रामाणिक शृंखलाएँ इसका प्रमाण हैं। *श्रीमद्भगवद्गीता* में भगवान् कृष्ण अर्जुन को समझाते हैं कि ज्ञान से उत्तम, पवित्र करने वाला और मुक्तिदायक कोई और साधन नहीं है।[४] जैसेकि आरम्भ में कहा गया कि भारत की ज्ञान-परम्परा, गंगा-धारा के समान निरन्तर और अविच्छिन्न है तथा वेद से श्री अरविन्द तक हमारे विचारपूर्ण अन्वेषण और विमर्श के केन्द्र में सत्तात्मक ज्ञान की खोज ही रही है।[५] ज्ञान के सन्दर्भ में तीन शब्दों का प्रयोग होता है, दर्शन, ज्ञान, विद्या तथा ज्ञान और विज्ञान में भेद किया जाता है। दर्शन शब्द का अर्थ है "देखने का एक ढंग, दृष्टि"। जैसे – ब्रह्मवादी वेदान्त, पुरुष-प्रकृति की सत्ता मानने वाला सांख्य इत्यादि। हर एक दर्शन; सत्ता की अपनी अवधारणा के अनुरूप एक विशिष्ट ज्ञान का जनक है। किसी एक विषय-सम्बन्धी उपलब्ध ज्ञान के पठन-पाठन के लिए, व्यवस्थित तथ्य के लिए, *विद्या* शब्द प्रयुक्त है। ऐसा सम्पूर्ण व्यवस्थित ज्ञान *मुण्डकोपनिषद्* में परा-विद्या और अपरा-विद्या में कोटि-बद्ध है। इस द्वन्द्वात्मक, इन्द्रियग्राह्य जगत् से परे है – परमतत्त्व की विद्या, ब्रह्म-विद्या, जिसे शंकर वेद-उपनिषद् से भी परे मानते हैं।[६] प्रायः ज्ञान से परा-विद्या और विज्ञान से अपरा-विद्या ग्राह्य है। विज्ञान अवलोकीय और इन्द्रियग्राह्य समझ है। अनुभवपरक और दृष्टा के अन्तःकरण में गृहीत समझ ज्ञान है। विज्ञान में अन्तःकरण बहिर्मुखी और ज्ञान में

---

४. *श्रीमद्भगवद्गीता,* ४.३३, ३७-३८।

५. श्री अरविन्द लिखते हैं – "ऐसे देश में जन्मे और बड़े हुए जिस देश में जात्यारम्भ से ज्ञान और संरक्षण हुआ। हम भारतीयों का वातावरण हज़ारों साल की ज्ञान उपलब्धि से परिपूर्ण है।" – *भारत का पुनर्जन्म,* १६०५, पृ. १४

६. अपनी पद्धति के बारे में वे लिखते हैं – "मदर (Mother) और मैं केवल अपनी आस्तिक्य-बुद्धि ही नहीं अपितु उस विशाल ज्ञान-भूमि पर अपने को आधारित करते हैं, जिसे हम निरन्तर अपने जीवन में परखते और पुष्ट करते हैं।"
– *भारत का पुनर्जन्म,* १६३२ प्रकाशन, पृ. १६१

अन्तर्मुखी होता है। विज्ञान-अर्जन के लिए मन सहित इन्द्रियों को संस्कृत किया जाता है। ज्ञान अर्जन के लिए साधना करनी पड़ती है – चित्तवृत्ति निरोध[७] चित्त-शुद्धि। जैन दर्शन ऐसे आत्म-सापेक्ष ज्ञान को ही प्रत्यक्ष ज्ञान मानता है।

परम्परा में ज्ञान का सृजन, संयोजन और संरक्षण मौखिक संस्कृति में हुआ। भर्तृहरि के अनुसार ज्ञान का सृजन अन्तःकरण में होता है। एक अन्तर्ज्ञाता है – इन्द्रियाँ, मन और बुद्धि द्वारा यह सांसारिक अनुभव बूँद-बूँद हमारे चित्त में अनुभूत परिणित चित्र का रूप ले लेता है। ज्ञान के साधन प्रत्यक्ष, अनुमान और तर्क तो मान्य ही हैं। ये विज्ञान के मुख्य साधन हैं परन्तु ज्ञान के साधनों में अनुभूति, अलौकिक प्रत्यक्ष और शब्द प्रमाण का भी महत्त्व है और अति आवश्यक है – ज्ञान-सृजन में चिन्तन और मनन।

ज्ञान का चैतन्य में सृजन और स्मृति में सम्भार मौखिक संस्कृति का लक्ष्य है। सम्भारवृत्ति अपेक्षित सूत्रात्मक ग्रन्थ, ग्रन्थ अध्ययन का कोष-पाठ विधाएँ, गुरु-शिष्य परम्परा, इस मौखिक ज्ञान संस्कृति के धर्म हैं। छन्दोमय, कारिका-बद्ध या सूत्रात्मक ग्रन्थों में रचित व सुरक्षित संस्कृत वाङ्मय; समूचा मौखिक है।

मौखिक संस्कृति का कारण लिपि का अभाव नहीं। ध्यान दिया जाए कि ईसा से चौथी शताब्दी पूर्व सम्राट् अशोक के पाषाण शिला-लेख, खरोष्ठी, ब्राह्मी व पुरातन द्रविड़ तीन लिपियों में अभिलिखित हैं और पाणिनि सातवीं शताब्दी। ईसा पूर्व निबन्धित व्याकरण *अष्टाध्यायी* में "लिपि" शब्द का प्रयोग करते हैं।[८] मूलतः इस संस्कृति का ज्ञान-दर्शन ही भिन्न है। मौखिक संस्कृति ज्ञान सृजन, संचार, संरक्षण व प्रसरण की एक विप्रभिन्न चित्त धरातल, चैतन्य-साधन, स्मृति सम्भार, गुरु-शिष्य अध्ययन-प्रसरण की विशिष्ट ज्ञान-विधा है। इस विधा में ज्ञान, अनु-क्रमिक या आनुपूर्वीय न होकर समकालिक होता है। स्मृति में रखने की आवश्यकता के कारण मौखिक ग्रन्थों की प्रकृति भी पाश्चात्य नियामक ग्रन्थों से भिन्न है – तन्तु-तन्तु-वायरूप, निष्कर्षात्मक सूत्रों में निबद्ध ये ग्रन्थ अति लाघव युक्त भाषा में सिद्धान्तों का निरूपण करते हैं।

पाश्चात्य ग्रन्थों के इतर ये ग्रन्थ उन सिद्धान्तों को पहुँचने की दृष्टि, निराकरण की अनुसन्धान प्रक्रिया का निर्देश नहीं देते क्योंकि मूल ग्रन्थ लघु

७. *श्रीमद्भगवद्गीता,* ४.३२, ३७-३८।

८. *अष्टाध्यायी* ३.१.५३, ३.१.५४।

व सूत्रात्मक हैं ततः पद्धति में विद्वान् कई विद्याओं के मूल ग्रन्थों को स्मृति में धारण कर पाते थे। एक समकालिक ज्ञान परम्परा में और कई विद्याओं के अधिकारी हो सकते थे। किसी महत्त्वपूर्ण मूल ग्रन्थ पर टीका लिखने का "अधिकारी" १४ विद्याओं का ज्ञाता ही है/हो सकता है।

लाघव, सूत्र-शैली और मात्र सिद्धान्त निरूपण वाले बौद्धिक ग्रन्थों में विषम और निष्क्रम को ग्रहण करने के लिए एक समृद्ध टीका-परम्परा विकसित हुई। भारत के महानतम मनीषी – यास्क, पतञ्जलि, शबरस्वामी शंकराचार्य, रामानुजाचार्य, कुमारिल भट्ट, सायण इत्यादि हैं। टीका का मुख्य प्रयोजन है – मौलिक चिन्तक मुनि के सिद्धान्तों के आधारभूत सम्पूर्ण विचार-जगत् को स्पष्ट करके पूर्व पक्ष के तर्कों का तर्कसंगत उत्तर देकर अपने सम्प्रदाय की मान्यता को स्थापित करना। इस प्रक्रिया में महान् टीकाकारों ने ज्ञान की हर प्रविधि में मूल-ग्रन्थ पर टीका बनाकर, उसे नए गहन विचारों से संजोकर, मूल-ग्रन्थ के तथ्यों को आगे बढ़ाया।

सूत्र-शैली, पारिभाषिक शब्दावली और अधिकार, अधिकरण प्रकार की क्षेपक विधियाँ, ग्रन्थलाघव तथा ग्रन्थों के संरक्षण के लिए उनको स्मृति में धारण करने के लिए आवश्यक हैं। स्मृति में धारण करने की विधा का ग्रन्थ संरक्षण के लिए आलम्बन रूप प्रयोग बाह्य साधनों, काग़ज, फ्लॉपी (floppy), सीडी (CD) इत्यादि से अधिक स्थायी सिद्ध हुआ है। कोई भी भारतीय विद्वान्, मौलिक चिन्तक होते हुए भी, यह कहते हुए कि वह मूल-ग्रन्थ के मुनि के मौलिक विचारों को ही दर्शा रहा है, स्वयं मौलिकता का श्रेय नहीं लेता। यदि टीकाकार किसी मौलिक ग्रन्थ के किसी सिद्धान्त/विचार को अ-युक्तिक स्थापित करते हुए, उस विचार/सिद्धान्त को परिवृत्त करता है तो भी पूर्व आचार्य को भ्रान्त या सदोष नहीं कहता बल्कि पूरी श्रद्धा से कहता है कि "उस समय यह ज्ञान का रूप था"[६]।

विभिन्न ज्ञान क्षेत्रों के विभिन्न सम्प्रदाय, विभिन्न सम्प्रदायों के भिन्न मूल ग्रन्थ, उन मूल ग्रन्थों पर विभिन्न टीकाएँ और टीकाओं पर टीकाओं की शृंखला, सब मिलकर बौद्धिक ग्रन्थों का एक समृद्ध और विशाल भण्डार भारत में अस्तित्व में आ गया।

---

६. अहं का अभाव, विनय और सत्य के प्रति श्रद्धा – इस ज्ञान परम्परा के ये तीन लक्षण रहे हैं।

आजकल पश्चिमी देशों में ज्ञान-केन्द्रित समाज की चर्चा है, जिसमें सूचना मात्र को "ज्ञान" मान लिया गया है। परन्तु यह स्वतः-सिद्ध है कि भारत प्राचीन समय से ज्ञान-केन्द्रित समाज रहा है। पठन-पाठन के लिए विधि रूप में स्थापित विभिन्न क्षेत्रों में अर्जित इस ज्ञान को विद्या या कला की संज्ञा दी गई।

परम्परागत १८ विद्याओं और ६४ कौशल/शिल्पों का निर्देश किया है।[१०] शिल्प सामान्य, साधारण जीवन में परम उपयोगी साधन रूप है और उसका आधार लौकिक या व्यावहारिक ज्ञान है। ये जीविका के भी साधन हैं और अब तक ये व्यापक रूप से भारतीय जीवन में विद्यमान हैं। इस सूची से यह भी सिद्ध है कि – इस तथ्यात्मक गणना में चोरी और द्यूत भी कलाओं में गिने गए हैं। चोरी करना भी "कला" है, माला बनाना भी "कला" है और काव्य सृजन भी "कला" है। ततः कला या शिल्प व्यावहारिक या लौकिक ज्ञान की कोटि में है। "कला" व "कौशल" शिल्प में कलाकार व शिल्पकार में परम्परा भेद नहीं करती। शिल्पकार भी योगी या साधक है[११] और उसका काम उसके लिए एक अनुष्ठान/तप है और उस अनुष्ठान का प्रधान धर्म है – एकाग्रता। अतः कुमारास्वामीजी दृष्टान्त देते हैं कि आदि-शंकर के लिए बाण बनाने वाला सबसे बड़ा योगी है उस क्षण में जब वह बाण के फल को एकाग्रता से धार दे रहा होता है।

कुछ शिल्पों के भी शास्त्र हैं, जैसे स्थापत्य कला के। परन्तु अधिकतर यह सर्जनात्मक लौकिक ज्ञान गुरु-शिष्य परम्परा में गुरु के पास ही होता है, जिसे वह शिष्य/शिष्यों को अभ्यास के द्वारा सिखाता है। यह एक कारण है कि भारत की संस्कृति में गुरु का स्थान ब्रह्मा के समकक्ष है।

---

१०. चार वेद, चार उपवेद (आयुर्वेद, धनुर्वेद, गन्धर्ववेद, शिल्प-शास्त्र), चार शास्त्र (पुराण, न्याय, मीमांसा, धर्मशास्त्र) और छः वेदांग (शिक्षा, व्याकरण, छन्द, ज्योतिष, कल्प, निरुक्त) को मिलाकर १८ विद्याएँ हैं। कौन-कौन से कौशल ६४ कलाओं में अन्तर्गण्य हैं, इसके बारे में भिन्न-भिन्न मत हैं। समाज के दैनिक जीवन और व्यापार में अब भी उपयोगी, आवश्यक, और व्यक्त यह शिल्प शिल्पकारों का केवल धन्धा ही नहीं है, साधना भी है। इनका पठन-पाठन अभ्यास आधारित गुरु-शिष्य परम्परा में अब भी होता है। काव्य, इतिहास, लिपिकारी, छन्दोबद्ध कविता, द्यूत-क्रीड़ा, हीरों की परख, कुश्ती, लेप, भीतिचित्र, बालों को सजाना इत्यादि।

११. Ananda K. Coomaraswamy, *The Dance of Shiva*, p. 8.

३

काव्य का बौद्धिक वाङ्मय में स्थान

विद्याओं के पठन-पाठन के लिए शास्त्र है और हर विद्या के सम्प्रदाय/प्रस्थान और हर सम्प्रदाय में ग्रन्थ और चिन्तक। यह वाङ्मय कुछ इस प्रकार निर्मित है। समूची शाब्दिक संरचना के लिए वाङ्मय (वाक्+मय) शब्द का प्रयोग भारत की मौखिक संस्कृति का ही द्योतक है। इस विशाल वाङ्मय में साहित्य का क्या स्थान है?

ज्ञान-प्रकार के आधार पर इस विशाल वाङ्मय का कई कोटि-प्रारूपों में वर्गीकरण किया गया है। इन प्रारूपों में कोटियों को बाएँ से दाएँ क्रम में ज्ञान की प्रामाणिकता के अनुसार रखा गया है। इन सब प्रारूपों में साहित्य का ज्ञान सबसे कम प्रामाणिक मान्य है। यथा श्रुति-स्मृति-काव्य प्रारूप में श्रुति ज्ञान सबसे अधिक प्रामाणिक और काव्य-ज्ञान सबसे कम प्रामाणिक मान्य है। शास्त्र-काव्य विभाग में शास्त्र को ज्ञान का और काव्य को आनन्द का साधन माना। पाणिनि (ईसा से सातवीं शताब्दी पूर्व) ने भी वाङ्मय की पाँच कोटियाँ बनाई – दृष्ट, प्रोक्त, उपज्ञात, व्याख्यान, कृत सबसे कम प्रामाणिक है। सबसे प्रामाणिक ज्ञान वह है जो वैदिक मन्त्र द्रष्टाओं ने अलौकिक प्रत्यक्ष द्वारा ग्रहण किया। उसके बाद इस शृंखला में वह पूर्व-उक्त ज्ञान है जो शास्त्रकारों ने एकीकृत करके शास्त्रों में रख दिया। इस कोटि में दर्शन इत्यादि आते हैं। तीसरी कोटि पुनर्निर्मित ज्ञान की है – जैसे कहा जाता है कि समय के साथ वेद लुप्त होते रहे और व्यास-परम्परा में उनका पुनरुद्धार होता रहा। इसी कड़ी में उन्नीसवीं शताब्दी में मैक्समूलर ने *ऋग्वेद संहिता* को पुनः जीर्ण-शीर्ण पाण्डुलिपियों से संगठित किया और सुखथंकर महोदय ने *महाभारत* को। व्याख्यान वाङ्मय के अन्तर्गत टीका इत्यादि है – ऐसा नहीं कि व्याख्यान में मौलिकता नहीं है – मौलिक ज्ञान इस प्रक्रिया में किसी और चिन्तक द्वारा व्यवस्थित माना जाता है। ततः इस वर्गीकरण में भी काव्य-ज्ञान को प्रामाणिकता के आधार पर सबसे अन्त में गिना गया है।

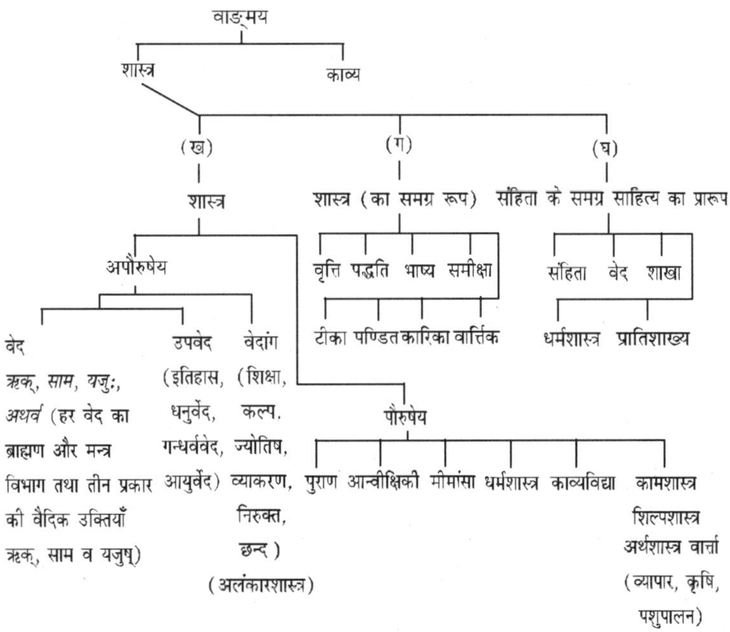

इस बौद्धिक वाङ्मय प्रारूप में काव्य का ज्ञान–साधन की दृष्टि से क्या स्थान है ?

पूर्वी और पश्चिमी दोनों परम्पराओं में इस चर्चा का एक लम्बा इतिहास है कि क्या काव्य सम्यक् ज्ञान का स्रोत है या नहीं। इस चर्चा का कारण काव्य की प्रकृति है – काव्य जगत् मूल जगत् का अनुकरण मात्र होता है और उसके जगत् की सत्ता प्रतिबिम्बात्मक होती है। क्या "प्रतिबिम्ब" का सत्य मूल बिम्ब के सत्य के अनुरूप ही होता है या भिन्न? यह कारण है इस वाद के संशय का। प्लैटो काव्य के सृज्य जगत् को प्रतिबिम्बात्मक मात्र मानते हुए केवल दर्शन को सम्यक् ज्ञान का स्रोत मानते हैं।[९]

परन्तु उनके शिष्य अरस्तू की सोच उनसे भिन्न है और उसके अनुसार –

---

९. देखिए उनके *डायलॉग्स* (*Dialogues*) *रिपब्लिक १०, ग्रेटर हिप्पियास* और *क्रैटीलस*।

> अनुकरण मनुष्य की स्वाभाविक प्रकृति है। ... और अनुकरण में मनुष्य को प्रसन्नता का अनुभव होता है। तदनुसार जो घटना वास्तविक जीवन में दुःखप्रद होती है वही जब काव्य में चित्रित की जाती है तो आनन्ददेय होती है। यह इसलिए कि समझना, ज्ञान प्राप्त करना हर व्यक्ति के लिए आनन्ददेय है केवल दार्शनिक के लिए नहीं और अनुकरण-चित्रण में प्रसन्नता का अनुभव इसलिए होता है कि उससे जीवन की समझ बढ़ती है।[२]

भारतीय चिन्तन में भी काव्य-चित्रण को ज्ञान-आनन्द का स्रोत माना है – नाट्यशास्त्र के शब्द अभिनय का अर्थ ही है "वह जो रास्ता दिखाता है (तात्त्विक ज्ञान का)"। *रसगंगाधर* में पण्डित जगन्नाथ कहते हैं कि अव्यक्त को व्यक्त करके पूर्णरूपेण एकीकरण का साधन होने के कारण प्रतिबिम्ब का चित्रण सृजक, नट और प्रेक्षक तीनों के लिए आनन्द का कारण है।

यह स्थापित करने के लिए कि साहित्य भी ज्ञान-मीमांसा का साधन है, अरस्तू कहते हैं कि सत्-चित्रण की तीन विधाएँ हैं – (i) जैसा वह दृश्य प्रतिभासित है वैसा ही चित्रण; (ii) उसके तात्त्विक स्वरूप का चित्रण व (iii) उसके श्रेष्ठतम, परिशुद्ध रूप का चित्रण। काव्य को तीसरी विधा-आधारित मानते हुए अपने गुरु प्लेटो से असहमत होकर वे निर्देश करते हैं कि काव्य का ज्ञान इतिहास व दर्शन से श्रेष्ठतर, सम्यक् ज्ञान है। पाश्चात्य बौद्धिक परम्परा प्रायः अरस्तू के साथ ही चली। प्रथम शताब्दी के लैटिन भाषा के कवि-चिन्तक होरेस कवि को एक शिक्षक के रूप में स्थापित करते हैं।[३] अंग्रेज़ी साहित्य में सोलहवीं शताब्दी के कवि सिडनी (Sydney) अरस्तू की ही शब्दावली में मानते हैं कि कवि दार्शनिक और इतिहासकार दोनों का कार्य करता है –

> वह साधारण सत्य के साथ उसका विशेष उदाहरण भी देता है।[४]

अठारहवीं शताब्दी में वर्डसवर्थ (Wordsworth) अरस्तू का प्रत्यक्ष अनुमोदन करते हैं –

---

२. अरस्तू *पोयटिक्स ४,* (Aristotle, *Poetics, IV*) पृ. 370.

३. देखिए उनकी पद्य-रचना *आर्ट ऑफ़ पोयट्री* (*Art of Poetry*, पृ. ३८४)।

४. अपौलोजी फ़ॉर पोयट्री (*Apology for Poetry*)।

> अरिस्टोटल ने कहा है कि काव्य सारे वाङ्मय में सबसे अधिक प्रामाणिक है। देखा ही है (क्योंकि) काव्य का विषय है साधारण और क्रियाशील सत्य।[५]

आधुनिक काल में अमेरिका तथा यूरोप की उच्च शिक्षा के प्रायः सभी विषय सामाजिक, राजनीतिक व ऐतिहासिक विवादों में साहित्य का प्रमाण-रूप में प्रयोग करते हैं। अतः यह स्वतः-सिद्ध है कि पश्चिमी बौद्धिक परम्परा अन्य प्रश्नों की तरह इस प्रश्न के उत्तर में भी अरस्तू का ही अनुकरण करते हुए काव्य को ज्ञान का श्रेष्ठ साधन मानती है। इस धारणा की एक प्रमुख आधारभूत मान्यता यह है कि इस जगत् की हर वस्तु का अपना अस्तित्व है और शब्द केवल उनका निर्देश करते हैं, उनको नाम देते हैं। अतः हर शब्द-निर्दिष्ट वस्तु सत्य है। यह तथ्य भी प्रासंगिक है कि पश्चिमी दृष्टि में भाषा मूलतः लिखित है, लिप्यात्मक है। लिपि दृश्य है और जो दृश्य है वह प्रामाणिक है। क्योंकि लिखित शब्द दृश्य है वह सत्य है और यदि उसका अस्तित्व है तो जिस वस्तु/विषय का वह निर्देश करता है, उसका भी अस्तित्व है। इस प्रकार पश्चिमी विचारधारा दृश्य शब्द के सत्य को निर्दिष्ट-वस्तु पर आरोपित करके उसके सत्य को स्वतः-सिद्ध समझती है।

---

५. प्रीफेस टु दी *लिरिकल बैलेड्ज़* (Preface to the *Lyrical Ballads*)।

४

काव्य ज्ञान साधन

भारतीय चिन्तक इस जाल में नहीं पड़ते – यहाँ एक प्राचीन समझ है कि भाषा सृजनात्मक है। इसका अर्थ है कि भाषा सत्ता को रचती है, न कि प्रतिनिधित्व करती है। तब प्रश्न यह नहीं है कि वाचिक/भाषिक रचनाएँ ज्ञानात्मक कथन हैं अथवा नहीं – निश्चित रूप से वे हैं क्योंकि ज्ञान एवं सत्ता दोनों ही भाषा में रचे जाते हैं : "भाषा सत्ता के महासमुद्र में विविध रूपों का तक्षण करती है।"[१] आदि शंकर का कथन है "यह सम्पूर्ण जगत् जो वाक् और मन से ज्ञेय है, सत्तावान् है।"[२] औपनिषदिक चिन्तन में भाषा जो कि प्राणवायु एवं मन में स्थित है, स्वात्म एवं चेतना से तदाकार है, हमारे लिए सत्ता रचती है। ततः सत्ता का जैसा ज्ञान है एवं निर्माण होता है, वह सत्-स्वरूप है। यह अबाधित चिन्तन आगे चलकर भर्तृहरि (पाँचवीं शताब्दी) के सिद्धान्त में सम्यक् रूप से विकसित हुआ जो स्पष्टतः कहते हैं सम्पूर्ण अर्थ एवं भेद भाषा के द्वारा सृजित हैं और यह जगत् भाषा का विकल्प (विशेष सृजन) एवं परिणाम है।[३] वस्तुतः भर्तृहरि का कथन है कि भाषा के बिना कोई भी ज्ञान ग्राह्य नहीं – "ज्ञानं सर्वं शब्देन भासते"।[४]

अतः भारतीय चिन्तन में इस विषय पर वाद का केन्द्र भिन्न है – इसमें कोई सन्देह नहीं कि सभी भाषिक विमर्श वस्तुतः ज्ञानात्मक विमर्श हैं। इसलिए प्रयास यह है कि साहित्यिक विमर्श में ज्ञान की प्रकृति की विशेषताओं को परिलक्षित करें एवं साहित्यिक विमर्श को दूसरे बौद्धिक विमर्शों की तुलना में मूल्यांकित करें।

---

१. *ऋग्वेद,* १.१६४.४५।

२. *विवेकचूडामणि,* ३९२।

३. *वाक्यपदीय* I.११८–१२०।

४. *वाक्यपदीय* I.१२३।

विमर्श की कोटियों के वर्गीकरण एवं साहित्य को प्रामाणिकता की सूची-क्रम में रखने के अनेक प्रकार के वर्गीकरण-सिद्धान्त प्रस्तुत किए गए। भारतीय मौखिकता के सन्दर्भ में, साहित्य एक लोक सम्प्रेषण का कार्य है, एक कार्य-कलाप/उद्यम है। यही कारण है कि सम्पूर्ण साहित्य "श्रव्य" एवं "प्रेक्ष्य" में द्विधा विभाजित है। भारत में कथा-साहित्य का विपुल भण्डार मौखिक परम्परा में है। "लिटरेचर" के लिए "वाङ्मय" शब्द का प्रयोग किया जाता है, जिसका प्राण-तत्त्व भाषा में है, जो भाषिक विमर्श है और जिसमें साहित्यिक रचनाओं की मौखिकता अन्तर्निहित है। भारत में विश्व की आदि कविता (*ऋग्वेद*), प्राचीनतम गद्य (*ब्राह्मण ग्रन्थ*) एवं गीतिकाव्य से लेकर दर्शन, ज्योतिष, गणित एवं मिथक तक विशालतम साहित्य विद्यमान है। प्रकारान्तर से इस विपुल साहित्य-सम्भार ने भाषिक विमर्श से सम्बद्ध सैद्धान्तिक-चिन्तन को जन्म दिया। विविध विमर्शों के वैशिष्ट्य को स्पष्ट करने एवं उनके परस्पर क्रम (ऊर्ध्वाधर एवं क्षैतिज) को बताने के लिए अनेक प्रकार के वर्गीकरण (सिद्धान्त) विकसित किए गए।

इनमें से अधिकांश वर्गीकरण साहित्य को प्रामाणिकता के वर्गीकरण क्रम में सबके अन्त में रखते हैं। आरम्भिक रूप से मौलिक द्वैत अथवा विभेदी-युग्म "शास्त्र," एक ऐसी रचना, जिसका उद्देश्य किसी विधा विशेष का शिक्षण करना है एवं "काव्य" साहित्यिक रचना के बीच है। शास्त्र ज्ञान के लिए एवं काव्य आनन्द के लिए है। लेकिन यह अत्यन्त सरलीकृत वर्गीकरण है, जो *महाभारत* जैसे महाकाव्य को समन्वित नहीं करता जो पारम्परिक रूप से ज्ञान के भण्डार के रूप में प्रतिष्ठित है। लेकिन तब भी यह मौलिक वर्गीकरण जो सम्यक् प्रयोजन ज्ञान एवं मनोरंजन के आधार पर है, समुचित द्वैत अथवा वैचारिक प्रतियुग्म है। शास्त्र की कोटि में आने वाले दार्शनिक सम्प्रदायों का अध्ययन निश्चय ही भिन्न प्रकार से किया जाता है। एक दूसरे प्रकार का भी प्रतियुग्म है – "अपौरुषेय" एवं "पौरुषेय" के बीच का। यह वैदिक वाङ्मय को अन्य सभी प्रकार की रचनाओं से अलग करता है। यह ज्ञानात्मक वर्गीकरण है। अपौरुषेय विमर्श व्यक्ति, स्थान एवं काल से निरपेक्ष होता है – यह विज्ञान के उन आधार-कथनों की तरह है जो अपनी सत्यता के लिए व्यक्ति पर निर्भर नहीं होते। वस्तुतः साहित्य दूसरे विमर्शों के कथन के लिए प्रमाण का कार्य करता है, अर्थात् दूसरे विमर्शों के कथनों की प्रामाणिकता वैदिक वाङ्मय से मिलती है। इसके विपरीत साहित्यिक कथनों का सत्य व्यक्तिनिष्ठ होता है। एक अन्य वर्गीकरण प्रामाणिकता के क्रम में साहित्य को सबके अन्त में रखता है – श्रुति, स्मृति एवं काव्य का वर्गीकरण

ज्ञानात्मक स्रोत पर आधारित है – श्रुति ज्ञान निःसन्देह साक्षात् है। यहाँ "कब" एवं "किसके द्वारा" जैसे प्रश्न प्रासंगिक नहीं हैं। ये स्वायत्त/स्वतन्त्र रचनाएँ हैं। स्मृति का अर्थ पूर्व-संचित ज्ञान से है। स्मृति ग्रन्थों का निर्माण लोक अथवा शास्त्रीय परम्परा में स्मृति के आधार पर हुआ है। उनमें संचित ज्ञान पूर्व काल में उपलब्ध था एवं कालान्तर में किसी आचार्य द्वारा इसका ग्रन्थ रूप में प्रणयन हुआ। काव्य-ग्रन्थ व्यक्ति विशेष की मनीषा में अर्थ-सृजन करते हैं। महान् वैयाकरण पाणिनि, इन कोटियों को परिमार्जित एवं परिवर्द्धित करते हैं – पंचकोटियों के रूप में : दृष्टि, प्रोक्त, उपज्ञात, कृत एवं व्याख्यान। प्रथम कोटि "श्रुति"/"अपौरुषेय" से सम्बद्ध है सिवाय इसके कि यह अपेक्षाकृत अधिक विश्वसनीयता/प्रामाणिकता से श्रावण-प्रत्यक्ष के चाक्षुष-प्रत्यक्ष से विस्थापित कर ज्ञान का प्रकाशन करता है। "प्रोक्त" विमर्श पूर्व आचार्यों द्वारा निर्मित ज्ञान का पुनर्कथन है। उपनिषद् आदि इसी कोटि के हैं। "उपज्ञात" कोटि प्राप्त ज्ञान का किसी अन्य ज्ञात आचार्य के द्वारा सिद्धान्तीकरण अथवा व्यवस्थित रूप देने की प्रक्रिया है। ऐसा आचार्य आवश्यक नहीं कि इस प्रकार के ज्ञान का आदि-स्रोत हो। "कृत" का शाब्दिक अर्थ है – "रचा हुआ" तथा पाणिनि ने इसके उदाहरणस्वरूप कल्पनात्मक रचनाओं, जैसे *महाभारत* एवं *ययाति* का उल्लेख किया है। पाणिनि "व्याख्यान" के रूप में एक नए रचनात्मक वर्ग को जोड़ते हैं, जोकि टीका परम्परा का साहित्य है। अन्त में कथनों का त्रिधा-बद्ध वर्गीकरण भी उपलब्ध है – प्रभुसम्मित, सुहृद्सम्मित एवं कान्तासम्मित। प्रथमतः वे कथन हैं, जो विधि-स्तरीय हैं – जैसेकि विज्ञान के कथन। उनकी भाषा एवं अर्थ दोनों ही अतिक्रमणीय नहीं हैं। श्रुति साहित्य इसी कोटि का है। तत्पश्चात्, हमारे वे कथन हैं जिनमें वास्तविक शब्द उतने महत्त्वपूर्ण नहीं होते जितना कि (विवक्षित) अर्थ। ये शुभचिन्तक के कथन हैं जिनमें भाव का प्राधान्य होता है। इतिहास-पुराण के कथन इसी स्तर के हैं। तृतीय कोटि के कथन कल्पनात्मक साहित्य के हैं, जिनमें विचार कल्पनाशीलता से गृहीत होते हैं एवं भाषा चारुत्वपूर्ण होती है। इसके कथनों का मूल्यांकन यथातथ्य एवं पूर्णता के आधार पर नहीं होता जैसेकि एक युवा-प्रेमी करता है "मैं आसमान से तारे तोड़कर तुम्हारा आँचल सँवारूँगा।" यह व्यंग्योक्ति में कला अथवा वक्रता है अथवा यह उस अभिव्यक्ति अथवा विचार में ही है जो कि रुचि का है।

इस प्रकार वर्गीकरण की अनेक सरणियाँ हैं, जिनमें साहित्य सबसे कम प्रामाणिक ज्ञानात्मक विमर्श के रूप में उपस्थित होता है। लेकिन भरत इसे "पंचम वेद" कहते हैं। वेद व्यास भी *महाभारत* को "पंचम वेद" कहते हैं। इन

कथनों के मूल में यह निहित है कि साहित्यिक रचनाएँ ज्ञान का उतना ही प्रामाणिक कथन हैं, जितना कि वेद। भरत साहित्य के ज्ञानात्मक रूप की चर्चा के क्रम में कहते हैं कि यह धर्म को सुनिश्चित करता है एवं सामान्य जनों को जीवन-व्यवहार का निर्देश देगा एवं शास्त्रीय अर्थ को ग्रहण कराने में सहायक होगा।[५] कुन्तक कहते हैं – "शास्त्र अविद्या को दूर करता है एवं काव्य अविवेक को।" एक प्रकार से यह पुरुषार्थ-चतुष्टय (धर्म, अर्थ, काम एवं मोक्ष) की पूर्ति में हमें समर्थ बनाता है। साहित्यिक विमर्श गम्भीर दर्शन-ज्ञान को अध्येता के अनुकूल "सरस अर्थ" के रूप में ग्राह्य बनाकर इस उपलब्धि को प्राप्त करता है। साहित्य के आचार्य इसमें विश्वास रखते हैं एवं प्रत्येक आचार्य रचनाकार के विद्वान् होने को रेखांकित करता है – श्रेष्ठ कवि वह है, जिसे सम्पूर्ण शास्त्रों का ज्ञान हो। ऐसा इसलिए है कि साहित्य का एक स्पष्टतः अभिज्ञात लक्ष्य यह भी है कि यह शास्त्रों एवं स्मृतियों के गूढ़ार्थ को सामान्य जनों के लिए ग्राह्य बनाए। वस्तुतः भामह कहते हैं कि ज्ञान अपना औचित्य तभी सिद्ध कर पाता है, जब वह काव्य में परिणत होता है, जब लोकग्राही होता है। लोक में ज्ञान के सम्प्रसारण की अनिवार्यता के कारण ही भामह के अनुसार सरलता एवं स्पष्टता काव्य के सर्वोत्तम गुण हैं। यदि ज्ञान इस प्रकार लोकोन्मुख नहीं है तो यह दरिद्र की उदारता जैसा है।[६] वे कहते हैं कि सारा ज्ञान अवश्य ही काव्य के उद्देश्य को पुष्ट करने वाला होना चाहिए – यही कवि का दायित्व है।[७] राजशेखर ने कहा कि काव्य एवं शास्त्र एक दूसरे के लिए साधन रूप हैं। काव्य, शास्त्र के उद्देश्य की पूर्ति करता है एवं शास्त्र, काव्य के एक शास्त्रज्ञ कवि का काव्य विचारपूर्ण, सरल एवं सर्वोत्तम होता है।[८]

साहित्यिक अर्थ की चर्चा क्रम में राजशेखर कहते हैं कि एक दृष्टि के अनुसार साहित्य-सृष्टि/रचना को गम्भीरता से नहीं लिया जाता क्योंकि वे प्रायः (i) असत्य, (ii) असंगत, एवं (iii) आलंकारिक वर्णन करते हैं। उदाहरणतया, "यश चारों दिशाओं में टकराकर उच्छलित हो रहा हैं।"[९] "यह सर्वोत्तम काल था, यह सर्वाधिक अधम काल था"[१०] और "आकाश को

५. *नाट्यशास्त्र* १.१४-१५।

६. *काव्यालंकार* १.३।

७. *काव्यालंकार* ५.४।

८. *काव्यमीमांसा,* अध्याय ५।

९. Bird thou never wert ... /"To a Skylark" - ShelleyA.

१०. *A Tale of Two Cities,* Charles Dickens.

धवलोज्ज्वल कर देना/सहस्त्र सूर्यों का प्रकाश।" राजशेखर इन कथनों का यह कहकर अनुमोदन करते हैं कि ये साहित्यिक अभिव्यक्ति की विशेषताएं हैं एवं ये कथन-प्रकार विविध बौद्धिक विधाओं में भी विभिन्न मात्रा में प्रयुक्त होते हैं। उदाहरण के लिए, दार्शनिक एवं पारिभाषिक विधाएँ। यह सदैव सम्भव है कि ऐसे कथनों की तर्कसंगति एवं समुचित अर्थ की स्थापना हो। वे कहते हैं कि प्रतीकात्मक शैली प्राचीन है एवं इसका उपयोग वेदों और शास्त्रों से लेकर सभी विधाओं में हुआ है। अतिशयोक्ति शैली मीमांसा-दर्शन में अर्थवाद है, एक प्रकार का गुणगान, जिसे शब्दशः ग्रहण नहीं किया जाता। इनकी व्याख्या इनके विवक्षित अर्थ के लिए की जाती है। राजशेखर तर्क उपस्थित करते हैं कि ऐसी व्याख्या सभी प्रकार की अनुभूति-चिन्तनपरक विमर्शों में अपेक्षित है। उसके समर्थन में वे वैदिक ऋचा "द्वा सुपर्णा सयुजा सखाया ... (दो पक्षी वृक्ष के एक ही डाल पर बैठे हैं। एक फल के स्वाद का आस्वादन करता है, दूसरा साक्षी भाव से देखता है)" उद्धृत करते हैं। यह पारदर्शी कथन है, जिसके सतह पर चित्रात्मकता है एवं दूसरा इसकी अलंकार योजना प्रत्येक आत्मा में भोक्ता एवं साक्षी का अर्थ एक समुचित व्याख्या के द्वारा देती है।

दो प्रकार के काव्यार्थ में भेद किया जाता है – (i) सुचिन्तित एवं अभिव्यक्त, एवं (ii) काल्पनिक रूप से गृहीत एवं काल्पनिक रूप से अभिव्यक्त। काल्पनिक शैली से यह निष्कर्ष निकालना कि साहित्यिक विमर्श एक अधम कोटि का उद्यम है, भ्रामक होगा। साहित्यिक विमर्श में अर्थ के स्रोत, तत्त्वमीमांसीय एवं साहित्यिक ग्रन्थ एवं संस्कृति विशेष की ज्ञानात्मक विधाएँ होते हैं।[११] राजशेखर ने ऐसे नौ काव्यार्थ स्रोतों की चर्चा की है – आधारभूत/मौलिक ग्रन्थ जैसे वेद (अथवा बाइबिल, धर्म एवं आचार जैसे धर्मशास्त्र/अरस्तू का Ethics, इतिहास, पुराण/मिथक, दर्शन एवं अन्य शास्त्रों के ग्रन्थ, राजनीति एवं अर्थशास्त्र के ग्रन्थ, यथार्थ जीवन एवं अनुभव, साहित्यिक लेखन एवं चौंसठ ललित कलाएँ जैसे संगीत, लक्षणकला, इन्द्रजाल, कुम्भ निर्माण, चिकित्सा, ज्योतिष इत्यादि)। साहित्यिक रचनाएँ अपनी विचार-सम्पदा वैदुष्यपूर्ण स्रोतों से ग्रहण करती हैं एवं रचनाकारों से यह अपेक्षा की जाती है कि वे, जैसाकि वामन ने उल्लेख किया है, काव्यांगों में पूर्णतः निष्णात हों – (i) लोक, (ii) शास्त्र, (iii) मिश्र। लोक से अभिप्राय है – सांसारिक व्यवहार अथवा कार्य (जीव अथवा अजीव वस्तुओं का)। शास्त्र से अर्थ है – व्याकरण,

---

११. *काव्यमीमांसा,* ४.६

कोश, छन्द, संगीत, नृत्य, चित्रकला एवं इनके सदृश अन्य कलाएँ, कामशास्त्र, राजनीतिशास्त्र ...। मिश्र कोटि के घटक हैं : (i) अन्य रचनाकारों की रचनाओं से अभिज्ञता, (ii) रचना का अभ्यास, (iii) काव्य-शिक्षक से निर्देश ग्रहण, (iv) शब्दों का सूक्ष्म निर्णय-शक्ति से प्रयोग अथवा उनका प्रयोग न करना (सौशब्द), (v) रचना-शक्ति का विकास करना, (vi) समाधि अथवा मन की एकाग्रता।

यह स्पष्ट है कि काव्य-रचना एक गम्भीर एवं विचारपूर्ण कार्य है। राजशेखर के अनुसार सर्वोत्तम कोटि की कविता दार्शनिक कविता है एवं तीन प्रकार से दर्शन काव्य का अंगीभूत होता है : ऐसे कवि होते हैं जो – (i) नए शास्त्र का निर्माण पद्य में करते हैं। उदाहरण के लिए, वैदिक ऋषि, औपनिषदिक चिन्तक एवं आदि शंकर अपने *भज गोविन्दम्* एवं *विवेकचूडामणि* में। (ii) जो साहित्य के तत्त्वों का समायोजन दर्शन में करते हैं। उदाहरणतया, भर्तृहरि अपने *वाक्यपदीयम्* में, एवं (iii) जो दार्शनिक तत्त्वों का समायोजन काव्य में करते हैं, जैसे – वाल्मीकि की *रामायण*।

हमें यह भी स्मरण रखना चाहिए कि काव्य का विवेच्य विषय उन क्षेत्रों को भी अपनी व्यापक परिधि में समेटता है, जो केवल काल्पनिक सृष्टि से सम्बद्ध हैं। उदाहरण के लिए हम आधुनिक अन्तरिक्ष गल्प अथवा पाताल लोक के गल्पों पर जो बुरी आत्माओं एवं भय का लोक है, विचार करें। इन विषयों के वर्णन में सत्याभास का प्रश्न नहीं है। पुनः साहित्य में, जैसाकि प्रत्येक अन्य विद्याओं में भी होता है, कतिपय रूढ़ियाँ/मान्यताएँ विकसित होती हैं – पारम्परिक घोषणाएँ/कथन एवं पारम्परिक उपमान। उदाहरण के लिए, मगरमच्छ केवल नदियों में पाए जाते हैं, लेकिन भारतीय कवि मगरमच्छ से भरे सागर का वर्णन करते हैं। कोयल ग्रीष्म ऋतु में भी गाती है, लेकिन कवि कोयल के गान का वर्णन केवल वसन्त ऋतु में करते हैं। कुछ आचार्यों जैसे भामह के अनुसार ऐसे विचलन दोष हैं, लेकिन अन्य आचार्य, उदाहरणस्वरूप राजशेखर, इन कवि-समयों की रक्षा इस आधार पर करते हैं कि इन्हीं के द्वारा कवि रागुदाय विशेष की मानसिक-सम्बद्धता को अर्थान्तर संक्रमित करता है। इस प्रकार, "पवित्रता" सदैव गंगा से सम्बद्ध है, "विष" शिव से, "सिल्क/चीनांशुक" कांची से और अब "सन्तरे" नागपुर से। राजशेखर निर्दिष्ट करते हैं कि ऐसे विचलन किसी भी वस्तु की पहचान करा सकते हैं – वर्ग जाति (universal) सन्दर्भ, विशेष-सन्दर्भ (individual), गुण वाचकता अथवा क्रिया। साहित्य की सन्दर्भशीलता असंगत कथन, तथ्य के

अकथन एवं तथ्य के आंशिक कथन से भी प्रभावित होती है। लेकिन केवल सत्याभास इस विमर्श में वांछित लक्ष्य नहीं है, यद्यपि भामह प्रभृति आचार्य जो कि नैयायिक थे, सोचते हैं कि तर्कसंगति एवं विश्वसनीयता, ये दो काव्य के मूल्य हैं। तार्किक असफलता के अनेक उदाहरण उद्धृत करते हुए भामह स्थापित करते हैं कि काव्य लोकाश्रित होता है, जबकि शास्त्र सत्याश्रित अथवा तत्त्वाश्रित होता है।[१२] कवि सप्रयोजन यथार्थ स्थिति से अलग चित्रण कर सकता है। राजशेखर काव्य-रचना के सिद्धान्त को प्रस्तुत करते हैं – प्रतिभास/आभास वस्तु का अनिवार्य अर्थ नहीं है। तथापि वस्तु का आभास लोक एवं शास्त्र दोनों ही में वस्तु के वर्णन के लिए पर्याप्त होता है।[१३] अतः प्रश्न यह है कि काव्य में कथन केवल सार्थक होना चाहिए अथवा चारुत्वपूर्ण होना चाहिए? क्या काव्य में कथन की शैली भी उतनी ही महत्त्वपूर्ण नहीं है, जितना कि अर्थ?

उपसंहार रूप में, काव्यार्थ की प्रकृति "सरस अर्थ" है। इसी के माध्यम से काव्य शास्त्रों में निहित ज्ञान को जन-समूह में प्रसारित करता है। इसके अभाव में यह ज्ञान केवल विद्वज्जनों तक ही सीमित रहता है। जैसाकि भामह कहते हैं कि केवल अविदग्ध ही शास्त्र से भयभीत होते हैं। ज्ञान को सरस रूप से ग्राह्य बनाना काव्य का मुख्य प्रयोजन है। व्यास कहते हैं कि प्राचीन काल में जब भारतीय ज्ञान परम्परा के भण्डार चार वेदों की तुलना जब *महाभारत* से हुई तो *महाभारत* अधिक भारयुक्त प्रमाणित हुआ। इसलिए भरत नाट्य (काव्य) को "पंचम वेद" कहते हैं। विश्वनाथ कहते हैं कि काव्य शास्त्र के समान ही पुरुषार्थ सिद्धि का साधन है। भामह रचनाकारों से अपेक्षा रखते हैं कि वे शास्त्रज्ञ हों तथा काव्य को उत्तम कोटि के प्रज्ञा का परिणाम मानते हैं। राजशेखर काव्य एवं शास्त्र की परस्पर साधनरूपता की चर्चा करते हैं। अंततः आदि कवि के रूप में वैदिक ऋचाओं के उद्गाता के माध्यम से काव्य को प्रामाणिक ज्ञान भी स्वीकार किया गया है।

इसलिए काव्य में ज्ञान ध्यानाकर्षण की अपेक्षा रखता है। साहित्य में हम दो प्रकार के ज्ञान की चर्चा करते हैं। काव्य दीपक के सदृश है – जब यह प्रकाशित होता है तो यह स्वयं को भी उद्घाटित करता है तथा अपने आलोक में अन्य वस्तुओं को भी। इसी प्रकार साहित्य तत्त्व/ज्ञान-विषय भी है और ज्ञान का साधन भी। ज्ञान के साधन के रूप में, यह स्वयं से बाह्य वस्तुओं

---

१२. *काव्यालंकार,* अध्याय ५।

१३. *काव्यमीमांसा,* अध्याय ६।

के ज्ञान का बोधक है। यह जगत् में विद्यमान वस्तुओं को द्योतित करता है। यह मानवीय संवेदना के अंश रूप का स्वयं में सृजन करता है। इस प्रकार काव्य-रचना के दो आयाम हैं – इसकी वस्तु-बोधकता (जो यह स्वयं से बाह्य जगत् की वस्तुओं को बताता है) एवं इसकी संवेदना (जगत् अथवा अनुभव जो यह आंतरिक रूप से सृतित करता है। सिल्विया प्लाथ की कविता *डैडी* अपने ऐतिहासिक, भौगोलिक एवं सांस्कृतिक सन्दर्भ समूहों के माध्यम से अपने प्रथम आयाम को प्रकाशित करती है – इस कविता का हम अध्ययन करते हैं इसके स्रोतों को कविता के बाहर निर्दिष्ट करते हैं एवं सूचना एकत्रित करते हैं। इसके साथ ही गम्भीर वेदना, एक पुत्री की जटिल भावना एवं अपने मृत पिता से चिरन्तन वियोग, यह ज्ञान हमें कविता के भीतर प्राप्त होता है। ये दो आयाम स्वयं पाठक के द्वारा सुसंगत अर्थ-ज्ञान के निमित्त अलग किए जाते हैं जबकि वास्तविक रूप से ये दोनों आयाम अभिन्न हैं। आन्तरिक अनुभव सदैव वस्तु-जगत् में विद्यमान हैं।

ज्ञान-वस्तु के रूप में, काव्य मानवीय अनुभव को रूपायित करता है, जो कि भारतीय रस-भाव संरचना जैसे सैद्धान्तिक ढाँचे में विश्लेषण के योग्य है। उपनिषद् कहता है – "रसौ वै सः।"[१४] यह सब रस-रूप है और भरत का कथन है कि रस काव्यार्थ है। काव्य में अनुभूति रस-भाव संरचना ही है, जो मूलतः जीव की अवस्था विशेष की संरचना है। "रस" जीव की अवस्था-विशेष है एवं "भाव" वह है जो "इस अवस्था विशेष को सम्भव बनाता है।" तर्क यह है कि व्यक्ति विशेष का "जीव" संस्कारों (व्यक्ति से अनिवार्य रूप से सम्बद्ध घटनाओं द्वारा छोड़े गए प्रभाव-चिह्न) का ही भावनात्मक स्थितियों/प्रतिक्रिया रूप में विस्तार है। व्यक्ति एवं घटनाओं के परस्पर प्रतिक्रिया से उद्भूत भाव हमारे "जीव" को रूपायित करते हैं। वे अन्तःकरण से (अन्तर्ज्ञाता), जो मन, बुद्धि, चित्त, अहंकार की संरचना है, छानकर हमारे भीतर संचित होते हैं एवं हमारा सृजन करते हैं। हमारे पूर्व स्थिति के जीव की भावों के साथ प्रतिक्रिया/अनुक्रिया हमारे जीव को परिवर्तित अथवा पुनः आकारित करती है, जो होना एवं होने की प्रक्रिया की निरन्तर प्रतिद्वन्द्विता है। रस-सिद्धान्त भाव की अवधारणा पर निर्मित है। संक्षेप में, यह इस प्रकार दृष्टिगत होता है –

---

१४. *तैत्तिरीय उपनिषद्,* वली २, अनुवाक ७।

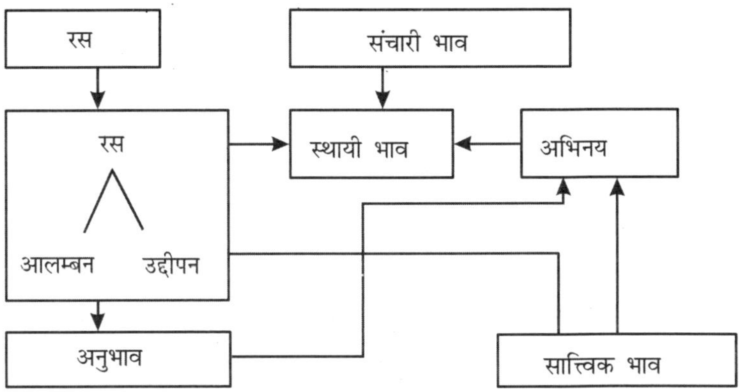

हम चेखव की प्रसिद्ध कहानी "शोक" (Grief) से इस संचरना को समझ सकते हैं। शोक स्थायी भाव है तथा आयना पोटापोव (आश्रय) शोक का अनुभवकर्त्ता है, जिसका कारण नवयुवक पुत्र की मृत्यु है (विषय उत्पत्ति कारण)। आयना पोटापोव एवं पुत्र की मृत्यु इस सिद्धान्त में विभाव का निर्माण करते हैं। आयना की स्थिति, उसका *शोक* – *स्मृति* (पुत्र की) – एवं *निर्वेद* से अधिक प्रबल हो उठती है। ये स्मृतियाँ एवं निर्वेद वे *व्यभिचारी भाव* हैं, जो शोक की सहायक/सहयोगी स्थितियों को उत्पन्न करते हैं। इस शोक के परिणामस्वरूप, आयना जड़वत् हो जाता है (अनुभाव)। पाठक जो आयना के दुःख को समझता है, करुण रस का अनुभव करता है और इस प्रकार दूसरे व्यक्ति के दुःख को गहराई से अनुभव करता है, यह विलक्षण एवं क्षण मात्र के लिए होने वाली अनुभूति है। अनुभवकर्त्ता अपनी पूर्व स्थिति की तुलना में अधिकाधिक उदात्त हो जाता है। वह अपनी क्षुद्र सीमाओं का अतिक्रमण कर जाता है एवं दूसरों के दुःख को स्वयं के दुःख जैसा अनुभव करता है। अभिनवगुप्त कहते हैं कि यही मोक्ष है – अपनी क्षुद्र वैयक्तिक सीमाओं से मुक्त होना। और आयना पोटापोव का दुःख अन्ततः उसे भी अधिक करुणामय व्यक्ति के रूप में परिवर्तित करता है।

इस प्रकार की जीव की अवस्था विशेष का अनुभव काव्य में धर्म की सृष्टि करता है। Michael कविता (Wordsworth) वृद्ध पिता की दुःखानुभूति है। *Waiting for Godot* का अर्थ जीव की सकारात्मक अवस्थाओं का अभाव है। इसमें दुःख का विभाव दुःख नहीं वरन् जुगुप्सा उत्पन्न करता है।

ज्ञान के साधन के रूप में काव्य एक संश्लिष्ट कोटि है। वस्तुतः कविता में ज्ञान के दो साधन होते हैं – कवि की ज्ञान-मीमांसा एवं अध्येता/श्रोता की

ज्ञान-मीमांसा। काव्य-रचना कवि के अनुभव की सिसृक्षा का परिणाम है। अनुकृति में कवि के ज्ञान के साधन सामान्य होते हैं – प्रत्यक्ष, अनुमान, उपमान आदि। सम्पूर्ण अनुभव स्मृति में निहित होता है।

तथापि यह अनुकृति भाषागत होती है अथवा हमें कहना चाहिए कि अनुभव की संरचना भाषा में होती है। अध्येता/पाठक के ज्ञान का साधन केवल शब्द है। प्रारम्भिक रूप से पाठक के लिए पृष्ठ पर कुछ चिह्न हैं अथवा वायु में कुछ ध्वनियाँ हैं। ये चिह्न एवं ध्वनियाँ उन वस्तुओं की बोधक हैं, जो पाठक के लिए वर्तमान देश-काल में अनुपस्थित हैं और जिन्हें उसे दृष्टिगत करना है। अभिनवगुप्त तर्क उपस्थित करते हैं कि काव्य-ज्ञान (साहित्य में ज्ञान) शाब्दिक है (शब्दों के द्वारा प्राप्त होने वाला ज्ञान)। इस ज्ञान का वही स्तर है, जो कि प्रत्यक्ष-ज्ञान का जब हम शब्दों को सुनते या पढ़ते हैं तो वे हमें "देखने" और सुनने में समर्थ बनाते हैं। लेकिन एक अन्तर है – शब्द के द्वारा द्योतित वस्तु-बिम्ब उस वस्तु-बिम्ब की तुलना में भिन्न एवं अपेक्षाकृत अविशेष अथवा अनिश्चित एवं अस्थिर होता है, जो वस्तु द्वारा साक्षात् रूप से हमारे दृष्टिगोलक में निर्मित होता है। यह मानस-व्यापार विषय-भेद से भिन्न-भिन्न प्रकार का होता है और इसलिए काव्य में अर्थ भी एक श्रोता से दूसरे श्रोता में भेद रखता है। इस निरन्तर नामधेय अभिव्यक्तियों का सन्दर्भ निश्चित करने का प्रयास करते हैं। भारतीय आचार्यों की "परोक्ष ज्ञान" अर्थात् "अनुपलब्धि का ज्ञान" जैसी ज्ञानात्मक कोटि का अत्यधिक महत्त्व है। काव्य-ज्ञान इसी कोटि का ज्ञान है। अर्थ/सन्दर्भ विशेष की पुनर्रचना अत्यन्त अनिश्चित/अस्थिर है। श्रोता अथवा पाठक के रूप में हम अपने मानस में चित्र/बिम्ब को रचते हैं, लेकिन कोई भी दो श्रोता समान बिम्ब नहीं रचते। इसे तथ्य रूप से भी प्रमाणित किया जा सकता है। "अश्व" शब्द से उत्पन्न/द्योतित अश्व का मानस-बिम्ब अश्व के वस्तु-बिम्ब से भिन्न होता है। "शोक" (Grief) कहानी के अन्त में हमें सूचना मिलती है : "आयना की वेदना जब अधिक बढ़ती है तो वह अपनी पूरी कहानी उस छोटे घोड़े को सुनाता है।" आयना क्या घोड़े के निकट खड़ा है अथवा बैठा है ? वह छोटा घोड़ा क्या है ? जब आयना अपनी व्यथा-कथा कह रहा होता है तो क्या वह घोड़े की ओर देख रहा होता है ? प्रत्येक पाठक का एक "विशेष"/"भेदपूर्ण" ज्ञान इन सब प्रश्नों के उत्तर-रूप है।

जो वस्तु के लिए सत्य है वही और अधिक प्रबल रूप से विचार एवं अनुभूति के लिए सत्य है। "शाब्दिक ज्ञान" – भाषा में रचित ज्ञान प्रत्यक्ष, अनुमान आदि से भिन्न एक विशेष प्रकार की प्रमाणमीमांसीय कोटि है क्योंकि

जिसका हमें ज्ञान होता है, वह वस्तु-बिम्ब है – वस्तु की अनुकृति – न कि स्वयं वस्तु/दृश्य-काव्य में यह भिन्न होता है – वहाँ भी अनुकृति है एवं "अ" "ब" के लिए होता है लेकिन "... नाटक केवल शब्द-सृष्टि नहीं है ... निश्चय ही रंगमंच पर बोली जाने वाली भाषा निश्चय महत्त्वपूर्ण तत्त्व है . .. लेकिन नाटक इसके सहित एवं अधिक महत्त्वपूर्ण रीति से, चाक्षुष दृश्य है ..." नाटककार मानवीय क्रिया एवं घटनाओं की साक्षात् रूप से चरित्र, भाव-भंगिमा, क्रिया-कलाप, प्रत्यक्ष की प्रतीति का क्षेत्र नट के माध्यम से अनुकृति प्रस्तुत करता है, जबकि शब्द-कवि/श्रव्य-काव्य का कवि निर्भर करने में असमर्थ है।"[१५] श्रव्य-काव्य में शब्द वस्तु विकल्प होते हैं। शब्द सभी प्रकार के द्योतन का भार वहन करते हैं। यह भाषिक अनुकृति एक प्रकार की अनिश्चिता, जटिल सन्दर्भशीलता एवं सामान्य कोटि की व्यंजकता की सृष्टि करती है। भारतीय चिन्तक अपनी स्थापना रखते हैं कि आलंकारिक शैली, अर्थ की परोक्ष वृत्ति काव्य-रचना के पारिभाषिक गुण हैं। यही विशेषण काव्य को अन्य ज्ञानात्मक विमर्शों से पृथक् कर देता है। काव्य की भाषा प्रकृति से एवं रूप रचना से "अभिधेयात्मक नहीं होती" जो कि एक मौलिक विधागत अन्तर है।[१६] ज्ञान का प्रकार व्याकरण एवं तर्क से समानता रखता है – उदाहरणस्वरूप सादृश्यता अथवा विरोध। जैसाकि कहा जाता है कि कविता स्वीकृत रूप-शैली के दुरुपयोग में होती है भामह ने कहा है, "असत्य को उपमा कहते हैं।" काव्यात्मक अभिव्यक्ति असत्य हो सकती है, लेकिन इसका लक्ष्य असत्य नहीं है। इसमें तर्कसंरचना का पूर्णतः निषेध नहीं होता। इसलिए "विरोध" पर विचार करने के क्रम में रुय्यक कहते हैं कि इसमें समाधान अनिवार्य रूप से अपेक्षित है। यदि समाधान नहीं है तो यह एक दोष है।

अब तक हमने ज्ञान के साधन के रूप में साहित्यिक प्रस्तुतीकरण की समस्याओं पर विचार किया है। हमने यह मान्यता रखी है कि यह साहित्य की भाषा है, जो सन्दर्भ एवं व्याख्या की समस्या को उत्पन्न करती है। अन्यथा भाषा सम्यक् रूप से वस्तु के उपयुक्त है और शब्द एवं वस्तु के बीच एक स्पष्ट एवं साक्षात् सम्बन्ध है। यह मान्यता अत्यधिक सशक्त है। वस्तुतः भाषा, जैसाकि भर्तृहरि का कथन है, सत्ता के साथ अपनी असमरूपता को उद्घाटित करती है। भाषा सखण्ड एवं सक्रम है जबकि सत्ता अक्रम है।

---

१५. इ. गैरो, १९७१ : ७५।

१६. इ. गैरो, १९७१।

विचार ज्ञान अक्रम एवं समग्र (खण्ड-रहित) है, जबकि इसकी अभिव्यक्ति ऐसी नहीं है। एक दृष्टिकोण के अनुसार भाषा जहाँ भेद नहीं है, वहाँ भेद का सृजन करती है, दूसरे दृष्टिकोण के अनुसार भाषा भेद का आवरण करती है। अपनी जातिवाचक संज्ञाओं में, भाषा सामान्यीकरण की प्रक्रिया है, जो कई स्वतन्त्र वस्तुओं को एक ही वर्ग में रख देती है। दूसरी ओर, शाब्दिक भेद वस्तुओं पर स्वयं को ही आरोपित कर देते हैं जो कि तात्त्विक रूप से पृथक् नहीं किए जा सकते। उदाहरण के लिए "झाड़ी" एवं "वृक्ष"। नामकरण की प्रक्रिया में "सखण्डता" एवं "सक्रमता" भाषा के ये दो गुण आरोपित हो जाते हैं और जब भाषा का उपयोग हम सत्ता पर चर्चा के लिए करते हैं तब ये गुण सत्ता के अनिवार्य अंग प्रतीत होते हैं। अर्थ का प्रधान सिद्धान्त यह स्थापना रखता है कि अर्थ बोध-रूप (बोधार्थ) है। शब्द जाति या व्यक्ति को बताते हैं। वे विधि रूप को स्वीकृति देते हैं एवं वस्तु-भिन्न को निराकृत्/पृथक् कर देते हैं। क्या वे (शब्द) वस्तु को साक्षात् रूप से संकेतित करते हैं अथवा मानसिक मध्यस्थता से? अर्थ की संरचना में वक्ता की विवक्षा की क्या भूमिका है? भाषिक अर्थ के ये सारे आयाम भाषिक कथनों को द्वि-अर्थक अथवा अस्पष्ट अथवा विरोधपूर्ण अथवा पुनरुक्तियुक्त अथवा बहु-अर्थी अथवा प्रत्यक्षतः अर्थहीन बनाने में अपनी भूमिका रखते हैं। पाठ के ऐसे संकेतक अथवा स्थितियाँ साहित्यिक विमर्श को अर्थ की दृष्टि से समृद्ध एवं साथ ही अनिश्चित भी बनाते हैं।

इस अर्थ में, साहित्य के ज्ञानात्मक विमर्श के रूप में साहित्य का माध्यम, काव्य की भाषा, कठिनाई उत्पन्न करती है। इसमें संरचित ज्ञान शाब्दिक होता है – अनुपलब्ध वस्तु का परोक्ष ज्ञान। यह ज्ञान की परिचित कोटियों के अन्तर्गत परिगणित नहीं किया जा सकता – यह सम्यक् ज्ञान नहीं है, यह संशयात्मक ज्ञान नहीं है, यह मिथ्या ज्ञान नहीं है। महान् चिन्तक एवं सिद्धान्त आचार्य अभिनवगुप्त निःसन्देह वैयाकरण-परम्परा से प्रेरणा लेते हुए – विशेष रूप से भर्तृहरि से – कहते हैं कि शब्द केवल संकेतक हैं एवं इनके द्वारा सृजित ज्ञान विलक्षण होता है। ज्ञान जो एक विशेष प्रकार की वर्णन-शैली से निर्मित होता है एवं एक प्रकार का प्रतीकात्मक ज्ञान है। इसी प्रकार आनन्द भी विशेष प्रकार का होता है। यह न तो विषयानन्द है, जो हम भौतिक इच्छाओं की पूर्ति से प्राप्त करते हैं और न ही यह ब्रह्मानन्द है, जो जीव की मुक्ति के अनन्तर प्राप्त होता है। यह इन दोनों के कहीं मध्य में है तथा स्वयं में आंशिक रूप से भौतिक एवं आध्यात्मिक आनन्द को समाहित करता है।

इस पूरे वाङ्मय में, तब साहित्य का क्या महत्त्व है ? यह ध्यान के केन्द्र में होना चाहिए कि सम्पूर्ण वाङ्मय का प्रयोजन भी, अन्य चेष्टाओं की तरह, पुरुषार्थ चतुष्टय की सम्पुष्टि ही है। अब धर्म के लिए तो धर्मशास्त्र है, अर्थ के लिए अर्थशास्त्र है, काम परिपूर्ति के लिए कामशास्त्र है, तो यह जिज्ञासा स्वाभाविक है कि साहित्य/काव्य का क्या प्रयोजन है? साहित्य चारों पुरुषार्थों के शास्त्रों में निहित तथ्यों का दृष्टान्त है। विचारों को काव्य (नाटक, कथा, कविता) में क्रिया और व्यक्ति रूप देकर साहित्य गहन तथ्यों को ग्रहणशील बना देता है। भरत मुनि ईसा से २ शताब्दी पूर्व नाट्य को वेद कहते हैं[१७] और उसकी व्याख्या करते हुए अभिनवगुप्त (दसवीं-ग्यारहवीं शताब्दी) साहित्य के शाब्दिक ज्ञान को जैन दर्शन के पुरुष प्रत्यक्ष ज्ञान के समान प्रामाणिक मानते हुए समझाते हैं कि जैसे यह हर क्षण बदलने वाले, चलायमान संसार के अनुभव पर चिन्तन, मनन करके मनुष्य शुद्ध ज्ञान द्वारा मोक्ष सिद्ध कर लेता है उसी प्रकार सहृदय का भी हर क्षण बदलने वाला, चलायमान, स्थिर न रहने वाले सरस काव्य-अनुभव द्वारा मोक्ष सिद्ध हो जाता है।[१८] तस्मात्, भारतीय आचार्य काव्य को सोद्देश्य मानते हैं। भरत मुनि से आरम्भ होकर प्रायः सभी आचार्यों ने काव्य के प्रयोजन पर विचार किया है। जैसेकि ऊपर कहा है हमारे देश में धर्म, अर्थ, काम और मोक्ष जीवन के चार पुरुषार्थ मान्य हैं। आदि आचार्य भरत ने बताया है कि काव्य इन पुरुषार्थों का संवर्द्धक व साधारण जन-मानस के लिए उपदेशक होता है। इसके द्वारा जन-साधारण ज्ञान भी प्राप्त करते हैं और उनका मनोरंजन भी होता है और दुःखी जन के लिए शान्तिदायक भी है।[१९] यही मत भामह,[२०] वामन,[२१] रुद्रट,[२२] कुन्तक,[२३] मम्मट[२४] का भी है।

---

१७. *नाट्यशास्त्र,* I.४।

१८. *अभिनवभारती, नाट्यशास्त्र* की कारिका १.४ पर।

१९. *नाट्यशास्त्र,* १/११३-१५।

२०. *काव्यालंकार,* १/२।

२१. *काव्यालंकारसूत्रवृत्ति,*१/१/५।

२२. *काव्यालंकार* १/८।

२३. *वक्रोक्तिजीवितम्,* १/३, ४, ५।

२४. *काव्यप्रकाश,* १/२।

काव्य से, जैसेकि हमने कहा, शास्त्रज्ञान भी उपलब्ध होता है पर यह ज्ञान आचारशास्त्र या नीतिशास्त्र के समान नीरस नहीं होता। इसकी शिक्षा प्रेयसी के उपदेश की भाँति सरस होती है। तीन प्रकार की उक्तियाँ शास्त्र-पद्धति में मान्य हैं। प्रभुसम्मित, वेद-शास्त्रों के वचनों की उक्ति-प्रकार, जिसमें आदेश का भाव रहता है और जिनके अर्थ और शब्द दोनों निश्चित और अचल होते हैं। सहृत सम्मित, इतिहास पुराण की उक्ति शैली, जिसमें अर्थ तो निश्चित और अचल है परन्तु शब्दों को बदला जा सकता है और कान्तासम्मित, काव्य की उक्ति शैली, जिसकी विशिष्टता उसका रस-वैशिष्ट्य होता है न कि अर्थ या शब्द "कहने का ढंग" एक प्रेमी-प्रेमिका के वार्तालाप की तरह आकर्षक होता है। काव्य का उपदेश प्रत्यक्ष न होकर व्यंजना, लक्षणा व्यापार द्वारा शिक्षा देता है। कर्त्तव्य-अकर्त्तव्य का संदेश काव्य में वैसे ही विद्यमान रहता है, जैसे अभिनवगुप्त कहते हैं, दूध में शक्कर। परवर्त्ती आचार्य का भी मत ऐसा ही है। विश्वनाथ कहते हैं कि काव्य आनन्दात्मक होने के कारण सहज-सुलभ है।[२५] वेदशास्त्रों से जीवन के सन्तापों को दूर करना कठिन है क्योंकि वह क्लिष्ट होने के कारण कड़वी दवाई की तरह है। काव्याध्ययन जीवन-सन्तापों को दूर करने के लिए शक्कर की तरह है। भारतीय काव्य-चिन्तकों ने काव्य को अन्ततोगत्वा ज्ञान का साधन ही माना है।

---

२५. *साहित्यदर्पण,* १/२।

५

भारतीय काव्य-परम्परा में कथा

भारतीय काव्य-परम्परा की रचना तीन धाराओं में है। इस काव्य-परम्परा की प्रथम धारा मौखिक है। मौखिक परम्परा का कारण यह नहीं है, जैसाकि हमने ऊपर भी कहा, कि लेखन-पद्धति नहीं थी प्रत्युत इसलिए कि सम्यक् उच्चारित मौखिक परम्परा सम्प्रेषण का मुख्य साधन थी। पहले आदमी एवं देवता के बीच में फिर व्यक्ति और व्यक्ति के बीच में मौखिक परम्परा सम्प्रेषण का साधन बनी। ईसा पूर्व आठवीं शताब्दी में उच्चारण विधि एवं वर्णोच्चारण प्रकार की सैद्धान्तिक पद्धति के विधायक शिक्षा ग्रन्थ बनाए जा चुके थे। काव्य की दूसरी धारा इतिहास पद्धति है। इसका मुख्य उद्देश्य आख्यान के माध्यम से इतिहास को बताना है। यह पद्धति हमेशा नवीनता के साथ आगे बढ़ती रही है। यह परम्परा इतिहास एवं पुराण से समन्वित है। "पुरा नवं भवति इति पुराणम्" यह इसका व्युत्पत्ति लभ्य अर्थ है। पुराणों के पाँच मुख्य प्रतिपाद्य विषय हैं – सर्ग, प्रतिसर्ग, वंश, मन्वन्तर एवं वंशानुचरित।

> सर्गश्च प्रतिसर्गश्च वंशो मन्वन्तराणि च।
> वंशानुचरितश्चैव पुराणं पंचलक्षणम्।।

पुराण भारतीय साहित्य का एक महत्त्वपूर्ण अंग है। इसमें भारत के भौगोलिक धार्मिक, पुरा-कथा, सृष्टिविद्या, वंश आदि विषयों का विस्तृत वर्णन मिलता है। पुराणों की भी परम्परा, कथा-परम्परा के माध्यम से ही आज हमारे सामने उपस्थित होती है। इतिहास एवं पुराण एक समन्वित रूप में उन्हीं विषयों का प्रतिपादन करते हैं। इन दोनों की एक ही पद्धति है। पूर्वजों की वीरगाथाओं एवं उत्तम कार्यों का प्रतिपादन के माध्यम से ही इस इतिहास-पुराण विद्या का आविर्भाव हुआ। इसके कारण ही वंशानुचरित के क्रम का सर्वदा पालन नहीं हुआ।

इन पुरा-कथाओं की उपस्थिति, व्याख्या एवं उनका स्वरूप बदलता रहा है। एक पुराण से दूसरे पुराण में इनका प्रतिपादन, व्याख्यान शैली भिन्न-भिन्न रही है। भारतीय मस्तिष्क हमेशा नवीनता के साथ तथा परिवर्तन के साथ पुराणों के विषयों को उपस्थित करता रहा है।

काव्य की तीसरी धारा की वैश्विक दृष्टि ने जगत् एवं ब्रह्म, व्यक्ति एवं प्रकृति के भेद को मिटा दिया। इस अखण्ड दृष्टि में जीवन एक हो गया। आन्तरिक एवं बाह्य सत्ताओं का भेदान्त हो गया। इस अखण्ड दृष्टि से ओत-प्रोत भारतीय साहित्य ने मूल्यों में से करुणा को सर्वाधिक महत्त्व दिया।

ग्रीक-रोमन-परम्परा में मानव-प्रारब्ध के निर्माण में प्रकृति के अवदान का स्वरूप वर्णित है। उससे मौलिक भिन्नता भारतीय परम्परा में प्रतिपादित है। प्रकृति वैश्विक है। वह मानव से भिन्न नहीं है। वह मानव के सुख-दुःख की सहभागी है। इसी कारण काव्य जगत् में प्रकृति-मानव का भेद नहीं रहा। जीवन-चक्र में यह सब कुछ समाहित है। काल-चक्र को महाकाव्यों में महत्त्वपूर्ण स्थान प्राप्त है।

ऐतिहासिक काल-क्रम में भारतीय काव्य की विचारणा में हमें उसकी मौलिक एकता एवं कालिक अखण्डता का ध्यान रखना चाहिए। चाहे वह वैदिक काल, महाकाव्य काल या शास्त्रीय काल हो। इसमें हमें काल-क्रम का विचार या क्रमिकता का विचार नहीं करना चाहिए। यथा वेद आज भी काव्य के प्रमुख स्रोत के रूप में कवि का प्रमुख आधार हैं। वेदों को उस अखण्ड सत्ता का विश्वास माना गया है – "तस्य निःश्वसितम् एतत्"। वैदिक साहित्य में हमें लौकिक एवं शास्त्रीय दोनों ही परम्पराओं का अनुपम उदाहरण प्राप्त होता है। वैदिक साहित्य में हमें भौतिक एवं आध्यात्मिक दोनों ही धारणाओं का समुचित समन्वय उपलब्ध होता है। मौखिक परम्परा में संरक्षित वैदिक साहित्य, संरक्षण की पराकोटि है। इसका एक वर्ण, एक स्वर उसी रूप में आज भी संरक्षित है। इसके संरक्षण के लिए एक ऐसा विधान बनाया गया कि आज भी वेद हमें उसी रूप में प्राप्त हैं। महाकाव्य एवं पौराणिक परम्परा नित नवीनता के साथ लौकिक काव्य-परम्परा में अग्रणी बने रहे। *रामायण, महाभारत* एवं पुराण ऋषि-महर्षि परम्परा के ग्रन्थ हैं। इनके रचयिता महर्षि आप्त वक्ता के रूप में प्रमाण कोटि में रहे। वाल्मीकि की कविता, प्रथम कविता के रूप में लौकिक साहित्य में आदरणीय है। प्रथम कविता का उदय द्वैत को समाप्त करते हुए हुआ था। कविता का मूल बीज हमें वैदिक-पौराणिक साहित्य में ही प्राप्त होता है। वहाँ उसके स्वरूप एवं संरचना का पूर्ण विकसित

रूप हमें प्राप्त होता है। वैदिक साहित्य में मन्त्र, कर्मकाण्डीय सिद्धान्त, सामगान, व्याख्यान पद्धति एवं आख्यानों की बहुतायत से उपलब्धि होती है। यह हमारे लिए व्याकरण, निरुक्त, शिक्षाशास्त्र, नक्षत्र विद्या, छन्द एवं कर्मकाण्ड विज्ञान का प्रमुख स्रोत है। मन्त्र वेद भाग से हैं और अन्य विषय वेदांगों के हैं। इन दोनों को मिलाकर ही वैदिक साहित्य की ज्ञान परम्परा पूर्ण होती है। वैदिक चिन्तन का मूल स्रोत वेद का मन्त्र भाग है। वेद के ब्राह्मण भाग वैदिक मन्त्रों के व्याख्यान ग्रन्थ हैं। इनमें मन्त्रों का कर्मकाण्डीय विनियोग प्रतिपादित किया गया है। आरण्यक साहित्य कर्मकाण्डीय विधियों का आध्यात्मिक प्रयोजन बताता है। उपनिषद् साहित्य तो शुद्ध रूप से आध्यात्मिक विषयों का प्रतिपादन करता है तथा वेद का ज्ञानपरक निर्वचन करता है। इसे हम वेदान्त के नाम से भी जानते हैं। इसमें आध्यात्मिक संवादों का विवेचन तथा तात्त्विक विश्लेषण प्राप्त होता है। वैदिक साहित्य का प्रमुख भाग पद्य में है। इसकी भाषा, शैली और छन्द संरचना अत्यन्त उत्कृष्ट कोटि की है। सम्पूर्ण वैदिक साहित्य का मुख्य ध्येय मनुष्य में देवत्व जागृत् करना है। यह आदान-प्रदान ग्रीक-परम्परा से भिन्न है। वैदिक देवता मनुष्य के साथ मिलकर उच्चतम लक्ष्य की प्राप्ति तथा सत्यान्वेषण के लिए प्रवृत्त होते हैं। जो सत्य सम्पूर्ण ब्रह्माण्ड को धारण करता है, उस सत्य की अवधारणा गुह्य एवं विश्लेषणीय है। यह सत्यानुभूति प्रत्येक सामान्य जन के साथ जुड़कर समग्रता को अभिव्यक्त करती है।

इतिहास और पुराण

वैदिक साहित्य के समान एक बड़ा साहित्य इतिहास एवं पुराण का है। जिसका सम्बन्ध श्रेष्ठ मानवों की उत्तम गाथाओं के साथ है। यह नाराशंसी गाथा साहित्य प्रशंसात्मक साहित्य है, जो वीरों के स्मरण में गाया जाता था। जहाँ वैदिक मन्त्रों के साक्षात्कर्त्ता ऋषि हैं। मन्त्रों का सम्बन्ध देवताओं से है, वहीं नाराशंसी गाथा साहित्य का सम्बन्ध वंशानुचरित से है। इन दोनों में ही वैदिक एवं पौराणिक परम्परा का संरक्षण किया गया। *महाभारत* एवं पुराण अधिकतया प्राचीन गाथाओं को उद्धृत करते हैं। इनका स्वभाव यद्यपि नाराशंसी गाथा साहित्य का नहीं है। इन ग्रन्थों में हमें वैदिक परम्परा का अनुभव, नाराशंसी गाथा साहित्य की भी विषय-वस्तु प्राप्त होती है। यह लौकिक परम्परा का स्मरणात्मक साहित्य सर्जनात्मकता का मानदण्ड है।

रामायण एवं *महाभारत* का रचना काल चतुर्थ शताब्दी ईसा पूर्व से चतुर्थ शताब्दी ईसा तक माना जाता है। परन्तु ये दोनों ही महाकाव्य अत्यन्त प्राचीन

हैं, इसमें कहीं भी सन्देह नहीं है। इनका सम्बन्ध मौखिक परम्परा से है। समझा जाए तो ये ग्रन्थ अनादि-अनन्त हैं – कोई नही जानते कब और कंहा इनका उद्‌गम हुआ। इन दोनों का ही एक विशिष्ट अवसर पर वाचन हुआ था और होता रहा है। इसी कारण इनके पाठों में भिन्नता मिलती है। वर्तमान में भी इनके अनेक संस्करण प्राप्त होते हैं। परम्परा यह मानती है कि वेदों, पुराणों, *महाभारत* का सम्पादन, चतुर्थ विभाग और प्रणयन एक ही व्यक्ति कृष्ण द्वैपायन वेद व्यास ने किया था। इसी के कारण उन्हें "वेद व्यास" कहा गया है। परम्परा वाल्मीकि को वेदव्यास का पूर्ववर्ती मानती है। ये दोनों न केवल प्रत्यक्षदर्शी अथवा कथा के लेखक थे बल्कि ये दोनों ही उन ऐतिहासिक घटनाओं के सहभागी थे तथा उन चरित्रों के साथ उनका निकट का सम्बन्ध रहा। यह इतिहास-पुराण-परम्परा वेद की समझ बढ़ाने में उसकी व्याख्या में महत्त्वपूर्ण योगदान देती है। पाश्चात्य विद्वानों ने इतिहास-पुराण-परम्परा को नहीं समझा। इसको काल-क्रम की पाश्चात्य पद्धति में बाँधकर इसकी अन्तर्निहित दृष्टि को नहीं समझ सके। इतिहास एवं पुराण के कथ्य एवं प्रतिपाद्य विषय में मूलभूत अन्तर है। पुराणों की सर्जना प्रायः अनुष्टुप् छन्द में की गई है। पुराणों के प्रारम्भ एवं अन्त के अध्यायों में अनुबन्ध चतुष्टय एवं वक्ता श्रोता के लिए फलश्रुति का कथन है। बल्कि पुराण-इतिहास को पंचम वेद के रूप में भी परम्परा स्वीकार करती है। इन्हें लोक वेद की भी संज्ञा दी जाती है। *महाभारत* एवं पुराण का एक साक्षात् प्रयोजन है। *रामायण* इनसे भिन्न है। *महाभारत* पंचम वेद है परन्तु *रामायण* आदिकाव्य है। *रामायण* सत्य एवं असत्य, शुभ एवं अशुभ, पाप एवं पुण्य को बड़ी ही सूक्ष्म दृष्टि से विश्लेषित करती है। *महाभारत* मानव की नियति एवं उसकी कमजोरी की सूक्ष्मता वर्णित करता है। दोनों ही महाकाव्य दुःखान्त हैं।

ये दोनों महाकाव्य धर्म-अधर्म, पाप-पुण्य आदि का मौलिक भेद प्रस्तुत करते हैं। इतिहास-पुराण आदि पुरुषार्थ चतुष्टय को जीवन-मूल्य के रूप में प्रस्तुत करते हैं। मोक्ष को परम पुरुषार्थ के रूप में स्वीकार किया गया है। धर्मानुकूल अर्थ और काम ही सेव्य माना गया है। *भागवत पुराण* उसी वैदिक परम्परा का व्याख्यान ग्रन्थ है। इसी पुराण के माध्यम से भक्ति साधन की कोटि में होते हुए साध्य बन गई। इस लौकिक परम्परा का प्रवाह हम वैदिक साहित्य में ढूंढ़ सकते हैं। भक्ति अर्थात् सर्वभावेन समर्पण से अलौकिक आनन्द की प्राप्ति का मार्ग प्रशस्त होता है। यह मुक्ति का साधन बनकर प्रस्तुत होती है। *भागवत पुराण* विभिन्न परम्पराओं और आदर्शों एवं धारणाओं का समन्वय कर भगवत्-भक्ति की श्रेष्ठता को प्रतिपादित करता है।

काव्य साहित्य

काव्य साहित्य का आधार ग्रन्थ *रामायण, महाभारत,* पुराण और वैदिक साहित्य है। इसका निदर्शन हमें कालिदास से लेकर जयदेव तक की रचनाओं में प्राप्त होता है। यह उसी परम्परा का निरन्तर उत्कर्ष है। फिर भी काव्य साहित्य पर सीधा प्रभाव *रामायण* के काव्य-चरित्र का है। क्योंकि पुराण एवं *रामायण, महाभारत* में शैलीगत भिन्नता है। कालिदास, अश्वघोष आदि महाकवि वाल्मीकि की परम्परा के हैं। सार रूप में यह हम कह सकते हैं कि भारतीय काव्य साहित्य की उत्पत्ति वाल्मीकि और व्यास की रचनाओं से होती है। यद्यपि इसका बीज वैदिक मन्त्रों, औपनिषदिक आख्यानों, पौराणिक कथाओं, प्रवचनों और जीवन मूल्यों में प्राप्त होता है। पुराणों का महत्त्व अन्य दृष्टि से भी है। ये भाषागत सारल्य के कारण दूसरे साहित्यिक संस्कृत की अपेक्षा सबके लिए सुगम रहे।

काव्य साहित्य को हम चार भागों में बाँट सकते हैं – काव्य, नाटक, गीति एवं गद्य। इनमें प्रथम, द्वितीय एवं चतुर्थ भेद के अनेक भेदोपभेद भी हैं और इनमें भिन्नता का कारण भी है। काव्य, नाटक एवं गद्य की भिन्नता होते हुए भी इन्हें हम काव्य साहित्य के रूप में जानते हैं। क्योंकि इन सबमें रस है। प्रत्येक काव्य रसात्मक है परन्तु रचना विधान की दृष्टि से विभिन्न प्रकार का हो सकता है। असहृदय को वह अनावश्यक या अनुपयुक्त लग सकता है परन्तु रस ही काव्य का मूल तत्त्व होता है।

गीतिकाव्य में काव्य संगीतात्मक हो जाता है। वैसे ही फिर मुक्तक में भी संगीतात्मकता होती है। मुक्तक, काव्य की एक लौकिक परम्परा है, जिसका प्रभाव संस्कृत मुक्तक पर पड़ा, जो प्राकृत मुक्तक की ही तरह है। प्राकृत महाकाव्य एवं नाटक संस्कृत परम्परा का ही हर दृष्टि से अनुसरण करते हैं। इस प्रकार निरन्तर पारस्परिक आदान-प्रदान संस्कृत एवं प्राकृत भाषाओं में होता रहा है जिससे दोनों ही परम्पराओं में काव्य-धारा को विकसित एवं समृद्ध होने में बड़ी सहायता मिली है।

शास्त्रीय महाकाव्य भी अपने पूर्ववर्ती काव्यों से वस्तु भावादि ग्रहण करके प्रतिष्ठित हुए। *रामायण, महाभारत* और पुराण उसी धर्म रूप पुरुषार्थ को व्याख्यायित करते हैं। महाकाव्य मूलतः कविता है। काव्य धर्म है, जो मुक्त करता है।

शास्त्रीय संस्कृत

काव्य में भास, कालिदास और अश्वघोष आदि कवियों की कविता का आधार *रामायण, महाभारत* और पुराणादि है। *रघुवंश* की विषय-वस्तु *रामायण* से संग्रहीत है। *मेघदूत* की प्रेरणा भी *रामायण* से ही प्राप्त हुई है। *कुमारसम्भवम्* का विषय संकलन *वायु पुराण* से किया गया है। कालिदास की रचनाओं की विषय-वस्तु, इतिहास ग्रन्थ और पुराणादि से संग्रहीत है। अश्वघोष की विषय-वस्तु का स्रोत बुद्ध के पालि में प्रदत्त उपदेशादि हैं। इसी प्रकार भास की रचना विधान का आधार *रामायण* और *महाभारत* है। कालिदास और अश्वघोष का काल-क्रम आज भी विवेचना का विषय है। इनकी रचनाओं में साम्य-वैषम्य ही विभिन्न मतों को प्रोत्साहित करता है कि कौन पहले हुआ और कौन बाद में? कनिष्क के साथ अश्वघोष का सम्बन्ध था। यह तथ्य अश्वघोष के काल-क्रम को निर्धारित करने में महत्त्वपूर्ण योगदान करता है। इस प्रकार अश्वघोष का काल प्रथम शताब्दी निर्धारित किया जाता है। कालिदास के काल के विषय में अनेक मत हैं फिर मान्य मत प्रथम शताब्दी ई. पूर्व है। इन दोनों महाकवियों की रचनाओं में साम्य यह नहीं दर्शाता है कि इनमें से एक ने दूसरे की रचना से ग्रहण किया हो, जहाँ पर सभी रचनाएँ मौखिक रही हैं। काव्य हमेशा से सामूहिक स्मृति के विषय रहे हैं। उनका संरक्षण इसी पद्धति से ही किया गया है। इन काव्यों को देखते हुए यह कहा जा सकता है कि कालिदास की रचना अश्वघोष की अपेक्षा उत्कृष्ट है। चाहे कालिदास अश्वघोष से पूर्व के हों या न हों। इन दोनों कवियों में एक बात समान यह है कि इनकी भाषा अत्यन्त अकृत्रिम है। इनकी कविताएँ हृदयग्राही हैं। बनावटी गुरुता नहीं है, जो हमें भारवि, माघ एवं श्रीहर्ष की रचनाओं में देखने को मिलती है। कालिदास एवं अश्वघोष दोनों ने ही महाकाव्य की व्यवस्थित प्रक्रिया का परिपालन कर अपने महाकाव्यों की रचना की। महाकाव्य का नायक धीरोदात्त होता है। इसमें ऋतुओं के प्राकृतिक सौन्दर्य का तथा मानवीय सौन्दर्य का आन्तरिक एवं बाह्य स्वरूप वर्णित किया जाता है। कालिदास एवं अश्वघोष ने अपने महाकाव्यों में इन सभी महाकाव्यीय संरचना के निर्धारक तत्वों को उपस्थित किया है। इन दोनों कवियों ने महाकाव्य रचना का जो स्वरूप प्रस्तुत किया उसको परवर्ती कवियों ने पूर्णतः परिपालित किया।

संस्कृत नाटक

संस्कृत काव्य की सभी विधाओं का विकास इस काल-क्रम में हुआ। प्राकृत एवं तमिल की मौखिक परम्परा का प्रभाव भी इस विकास-यात्रा पर परिलक्षित होता है। समाज में मौखिक काव्य-धारा प्रभावी होती है। बौद्ध परम्परा के *थेरगाथा* एवं *थेरीगाथा* आदि का संस्कृत काव्य विधाओं पर प्रभाव परिलक्षित होता है। प्राकृत का स्थान संस्कृत नाटकों में महत्त्वपूर्ण है। संस्कृत नाटक का प्रयोग केवल उच्च वर्ग के लिए ही नहीं था वरन् समाज के हर वर्ग के लोग उससे रसास्वादन करते थे। इन नाटकों की कथा-वस्तु-चरित्र आदि प्रेक्षकों के लिए अपरिचित नहीं होते थे। भवभूति का *उत्तररामचरितम्* इसका अनुपम उदाहरण है। जहाँ पर ज्ञान, कथा-वस्तु एवं चरित्र की नए रूप में प्रस्तुति है।

संस्कृत गीति

अमरुक एवं भर्तृहरि के गीतिकाव्य में लोक की आस्था प्रतिबिम्बित है। भाषा एवं अनुभूति दोनों ही स्तरों पर गीतिकाव्य में लौकिक जीवन अत्यन्त महत्त्वपूर्ण रूप से चित्रित है।

प्राकृत गाथा

लोकपरम्परा से ही संस्कृत कथा साहित्य का विकास हुआ है। सोमदेव का *कथासरित्सागर* संस्कृत कथाकारों के लिए स्रोत के रूप में सामने आया। गुणाढ्य कथा साहित्य के मूर्धन्य रचनाकार हैं। इनकी रचना कथा साहित्य का प्रमुख स्रोत है। इन्होंने न केवल सम्पूर्ण भारत का भ्रमण किया था बल्कि पश्चिम एशिया से आगे के देशों तक की भी यात्रा इन्होंने की थी। इनके जीवन एवं रचना के बारे में अनेक कथाएँ प्रचलित हैं। सातवाहन नरेश इनके संरक्षक थे। अनेक ऐतिहासिक प्रमाणों से यह सिद्ध हो सकता है कि ब्राह्मण शासकों ने जैसेकि सातवाहनों ने प्राकृत भाषा का संरक्षण और परिवर्धन किया। हाल की *गाथा सप्तशती* अनेक प्राकृत कवियों, कवयित्रियों की रचनाओं का संकलन है। गाथा छन्द में रचित ये पद्य न केवल गेय रहे हैं प्रत्युत इनका संस्कृत नाटकों में विशेष प्रभाव रहा है। गाथाओं (गाथा प्राकृत में) की एक सामाजिक, संस्कृति की पृष्ठभूमि है। झोंपड़ी से लेकर राजप्रासाद तक इनकी पहुँच थी। गाथा न केवल शृंगारिक कविता का माध्यम बनी बल्कि धार्मिक कविता के साथ भी जुड़ी। शिव, पार्वती, विष्णु, लक्ष्मी आदि देवताओं की प्रार्थना में लिखी गई गाथाओं में द्रष्टव्य है।

दण्डी का *दशकुमारचरितम्* (छठी शताब्दी) गद्य में लिखी गयी कथा है। इसकी कथा-वस्तु विशिष्ट है। शूद्रक का मृच्छकटिकम् (छठी शताब्दी) नाटक यथार्थवादी है। इसके चरित्र लोक जीवन से हैं। कवि ने सामाजिक एवं राजनैतिक विसंगतियों का बड़ा ही सटीक वर्णन किया है। दामोदरगुप्त का *कुट्टनीमतम्* (नौंवीं शताब्दी) इस तरह की एक अद्‌भुत रचना है। इस प्रकार अन्य कवियों की कथा-परम्परा ने, जो गद्य एवं पद्य दोनों में ही विकसित हुई, संस्कृत कथा साहित्य को नया स्वरूप दिया। इन कथाओं की विषय-वस्तु इतनी व्यापक है कि उसमें समाज का हर वर्ग परिलक्षित होता है।

अपभ्रंश कविता ने छठी शताब्दी से लेकर आठवीं शताब्दी तक प्राकृत की गीति-परम्परा का अनुसरण करते हुए नए-नए विषयों को अपना प्रतिपाद्य बनाया। अपभ्रंश महाकाव्य पौराणिक रचना-विधान और आख्यायिका की रचना शैली में लिखे गए। अपभ्रंश भाषा लौकिक नाट्य-परम्परा में प्रचलित रहा तथा इसका प्रभाव शास्त्रीय परम्परा पर भी पड़ा। जयदेव का *गीतगोविन्दम्* (बारहवीं शताब्दी) संस्कृत रचना होते हुए भी अपभ्रंश की नाट्य-गीति का अनुकरण है।

६

काव्य कथा

भारत की मौखिक संस्कृति में कथा-कहानी का एक विशेष स्थान है। कोई घर नहीं, कोई मेला नहीं जहाँ कहानियाँ नहीं सुनाई जाती। *महाभारत* की कथा भी सुनाई गई थी – व्यासजी ने स्वरचित *महाभारत* को पहले अपने दो उत्तम शिष्यों शुकदेव "उनके पुत्र" तथा वैशम्पायन को सुनाया। वैशम्पायनजी ने यह कथा जनमेजय के नागयज्ञ में इन्द्रप्रस्थ में सुनाई, जिसे उग्रश्रवाजी ने सुना और नैमिषारण्य में शौनक ऋषि की प्रधानता में हो रही ऋषि मुनियों की सभा में सुनाया। कौन सुनाता है, कौन सुनता है यह महत्त्वपूर्ण नहीं। कथाएँ अपने रचयिता से स्वतन्त्र हैं और हर मौखिक आख्यान रूप कथन में कथाएँ समय, परिप्रेक्ष्य अनुसार बदला हुआ रूप लेती हैं। दो महाकाव्य *महाभारत* और *रामायण*, वेद, उपनिषद् और पुराण, *योगवासिष्ठ, कथासरित्सागर* और *पंचतन्त्र, हितोपदेश, बौद्ध थेरीगाथा* और *जातकमाला,* अनगिनत लोककथाएँ और लोक में प्रचलित इन ग्रन्थों की कथाओं के देश-काल-भाषा के अनुरूप अनेकों परिवर्तित रूप, भारत में कथाओं का यह महासागर है। प्राचीन समय से शास्त्रीय और वैदिक ज्ञान की सामाजिक महत्ता को समझते हुए, परम्परा ने जन-साधारण सुलभ कथा के रूप में उस ज्ञान को स्थानान्तरित किया। इसी व्यवस्था और कथा-प्रवचन परम्परा के द्वारा भारत के सामान्य बौद्धिक जीवन की स्थापना और विकास हुआ। इसका ही परिणाम है कि भारत के हर भाग में रहने वाले लोगों की लौकिक भाषा में भारतीय संस्कृति के बौद्धिक पारिभाषिक शब्द (*आत्मा, परमात्मा, कर्म, ज्ञान, धर्म, मोक्ष, संन्यास, शब्द, वाणी, ब्रह्म, वेदान्त, योग* इत्यादि) आज भी आम बोलचाल के शब्दों के रूप में प्रयोग होते हैं। पारिभाषिक शब्दावली को प्रचलित शब्दावली बनाने में कथा मुख्य साधन रही है। यह तथ्य इस परम्परा की अविच्छिन्नता और उसके जीवन्त होने का भी प्रमाण है। कहानियाँ लोक-जीवन में जन्म लेती हैं और कहानी उस जीवन के किसी सत्य को या लोक मानस की किसी भावना को दृष्टान्त रूप से उजागर करती है। जीवन के इन तत्त्वों को समझने/समझाने

के दो साधन हैं – एक शास्त्र, जो सिद्धान्त सृजन करते हैं और कथानक, जो उन सिद्धान्तों का जीवन या दिनचर्या से जो सम्बन्ध है, उसे व्यक्ति या व्यक्तियों के क्रिया-कलाप में उतारकर उनकी व्याख्या करते हैं – बौद्धिक तन्त्र जो अमूर्त्त है और कथा जो जीवन से जुड़ी हुई है। ये दो साधन हैं। दो महायुद्धों की प्रलयकारी हिंसा के बाद अब पश्चिमी बौद्धिक परम्परा ने सिद्धान्त-निरूपण से कथा-विधि को ज्ञान के साधन रूप में अधिक श्रेष्ठ मानकर अपनाया है। हम जानते हैं भारत ने वैदिक काल से ही शास्त्रीय सिद्धान्त सृजन के साथ-साथ कथा-विधि को भी ज्ञान मीमांसा के रूप में स्थापित रखा। वेदों में ही सिद्धान्त-निरूपण करने वाली कथाओं का भण्डार है। जैसे वेद-व्यासजी ने कहा है –

> वेदों का अर्थ और उनकी प्रामाणिकता इतिहास-पुराण से ही स्पष्ट होती है। – *महाभारत*

कथा शब्द की व्युत्पत्ति *कथ् अङ्+टाप्* से होती है। इसका अक्षरशः अर्थ है "वर्णन"। कथा काव्य का ही एक भेद है – ततः गद्य या पद्य में हो सकती हैं। भामह *काव्यालंकार* में काव्य को इस प्रकार परिभाषित करते हैं –

> शब्द और अर्थ दोनों मिलकर काव्य कहलाते हैं। उसके दो भेद हैं – गद्य और पद्य। संस्कृत, प्राकृत और फिर अपभ्रंश। – परिच्छेद १

संस्कृत काव्यशास्त्र के अनुसार कोई भी गद्य या पद्य वृत्तान्त कथा है। यह छोटी भी हो सकती है और बृहत् भी। जैसेकि कहा है, हमारी परम्परा छोटी या बड़ी, मौखिक या लिखित, लोक व साहित्यिक कथाओं का असीम भण्डार है। भरत मुनि ने कथा की चर्चा नहीं की परन्तु नाटक की वस्तु-विषय को इतिवृत्त कहा है और इतिवृत्त को नाटक का शरीर कहा है। भरत ने इसके दो प्रकार बताए हैं – प्रधान और गौण, इत्थं, भरत की इतिवृत्त में कथा छिपी हुई है। धनञ्जय नाटक के जिन तीन विषय वस्तुओं का उल्लेख करते हैं, वे कथा के भी प्रकार हैं – प्रख्यात, उत्पाद्य तथा मिश्र। भामह विशेष रूप से कथा की पाँच काव्य-प्रकार में गणना करते हैं – सर्गबन्ध, अभिनेयार्थ, आख्यायिका, कथा व मुक्तक। अन्य स्थान पर कथा को गद्यात्मक व पद्यात्मक भी कहते हैं – जैसे बाणभट्ट की *कादम्बरी* गद्य-कथा है और सोमदेव की *कथासरित्सागर* पद्य-कथा है और वे यह भी कहते हैं कि कथा संस्कृतेतर भाषाओं में भी है और इस सन्दर्भ में वे दो भाषा-समुदायों का नाम भी लेते हैं – प्राकृत और अपभ्रंश। इससे स्पष्ट है कि भामह के समय में भी भारतीय भाषाओं में कथाओं का भण्डार उपलब्ध था। दण्डी (आठवीं शताब्दी) कथा

और महाकाव्य में विषय-वस्तु का एकीभाव मानते हैं और तदनुसार कथा का कोई विशिष्ट विश्लेषण नहीं करते। रुद्रट (नौवीं शताब्दी) *काव्यालंकार* में कथा के संरचनात्मक विश्लेषण को आगे बढ़ाते हुए उसका यह वर्गीकरण करते हैं –

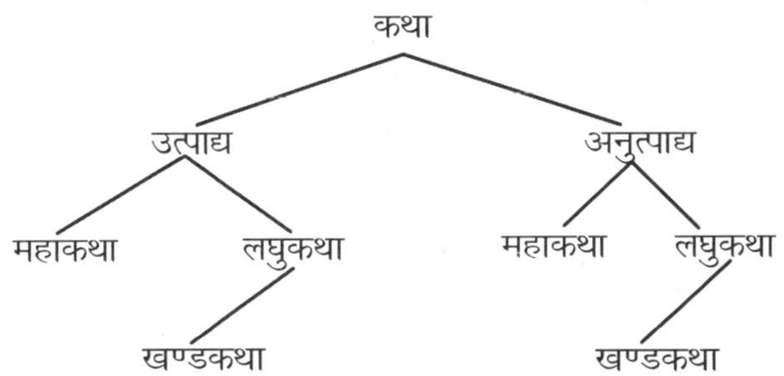

आनन्दवर्धन *ध्वन्यालोक* में काव्य भेद पूर्णतया भिन्न लक्षण से करते हैं। उनके अनुसार काव्य भेद का आधार शब्द व्यापार से सिद्ध रस-ध्वनि है। आनन्दवर्धन कई प्रकार की कथा का उल्लेख करते हैं – *परिकथा, खण्डकथा, सकलकथा, सर्गबन्ध, आख्यायिका, कथा* इत्यादि और किस कथा में कैसे शब्द प्रयोग होने चाहिए। भाषा संगति की चर्चा में आनन्दवर्धन कथा-प्रकारों का उल्लेख करते हुए कहते हैं कि –

परिकथा – खण्डकथा – सकलकथा – सर्गबन्ध – आख्यायिका इत्यादि प्रत्येक विशिष्ट पद संघटन की आकांक्षा रखते हैं। यह और शब्दों के चयन में, उनके अनुसार रचयिता मुख्यतया अपेक्षित रस का ध्यान रखता है यथा एकाकी शब्द करुणा रस के लिए और समास वीर रस के लिए साधन हैं।

हेमचन्द्राचार्य (ग्यारहवीं-बारहवीं शताब्दी) भिन्न कथा प्रकार में रचना की विस्तार से चर्चा करते हैं और विशिष्ट रूप से कथा और आख्यायिका का भेद नायक के अनुसार दर्शाते हैं। उनके अनुसार कथा का नायक धीर-शान्त होता है जो अपना गुणगान या बखान नहीं करता जबकि आख्यायिका का नायक अपनी उपलब्धियों, अपनी बहादुरी इत्यादि का बखान स्वयं करता है। हेमचन्द्राचार्य का कथा-प्रकार विश्लेषण उनका प्रमुख योगदान है। वे निम्नलिखित कथा-प्रकारों को परिभाषित करते हैं –

१. आख्यान

२. निदर्शन

३. प्रवाहलिका

४. मत्तालिका

५. मणिकुल्य

६. परिकथा

७. खण्डकथा

८. सकलकथा

९. उपकथा

१०. बृहत्कथा

यह वर्गीकरण सबसे विस्तृत है। इसमें पहले पाँच प्रकार हेमचन्द्राचार्य जी ने सबसे पहले किए। दूसरी बात यह है कि परिकथा इत्यादि का वर्णन *अग्नि पुराण* और *ध्वन्यालोक* में भी है परन्तु *काव्यानुशासनम्* में हेमचन्द्र ने उनकी परिभाषा अलग ढंग से की है। विश्वनाथ कविराज (चौदहवीं शताब्दी) द्वारा *साहित्यदर्पण* में कथा-लक्षण की चर्चा *कथासरित्सागर* में सोमदेव द्वारा निर्दिष्ट कथा गुणों से प्रभावित है।

कथाओं का भेद गुणों से भी किया गया है। सोमदेव कथा के निम्नांकित गुण मानते हैं:[1]

१.	रम्या	– जो मन को प्रसन्न करे।
२.	हृदया	– जो हृदय को छुए।
३.	हारिणी	– सुनने में अच्छी लगे।
४.	चित्र	– भाषा का वैशिष्ट्य हो।
५.	उदार	– उदात्त अर्थ वाली हो।
६.	विचित्रार्थ	– घटना या चरित्र का कोई विशेषण हो।
७.	आर्थया	– जिसका कोई प्रयोजन हो।
८.	अपूर्व	– कोई नवीनता हो।
९.	स्वल्पा	– छोटी होने पर भी आनन्ददायक हो।

---

१. नलिनि साधाल, *संस्कृत साहित्य में कथा,* पृ. ५५-५६।

१०.	महाकथा	– दीर्घ हो तो उसमें रुचि बाहुल्य हो।
११.	दिव्या	– अलौकिक अंश हो।
१२.	विनोदिनी	– हास्य, विनोद के अंश हों।
१३.	शिक्षावती	– शिक्षाप्रद हो।
१४.	बुद्धि विभावसम्पन्ना	– अर्थ में बौद्धिक गाम्भीर्य हो।
१५.	रुचिरा	– नीरस न हो।
१६.	अद्भुत विचित्र रुचिरा	– अद्भुत और शृंगार का अंश हो।
१७.	मुग्धा विषया	– मूर्ख नायक हो।

इस गणना से स्पष्ट है कि सोमदेव विभिन्न कथाओं के भिन्न गुणों को गिन रहे हैं। किसी एक कथा में इनमें से कोई भी एक या एक से अधिक गुण हो सकते हैं। ये गुण कथा के मूल्यांकन में सहायक हो सकते हैं।

काव्य में कथा की प्रधानता इसी से सिद्ध होती है कि प्रायः सभी काव्य चिन्तकों ने कथा-संरचना, प्रकार, गुणों व भाषा का विश्लेषण किया है परन्तु कोई एक विश्लेषण अपने आप में परिपूर्ण नहीं है। *अग्नि पुराण,* जो काव्यशास्त्र का स्रोत है, खण्डकथा को किसी और से जुड़ी हुई, अपने आप में अपरिपूर्ण कथा बताता है। *परिकथा* को *अग्नि पुराण* आख्यायिका और कथा के रूपों का मिश्रण मानता है। कथा काल्पनिक होती है, और उसमें तीन रसों, भयानक, अक्षम्यता व करुण में से किसी एक की प्रधानता होती है।

एक आधुनिक विद्वान् के अनुसार सकलकथा वह कथा है, जो अपने में परिपूर्ण, निर्णायक अन्त वाली है। उन्हीं के अनुसार खण्डकथा वह है, जिसका आरम्भ और अन्त दूसरी कथाओं में गुंथा हुआ है। अन्तरकथा वह कथा है, जो किसी दूसरी कथा का भाग होते हुए भी अपने में परिपूर्ण है और *आन्तरकथा* किसी *अन्तरकथा* का भाग होते हुए भी अपने में परिपूर्ण है। उनकी परिभाषा में *परिकथा* कथाओं का समूह है –

> वे कथाएँ, जिनके केन्द्र में एक कथा है और जिनके चतुर्दिक कई कथाएँ चक्र की तरह घूमती हैं।[२]

२. नलिनि साधाल, वही, पृ. ७३-७४।

ततः काव्यशास्त्र में कथा पर समग्र और समृद्ध चिन्तन हुआ है परन्तु यह स्वाभाविक है कि किसी एक चिन्तक का विश्लेषण अपने आप में निर्णायक या सम्पूर्ण नहीं। अपनी परम्परा के अनुरूप इस चिन्तन संग्रह का मनन करने से कुछ ऐसी समझ बनती है। कथा के विषय, रूप व संरचना का कथा परम्परा में बाहुल्य है। यह भोजराज की *शृंगारप्रकाश* के ग्यारहवें अध्याय में कथा-कोटी-गणना से स्पष्ट हो जाता है। भोजराज ने कथा-प्रकार की यह सूची पूरी परम्परा के उन भिन्न प्रकल्पों के आधार पर बनाई है, जिनका प्रयोग काव्यशास्त्र के अनेकों चिन्तकों ने अपने-अपने विश्लेषण में किया है। जैसे – भाषा, छन्द, विषय-वस्तु, कथा का कत्थक (narrator) नायक घटनाओं का काल पक्ष इत्यादि। पाश्चात्य चिन्तन में भी देश, काल और विषय कथा के तीन प्रमुख प्रकल्प हैं। भारत के कथा-सिद्धान्त के परिप्रेक्ष्य में, समूचे कथा प्रबन्धों को निम्नलिखित प्रबन्ध-प्रकार में वर्गीकृत किया जा सकता है –

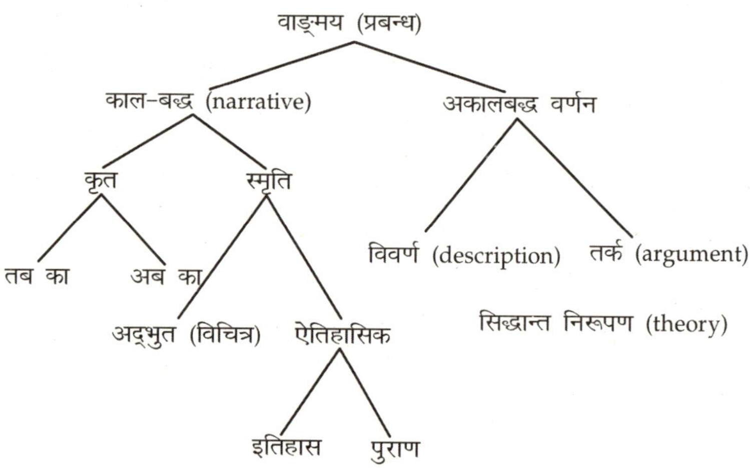

तदनुसार, पाँच प्रकार के कालबद्ध वर्णन, काव्यात्मक वर्णन = कथानक उपलब्ध हैं या हो सकते हैं : (i) काल्पनिक अब के; (ii) काल्पनिक जब के या तब के; (iii) विचित्र; (iv) पौराणिक; (v) ऐतिहासिक। इनके मिश्रण से, नए प्रकार के कथानक बनते हैं, बन सकते हैं। उदाहरणतया, *महाभारत* है तो इतिहास परन्तु उसमें हर प्रकार की कथाएँ हैं और इसमें तीन प्रकार की कथाओं का सम्मिश्रण है – तब-की, "ऐतिहासिक तथा पौराणिक"। कई कथाओं/आख्यानों में उपाख्यान भी हैं, जो फिर पाँच में से एक या मिश्रित प्रकार के हैं। अतः *महाभारत* का कथानक अत्यन्त समृद्ध बन गया है। अगर

कथाओं का एक लक्षण किया जाए तो वह लक्षण है, काल-क्रम की अनुभूति, समय का बीतना और वस्तुओं का बदलना। यास्क द्वारा निर्दिष्ट[३] ६ प्रकार के विकार उद्भव, अस्तित्व, बदलना, बढ़ना, क्षीण होना और विनाश – उनमें से एक या एकाधिक सब कथाओं के क्रिया-कलाप के विशेषण होते हैं। कथा का सबसे प्रबल चिह्न क्षणिकता का है – हर पल एक वस्तु, भाव, चरित्र बदलकर कुछ और बन जाता है। दूसरा, सब कथाएँ चरित-रूप ही होती हैं – किसी-न-किसी की जीवन-कथा। इसलिए कथा दृष्टान्त होती है और यही इसका महत्त्व है।

हर सांस्कृतिक समाज या जाति में हर प्रकार की कथाएँ होती हैं। परन्तु हर जाति की विशिष्ट प्रतिभा के कारण किसी विशेष प्रकार की कथा का उस जाति में बाहुल्य होता है। यथा भारतीय प्रतिभा अद्भुत और ऐतिहासिक कथानकों में अधिक सक्षम है। यह कहना कुछ को शायद अटपटा लगे क्योंकि ऐसा प्रचार रहा है कि भारतीय बुद्धि इतिहास बोध में किंचित् पिछड़ी हुई है। परन्तु यह भ्रम-मात्र है। अंग्रेज़ी विद्वान् ए.के. वार्डर, मगध-साहित्य के सन्दर्भ में, अपनी पुस्तक में कहते हैं –

> ... ध्यान से समीक्षा करने से यह प्रत्यक्ष है कि (भारत में) इतिहास और जीवन-वृत्तान्त का सूक्ष्मता से अनुशीलन हुआ।[४]

भारतीय मानस की अनुभवाश्रित चिन्तन-प्रकृति जीवन-वृत्तान्त को महत्त्व देती है परन्तु ज्ञान-विषय में न तो एक व्यक्ति के जीवन का विस्तृत ब्यौरा है, न ही उसके जीवन की घटनाओं का काल-क्रम। भारतीय मानस की रुचि है वैयक्तिक जीवन-वृत्तान्त में निहित वह मूल जीवन उपयोगी सिद्धान्त, जो सामान्य जीवन के सुख-दुःख की सच्ची पहचान के लिए आवश्यक साधारण जीवन प्रक्रिया समझने के लिए महत्त्वपूर्ण है। ऐसे जीवन वृत्तान्तों का रूप क्या होगा ? भारतीय परम्परा में ये ऐतिहासिक या पौराणिक कथा या इतिहास का रूप लेते हैं।

ऐसा माना जाता है कि कथा कहने के ऐसे अधिमानीय ढंग संस्कृति के साथ कारण और कार्य दोनों रूपों से सम्बन्धित होते हैं।[५] युक्तियुक्त, विश्वास

---

३. निरुक्त १.२।

४. ए.के. वार्डर, *इंडियन काव्य लिट्रेचर,* वॉल्यूम २, १६७४, पृ. १०।

५. ए.के. वार्डर, *इण्डियन काव्य लिट्रेचर,* वॉल्यूम २, १६७४, पृ. १०।

उत्पादक कथाएँ अपनी संस्कृति और अपने समाज से ही जन्मती हैं। किसी और समाज के तन्त्र, मूल्यों या सिद्धान्तों पर आधारित कथाएँ अपने समाज की समस्याओं की यथोचित व्याख्या नहीं कर सकतीं, केवल ऊपरी सामाजिक धरातल को दर्शाती हैं, विस्तृत लोक का अंग नहीं बन पातीं। अतः ऐसी कथाएँ दीर्घजीवी नहीं होती। भारत की परम्परा के अन्दर ही प्राचीन भण्डार की घटनाओं और चरित्रों के पुनर्लेखन की सक्षमता है। अतः *महाभारत, रामायण* का प्रयोग एक कथा खान की तरह किया जाता रहा है और भास से लेकर शिवाजी सावन्त व प्रतिभा रे तक उनकी घटनाओं और नायक-नायिकाओं को अनेकों बार अनेक प्रकारों से प्रतिपादित किया गया है। और यह प्रक्रिया जीवन्त है। अतः पुनर्लेखन की दो प्रवृत्तियाँ स्पष्टतः विद्यमान हैं, आज के साहित्यिक भारत में – (i) परम्परा का श्रद्धा से पुनर्निर्णय, और (ii) परम्परागत मूल्यों और अवधारणाओं की भर्त्सना करने के ध्येय से उसका पुनर्लेखन। अंग्रेज़ी मानसिकता वाले पाठक, श्रोता द्वितीय प्रकार के लेखन को स्वतन्त्र चिन्तन का प्रमाण मानते हैं। प्रथम प्रवृत्ति का लेखन परम्परा को आगे बढ़ाता है और उसे समृद्ध बनाता है। द्वितीय लेखन परम्परा को विखण्डित करने का अनर्थक प्रयास भर ही रह जाता है।

इतिहास-पुराण कथाएँ समाज को कथानक की काल जकड़ से मुक्त करती हैं। अतः इतस्ततः, समाज की चेतना का भाग बन जाती हैं – अर्थात् उन कथाओं के तथ्य सामान्य विचारधारा की शब्दावली बन जाते हैं और समकालिक जीवन और घटनाओं को समझने, उनका अर्थ-निर्णय करने का साधन। ये काल-मुक्त कथाएँ वैयक्तिक और ऐतिहासिक समय/काल को एक आद्य-रूप-कथानक में परिवर्तित कर देती हैं।

पौराणिक और अद्भुत कथाओं के बाहुल्य का यह अर्थ नहीं कि यहाँ सामाजिक चेतना का अभाव है। प्रश्न है "सामाजिक चेतना" की परिभाषा का। आधुनिक एंग्लो-अमरीका साहित्य व चिन्तन के अनुसार सामाजिक चेतना का अर्थ परस्पर मानवी सम्बन्ध और समाज के घटकों का आर्थिक न्याय के लिए परस्पर संघर्ष तक सीमित है। यह परिभाषा मनुष्य को अर्थ और काम तक प्रतिबन्धित कर देती है। "सीमित" अर्थ क्योंकि अर्थ का उपयोग केवल अपने लिए है और "सीमित" काम क्योंकि यह केवल शारीरिक सम्बंध तक ही सीमित है। आधुनिक साहित्य में, मनुष्य जीवन का ध्येय वैयक्तिक अर्थ और भौतिक काम ही है। धर्म और मोक्ष के कोष्ठक या प्रतिबन्ध पुरुषार्थ चतुष्टय से हटा दिए गए हैं। ततः अर्थ और काम पूर्णतया स्वच्छन्द हैं। अपरिसीमित हैं। यही लक्षण है हमारी आजकल की उदर-आधारित सभ्यता

का। ऐसा नहीं कि प्राचीन कथाएँ "सामाजिक" विषयों को नहीं छूतीं। *महाभारत* में कोई भी सामाजिक विषय अछूता नहीं छोड़ा। "नॉवल" का भारत में २०० वर्ष से कम का इतिहास है। यह एक मिश्रित काव्य-प्रकार है, जिसके स्रोत पश्चिम में रहे हैं। मध्ययुगीय रम्याख्यान, गद्य प्रबन्ध, इतिहास, चरित, हास्य नाटक, भावुक नाटक इत्यादि।

तत्रत्य, "नॉवल" अनिवार्यता अठारहवीं शताब्दी के इन्डस्ट्रीयल रैवोल्यूशन या मध्य वर्ग के रनैसांन्स-पर, विकास के साथ ही जुड़ा हुआ नहीं। स्पैनिश भाषा का प्रसिद्ध "नॉवल" *डान किहोटे* का इन्डस्ट्रीयल रैवोल्यूशन या मध्य वर्ग समाज की रचना के साथ कोई सम्बन्ध नहीं। परन्तु भारत की कथा का चरित्र आधुनिक "नॉवल" से कुछ भिन्न ही है। इतर "नॉवल" की कोई एक परिभाषा न होने के कारण "नॉवल" भारतीय भाषाओं के "नॉवल" को विशेषकर, कथा का ही प्रकार मानना ठीक है। ऐसा नहीं कि भारतीय कथाएँ सर्वदा अ-यथार्थवादी ही होती हैं न कि आधुनिक "नॉवल" सतत् यथार्थवादी ही होता है। ए.के. वार्डर, जिनको हमने एक बार पहले भी उद्धृत किया है, कहते हैं –

> भारतीय कथा अपने में दो विरोधी तत्त्व समेटे है। एक दिशा में वह सामाजिक कुरीतियों को लेकर यथार्थवादी है और दूसरी दिशा में वह मनःकल्पित घटनाओं, अलौकिक शक्तियों और असाधारण, लोकोत्तर वृत्तान्तों पर केन्द्रित होती हैं।[६]

उदाहरणतया ईसा से प्रथम शताब्दी की *बृहत्कथा,* अक्षरशः "महान्/विस्तृत कथा," में महाकाव्य की समृद्धता, उसका विस्तार, उसमें सूक्ष्म विवर्ण भावनाओं व आकांक्षाओं का विस्तार व समस्त रसों का गद्य में स्थानान्तरित होने का आभास होता है।[७] यह कथा मध्य-दक्षिण भारत की बोली आद्य महाराष्ट्रीय प्राकृत में रची गई। इसके बाद कई कवियों, बाण, दण्डी, धनपाल आदि ने यथार्थ और कल्पना का सम्मिश्रण किया। तीसरी शताब्दी का प्रसिद्ध और प्रभावशाली *पंचतन्त्र* मनःकल्पित कथाओं का प्रारूप है। इस प्रकार की मनसा-सृष्ट कथाएँ इतस्ततः भारत की मौखिक लोक परम्परा की सर्वाधिक लोकप्रिय विधा है। या निदर्शन उप-प्रकार की कथा है, जिसमें आधार-मूलक उपदेश रहते हैं। इसमें उपदेश पहले होता है और उस उपदेश का दृष्टान्त-रूपी घटना संयोजन बाद में। उनका संरचनात्मक ढांचा तो मनःकल्पित

---

६. ए.के. वार्डर, वही, पृ. ५२।

७. ए.के. वार्डर, वही, पृ. ११६।

होता है पर उनमें वर्णित चरित्र और घटनाएँ धरती से, मानवीय रिश्तों से, प्रकृति से और मनुष्य के स्वभाव की अस्थिरता से जुड़े होते हैं। भाषा और शैली प्रायः सरल, ध्वन्यात्मक तथा भावात्मक होते हैं। *शृंगारप्रकाश* में भोजराज कहते हैं कि *पंचतन्त्र* जैसी निदर्शन-कथा में निर्दिष्ट कर्त्तव्य-अकर्त्तव्य, मूल्यों से अधिक साधारण जीवन के व्यावहारिक आचार-विचार से सम्बन्ध रखते हैं। परन्तु सोचा जाए तो नैतिक मूल्य भी समाज के अन्तर्निहित तत्त्व ही हैं। अतः प्रबन्ध जैसी भारत मूल्य-आधारित कथाएँ भी "सामाजिक" ही हैं।

उसी तीसरी-चौथी शताब्दी में *गण्डव्यूहसूत्र* की रचना हुई, जो कि एक बौद्ध कथानक है, एक धार्मिक कथा, एक अज्ञानस्थ की ज्ञानोद्दीपन की जिज्ञासा और मार्ग की कथा। सातवीं शताब्दी में बाण का *हर्षचरित* कल्पित कथा रूप एक महत्त्वपूर्ण राजा का जीवन-वृत्तान्त है। उनकी अन्तिम कृति *कादम्बरी* एक "नॉवल" (= काल्पनिक कथा) ही है, जिसमें कई व्यक्तियों घटनाओं और नगर-नगरियों का वर्णन गृहीत है। इस कथा में सामाजिक, पौराणिक तथा दर्शन प्राकृतिक ढंग से अन्तःस्थापित है। इस विस्तृत कथा के प्रभाव में कई ग्रन्थ रचे गए जैसेकि आठवीं शताब्दी की प्राकृत में रचित *लीलावती*। इसी प्रकार आठवीं शताब्दी में हरिभद्र ने *समरैच्चा,* एक महाराष्ट्रीय कथा लिखी, जो सकलकथा कोटि की कथा है जिसमें मुख्य नायक की नौ जीवन में एक मूर्ख से दार्शनिक बनने की यात्रा का रोचक वृत्तान्त है। भारतीय दर्शन-अनुरूप पुनर्जन्म और एक जन्म से दूसरे जन्म में आत्म-संवर्धन व विकास की यात्रा की अवधारणा अन्तर्निहित होने के कारण यह एक अति महत्त्वपूर्ण कथा है। एक कथा दूसरी कथा में अन्तःस्थापित होने के कारण यह संरचनात्मक परिमाण की दृष्टि से भी महत्त्वपूर्ण है।

यह कथा-परम्परा का एक अति लघु विवरण है। जैसे-जैसे भारतीय भाषाओं का विकास हुआ, कथा-सृजन उन भाषाओं में ही नहीं हुआ, वरन् वाङ्मय भी नए-नए रूपों में विकसित हुआ। आठवीं-नौवीं शताब्दी में राजशेखर ने भारतीय वाङ्मय को काव्यपुरुष के रूप में चित्रित किया।[८] काव्यपुरुष सरस्वती के पुत्र तथा बृहस्पति के गुरु थे। भारतीय प्रबन्ध-परम्परा के लाक्षणिक अनुश्रुत्य रूप में कहे गए इस वचन का अर्थ है कि काव्य ज्ञानात्मक होता है। वह सरस्वती-पुत्र है, जिस सरस्वती की कृपा से यह सारा वाङ्मय विश्व अर्थ-रूप में परिणत हो जाता है। इसकी भाषा छन्दोबद्ध

---

८. *काव्यमीमांसा,* तृतीय अध्याय।

होती है। काव्यपुरुष की उत्पत्ति से पहले ऐसी भाषा केवल वेदों में ही थी। शब्द और अर्थ इस काव्यपुरुष के शरीर हैं। संस्कृत भाषा मुख है, प्राकृत भाषाएँ भुजाएँ हैं, पिशाच-भाषा (= महाराष्ट्री प्राकृत) चरण हैं, मिश्र भाषाएँ वक्षस्थल हैं। काव्यपुरुष सम, प्रसन्न, मधुर उदार और ओजस्वी है। यह इसके गुण हैं। उसकी वाणी उत्कृष्ट है और रस उसकी आत्मा है, छन्द इसके रोम हैं। अनुप्रास, उपमा आदि अलंकार उसे अलंकृत करते हैं। भावी अर्थों को बताने वाली श्रुति भी उसकी स्तुति करती है (अर्थात्, इस काव्यपुरुष में वेद ज्ञान समाहित है)। काव्यमय होने के कारण इस सरस्वती-पुत्र को काव्यपुरुष कहा गया। आगे कथा यह है कि जब माता ने ब्रह्मलोक जाते समय अपने पीछे-पीछे आते हुए इस शिशु को रोककर कहा कि भगवान् ब्रह्मदेव ने तुम्हें आने की आज्ञा नहीं दी है और उसे ऐसा कह कर मर्त्यलोक में लौटा दिया अर्थात्, काव्य का विषय ब्रह्मज्ञान नहीं इहलोक ज्ञान है एवं इसकी सृष्टि "प्रजासु हितकाम्यया" ("प्रजा के हित की कामना से", वही, प्रथम अध्याय) हुई है तो वह बालक "काव्यपुरुष" रुष्ट होकर निकल पड़ा। यह देख उसका प्रिय मित्र गौरीपुत्र कार्तिकेय रोने लगा। तो गौरी (पार्वती) ने उसे कहा कि मैं तुम्हारे मित्र को समझाती हूँ। पार्वती ने सोचा कि प्रेम के सिवाय दूसरा कोई दृढ़ बन्धन नहीं। ऐसा सोचकर उन्होंने एक कन्या साहित्य-विद्यावधू को उत्पन्न किया और उसे आज्ञा दी कि "तेरा धर्मपति क्रुद्ध होकर आगे जा रहा हैं। उसके पीछे जाकर उसे मनाकर लौटा ला।" और मनीषियों को पार्वती ने कहा कि तुम काव्यविद्या के स्नातक हो इसलिए इन दोनों के पीछे जाओ और दोनों की स्तुति करो। क्योंकि यह तुम्हारे लिए काव्य का सर्वस्व होगा। वह सब पहले पूर्व दिशा की ओर चल पड़े। पूर्व दिशा के जिस-जिस जनपद में वे गए वहाँ की स्त्रियों व पुरुषों ने साहित्य विद्यावधू और काव्यपुरुष के वेष का इच्छानुसार अनुवरण किया। इसी प्रकार चारों दिशाओं के जनपदों में अपनी-अपनी रचना-प्रवृत्ति का अनुवरण हुआ – मागधी, भारती, गौड़ी, पाञ्चल मध्यमा, आवन्ती (सात्वती और कौशिकी) और दक्षिणात्या प्रवृत्तियाँ। इस प्रकार भारतीय काव्यपुरुष स्थान और दिशा-विशिष्ट रूप लेता है। राजशेखर स्वयं प्रश्न करते हैं कि वृत्ति और प्रवृत्ति तो मूलतः चार प्रकार की (गौड़ी, पांचाली, आवन्ती, दाक्षिणात्य) कही गई हैं किन्तु देश अनन्त हैं। इस स्थिति में इन चार वृत्तियों/प्रवृत्तियों में सभी देशों का अन्तर्भाव कैसे हो सकेगा? स्वयं राजशेखर इस भारत देश की एकात्मता को पहचानते हुए उत्तर देते हैं कि उन अनन्त देशों को चार भागों में विभक्त करके कविगण कार्य-निर्वाह करते हैं। यह सारा देश सामान्य-रूप से चक्रवर्ती क्षेत्र है (एक

चक्र की तरह जिसकी धुरी मध्यदेशीय उज्जैन है) और इसके अन्दर भीतरी विशेषताओं के कारण छोटे-छोटे देश अनन्त हैं। इसके अनन्तर वे कहते हैं कि कवियों को अपने देश के अनुकूल वेष-विन्यास और आचार-व्यवहार आदि को जानकर वर्णन और रचना करनी चाहिए। मध्यदेश उस समय भारतीय संस्कृति का केन्द्र रहा होगा क्योंकि राजशेखर अपना अध्याय यह कहकर समाप्त करते हैं कि भगवान् कामदेव की नगरी वत्सगुल्म में काव्यपुरुष और साहित्य-विद्यावधू का गान्धर्व विवाह हुआ।

इस प्रकार राजशेखर ने एक कल्पित कथानक द्वारा भारतीय काव्य की उत्पत्ति, विस्तार एवं स्वरूप का विवेचन किया है, जो आज भी भारतीय वाङ्मय के लिए मानक है। निष्कर्ष यह है कि (प) भारतीय काव्यकथा परम्परा (गद्य एवं पद्य) दीर्घकालीन, बहुविध व समृद्ध परम्परा है एवं इसी के साथ काव्य विद्या भी विकसित हुई, जिसमें काव्य प्रकार, काव्य हेतु, काव्य कारण, काव्य प्रयोजन, काव्य आनन्द, काव्य ज्ञान व काव्य का स्वरूप आदि विषयों पर निरन्तर चिन्तन हुआ। इसके अनुरूप, कथा, आख्यायिका और आख्यान तीन कथा-जाति के मुख्य अङ्ग हैं।

कथा के निम्नलिखित उपप्रकार मान्य हैं –

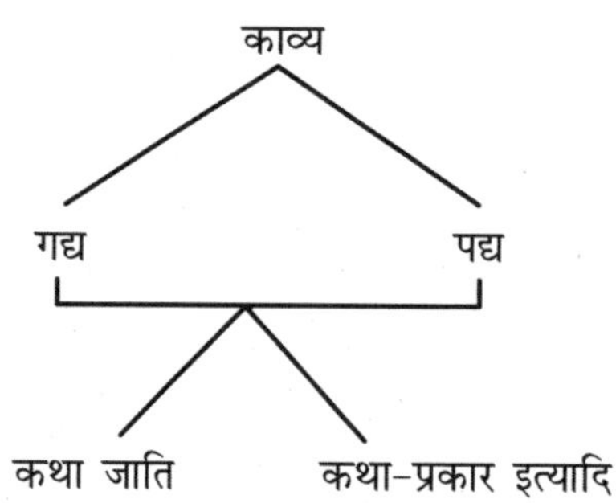

१. स्त्रोत व दूसरे कथा-प्रकारों से सम्बन्ध के अनुसार :–

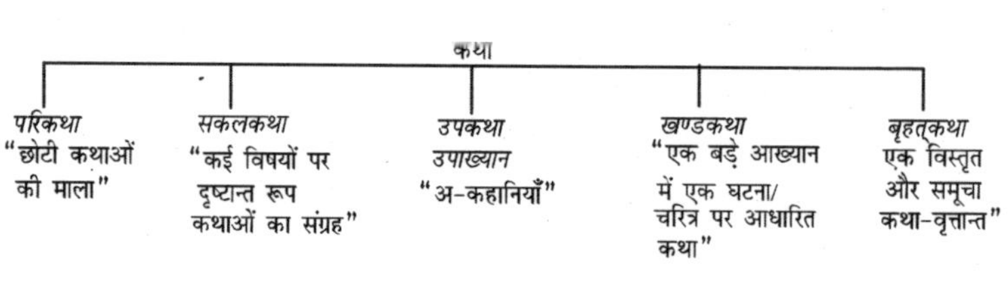

२. विषयानुसार :–

निदर्शन "उपदेशात्मक" — *(मन्क्षुली)* हास्यकथा — *मणिकुल्य* "रहस्यात्मक कथा / अद्‌भुत"

३. संरचनानुसार :–

अनिबद्ध "स्वछन्द/अदृढ़ संरचना" — *निबद्ध* दृढ़ संरचना

४. मूल या आधारित :–

अनुत्पाद्य "अन्य आधारित" — *उत्पाद्य* "मूल सृजन"

५. महत्त्वानुसार :–

महत् — *लघु*

कथा, आख्यायिका और आख्यान का प्रयोग यदा-कदा पर्यायवाची दिखता है परन्तु सूक्ष्म रूप से भेद इंगित किया गया है। भामह कहते हैं कि कथा और आख्यायिका के नायकों में भेद होता है। कथा का नायक अभिजात होता है। आचार्य हेमचन्द्र उसके लिए धीर-शान्त शब्द का प्रयोग करते हैं। आख्यायिका का नायक राजसिक गुण वाला पौरुष और उत्साह से परिपूर्ण होता है। आख्यान काल्पनिक कथा होती है, जिसका विषय-आधार वेदों के आख्यान होते हैं, जैसे सत्यकामजा बाली या शुनःशेप के आख्यान। पौराणिक नृपों भागीरथ, रघु इत्यादि पर आधारित आख्यान भी हैं। दूसरे वर्गीकरण के सन्दर्भ में आनन्दवर्धन का कथन है कि प्रबन्ध-भेद से कथाएँ परिकथा, खण्डकथा व सकलकथा भेदों में विभाजित की जाती है। खण्डकथा के विषय में आनन्दवर्धन और अभिनवगुप्त कहते हैं कि खण्डकथा प्राकृत में लिखी जाती है। ऐसा प्रतीत होता है कि ईसा-पूर्व से ही पुनर्लेखन कथाएँ संस्कृत व अन्य भाषाओं में लिखी जाने लगी थीं और पिछले १०० वर्षों में आधुनिक भारतीय भाषाओं, मराठी, कन्नड, बांग्ला, गुजराती इत्यादि में महाकाव्यों के मुख्य चरित्रों, सीता, कुम्भकर्ण, कर्ण, विभीषण, द्रौपदी, एकलव्य, कृष्ण, अभिमन्यु, बाली इत्यादि पर कई खण्ड कथाओं की रचना हुई है।

काव्यशास्त्रियों ने कथा के उप-प्रकारों को एक-दूसरे से पृथक् करने के लिए इन मानकों का प्रयोग किया है –

१. भाषा	–	संस्कृत, प्राकृत, अपभ्रंश, मिश्रित
२. माध्यम	–	गद्य, पद्य, मिश्रित
३. विस्तार अर्थ-महत्त्व	–	महत्, लघु
४. कथकः	–	नायक ही या नायक अन्येतर
५. नायक-प्रकृति	–	धीर-शान्त, स्थितप्रज्ञः इत्यादि
६. पुरुषार्थ केन्द्रित	–	चतुष्टय में से कौन-सा/से पुरुषार्थ ध्येय
७. कथा-वस्तु	–	मूल
८. चरित्र	–	देवता, मनुष्य, पौराणिक इत्यादि
६. संरचना	–	सर्ग, काण्ड, लम्भ, उच्छवास इत्यादि

इस प्रकार के चिन्तन और वर्गीकरण की निरन्तर प्रक्रिया का एक विशाल कथा साहित्य ही हेतु हो सकता है। यह विशाल कथा साहित्य अधिकाधिक मौखिक ही था और मौखिक माध्यम से ही एक पीढ़ी से दूसरी पीढ़ी तक पहुँचा। यह शृंखला हरिकथा, रामलीला, भागवत-सप्ताह के रूप में अब तक अविच्छिन्न है। यह साहित्य पढ़ने का विषय न होकर सुनने का अर्थात् श्रव्य साहित्य है। अतः यह साहित्य लोक का साहित्य है, जिसमें साधारण व्यक्ति का भी अंश-भाग ग्रहण होता है। इसी कारण से कथा-साहित्य पुरुषार्थ-चतुष्टय से सीधा सम्बन्धित है। क्योंकि श्रोता कहानी में अधिक रुचि रखते हैं इसलिए श्रव्य-साहित्य का मुख्य काव्य-प्रकार कथा ही है।

७

कथा-परम्परा

कथा वेद से ही आरम्भ होती है और भक्ति का बीज भी वेद में ही है। कथा के धात्वर्थ "कहना" के अनुरूप सर्व वेद को "वेद-कथा" ही कहा गया है। ब्राह्मण, उपनिषद् तथा *बृहद्देवता* आदि में जो कथाएँ विस्तार से दी हैं उनका बीज *ऋग्वेद* के उन संहिता के संवादों में उपलब्ध है, जिनमें दो या तीन पात्रों का परस्पर कथनोपकथन इन कथाओं का आधार बन जाता है। भारतीय साहित्य में अनेक अंगों का उद्भव इन्हीं संवादों से हुआ है। इनके अतिरिक्त सामान्य स्तुतिपरक सूक्तों में भी भिन्न-भिन्न देवताओं के विषय में मनोरंजक तथा शिक्षाप्रद आख्यान हैं। संहिता में जिन कथाओं का मात्र संकेत है उनका विस्तृत रूप बाद में *बृहद्देवता* इत्यादि में मिलता है। निरुक्ताचार्य यास्क और भाष्यकार सायण ने इन वेद कथाओं के रूप तथा आधार का निरूपण किया है।

वेद शब्द का अर्थ है ज्ञान और ज्ञान अनन्त है। अतः वेद भी अनन्त है। तथापि *मुण्डकोपनिषद्* की मान्यता है कि वेद चार हैं –

ऋग्वेदो यजुर्वेदोः सामवेदोऽथर्ववेदः।

इनके चार उपवेद इस प्रकार हैं – धन्वन्तरि कृत *आयुर्वेद*, विश्वामित्र कृत *धनुर्वेद*, नारद मुनि कृत *गन्धर्ववेद* और विश्वकर्मा कृत *स्थापत्य वेद*। *मनुस्मृति* कहती है कि वेदों को ही श्रुति कहते हैं – "श्रुतिस्तु वेदो विज्ञेयः।" श्रु का अर्थ है "सुनना," अतः "श्रुति" = "सुना हुआ ज्ञान"। यह ज्ञान वेदकालीन महा-तपा दृष्टाओं ने अलौकिक प्रत्यक्ष द्वारा ग्रहण किया और जगत् के अभ्युदय के लिए ऋचाओं में प्रकट किया। श्रुति के दो विभाग माने जाते हैं – (१) वैदिक और (२) तान्त्रिक – "श्रुतिश्च द्विविधा वैदिकी तान्त्रिकी च"। वेद के भी दो विभाग हैं – (१) मन्त्र, और (२) ब्राह्मण – वेद के मन्त्र विभाग को संहिता भी कहते हैं। संहितापरक विवेचन को "आरण्यक" एवं

संहितापरक भाष्य को "ब्राह्मण ग्रन्थ" कहते हैं। वेदों के ब्राह्मण विभाग में "आरण्यक" और 'उपनिषद्' का भी समावेश है।

ब्राह्मण ग्रन्थों की संख्या २३ है – *ऋग्वेद* के २, *यजुर्वेद* के २, *सामवेद* के २ और *अथर्ववेद* के २, मुख्य ब्राह्मण ग्रन्थ पाँच हैं – (२) *ऐतरेय ब्राह्मण*, (२) *तैत्तिरीय ब्राह्मण*, (३) *तलवकार ब्राह्मण*, (४) *शतपथ ब्राह्मण*, (५) *ताण्ड्य ब्राह्मण*।

उपनिषदों की संख्या तो २०६ है परन्तु मुख्य १२ माने गए हैं – *ईश, केन, कठ, प्रश्न, मुण्डक, माण्डूक्य, तैत्तिरीय, ऐतरेय, छान्दोग्य, बृहदारण्यक, कौषीतकि* और *श्वेताश्वतर*।

ज्ञान-सृजन के सन्दर्भ में एक प्रश्न परम्परा में पूछा गया है – वेद पौरुषेय है या अपौरुषेय ? अर्थात् यह ज्ञान एक व्यक्ति द्वारा निर्मित/सृज्य है या यह स्वतन्त्र, स्वतःसिद्ध ज्ञान है, जिसका साधन साधारण मानस क्षमता के स्थान पर असामान्य मनीषियों का अलौकिक प्रत्यक्ष है। तदनुसार यह ज्ञान आधुनिक वैज्ञानिक तथ्यों की तरह सर्वदा और देश-काल, व्यक्ति-समाज से मुक्त सर्वतः सत्य है। यहाँ यह ध्यान देने योग्य है कि कई अनुवादक "अपौरुषेय" का अर्थ "ईश्वरीय" और "पौरुषेय" का अर्थ "एक पुरुष द्वारा स्थापित" मानते हैं, जो कि सर्वथा अमान्य और अतार्किक है। "अपौरुषेय" ग्रन्थ वह है, जिनमें संयोजित ज्ञान अकालक और स्वतःसिद्ध है। वेद ऐसे ही ग्रन्थ हैं। *महाभारत* में इन्हें "स्वयंभू" कहा गया है।[१] ऋषि वेद मन्त्रों के कर्त्ता नहीं अपितु द्रष्टा ही थे। भास्कराचार्य ने भी कहा है कि वेद मन्त्रों के साक्षात्कार होने पर साक्षात्कारी को ऋषि कहा जाता है – "ऋषिर्दर्शनात्"।

एक और तथ्य यह है कि भारतीय परम्परा में शब्द, अर्थ और शब्दार्थ सम्बन्ध को नित्य समझा गया है (पतञ्जलि, *महाभाष्य*, प्रथम आह्निक)। वेद ने शब्द को नित्य माना है और वेद भी शब्द है – अतः नित्य है। "नित्य" का अर्थ है, "ऐसा होना"। अनादि-अनन्त का अभिप्राय है वह वस्तु जिसका न "आदि" ज्ञात है और न "अन्त"। भारतीय आस्तिक दर्शन शास्त्र के मत में शब्द के नित्य होने से इसका अर्थ के साथ स्वयम्भू जैसा सम्बन्ध होता है। वेद में शब्द को नित्य समझने पर वेद भी नित्य है। मीमांसक भी वेद को स्वयम्भू मानते हैं।

---

१. शान्ति पर्व, २३२-२४।

वेदों का मूल धर्म है। *मनुस्मृति* (२/६) के अनुसार –

> वेदोऽखिलो धर्ममूलं स्मृतिशीले च तद्विदाम्।
> आचारश्चैव साधूनामात्मनस्तुष्टिरेव च।।

और धर्म की व्याख्या *याज्ञवल्क्य स्मृति* में दी गई है –

> श्रुति, स्मृति, सत्पुरुषों का आचार, अपनी आत्मा के प्रति और उत्तम संकल्प से हुआ (धर्म-अविरुद्ध) कार्य – ये पाँच धर्म के मूल हैं।

वेद को प्रमाण मानने वाले आस्तिक और न मानने वाले नास्तिक हैं – इस दृष्टि से न्याय-वैशेषिकादि षड्दर्शन को आस्तिक और चार्वाकादि दर्शन को नास्तिक कहा गया है।

इसी धर्म के सिद्धान्तों व गहन अर्थों का स्थापन करने के लिए आख्यान रूपी कथाएँ वेदों की अंग हैं।

जैसे हम कह चुके हैं, ज्ञान को साधारण व्यक्तियों के लिए ग्राह्य बनाने के लिए सरस दृष्टान्त रूपी कथाओं का सृजन-संयोजन किया गया। वेदों में तीन प्रकार की कथाएँ हैं –

1. आख्यान (संवाद रूप)
2. ऋषि कुमार, ऋषि कुमारियों के चरित, व
3. सूक्त।

धर्म इन कथाओं का प्रयोजन है और धर्म के अन्तर्गत ही है आचार-व्यवहार। और आचार-व्यवहार का सम्बन्ध जीवन के तीन मार्गों – ज्ञान, कर्म, भक्ति से ही है। जैसे अर्जुन *भगवद्गीता* में भगवान् कृष्ण से पूछता है कि एक स्थित-प्रज्ञ पुरुष, वह जो धर्माचार में स्थित हो गया हो, उसकी क्या परिभाषा है? इसी विहंगम प्रश्न का समाधान वेद की कथाएँ करती हैं।

वेदों के आख्यान भारत की सांस्कृतिक धरोहर हैं। इनमें साधारण जीवन को मूल्यप्रद और उच्च बनाने वाली अनेक सरल तथा विचित्र कथाएँ हैं। ये धर्म रूप कर्म का प्रतिपादन करते हैं। वेदों, शास्त्रों एवं उपनिषदों की ये कथाएँ मनोरंजक भी हैं और एक सभ्य जीवन-दर्शन, कर्त्तव्य-अकर्त्तव्य और भले-बुरे का विवेक देती हैं और जीवन में सही निर्णय लेने की शक्ति प्रदान करती हैं और साथ ही सत्कार्य करने की प्रेरणा देती हैं। इनमें देवी-देवताओं, दानवों, ऋषियों, मुनियों तथा राजाओं की नहीं, प्रत्युत समस्त जड़-चेतन, पशु-पक्षी, नदी-पर्वत तथा समुद्र आदि से सम्बन्धित कथाएँ हैं। इनकी एक सीमित सूची देना यहाँ सापेक्ष है –

१. *नामानेदिष्ठ* आख्यान *ऋक्* (१०.६१.६२)

२. *वास्तुपुरुष* आख्यान, *शतपथ ब्राह्मण* (२.६.१.१-२०)

३. ऋषिभाव – प्राप्ति आख्यान *ऋक्* (४.६१.१६)

४. इन्द्र – अगस्त्य की कथा *ऋक्* (२.१६१.१, १.१७०.१)

५. मद्यराज्ञा अभ्यवर्त्ती और प्रस्तोक, *ऋक्* (६.२७.४, ६.७४.१) व *बृहद्देवता* (४.१२४.४०)

६. *हरिश्चन्द्रोपाख्यान, ऐतरेय* (७.३३.२-२; ७.३३)

७. विश्वामित्र और नदियाँ *ऋक्* (३.३३.३; ३.३३.४, ५, ६)

८. मनु – मत्स्य की कथा, *शतपथ ब्राह्मण* (३.८.२.४), *श्रीमद्भागवत* (८.६)

८. गृत्समद की कथा, *ऋग्वेद*

६. कण्व और प्रगाथ, *बृहद्देवता* अ. (६.३४-३८)

१०. सुकन्या की कथा, *जैमिनि ब्राह्मण, श.ब्रा.* (४.१.४४.६)

११. उषस्ती की कथा, *छान्दोग्य* (१.१०-११)

१२. महाराजा त्रेवृष्ण, *ऋक्,* (४.२.२); *बृहद्देवता* (४.१४-२३); *ताण्ड्य ब्राह्मण* (१२.३.१३)

१३. महर्षि सौभरि *श्रीमद्भागवत* (६.६.३६-४४)

इन आख्यानों के अतिरिक्त वेदों में ऋषियों और ऋषि कन्याओं के चरित भी हैं, जिनमें जीवन के ऊहापोह तथा उच्च ज्ञानात्मक कर्म के सिद्धान्त का दृष्टान्त मिलता है। यह मान्यता है कि प्रत्येक कल्प की सृष्टि में ऋषियों का प्रादुर्भाव होता है, जिन्हें पुराण ग्रन्थों में "नवब्राह्मण" नाम से इंगित किया गया है। मरीचि, अत्रि, अंगिरा, पुलस्त्य, पुलह, विश्वामित्र, भारद्वाज, गौतम, जमदग्नि, वसिष्ठ आदि ऋषियों को अपनी तपस्या के द्वारा वेद की ऋचाओं का दर्शन हुआ और दर्शन होने से मन्त्रदृष्टा कहलाए। उन्होंने मन्त्रों को देखा इस कारण ऋषि कहलाए। इन मन्त्रों के वे रचनाकार नहीं हैं, उन्होंने अलौकिक प्रत्यक्ष से उनका ग्रहण किया। "ऋषि" का जो व्युत्पत्तिलभ्य अर्थ है, उससे भी ज्ञात होता है कि "ऋषि गतौ" तथा "दृशिर् प्रेक्षणे" धातुओं से ज्ञानात्मक अर्थ दर्शनात्मक रूप में ही ऋषि का तात्पर्य है। ऋषियों द्वारा दृष्ट वेद-संहिता के मन्त्र ही *ऋग्वेद* आदि चार रूपों में विभक्त हैं। *ऋग्वेद* की बहुत सारी ऋचाएँ अन्य वेदों में भी प्राप्त होती हैं। *ऋग्वेद* १० मण्डलों में विभक्त

है और प्रत्येक मण्डल के मन्त्रों के द्रष्टा अलग-अलग हैं। जिस मन्त्र का दर्शन जिस ऋषि को हुआ, वही उस मन्त्र का ऋषि है। मन्त्रों का समूह "सूक्त" कहलाता है। *ऋग्वेद* के प्रत्येक मण्डल सूक्तों में विभाजित हैं और सूक्तों के अन्तर्गत मन्त्र हैं। प्रसिद्ध भाष्यों में यह निर्दिष्ट है कि अमुक मन्त्र समूह या अमुक मण्डल अमुक ऋषि द्वारा दृष्ट है। प्रथम तथा दशम मण्डल में अनेक ऋषियों द्वारा दृष्टा मन्त्र अथवा सूक्त हैं। द्वितीय मण्डल से नवम मण्डल तक के दृष्टा ऋषि प्रायः पृथक्-पृथक् हैं। अर्थात् पूरे द्वितीय मण्डल के द्रष्टा ऋषि एक हैं, इसी प्रकार पूरे तृतीय मण्डल के द्रष्टा ऋषि एक हैं इत्यादि। इस प्रकार द्वितीय मण्डल के ऋषि गृत्समद हैं और इसलिए यह मण्डल गान्धर्वमद मण्डल कहलाता है और तृतीय वैश्वमित्र मण्डल। अनेक ऋषियों, ऋषि-पुत्रों के द्वारा यह मन्त्र देखे गए। तदर्थ *यजुर्वेद* की माध्यन्दिनी शाखा महर्षि याज्ञवल्क्य द्वारा प्राप्त है और *अथर्ववेद* शौनक, दिव्यलाद आदि द्वारा।

ऋग्वेद के इन मन्त्रद्रष्टा ऋषियों की संख्या ४०३ है। ये ऋषि दो श्रेणियों में विभक्त हैं – (१) एकांकी, और (२) पारिवारिक। वेद-मन्त्रों को ग्रहण करने का जिन ऋषियों ने स्वयं प्रयत्न किया उन्हें "एकाकी" कोटि में रखा जाता है और ऐसे ऋषि ८८ हैं। "पारिवारिक" ऋषि, जिन्हें इस प्रयत्न में एक या अधिक सदस्यों का सहयोग मिला, ३१५ हैं। इन ऋषिगणों में सप्त-ऋषियों का विशिष्ट स्थान है और सात परिवारों में विभाजित इनका क्रम इस प्रकार है – (१) गौतम, (२) भारद्वाज, (३) विश्वामित्र, (४) जमदग्नि, (५) कश्यप, (६) वसिष्ठ तथा (७) अत्रि। अति दुर्लभ तथ्यों के आधार पर यह सब ऋषि चार परिवारों में हैं – (१) आंगिरस, (२) भार्गव, (३) काश्यप, (४) आत्रेय और इनकी संख्या ५६ है। पुत्र-पौत्र-प्रपौत्र के आधार पर ऋषियों की संख्या ४०३ हो जाती है।

ऋचाओं के आधार पर महर्षि विश्वामित्र, अत्रि, गृत्समद, वामदेव, भारद्वाज, भृगु, कण्व, याज्ञवल्क्य, अगस्त्य, वसिष्ठ, अंगिरा व शौनक का शुभ चरित्र अपने मूल्यों और सिद्धान्तों सहित हमारे सामने उजागर हो जाता है।

इसी प्रकार वैदिक वाङ्मय में ऋषिकाओं का भी जीवन और चरित्र धर्म व लोक रक्षा निमित्त उभरकर आता है। ये ऋषिकाएँ हैं – शची, गार्गी, ममता, विश्वारा, अपाला, घोषा, सूर्या तथा वाक्। उदाहरणतया *ऋग्वेद* के दशम मण्डल के १२५वें सूक्त में "देवी-सूक्त" के नाम से आठ मन्त्र ब्रह्मवादिनी वाक् द्वारा ही रचित हैं और दशम मण्डल के ६४वें सूक्त की ४७ ऋचाएँ ब्रह्मवादिनी सूर्या की हैं।

इसके अनन्तर वैदिक वाङ्मय में अनेक सूक्त हैं, जो संवादरूप या स्तुतिरूप कथानक हैं, जो साधारण जीवन के लिए शिक्षाप्रद हैं। सूक्तों में भी परवर्ती कथाओं के बीज हैं। सूक्त शब्द "सु" उपसर्ग-पूर्वक वच् धातु "क्त" प्रत्यय करने पर निष्पन्न होता है। तदनुसार इसका अर्थ है – "अच्छी रीति से कहा हुआ।" यह शब्द विविध उद्देश्यों को लेकर वेदों में कहे गए मन्त्रों का उद्बोधक है। एक अर्थ और एक देवता के प्रतिपादक मन्त्र-समूह को सूक्त कहते हैं। इन मन्त्रों में देवताओं के स्वरूप, कर्म एवं प्रभाव का वर्णन होता है। अतः ये एक प्रकार की चरित्र-कथाएँ हैं। सूक्त दो प्रकार के मान्य हैं – (१) क्षुद्र सूक्त, और (२) महा सूक्त। जिन सूक्तों में कम-से-कम तीन ऋचाएँ हों, उनको "क्षुद्र सूक्त" कहते हैं और जिनमें तीन से अधिक हों, उन्हें "महा सूक्त" कहते हैं। सूक्तों का वर्गीकरण संरचना, रूप और विषय-वस्तु के आधार पर किया गया है – (१) देवता-सूक्त (देवता विषय हैं जिनके), (२) ऋषि-सूक्त (ऋषि विषय हैं जिनके), (३) अर्थ-सूक्त (मूल्य या विचार केन्द्रित) और (४) छन्द-सूक्त, जिसके मन्त्र एक प्रकार के छन्द में ही संजोए हों।

विषय के आधार पर सूक्त निम्न चार कोटियों में वर्गीकृत हो सकते हैं –

(१) पंचदेव सूक्त

(२) देवी-देवता सूक्त

(३) आध्यात्मिक सूक्त

(४) लोकोपयोगी सूक्त

भगवान् गणपति का स्तवन, विष्णु-सूक्त, नारायण-सूक्त, श्री-सूक्त, देवी-सूक्त, रुद्र-सूक्त, व सूर्य-सूक्त, में पाँच "पंचदेव सूक्त" हैं। अग्नि-सूक्त? इन्द्र सूक्त (?), यम-सूक्त,[२] पितृ-सूक्त[३] पृथ्वी-सूक्त,[४] गो-सूक्त,[५] गोष्ठ-सूक्त,[६] ये प्रमुख देवी-देवता-सूक्त हैं। इनके अतिरिक्त *छान्दोग्य* में रैक्व के ब्रह्मज्ञान की कथा, इतरेतर शौनक-अंगिरस् का अक्षरब्रह्म संवाद और नचिकेता की तत्त्वज्ञान की अभिलाषा का *कठोपनिषद्* का आख्यान इत्यादि हैं।

---

२. *ऋ* १०.१४.१ १६।

३. *ऋ.* १०.८.१५.१-१४।

४. *अथर्ववेद,* १२वां काण्ड।

५. *अथर्व.* ४.११.०१।

६. ३.१४।

इन सब कथाओं, सूक्तों व आख्यानों का प्रधान विषय है, मनुष्य जीवन का प्रयोजन। पुरुषार्थ चतुष्टय इस संस्कृति का मूल सिद्धान्त है और मोक्ष पुरुषार्थ का परम ध्येय है। मोक्ष का एकाकी साधन प्रथम पुरुषार्थ धर्म है, जिससे नियन्त्रित अर्थ-काम की यात्रा मोक्ष तक ले जाती है परन्तु धर्म क्या है या किसमें है ? ज्ञान में, कर्म में या भक्ति में। ऐसा प्रायः माना जाता है कि वेद-उपनिषद् ज्ञान को सर्वोपरि मानते हैं परन्तु इन आख्यानों और सूक्तों और कथाओं में तीनों मार्गों के सर्वोपरि औचित्य के बीज हैं और सूक्ष्म दृष्टि से देखें तो तीनों की अभिन्नता ही है। कर्म का स्रोत ज्ञान है और ज्ञान का स्रोत कर्म है। यह भेद कृष्ण *भगवद्गीता* में अर्जुन को समझाते हैं – वे अज्ञानी हैं, जो ज्ञान और कर्म को भिन्न मानते हैं। और जब अर्जुन को कृष्ण जिस भक्ति का रहस्य समझाते हैं तो उस भक्ति में ज्ञान और कर्म एक हो जाते हैं। उस प्रभु भक्ति का भी प्रथम विवेचन वेद में ही है परन्तु उसका उत्कर्ष बाद में पुराणों में हुआ। इस संस्कृति में मनुष्य की हर चेष्टा साहित्य समेत का प्रयोजन है। पुरुषार्थ चतुष्टय का संवर्धन और पुरुषार्थ चतुष्टय में सर्वोपरि है *मोक्ष*। मोक्ष का साधन क्या है ? मोक्ष का एकमात्र साधन है धर्म। धर्म कर्त्तव्य-अकर्त्तव्य, सदाचार-दुराचार, पाप-पुण्य का भेद बताता है। उपनिषद् की कथाओं में धर्म ज्ञान-रूप ही मान्य है और उन कथाओं के नायक, जैसे कि नचिकेता, ज्ञान के जिज्ञासु हैं। बौद्ध कथाओं तक आते-आते, दार्शनिक चिन्तन बदल गया लगता है। अब जातक कथाओं का नायक, बोधिसत्त्व जिज्ञासु नहीं कर्मठ है। धर्म, उसके लिए कर्म में है, ज्ञान में नहीं। कर्म भी निष्काम, किसी दुःखी जीव का दुःख निवारण करने के लिए। यह एक बहुत महत्त्वपूर्ण मोड़ है। भारतीय कथा-परम्परा में ही नहीं, भारतीय चिन्तन धारा में भी और सनातन धर्म के लिए यह एक बौद्धिक अभिग्रह, चुनौती था। इस नितान्त भिन्न परन्तु लोकायत सिद्धान्त को अनदेखा नहीं किया जा सकता था। अन्ततः भारतीय मानस ने ज्ञान और कर्म के विभेद का भक्ति में अभेद स्थापित किया। जैसे आदि शंकर का *शांकरभाष्य* में स्थापित नियम कि "ज्ञान-युक्त कर्म ही भक्ति है।" ततः पुराण कथाओं में धर्म की व्याख्या भक्ति है। ततः पौराणिक कथाओं का नायक प्रह्लाद, ध्रुव, हनुमान्। हनुमान् अपने चरित्र में ज्ञान और कर्म की भक्ति में ऐक्य को चरितार्थ करते हैं। वह ज्ञानी (*वाल्मीकि रामायण* में जब राम उनसे पहली बार मिलते हैं तो कहते हैं "अपनी वाणी से आप नौ व्याकरण सम्प्रदायों के ज्ञाता सिद्ध होते हैं।") भी थे और बलशाली कर्मठ (भरत भाई कपि से उऋण हम नाहीं। जहाँ पठायो तहीं जाई) भी। राम भरत जी को भारतीय चिन्तन का यह मोड़ महात्मा बुद्ध

के बाद भागवत धर्म के उद्भव का कारण बना, यह समझा जा सकता है और इस चिन्तन धारा ने ही साहित्य में भक्ति काव्य/कथा का रूप लिया।

महामना गौरीनाथ शास्त्री अपने *क्लासिकल संस्कृत साहित्य का इतिहास* (१९४३-१९८७) में गद्य-काव्य अध्याय छः के आरम्भ में एक महत्त्वपूर्ण तथ्य की ओर ध्यान देते हैं, जब वे कहते हैं –

> अभिव्यक्ति व्यापार के लिए भारतीय मानस ने पद्य को गद्य की अपेक्षा अधिक श्रेष्ठ और सक्षम माना है। टीकाएँ और कोष भी पद्य में ही निर्मित किए गए और यदा-कदा वार्तालाप भी छन्द में ही होता था। इस अभिव्यक्ति विशेषता के कारण पद्य साहित्य गद्य साहित्य से अधिक विशाल है। – १९६७, पृ. १३५

परन्तु बात संस्कृत जैसी महान् और प्राचीन भाषा की है। तथास्तु संस्कृत का गद्य साहित्य भी अत्यन्त विशाल, कई प्रकार का तथा गहन है। *कृष्णयजुर्वेद* के कुछ भाग गद्य में हैं तथा इसी प्रकार *अथर्ववेद* में भी गद्य भाग हैं और यह दोनों संस्कृत गद्य के सबसे प्रथम उदाहरण हैं। अन्यान्य ब्राह्मण ग्रन्थ, जिनमें वेद – बीज आधारित तथा मुक्त कथाएँ भी हैं, गद्य में ही निर्मित हैं।

इन्हीं ग्रन्थों में वेदों, ब्राह्मणों में आख्यान साहित्य का भी आरम्भ है। कई शब्दों का प्रयोग है। काव्य-शास्त्र तथा इन्हीं ग्रन्थों में कथा-प्रकारों के लिए आख्यान, उपाख्यान, आख्यायिका, कथा इत्यादि। सब कथाएँ – वह भी जिनमें घटना/ओं का कोई वास्तविक ऐतिहासिक आधार न हो, कल्पित ही होती हैं – मनागपि घटना-वर्णन में, केवल काव्यात्मक तथा कल्पित अर्थात् वे कथाएँ जिनकी कथा-वस्तु सम्भव है और वे कथाएँ जिनकी कथा-वस्तु के तत्त्व इस संसार के धर्मों के विपरीत हों। "बेताल" की अवधारणा, *योगवासिष्ठ* की कई कथाएँ इसी श्रेणी की हैं।

दण्डी का *दशकुमारचरितम्* नाम के विपरीत आठ राजकुमारों की आख्यायिका है। दो राजकुमारों की कहानी *पूर्वपीठिका* में तथा एक की अधूरी उत्तर पीठिका में है। सुबन्धु की *वासवदत्ता* एक राजकुमार और एक राजकुमारी की प्रेम-कहानी है, जिसमें चमत्कार और यथार्थ दोनों का स्थान है तथा यह भाषा-शैली तथा यमक-अलंकार के प्रयोग के लिए जानी जाती है। इसके उपरान्त सातवीं शताब्दी का बाणभट्ट का *हर्षचरित* सम्राट् हर्षवर्धन की जीवन कथा है। बाणभट्ट की काव्य प्रतिभा तथापि उनकी *कादम्बरी* में अधिक लक्षित होती है। *कादम्बरी* भी प्रेम-कहानी है। चन्द्रपीड तथा कादम्बरी, पुण्डरीक और महाश्वेता की तथा जातक-कथाओं की भाँति इसमें भी पुनर्जन्म

महत्त्वपूर्ण है। भारतीय विद्वत् जगत् में बाणभट्ट सबसे प्रतिष्ठित गद्य कथा कवि मान्य हैं और उनकी अद्भुत काव्य प्रतिभा की सर्वदा सराहना हुई, यद्यपि पश्चिमी प्रकार के आलोचक उनकी भारत-परम्परा यथोचित अलंकार-बहुल को एक आख्य की तुलना देते हैं। परन्तु भ्रमित बुद्धि से वाद व्यर्थ है।

दूसरे प्रकार की कथाएँ जिनकी कथा-वस्तु बोध्य जगत् से भिन्न देश-काल-कलाप वाली हैं, उनका भी बृहत् साहित्य है और यह पौराणिक कथाओं के साथ-साथ लोक में बहु प्रचलित और प्रिय रही हैं। परियाँ, प्रेत आत्माएँ तथा पशु-पक्षी इन कथाओं के विषय-वस्तु, चरित्र अथवा नायक हैं। *पालि जातक* इसी श्रेणी में आते हैं – इनमें "कुक्कुर जातक," "मच्छ जातक," "तितिर जातक," "बक जातक," "गर्दभ जातक," "सिगाल जातक," "काक जातक" इत्यादि कथा-वर्ग हैं और यथा-तथा स्थान उसी वर्ग की एक से अधिक कथा है। उदाहरणतया "गोध जातक" ही है।[७]

जातकों के अतिरिक्त बौद्ध संस्कृत कथाएँ भी हैं। बौद्धेत्तर कथाओं में गुणाढ्य की उत्तर-पश्चिम की पैशाची प्राकृत में निर्मित *बृहत्कथा* एक प्रसिद्ध ग्रन्थ है। मौलिक ग्रन्थ तो इस समय अनुपलब्ध है परन्तु इसकी कथा-वस्तु की क्षेमेन्द्र की *बृहत्-कथामञ्जरी* (ई० १०३०) पूर्वक दो और ग्रन्थों में भी संहिता मिलती है। यह कथा प्रथम या द्वितीय शताब्दी में निर्मित हुई होगी तथा कथा-वाङ्मय में इसका नाम *रामायण* तथा *महाभारत* के साथ लिया जाता है। विष्णु शर्मा का *पंचतन्त्र* कल्पित कथाओं में अग्रगण्य है। ऊपर हमने देखा कि जातक-कथाओं में भी पशु-केन्द्रित कथाएँ हैं। वे भी अपनी लोकप्रियता और लोकप्रिय कथा-कथन की शैली के कारण *पंचतन्त्र* के लिए आधार-स्रोत रही होंगी। *पंचतन्त्र* ने *अर्थशास्त्र* को इंगित किया है तथा इसका प्रारूप नीति-ज्ञान शिक्षा वाला ही है। इसका प्रचुर लोक-प्रचलन हुआ तथा पहलवी और (Syriac) सीरियाई भाषाओं में इसका अनुवाद ईसा की छठी शताब्दी में ही हो गया। अरबी भाषा में इसका अनुवाद आठवीं शताब्दी में, हिब्रू में ग्यारहवीं शताब्दी में, स्पैनिश में तेरहवीं शताब्दी में तथा लेटिन तथा अंग्रेज़ी में सोलहवीं शताब्दी में हुआ और कहा जाता है कि यूरोप की प्रसिद्ध कथा-पुस्तक *ऐसप्स फेबल्ज़* (Aesop's Fables) इसी के प्रभाव में लिखी गई। नारायण पण्डित का *हितोपदेश* भी पशु-पक्षियों की कथा है। यह ग्रन्थ बाद का है और इसका प्रभाव जैन धर्म लोक-कथाओं पर भी पड़ा। बौद्ध परिकथा संग्रह भी परम्परा में

---

७. II.१४.१३६, II.१७.१४१।

महत्त्वपूर्ण तथा प्रभावशाली रहे – शिवदास की *बेतालपंचविंशतिका* तथा *सिंहासनद्वात्रिंशिका*। *शुकसप्तति* एक तोते द्वारा एक राजा को सुनाई हुई ७० कहानियों का संग्रह है।

महामना गौरीनाथ ने कथा सापेक्ष गद्य-पद्य अभेद की संकल्पना को ही मूल मानते हुए अपने अद्वितीय *संस्कृत वाङ्मय कोष* में "कथा-काव्य" पर एक संक्षिप्त परन्तु सम्पूर्ण निबन्ध में तथा चम्पूवाङ्मय पर लघु निबन्ध में इस साहित्य के तथ्यों को पूर्णतया निर्दिष्ट किया है। वे कहते हैं –

> प्रबन्ध का एक प्रकार है कथा-काव्य, जिसमें रसात्मक एवं अलंकारप्रचुर शैली में रोमांचक तत्त्वों के समावेश का कथा वर्णन होता है। यह छन्दोबद्ध रचना होने से गद्यात्मक आख्यायिका एवं कथा से भिन्न है परन्तु गद्य-पद्य का भेद दिया जाए तो तत्त्वतः उनमें भेद नहीं। कथा के विभिन्न रूपों का वर्गीकरण विषय, शैली, पात्र, एवं भाषा के आधार पर किया गया है।

"विषय की दृष्टि से" उन्होंने कथाओं का वर्गीकरण विषय, भाषा तथा प्रयोजन के आधार पर ऐसे किया है। धर्मकथा, अर्थकथा, कामकथा और मिश्रकथा। इनमें से धर्मकथा के चार भेद किए जाते हैं – *आक्षेपिणी, विक्षेपिणी, संवेदनी* और *निर्वेदरी*। मिश्रकथा में मनोरंजन और कौतुकवर्धक सभी प्रकार के कथानक रहते हैं। पात्रों के आधार पर दिव्य, मानुष्य और मिश्र कथाएँ कही गई हैं। भाषा की दृष्टि से संस्कृत, प्राकृत और मिश्र रूप में कथाएँ लिखी गई हैं। शैली की दृष्टि से सकलकथा, खण्डकथा, उल्लाघकथा, परिहासकथा और संकीर्णकथा के भेद से पाँच प्रकार की कथाएँ मानी गई हैं। इनमें सकलकथा और खण्डकथा प्रमुख हैं। सकलकथा का कथानक विस्तृत होता है और उसमें अवान्तर कथाओं की योजना होती है। प्रद्युम्नसूरिकृत *समरादित्यचरित*, जिनेश्वरसूरिकृत *निर्वाणलीलावती* आदि सकलकथा के उदाहरण हैं। इन भेदों के अतिरिक्त कथानक की दृष्टि से प्राचीन कथा साहित्य का स्वरूप बहुत ही वैविध्यपूर्ण है। इनमें नीतिकथा, लोककथा, पुरातनकथा, दैवतकथा, दृष्टान्तकथा, परीकथा, कल्पितकथा आदि अनेकविध प्रकार मिलते हैं। प्राचीन इतिहास एवं पुराण वाङ्मय में कथाओं का भण्डार भरा हुआ है। उन सभी कथाओं में उपरिनिर्दिष्ट कथा प्रकार बिखरे हुए हैं।

उन्होंने *अमरकोष* में कथा की परिभाषा *प्रबन्धकल्पना कथा* को सारसुन्दरीकार के शब्दों में "जिस रचना में वक्तव्य विषय की रचना लेखक द्वारा अपनी कल्पना के अनुसार होती है, ऐसी रचना को कथा कहते हैं" का अनुमोदन किया है। वे कहते हैं –

भारतीय कथा साहित्य का मूल स्रोत वैदिक वाङ्मय में मिलता है। वैदिक कथाओं का संग्रह सर्वप्रथम शौनक ने अपने *बृहद्देवता* ग्रन्थ में किया। इस संग्रह में ४८ कथाएँ मिलती हैं, जिनको शौनक ने ऐतिहासिकता का महत्त्व दिया है। *रामायण, महाभारत,* पुराण वाङ्मय, *त्रिपिटक,* जैन पुराण एवं चूर्णियाँ इत्यादि में उपलब्ध बहुत सारी कथाओं का स्वरूप धार्मिक दृष्ट्या महत्त्वपूर्ण है। इन धर्मकथाओं का प्रवचन और श्रवण पुण्यदायक माना जाता है। नीति तत्त्वप्रधान कथाओं का संग्रह जैन *कथाकोश, बौद्धजातक, पंचतन्त्र, कथासरित्सागर* जैसे ग्रन्थों में हुआ है। नीतिपरक कथा संग्रहों की दृष्टि से जैन और बौद्ध वाङ्मय विशेष समृद्ध हैं। बौद्ध जातक कथाओं की संख्या ५५० है। बौद्धों का "अवदान" साहित्य भी इसी प्रकार का है। *पंचतन्त्र, हितोपदेश* और *कथासरित्सागर* में सामान्य जनजीवन की पृष्ठभूमि पर आधारित व्यावहारिक नीति तत्त्वों का प्रतिपादन हुआ है। इन सभी नीति कथाओं का प्रभाव सारे संसार के कथा वाङ्मय पर अतिप्राचीन काल में पड़ा है।

नीति कथाओं का उद्‌गम वैदिक ब्राह्मण वाङ्मय में हुआ। इन कथाओं में प्राणी कथाओं या जन्तु कथाओं का प्रवेश, *महाभारत* की नीति कथाओं के द्वारा हुआ। जिन धर्म सम्प्रदायों में कर्मकाण्ड की अपेक्षा नीतिनिष्ठ जीवन को ही धार्मिक दृष्टि से अधिक महत्त्व दिया गया ऐसे जैन, बौद्ध, वैष्णव और शैव सम्प्रदायों में सभी प्रकार की नैतिक कथाओं, तीर्थ कथाओं और व्रत कथाओं को विशेष महत्त्व प्राप्त हुआ। इन सम्प्रदायों ने अपने उदात्त धर्म विचारों का प्रचार, सुबोध कथाओं के माध्यम से किया। भारतीय कथाओं का प्रचार छठी शताब्दी ई. से पूर्व, चीन में हुआ था। चीन के विश्वकोश में अनेक भारतीय कथाओं के अनुवाद मिलते हैं। इताली के प्रख्यात कवि पेत्रार्क के *डिकॅमेरान* नामक कथा–संग्रह में अनेक प्राचीन भारतीय कथाएँ मिलती हैं। *इसापनीति, अलिफलैला* (अरबी कथा–संग्रह) तथा *बाइबल* की भी अनेक कथाओं का मूल भारतीय कथाओं में माना जाता है। इन कथाओं का समाज में कथन करने वाले आख्यानविद् सूत, मागध, कथावकाश, इत्यादि नाम के उत्तम गुणी वक्ताओं का उल्लेख प्राचीन वाङ्मय में मिलता है।

जैन साहित्य के बारे में वे बताते हैं –

जैन पौराणिक साहित्य में तथा विविध कथा कोशों में जो अनेक प्रकार के कथानक आए हैं, उनमें से अनेकों पर आधारित स्वतन्त्र कथा प्रबन्धों की रचनाएँ हुई हैं। ऐसी रचनाओं में *समरादित्यकथा, यशोधरकथा, श्रीपालकथा, रत्नचूड़कथा* इत्यादि पुरुष चरित्र प्रधान कथा–प्रबन्ध एवं

> *तरंगवतीकथा, कुवलयमाला* कथा-प्रबन्ध इत्यादि स्त्री-प्रधान तथा *शत्रुंजयमाहात्म्य, सुदर्शनचरित, ज्ञानपंचमी कथा, भक्तामर कथा* इत्यादि तीर्थक्षेत्र, पवित्रतिथि, स्तोत्र आदि विषयक कथाएँ सुप्रसिद्ध हैं। पार्श्वनाथ विद्यालय शोध संस्थान द्वारा प्रकाशित *जैन साहित्य का बृहद् इतिहास* (भाग ६) के प्रकरण ३ में (पृ. २३१-३६०) पर जैन कथा साहित्य का यथोचित प्रदीर्घ परिचय दिया है। संस्कृत गद्य साहित्य में सुबन्धु की *वासवदत्ता,* बाणभट्ट की *कादम्बरी,* धनपाल की *तिलकमंजरी* और वादीभसिंह का *गद्यचिन्तामणि,* अपने कल्पगुणों के कारण उत्कृष्ट गद्यकाव्य माने गए हैं। वस्तुतः कथा की रोचकता की दृष्टि से उनका अन्तर्भाव प्रबन्ध कथाओं में ही करना उचित लगता है।

चम्पू वाङ्मय का महत्त्व उसकी गद्य-पद्य मिश्रित शैली है जो दसवीं शताब्दी में त्रिविक्रम भट्ट कृत *नलचम्पू* से प्रारम्भ हुई। इस प्रकार के पद्यमिश्रित गद्य साहित्य की निर्मिति कन्नड़ भाषा में आठवीं-नौवीं शताब्दी में प्रारम्भ हो गई थी। दण्डी ने “गद्य-पद्यमयी काचित् चम्पूरित्यभिधीयते”[८] – इस प्रकार व्याख्या की है। वे बताते हैं – चम्पू काव्यों के पूर्व ही संस्कृत में गद्य-पद्य मिश्रित लेखन पद्धति का प्रारम्भ वैदिक वाङ्मय से ही होता है। *कृष्णयजुर्वेद* की तीनों ही शाखाओं में गद्य-पद्य रचना है। *अथर्ववेद* का छठा अंश गद्यमय है। पुराणों में भी यह प्रवृत्ति दिखाई देती है। *विष्णु पुराण* का चतुर्थ अंश तथा *श्रीमद्भागवत पुराण* का पंचम स्कन्ध गद्यमय है, इनमें *रामायण, महाभारत, भागवत, शिव पुराण, जैन पुराणवाङ्मय* जैसे प्राचीन उपजीव्य ग्रन्थों पर आधारित ही चम्पू ग्रन्थ अनेक हैं। इनके अतिरिक्त चरित्र यात्रा, क्षेत्र देवता और उनके महोत्सव तथा काल्पनिक कथाओं पर आश्रित चम्पू ग्रन्थ मिलते हैं।

---

८. *काव्यादर्श,* १.३१।

८

कथा तथा ज्ञान, कर्म एवं भक्ति

जातक कथाओं को पुनः पढ़ते हुए इस बात से पाठक चौंकता है कि पाठकीय अनुभव के रूप में वे आधुनिक पश्चिम अथवा पश्चिम से प्रभावित महानगरीय कथानकों से वे कितने भिन्न हैं। आधुनिक कथानक अव्यवस्थित चित्त वाले व्यक्तियों से सम्बद्ध हैं – मानसिक रूप से अव्यवस्थित विखण्डित एवं गम्भीर रूप से दुःखी। इस सन्दर्भ में हम विपुल असम्पृक्त अस्तित्ववाद तथा एब्सर्ड (absurd) साहित्य के बारे में सोचते हैं, जो वैयक्तिक एवं परिमित चेतना वाले मनुष्य की समस्याओं से जुड़ता है। यही इस साहित्य के उपयुक्त पात्र एवं विषय हैं। इनके नायक/पात्र अपने समतुल्य व्यक्तियों/मित्रों, परिवारों, समाजों से त्रस्त एवं सताए हुए प्रति-चित्रित किए जाते हैं एवं इनके कथानक अहं-केन्द्रित व्यक्ति एवं अन्य के विरोध एवं प्रतिरोध के विस्तार हैं।

यह साहित्य "प्रदर्शन" (exposure) का साहित्य है – यह मानव की अन्तर्निहित दुर्बलता एवं अधोगामी प्रवृत्ति को प्रदर्शित करता है। इसके चरित्र, नायक बीमार/रुग्ण व्यक्ति हैं – मानसिक रूप से रुग्ण एवं अव्यवस्थित हैं जो आयुर्वेद चिकित्सा शास्त्र के अधिक उपयुक्त पात्र हैं, साहित्य अथवा नाट्यवेद के नहीं।

अरस्तू ने साहित्य के पुनःस्थापन/स्वास्थ्यप्रद मूल्य के पक्ष में तर्क उपस्थित किए थे – व्यक्ति एवं समुदाय के अच्छे स्वास्थ्य की पुनःस्थापना/प्राप्ति के साधन रूप में। लेकिन इसके ठीक विपरीत, यह साहित्य विचलित एवं व्यथापूर्ण है। इसकी रचना आपके वैयक्तिक सन्तुलन एवं अच्छे मानसिक स्वास्थ्य को हरण करने के लिए है। जातक कथाएँ इनसे पूर्णतया भिन्न हैं – इनमें निःसन्देह मानवीय दुःख हैं, मानवीय दुःख का तथ्यात्मक स्वीकार है लेकिन इनमें क्षुद्रता नहीं है तथा यह अन्य प्राणियों के लिए एक मानवीय सरोकार चिन्ता है, जिसे व्यावहारिक दर्शन के रूप में रखा एवं मूल्यांकित किया जाता है। ये कहानियाँ सबल मानवीय सद्गुणों की तथा विधेयात्मक

सामाजिक कार्य-कलाप की बुद्धिमत्ता कहानियाँ की हैं। इस प्रकार की कथा-शैली भारतीय परम्परा में परिव्याप्त है, जो समसामयिक प्रबल कथानकों के विषय-वस्तु से तीक्ष्ण व्यतिरेक अथवा भिन्नता प्रस्तुत करती है।

हम इन अत्यन्त भिन्न/विशिष्ट साहित्यिक रचनाओं को कैसे व्याख्यायित और मूल्यांकित करते हैं? स्पष्टतः इसमें साहित्य के लक्ष्य या उद्देश्य का प्रश्न अन्तर्निहित है। दोनों ही परम्पराएँ साहित्य के शिक्षात्मक मूल्य का तर्क देती हैं तथा साहित्य के "आनन्द" मूल्य की भी पहचान करती हैं। तथापि जहाँ भी साहित्य के लक्ष्य रूप में "आनन्द" के लिए तर्क उपस्थित किया जाता है वहाँ वह "शिक्षण/उपदेश के द्वारा आनन्द" है। जैसाकि अरस्तू *Poetics* में कहते हैं कि साहित्य सम्पूर्ण कलाओं की ही तरह "अनुकरणात्मक" है – शाब्दिक/भाषिक अनुकरण। वे कहते हैं कि अनुकरण सहज स्वाभाविक रूप से मानव प्राणी को प्राप्त है एवं हमें अनुकरण रुचिकर लगता है क्योंकि यह हमें आनन्दित करता है। यह आनन्दप्रद इसलिए है क्योंकि इस पूरी प्रक्रिया में हम सीखते हैं, ज्ञान अर्जित करते हैं। यह तर्क प्लेटो को इंगित करके है, जो कला मात्र को केवल प्रेय/सुखकर स्वीकार करते हैं और इन अनुकरणात्मक कलाओं का कोई शिक्षाप्रद मूल्य स्वीकार नहीं करते। शिक्षा के दो प्रारूप हैं – साहित्यिक एवं "वैज्ञानिक" (निष्पक्ष शब्द के अभाव में)। आप कथा के माध्यम से शिक्षण करते हैं अथवा गणित या किसी "सिद्धान्त" के माध्यम से – एक शिक्षण के साथ आनन्द को समन्वित करता है, दूसरा मन को सूचना प्रदान करता है।

भारतीय परम्परा ने आख्यान (कथा) को ज्ञान-सृजन एवं सम्प्रेषण के रूप में स्वीकार किया है। भारतीय काव्यशास्त्र काव्य के चरम प्रभाव *आनन्द* की चर्चा करता है। इसे केवल मनोरंजन के यथार्थ रूप में समझा गया है, जोकि विचार के साथ गम्भीर संलग्नता के विपरीत है। आनन्द वस्तुतः चरम विश्रांति की अवस्था है, जो अन्नमयकोश, प्राणमयकोश, मनोमयकोश, विज्ञानमयकोश, एवं आनन्दमयकोश के अनन्तर एक दीर्घ बौद्धिक प्रक्रिया की परिणति है। ये पंचकोश प्रमाता के हैं जो अनुभवों को प्रसंस्करित करते हैं, ज्ञान का सृजन एवं संचयन करते हैं। इसे विषयोन्मुखता कहें, चेतना कहें, विवेक अथवा ज्ञान कहें – जब तक अनुभव जिसमें, साहित्यिक अनुभूति भी समन्वित है, इन तीन तत्त्वों में एकता/समन्वयन उत्पन्न नहीं करता तब तक कोई आनन्द नहीं है।

साहित्य हमारे लिए स्वयं में लक्ष्य नहीं है। इसे निश्चय ही बृहत्तर लक्ष्य का साधक होना चाहिए। साहित्य का लक्ष्य, भारतीय सिद्धान्तकारों के

अनुसार, पुरुषार्थ चतुष्टय की अभिवृद्धि एवं प्राप्ति है। अन्य लौकिक एवं आध्यात्मिक उद्यमों के सदृश, साहित्य का मूल्यांकन भी इसके सामाजिक एवं वैयक्तिक मूल्य – धर्म, अर्थ, काम, मोक्ष की अभिवृद्धि के साथ किया जाता है। भरत ने नाट्य को "पंचम वेद" कहा है – यह ज्ञानात्मक ग्रन्थ है क्योंकि यह दर्शन एवं सामान्य मनुष्य के बीच सम्बन्ध बनाता है और धर्म, यश, दीर्घ जीवन, समुन्नति एवं मानसिक क्षमता की वृद्धि को सुनिश्चित करता है तथा सामान्य मनुष्यों को जीवन-व्यवहार (एवं उनकी सहायता भी) ... गम्भीर शास्त्रीय अर्थ का दिशा-निर्देश भी करता है। भामह (छठी शताब्दी) कहते हैं कि काव्य का प्रयोजन चतुर्वर्ग की प्राप्ति है। मम्मट (तेरहवीं शताब्दी) का कथन है कि काव्य जगत् व्यवहार का ज्ञान देता है और दुर्भावनाओं से ये मुक्त करता है।[१] विश्वनाथ (चौदहवीं-पन्द्रहवीं शताब्दी) कहते हैं कि काव्य के माध्यम से सुकुमार मति वाले मनुष्य भी पुरुषार्थ की प्राप्ति कर सकते हैं। यद्यपि वेदों एवं शास्त्रों के द्वारा चतुर्वर्ग की प्राप्ति रस-रहित होती हैं . . . यह प्राप्ति भी उन्हें होती है, जो मानसिक रूप से उन्नत हैं। लेकिन काव्य आनन्द-समूह समुत्पन्न है – यह सुकुमार मन के लिए चतुर्वर्ग की प्राप्ति में सहायक है।[२]

यही कारण है कि भारतीय साहित्याचार्यों ने दर्शन को साहित्य के उपादान रूप में उपस्थित किया है तथा कवि के लिए लोक एवं शास्त्र के ज्ञान की अनिवार्यता बताई है। केवल तभी काव्य (इतिहास, पुराण) के द्वारा वेदार्थ का निर्वचन हो सकता है तथा इसकी वैधता/प्रामाणिकता ग्राह्य हो सकती है।[३]

इसलिए साहित्य की समाज में स्पष्टतः विधेयात्मक एवं शिक्षात्मक भूमिका है तथा कथा, आख्यान हमेशा से एक अधिक स्वीकृति प्रविधि अथवा विधा रही है। भारत की मौखिक परम्परा स्वाभाविक रूप से अत्यन्त विस्तृत कथ्यों वाली कथाओं के कहने में विकसित हुई है। उपनिषदों के आख्यान, पालि बौद्ध कथानक, अनगिनत उप-कथाओं से युक्त विश्वकोशीय *महाभारत,* पुराण, *पंचतन्त्र* की कहानियाँ एवं इसका ही विशेष/एक रूप *हितोपदेश,* परस्पर अन्वित *कथासरित्सागर* की कहानियाँ, पुराणों एवं मिथकों के पुनःआख्यान, लोक-परम्पराओं में प्रेमपूर्ण एवं शौर्यपूर्ण कथानक जो मुख्यतः भारतीय भाषाओं की उपभाषाओं (बोलियों) में हैं – यह कथाओं का विशाल एवं जीवन्त भण्डार है।

---

१. *काव्यप्रकाश,* १.२।

२. *साहित्यदर्पण,* अध्याय १।

३. *महाभारत,* १.२६७.६८।

यहाँ यह प्रश्न उपस्थित किया जा सकता है कि इस विशाल कथा-आलय की सृष्टि क्यों हुई। इसका उत्तर हमने पहले दे दिया है। शिक्षा के साधन के रूप में कथा दर्शन/शास्त्र एवं लोक/श्रोता के बीच मध्यस्थता करती है। इससे अधिक, सम्भवतः कहानी स्वतन्त्र एवं प्रामाणिक चिन्तन शैली के रूप में भी देखी जाती है – एक ऐसी शैली, जो बौद्धिक एवं भावात्मक/सूक्ष्म सिद्धान्त निर्माण का एक विकल्प है। हमने स्पष्टतः इसे स्वीकार किया है कि आख्यान प्राथमिक रूप से ज्ञान कथन कार्य करते हैं, जैसाकि औपनिषदिक एवं बौद्ध आख्यानों के सन्दर्भ में कहा जा सकता है। साथ ही ये सैद्धान्तिक कथनों के दृष्टान्त भी हैं जैसेकि *पंचतन्त्र* (और साथ ही *योगवासिष्ठ* एक *जातक* जिन्हें स्पष्टतः किसी एक वर्ग विशेष में नहीं रखा जा सकता)।

यह सम्पूर्ण आख्यान-परम्परा सरलता से समझी नहीं जा सकती। उपनिषदों के आख्यान पहले आते हैं, तब पालि बौद्ध आख्यान, इसके बाद या इसके साथ ही हम पुराणों को रख सकते हैं, तत्पश्चात् महाकाव्य एवं *पंचतन्त्र*। सम्भवतः वहाँ विकास की समानान्तर अथवा विभाजक रेखाएँ हैं – उपनिषदों से महाकाव्यों तक के आख्यान ज्ञान से भक्ति की ओर उन्मुख हैं। लेकिन कहीं इसी धारा/रेखा के साथ ही पालि बौद्ध आख्यान कर्म की प्रधानता को भी पूर्व-स्थापित करते हैं जो आगे चलकर महाकाव्य-आचार-संहिता के भी अंग बनते हैं।

हमने पहले से ही बौद्ध सिद्धान्त का प्रभाव दर्शन एवं आचार दर्शन सिद्धान्त पर लक्षित किया है, जो आख्यानों में व्यक्त हैं। हमने अभी कहा है कि तीन मार्गों में से – कर्म, जो ज्ञान एवं भक्ति के प्रतिमुख है, बौद्ध परम्परा का विधान है। यह वह सूत्रावलि है, जो अन्ततः भारतीय चिन्तन में अभिन्न रूप से बुनी गई है।

इस चर्चा को हम आगे बढ़ाते हैं। हमने लक्ष्य किया है कि काव्य जीवन-लक्ष्य (पुरुषार्थ) की अभिवृद्धि करता है। साथ ही साहित्यिक रचना का मूल्यांकन इस आधार पर भी निश्चित किया जाता है कि कितने सार्थक रूप से वह पुरुषार्थ चतुष्टय की अभिवृद्धि करता है। यदि काव्य केवल "काम" की अभिवृद्धि करता है, जैसाकि आधुनिक कला एवं सांस्कृतिक रूप करते हैं, तो उसका सामाजिक मूल्य कुछ भी नहीं है। वस्तुतः यह सामाजिक रूप से सन्निपातिक प्रभाव वाला है। यही बात समान रूप से अथवा थोड़ी न्यूनता से साहित्य की विषय-वस्तु के रूप में दूसरे पुरुषार्थ (अर्थ) के लिए भी सत्य है।

सत्यतः साहित्य के लिए गम्भीर विषय वस्तुतः "धर्म" एवं "मोक्ष" हैं। मुख्य परम्परा मोक्ष-केन्द्रित है तथा आरम्भिक आख्यान, औपनिषदिक आख्यान, इस प्रश्न से सम्बद्ध हैं। यदि हम आख्यानों के उदाहरणों का परीक्षण करें, जैसेकि *छान्दोग्य* का सत्यकाम एवं *कठोपनिषद्* का नचिकेता, तो हम पाएंगे कि ये चरित्र वैयक्तिक मुक्ति से सम्बद्ध हैं, जो कि औपनिषदिक तन्त्र के सन्दर्भ में केवल ज्ञान के द्वारा ही सम्भव है। सत्यकाम की सन्नद्धता कि उसके पिता कौन हैं एवं नचिकेता का ज्ञानाग्रह कि "मृत्योपरान्त" क्या है? – दोनों इसी ज्ञान के उद्यम के उदाहरण हैं। इस प्रकार उपनिषदों के आख्यानों (आरम्भिक आख्यान) के तीन आयाम हैं –

१. इनका सम्बन्ध मोक्ष से है।

२. इनके चरित्र वैयक्तिक मोक्ष के सन्धान में हैं; एवं

३. मोक्ष केवल ज्ञान से ही सम्भव है।

इन उपनिषद्-वैदिक कथाओं के विपरीत बौद्ध कथाओं, जातक आदि में ज्ञान का स्थान परहित भक्ति कर्म ने ले लिया। बौद्ध जातक कथाएँ पालि वाङ्मय का अंग पालि भाषा में निबद्ध गद्य कथाओं का विशाल भण्डार है। यह लोकभाषा में लोकाख्यान है। इनका विषय भी धर्म है इनकी भाषा सरल और निर्मल है परन्तु भाव सर्वदा गम्भीर है। सब कथाएँ सामान्य जीवन उपयुक्त धर्माचार की स्थापना करती हैं।

पालि साहित्य अर्थात् सम्पूर्ण बुद्ध वचनों का संकलन तीन "पिटकों" (पेटियों) में विभाजित हैं – *सुत्त पिटक, विनय पिटक* एवं *अभिधम्म पिटक*। *सुत्त पिटक* पाँच "निकायों" (शास्त्रों) में विभाजित है – दिग्ध, मज्झिम, संयुत्त, अंगुत्तर और खुद्दक। खुद्दक निकाय के अन्तर्गत समाविष्ट पन्द्रह ग्रन्थों में से दसवाँ ग्रन्थ जातक है। जातक का अर्थ है बुद्धत्त्व-प्राप्ति से पूर्व बोधिसत्त्व के विविध जन्मों की कथाएँ। बोधिसत्त्व इन कथाओं के नायक हैं, बोधिसत्त्व का अर्थ है ज्ञान, सत्य, दया आदि गुणों का अभ्यास करने वाला वह साधक, जो हर जन्म में अपने आचरण से बोधत्व की ओर अग्रसर होता है। इन कहानियों के वह स्वयं ही नायक हैं और प्रधान पात्र के रूप में चित्रित हैं। प्रत्येक जातक के पाँच अंग हैं – (१) वर्तमान की घटना, (२) पूर्व जन्म की बोधिसत्त्व की सम्बन्धित घटना, (३) गाथा (जातक का मूल सिद्धान्त), (४) गाथा की व्याख्या तथा (५) अतीत के और वर्तमान के पात्रों का सामंजस्य।

जातक कथाओं का काल मूलतः द्वितीय-तृतीय शताब्दी ईसा पूर्व है। महात्मा बुद्ध ने परिव्राजक रूप में पूरे देश का भ्रमण किया और जनभाषा में अपने उपदेश/प्रवचन दिए। इन कथाओं का भारतीय कथा साहित्य पर प्रचुर प्रभाव पड़ा।

ये कथाएँ ज्ञान या भक्ति-मार्गी न होकर आचार या कर्म-मार्गी हैं। भगवान् का रूढ़ अर्थ में इनमें अभाव है। परन्तु, बोधिसत्त्व भगवान्-स्वरूप ही हैं और अन्य पात्रों की जो उनके लिए श्रद्धा है, वह भक्ति ही है। परन्तु इन कथाओं का मुख्य विषय धर्माचार ही है। दूसरों के हित के लिए किया हुआ कर्म ही धर्माचार है। यह सिद्धान्त भारतीय बौद्धिक परम्परा में नितान्त नया नहीं – आयुर्वेदाचार्य चरक अपनी "हित आयु" की व्याख्या में यही निर्दिष्ट करते हैं कि मानसिक व शारीरिक सुख के लिए दूसरों के हित में काम करना चाहिए।[४] जातकों की विशेषता नवीन सिद्धान्त न होकर कर्म-मार्ग को सर्वोपरि स्थापित करना है। और यह सरल सिद्धान्त लोकप्रिय हुआ और सारे सभ्य संसार में चीन, जापान, कोरिया, श्रीलंका, थाईलैण्ड इत्यादि में फैल गया। अपने देश में बौद्ध और सनातन पूजा-पद्धतियों की धाराएँ कई शताब्दियों तक समानान्तर बहती रहीं। गुप्त काल से आरम्भ होकर सनातन चिन्तन ने इस बौद्धिक विकल्प की मूल धारणा, कर्म के महत्त्व, को अपने दर्शन में भक्ति की अवधारणा में समाविष्ट किया और महात्मा बुद्ध को "भगवान्" की उपाधि देकर उन्हें ग्यारहवें अवतार के रूप में अवतारों की शृंखला में प्रशस्त कर दिया। बौद्ध विहारों और भिक्षु-आचरण में गिरावट और बौद्ध पूजा-पद्धति के विकास ने बौद्ध धर्म और सनातन धर्म के भेद को प्रायः मिटा दिया तथा अनवरत सनातन परम्परा में बौद्ध मान्यताएँ घुल-मिल-कर साधारण भारतीय की भाषा और मानसिकता का अंग बन गईं। अतः यह कहना सर्वथा अ-तार्किक है कि बौद्ध सम्प्रदाय भारत में लुप्त हो गया।

आचार हो, धर्म, कर्म या भक्ति सभी का प्रयोजन आध्यात्मिक ज्ञान ही है और इस आध्यात्मिक ज्ञान को लोक में स्थापित करने के लिए एक विशाल साहित्य निर्मित हुआ। इस आख्यान साहित्य के सबसे विशालकाय ग्रन्थ-रत्न *योगवासिष्ठ* की चर्चा में बताते हैं –

> आध्यात्मिक साहित्य में छोटे-छोटे आख्यानों के अनेक मार्मिक आख्यान बिखरे पड़े हैं, परन्तु विशाल तथा विस्तृत आख्यानों का परिचायक

४. देखिए *चरक संहिता,* 1.i.41-42, 1.30.21-26।

ग्रन्थ-रत्न है – *योगवासिष्ठ*। इस विशालकाय ग्रन्थ-रत्न में छः प्रकरण हैं, जिनके नाम क्रमशः हैं – वैराग्य, मुमुक्षु-व्यवहार, उत्पत्ति, स्थिति, उपशम तथा निर्वाण और श्लोकों की संख्या है बत्तीस हजार।

आख्यान-शैली की प्रशंसा में यहाँ कहा गया है –

अर्थात् मधुर शब्दावली तथा समझ में आने वाले दृष्टान्तों तथा युक्तियों से सम्पन्न भाषा में जो उपदेश किया जाता है, वह इस प्रकार हृदय में फैल जाता है, जिस प्रकार तेल की बूँद पानी के ऊपर सद्यः फैल जाती है और सुनने वालों की सब शंकाएँ दूर हो जाती हैं।

यत् कथ्यते हि हृदयङ्गमयोपमान –
युक्त्या गिरा मधुरयुक्तपदार्थया च।
श्रोतुस्तदङ्ग हृदयं परितो विसारि
व्याप्नोति तैलमिव वारिणि वार्य शंकाम्।।
– उत्पत्ति प्रकरण ८४.४५

परन्तु कठिन एवं कठोर शब्दों वाली भाषा में, सरस शब्दों तथा दृष्टान्त, आख्यान से रहित भाषा में जो उपदेश किया जाता है वह राख में हवन किए गए घी के समान हृदय में प्रवेश नहीं करता –

त्यक्तोपमानममनोज्ञपदं दुरापं
क्षुब्धं धराविधुरितं विनिगीर्णवर्णम्।
श्रोतुर्न याति हृदयं प्रविनाशमेति
वाक्यं किलाज्यमिव भस्मनि हुयमानम्।।
– उत्पत्ति प्रकरण, ८४.४६

आख्यानों के द्वारा सद्यः प्रकाशमान तथ्यों की उपमा चन्द्रमा के द्वारा प्रकाशित भूतल से दी गई है –

आख्यानकानि भुवि यानि कथाश्च या या
यद्यत्प्रमेयमुचितं परिपेलवं वा।
दृष्टान्तदृष्टिकथनेन तदेति साधो
प्राकाश्यमाशु भुवनं सितरश्मिनेव।।
– उत्पत्ति प्रकरण, ८४.४७

इसी कारण *योगवासिष्ठ* काव्य, दर्शन तथा आख्यान – तीनों का मंजुल समन्वय होने के कारण त्रिवेणी के समान महत्त्वशाली माना जाता है। ऐसे उपाख्यानों की संख्या पचास से भी ऊपर है, जिनमें दाशूर, रानी

> चुडाला, वीतहल, उद्दालक आदि के आख्यान नितान्त प्रसिद्ध हैं। रानी चुडाला के विस्तृत आख्यान के द्वारा स्त्री को आत्म-ज्ञान होने तथा तद्द्वारा अपने पति के उद्धार करने की कथा दी गई है।"

निष्कर्ष यह है कि अध्यात्मशास्त्र के दुरूह तत्त्वों के सरल-सुबोध ज्ञान के निमित्त भारतीय ऋषियों ने दृष्टान्त, उपमा तथा आख्यानों की सहायता से विषय का प्रतिपादन किया है, जिससे शिष्य को विषय का ज्ञान सद्यः हो जाता है।[५]

संसाररूपी अटवी (महाटवी) का विस्तृत तथा आकर्षक वर्णन दोनों ग्रन्थों में विशेष उपलब्ध होता है – *श्रीमद्भागवत* के पंचम स्कन्ध में (गद्य) तथा *योगवासिष्ठ* के उत्पत्ति प्रकरण के ६८ तथा ६६ अध्यायों में (पद्य)। दोनों के आख्यान में ऐसा वैशिष्ट्य है, जो हृदयंगम करने योग्य है। यहाँ एक-दो उदाहरण पर्याप्त होंगे –

कीलोत्पाटी बंदर के समान मन ही स्वयं दुःखों का आह्वान करता है –

> अपश्यन् काष्ठरन्ध्रस्थवृषणाक्रमणं यथा।
> कीलोत्पाटी कपिर्दुःखमेतीदं हि तथा मनः।।
> – *योगवासिष्ठ*, उत्पत्ति, ६६.४१

गन्ने में वर्तमान रस को चूसकर जैसे मनुष्य उसका स्वाद लेता है, उसी प्रकार शास्त्रों के महावाक्यों में जो ब्रह्मानन्द भरा है, उसका भोग ज्ञानी अपने अनुभव द्वारा ही करता है –

> महावाक्यार्थनिष्यन्दं स्वात्मज्ञानमवाप्यते।
> शास्त्रादेरिक्षुरसतः स्वाद्विव स्वानुभूतितः।।
> – *योगवासिष्ठ*, निर्वाण प्रकरण, उत्तरार्ध, १६७.२६

इस दृष्टान्त पर ध्यान दीजिए। सांसारिक व्यक्ति अपने ही संकल्पों तथा वासनाओं का जाल बुना करता है और उनके द्वारा वह स्वयं अपने-आपको बन्धन में डालता है – रेशम के कीड़े के समान, जो अपनी ही लार के जाल से अपने को बन्धन में डालता है। न कोई बाहरी आदमी इस कीड़े को बन्धन में जकड़ता है और न कोई जीव को बन्धन में डालता है। ये दोनों अपने ही क्रिया-कलापों से मानसिक तथा शारीरिक द्रव्यों से अपने को बाँधते हैं। इस कालावधि में एक विमर्श है, जोकि बुद्धि को आकृष्ट करता है।

---

५. *कल्याण*, शिक्षा विशेषांक, पृ. २०२।

यहाँ जातक कथाओं में व्यापक रूप से मौलिक बौद्ध चिन्तन के कारण हम उनमें महत्त्वपूर्ण पक्ष-परिवर्तन लक्षित करते हैं –

(i) ज्ञानात्मक संधान के विषय के रूप में सूक्ष्म एवं तात्त्विक विषयों की अस्वीकृति है। इनके स्थान पर वर्त्तमान देश-काल में दुःखनिवृत्ति जैसे मुख्य विषय "अतिप्रश्नों" को विस्थापित कर देते हैं।

(ii) *मोक्ष* का स्थान *निर्वाण* ले लेता है। "वैयक्तिक मुक्ति" का स्थान "समष्टि मुक्ति" ले लेती है। यह एक महान् मूल्य विस्थापन है। जब तक एक भी प्राणी दुःखी है, बोधिसत्त्व वैयक्तिक मुक्ति प्राप्त नहीं करते। वह स्वयं को निर्वाण में स्थापित नहीं करते। उनकी अभिप्सा है कि प्रत्येक प्राणी परमार्थ सत्य में प्रतिष्ठित हो।

(iii) निर्वाण की प्राप्ति सूक्ष्म/भावात्मक ज्ञान की प्राप्ति से नहीं होती, वरन् धर्म आचरण से होती है। धर्म-केन्द्रित कोटि है।

लेकिन धर्म है क्या ? यही जातकमाला एवं अन्य कथाओं का विवेच्य है। हमें ज्ञात है कि यह गम्भीर विषय है, जिसकी बौद्ध चिन्तन के सभी सम्प्रदायों में विशद् व्याख्या की गई है। हमारे सीमित प्रयोजन के लिए वस्तुतः तर्क सरल है। चार आर्य सत्य हैं – १. संसार दुःखमय है; २. दुःख का कारण है; ३. दुःख से मुक्ति सम्भव है; ४. इसके लिए अष्टांगिक मार्ग उपयुक्त है। आर्य सत्य दुःख-निवृत्ति के सम्यक् उपाय अथवा साधन से सम्बद्ध है। यह प्रविधि आधार मार्ग, सम्यक् कर्म का है। यह मार्ग सभी प्राणियों के लिए मैत्री एवं सभी दुःखी जीवों के लिए करुणा से परिभाषित है।

बौद्ध धर्म इस प्रकार भारतीय चिन्तन के निर्णायक विभाजक-धारा को रेखांकित करता है –

१. इसने भारतीय मानस को याज्ञिक अनुष्ठान से तर्क-बुद्धि की ओर उन्मुख किया (जैसाकि इसी के सदृश पाश्चात्य वैचारिक इतिहास में आगे चलकर "पुनर्जागरण" काल में हुआ)।

२. इसने भारतीय आचार संहिता को व्यक्ति से समाज की ओर उन्मुख किया।

३. इसने ज्ञान एवं भक्ति मार्गों के सापेक्ष कर्म-मार्ग की पूर्व प्रतिष्ठा की।

यही वह विभाजक-धारा है, जिसने *भगवद्गीता* के सामाजिक दर्शन को सम्भव बनाया – यह दर्शन निर्धारित धर्म एवं लोकसंग्रह का है।

उपनिषदों के उपरान्त, साहित्यिक आख्यानों में, नचिकेता का स्थान बोधिसत्त्व ने ले लिया, जो लोक-कल्याण के लिए दूसरे जीवों के दुःख सहते हैं और करुणा से पूर्णतः द्रवित हैं, जो भूख से आतुर सिंहनी के लिए अपने शरीर का परित्याग करते हैं अथवा भूख से प्रेरित अतिथि के लिए अपना सब कुछ परित्याग कर देते हैं।

आगे चलकर *हितोपदेश* एवं *पंचतन्त्र* ने धर्म के साथ नीति को भी अन्वित कर दिया। यह अख्यानों की तीसरी सूक्तावली – जो कि हमारे लिए महत्त्वपूर्ण है क्योंकि अर्थ एवं काम के साथ धर्म की तुलना करते हैं। यह स्पष्टतः बुद्ध के बाद ही सम्भव है।

लेकिन और प्रश्न शेष रहते हैं –

(क) आख्यानों की प्रकृति

(ख) बौद्ध चिन्तन की कला एवं साहित्य को देन।

जैसाकि श्री वागीश शुक्ल ने निर्दिष्ट किया है, "भारतीय आख्यान 'अशरीरी' आख्यान हैं। वे किसी विशेष देशकाल में अवस्थित नहीं हैं। युग बदलते हैं लेकिन कथा वही रहती है।" श्रीकृष्ण कहते हैं, "सृष्टि के आरम्भ में मैंने विवस्वन् को इस योग का उपदेश/आख्यान दिया था।" तत्पश्चात् इसे कलियुग में अर्जुन के लिए आख्यायित किया है। जब ८४,००० महर्षि शौनक मुनि के यज्ञ में सूत लोमहर्षण से आग्रह करते हैं कि वे उन्हें पुराण सुनाएँ। वे जानते हैं कि पुराण सनातन है, यद्यपि लोमहर्षण अस्तित्वहीन हैं क्योंकि पुराण प्रवचन के अपराध के कारण बलराम ने उनका सिर काट दिया था। कथा कहाँ अपना अस्तित्व रखती है? उसका वाचक कौन है? व्यास, गणेश या लोमहर्षण? इसका वाचन कहाँ हुआ? *महाभारत* का आख्यान कहाँ प्रकट किया गया? – निगमबोध घाट? नैमिषारण्य?

गुणाढ्य ने *बृहत्कथा* का आख्यान स्वयं के लिए अकेले वन में एक-एक पृष्ठ का पाठ कर एवं तत्पश्चात् प्रत्येक पठित पृष्ठ को जलाकर किया।

रामचरितमानस का वक्ता-श्रोता कौन है? शंकर-पार्वती? काकभुशुण्डि गरुड़? भारद्वाज-याज्ञवल्क्य? तुलसीदास-रसखान?

आख्यान "काल-रहित" हैं, वे "स्थान-रहित" हैं। वे उनके वाचक एवं श्रोता उभयात्मक-द्वन्द्व में हैं। वे "अशरीरी" हैं (वागीश शुक्ल)। जातक इसके सर्वोत्तम उदाहरण हैं। ये बुद्ध के पूर्व जन्मों की स्मृति-माला है। हमें यह ज्ञात नहीं है कि इनका वाचक कौन है। हम यह भी नहीं जानते कि इनका श्रोता

कौन है। केवल एक निश्चितता है कि यह धम्म है जो काल, देश और व्यक्ति विशेष से मुक्त है।

अन्तिम रूप से अब हम दूसरा विषय लेते हैं – बौद्ध-दर्शन की कला एवं साहित्य (सौन्दर्यशास्त्र) को देन।

हमें यह ज्ञात है कि आरम्भिक बौद्ध धर्म कला को "प्रेय" वस्तु के रूप में ही देखता है। सौन्दर्यानुभव/कलानुभव केवल एक अतृप्ति को सन्तुष्ट करने वाला है। *विसुद्धिमग्ग* कला की वर्जना करता है। धर्मशास्त्र के काल तक, औपनिषदिक तप एवं बौद्ध "निवृत्ति मार्ग" भारतीय जीवन को आप्लावित कर चुके थे। लेकिन महायान के साथ भक्ति-तत्त्व एवं साधना-सिद्धान्त ने मूर्तिकरण एवं मूर्ति-निर्माण को प्रतिष्ठित बनाया।

इसके साथ हम काव्यशास्त्र एवं सौन्दर्यशास्त्र पर बौद्ध प्रभावों का परिगणन कर सकते हैं।

भरत का रस-सिद्धान्त भाव-केन्द्रित है, भाव अर्थात् जीव की अवस्था विशेष। भाव अर्थ-रूप में, साहित्य के अनुभव के रूप में भारतीय कला-सिद्धान्त को बौद्ध-दर्शन की देन है। भारतीय कलाकार भाव का चित्रण करता है – भरहूत के बुद्ध की तुलना में गान्धार के बुद्ध को देखें। वहाँ कोई यथार्थ देह-यष्टि/आकृतिगत विशेषताएँ नहीं हैं, केवल करुणा का भाव है। अतः आख्यानों में आन्तरिक विचारों/चिन्तन – जब दिव्य दृष्टि किसी महापुरुष के मन में प्रस्तुत हुई ... पृथ्वी अपने पर्वतों के सहित चंचल हो उठी, मानों हर्ष से न ही उसके वस्त्र न सागर शान्त ...।[६]

यह विवादित विषय है कि रस-भाव में बौद्ध-दर्शन के साथ करुण रस को केन्द्रित प्रतिष्ठा मिली अथवा नहीं। *रामायण* वियोग का आधारभूत प्रारूप है – एक महाकाव्य जो वियोग से आरम्भ एवं वियोग से परिसमाप्त होता है। जातक आख्यान कहते हैं।

१. प्रत्येक संयोग के अन्त में वियोग है, उच्च पदासीन अन्ततः पतित होते हैं, जीवन अस्थायी एवं क्षणभंगुर है – बिजली की चमक की तरह। (VI. पृ. ३६)
२. सौन्दर्यशास्त्र में सौन्दर्य पुनः परिभाषित होता है – जिस वस्तु के साथ मन श्रद्धा से अन्वित होता है, वही सुन्दर है।
३. रूप में पूर्वजन्मों के कल्पित जीवन-आख्यान।

---

६. शशक – आख्यान, पृ. ५६।

४. एक नया मूल्य करुण सौन्दर्य का निर्णायक तत्त्व निश्चित होता है (अरस्तू)।

बौद्ध जातकों के उपरान्त परम्परा में पुराण कथा है। शास्त्रों ने पुराणों को वेदों के समान अनादि और श्रीहरि का रूप बताया है – हमारे अज्ञान, हृदय अन्धकार को दूर करने के लिए श्रीहरि पुराण-रूप लेते हैं। उनका कोई रचयिता नहीं – वेद व्यास रचयिता नहीं अपितु उसके संक्षेपक अथवा संग्राहक हैं "क्योंकि परम्परा कहती है कि इन १०० करोड़ श्लोकों के विस्तार वाले पुराण ब्रह्माजी ने स्मरण करके व्यक्त किए और उनका संक्षेप करने के लिए भगवान् स्वयं द्वापर युग में व्यास-रूप में अवतीर्ण हुए। इसीलिए पुराणों को पंचम वेद कहा गया *श्रीमद्भागवत पुराण,*[७] में भी कहा है – "इतिहास और पुराण-रूप पाँचवे वेद को उन समर्थ, सर्वज्ञ ब्रह्माजी ने अपने सभी मुखों से प्रकट किया) है" –

"इतिहासपुराणं पंचमं वेदानां वेदम्"[८] इस उपनिषद् वाक्य के अनुसार यद्यपि इतिहास और पुराण दोनों को "पंचम वेद" कहा है परन्तु *रामायण, महाभारत* अर्वाचीन हैं, तदनुसार पुराणों की प्राचीनता सिद्ध हो जाती है। इसीलिये वेदों के बाद पुराणों का ही ब्राह्मण सम्प्रदाय में सबसे अधिक सम्मान है। यदा-कदा तो पुराणों को वेदों से भी अधिक गौरव दिया गया है –

> जो ... अंगों एवं उपनिषदों सहित चारों वेदों का ज्ञान रखता है, उससे भी बड़ा विद्वान् वह है, जो पुराणों का विशेष ज्ञाता है।
>
> – *पद्म पुराण,* २.४१

पुराण शब्द का अर्थ है – "जो पहले हो गया हो, उसका जिसमें वर्णन हो वही पुराण है।" पुराणों में अनेक भेद हैं – महापुराण, उपपुराण आदि – और पुराणों में कथाएँ तो हैं ही, उनमें ऐसा कोई ज्ञान नहीं, जो पुराणों में न हो। *नारद पुराण* व्याकरण का श्लोकबद्ध विवरण है और काव्यशास्त्र का स्रोत *अग्नि पुराण* है। पुराणों के श्रवण से धर्म क्या है, सदाचार क्या है? इसका बोध होता है तथा हमारा चित्त भगवान् की भक्ति में लगता है जो मुक्ति का साधन है।

तस्मात् पुराण वेदों का भाष्य ही है। कहा गया है – "पुराण वेदार्थ के बोधक हैं। पुराणों के ज्ञान के बिना वेदों का पूर्ण ज्ञान नहीं हो सकता"

---

७. *श्रीमद्भागवत पुराण,* ३.१२.३६।

८. *छान्दोग्य उपनिषद्*, ७.१.२।

(२.२.२६) न्याय दर्शन के *वात्स्यायन भाष्य* में कहा है कि वेद, धर्मशास्त्र और पुराण के भिन्न-भिन्न विषय हैं – "... अपने-अपने विषय में श्रुति-स्मृति और पुराण तीनों ही प्रमाण हैं ... केवल एक प्रयास नहीं।" वेद का मुख्य विषय है यज्ञ, इतिहास-पुराणों का मुख्य विषय है, लोकवृत्त (चरित्र) प्रतिपादन। धर्मशास्त्र का प्रधान विषय है, लोक-व्यवहार। ततः धर्मशास्त्र विरुद्ध पौराणिक और ऐतिहासिक चरित्र अनुकरणीय नहीं होते (तर्हि, राम का चरित्र अनुकरणीय है, रावण का नहीं)।

परन्तु पुराणों का परम प्रयोजन भगवत् प्राप्ति है क्योंकि सब कथाओं और सन्दर्भों में भक्त का दुःख निवारण करने वाले श्रीहरि का भिन्न-भिन्न रूपों में वर्णन मिलता है – अंशावतार, पूर्णावतार इत्यादि। ये अवतार रूप दुष्ट दमन के लिए हैं। ततः भगवान् का देव, ऋषि, मनुष्य, जलचर आदि में प्राकट्य और उनका लोक-अनुग्रह कर्म पुराण के कथा-वस्तु हैं तथा सब कथाएँ भगवान् को उनके रूप, गुण, विभूति, नाम, रूप के वर्णन द्वारा साधारण जन के लिए ग्राह्य बनाकर भगवत्प्राप्ति का साधन मात्र हैं। जिस *श्रीमद्भागवत* की रचना से ही व्यासदेवजी को परम शान्ति मिली, उस *श्रीमद्भागवत पुराण* में ज्ञान-भक्ति के रहस्य की अभिव्यक्ति परम मधुर भगवद्-रस से परिपूर्ण है।

महापुराण इस नियत क्रम से अट्ठारह या समझें कि "पुराण" के यह अट्ठारह अध्याय हैं। यह निश्चित क्रम से – १. ब्रह्म, २. पद्म, ३. विष्णु, ४. शिव, ५. भागवत, ६. नारद, ७. मार्कण्डेय, ८. आग्नेय, ९. भविष्य, १०. ब्रह्मवैवर्त्त, ११. लिंग, १२. वाराह, १३. स्कन्द, १४. वामन, १५. कूर्म, १६. मत्स्य, १७. गरुड़, १८. ब्रह्माण्ड।

एतदर्थ पुराण-ज्ञान ब्रह्म से शुरू होकर ब्रह्माण्ड पर समाप्त होता है। इसी कारण इस ज्ञान को सृष्टि-विद्या भी कहते हैं। सृष्टि के मूल तत्त्व के विषय में तीन प्रकार के भिन्न मत हैं – प्रकृतिवाद, जिसका *मार्कण्डेय पुराण* में विवेचन है, आग्नेय प्राण, जो *अग्नि पुराण* में बताया गया है और सौर प्राण, जिस सिद्धान्त का वर्णन *भविष्य पुराण* में है। इन तीनों मतों को दर्शा कर वेद व्यास दशम पुराण *ब्रह्मवैवर्त्त पुराण* में अपने सिद्धान्त प्रतिपादित करते हैं कि यह सब दृश्य जगत् ब्रह्म का विवर्त्त है अर्थात् मूल तत्त्व ब्रह्म है। तदनुसार सृष्टि ही ब्रह्म का अतात्त्विक अन्यथा भाव है। वह तत्त्व, ब्रह्म, मन, वाक् से परे है और जो प्रतीतात्मक सृष्टि है उसमें उस तत्त्व का "अवतार" होता है और उसी "अवतार" से परब्रह्म उपास्य-सम्भव होता है। तेज (?) एकादश से षोडश तक छः पुराणों का विषय अवतार ही हैं। इनमें *लिंग* और *स्कन्द*

यह दो भगवान् शंकर के अवतार कहे गए हैं और "*वराह, वामन, कूर्म* और *मत्स्य*" – यह चार भगवान् विष्णु के हैं। उन अवतारों और तदनुसार पुराणों का क्रम सृष्टि-प्रक्रिया का प्रतिबिम्ब है। इस सृष्टि-चक्र में मनुष्य की जन्म-पुनर्जन्म में क्या-क्या गति होती है? यह "गति" के सत्रहवें *अध्याय गरुड़ पुराण* में दर्शायी गई है, जिससे इस सृष्टि का जीव-कर्म-फल-भोग रूप "परिणाम" हम समझते हैं। इस सब गति का "आयतन," सृज्यमान वस्तु की सीमा का निरूपण अट्ठारहवें *ब्रह्माण्ड पुराण* में हुआ है। ततः सृष्टि-पुराण के ये अठारह अध्याय हैं और "इसी विद्या में सब विद्याओं का अन्तर्भाव है।"[८]

इन महापुराणों में अनेक कथाएँ दार्शनिक एवं शास्त्रीय गहन तथ्यों को सरस ढंग से समझाती हैं। उदाहरणतया २२४६ अध्याय वाले *ब्रह्म पुराण* में अन्य विषयों सहित लोमहर्षण-शौनक तथा ब्रह्म-भृगु संवाद, पृथु का तथा पार्वती तथा श्रीकृष्ण का पवित्र चरित्र, द्वन्द्वयुक्त का वैष्णव-भक्तिपरक आख्यान तथा भगवान् विष्णु तथा सूर्य की महिमा का वर्णन, तथा महामुनि मार्कण्डेय का दिव्य चरित्र है। इसके उपरान्त ब्रह्माजी तथा नारद का कथोपकथन तथा गंगा, गोदावरी आदि पूज्य नदियों की महिमा का वर्णन है। इसके उपरान्त श्रीकृष्णावतार की विस्तृत कथा तथा तदनन्तर अनेक वृत्तान्त तथा मध्य के १०० अध्यायों में कई महत्त्वपूर्ण आख्यान हैं, जैसे – परोपकारी कपोत, हनुमान् का आख्यान, दधीचि-लोपामुद्रा-पिप्पलाद आख्यान, गरुड़-माता विनता आदि का आख्यान। यह सब संवाद और आख्यान किसी-न-किसी मूल्य, तत्त्व या सिद्धान्त का प्रतिपादन करते हैं।

यह पुराण पुरुषार्थ की प्राप्ति कराने वाला और सभी वर्णों के लिए प्रशस्त माना जाता है। २४६.४७ श्लोक में निर्देशित है कि भगवान् विष्णु की पूजा, स्तुति और प्रणाम करके, समस्त पाप नष्ट हो जाते हैं।

पद्म पुराण में ब्रह्माण्ड की सृष्टि सम्बन्धित कई आख्यान हैं। *विष्णु पुराण* वैष्णव-दर्शन तथा वैष्णव-भक्ति का मूल आधार है। इस पुराण के श्लोकों को सम्प्रदायों के गुरु व चिन्तकों – मध्व, निम्बार्क, रामानुज, भास्कर, वल्लभ इत्यादि आचार्यों ने अपने-अपने भाष्य में उद्धृत किया है। सभी पुराणों में इसी तरह चार प्रकार की कथाएँ हैं –

१. संवाद

२. आख्यान

---

८. *कल्याण* वर्ष ६३ विशेषांक, संवत् २०६४, गोरखपुर : गीता प्रेस, पृ. २४-२७।

३. विवरण (स्थल, क्षेत्र, नदियाँ, पर्वत, नगर इत्यादि के)

४. चरित (देवी-देवताओं, ऋषि-मुनियों के)

इनमें मनुष्य, ऋषि-मुनि, देवी-देवता और स्वयं भगवान् अपने भिन्न रूपों में नायक/नायिका हैं। इन कथाओं के विषय मूल रूप से सृष्टि, ब्रह्म और इस सकल व्यवस्था में जीव की प्रकृति, स्थान और उसका जीवन-उद्देश्य हैं। इन कथाओं का मुख्य प्रयोजन जीवन के मूल सिद्धान्तों का निरूपण करके सन्मार्ग और तन मुक्ति का रास्ता दिखाना है। भारतीय दर्शन में वेद-उपनिषद् काल से ही यद्यपि तीन जीवन-यापन के मार्गों का प्रतिपादन हुआ है – ज्ञान, कर्म और भक्ति का – परन्तु चिन्तन के बहाव के साथ और सामाजिक ऐतिहासिक परिप्रेक्ष्य के कारण भक्ति ही कलियुग में सर्वोपरि मार्ग के रूप में प्रशस्त हुआ है। जैसाकि अनेकों बार पुराण कहते हैं मुक्ति का सरल एवं सर्वव्यापक साधन भगवद्-भक्ति ही है। इसी कारण से भक्ति की धारा भारतीय साहित्य में बहने लगी।

भक्ति-गंगा के लिए *श्रीमद्भागवत पुराण* स्रोत-ग्रन्थ है। परम्परा में एक चर्चा है कि *श्रीमद्भागवत* को पाँचवाँ महापुराण माना जाए या *देवी भागवत* को। "भगवतः भगवत्याः वा इदं भागवतम्" – इस निरुक्ति से *भागवत* नाम से भगवान् या भगवती दोनों की *भगवत्ता* स्थापित होती है। अतः दोनों ही इस कारण से तथा एक-दूसरे के पूरक होने के कारण से, महापुराण मान्य हैं।

एक कथा है कि वेद व्यास ने वेदों को शाखाओं में बाँट दिया, *महाभारत* तथा १७ पुराणों की रचना कर दी, तब भी असन्तुष्ट से थे और सोचते रहे कि कोई कमी रह गई, जिससे उनका मन अशान्त है। उन्होंने नारद से पूछा कि ऐसी कौन-सी कमी रह गई। नारद ने कहा कि उन्होंने धर्म आदि पुरुषार्थों का जैसा निरूपण किया है, वैसा निरूपण रस-रूप ब्रह्म का नहीं किया। ब्रह्म की लीला रसमय है, अतः आप उसका रसमय निरूपण कीजिए। इससे आप का हृदय शान्त हो जाएगा। तदनन्तर वेद व्यास ने *श्रीमद्भागवत पुराण* का निर्माण किया और इसके निर्माण से उन्हें पूर्ण सन्तोष मिला। *श्रीमद्भागवत* का हृदय दशम स्कन्ध है तथा ग्यारहवें में भगवान् का उद्धव को उपदेश निहित है। पहले चार श्लोकों में इसका सार है – (१) परमात्म-तत्त्व, (२) माया-तत्त्व, (३) जगत्-तत्त्व और (४) आत्म-तत्त्व। इस महापुराण में अनेक गम्भीर आख्यान हैं, जैसे महर्षि सौभीर काण्व का, जिनका दृढ़ वैराग्य मीनराज के सुखद गार्हस्थ्य जीवन को देखकर वायु के एक हल्के से झकोरे से जड़ से उखड़कर धराशायी हो गया – ऐसा है वासना का राज्य। इस

उपाख्यान से तथा अन्य से यह स्पष्ट हो जाता है कि धर्म-ग्लानि अधर्माभ्युत्थान का परिणाम हितकर नहीं होता।

इस लोक की सुख-समृद्धि का पुराणों में निषेध नहीं अपितु भौतिकवाद तथा अध्यात्मवाद से सामंजस्य और सन्तुलन की आवश्यकता दिखाई गई है। भगवत् प्राप्ति को परम प्रयोजन मानते हुए भी व्यावहारिक जगत् के सभी अपेक्षित विषयों का वर्णन पुराणों में है। जैसेकि कहा गया है – "वैदिक धर्म 'इष्ट' (यज्ञ) पर बल देता है और पौराणिक धर्म 'पूर्त्त' (समाजोपयोगी वस्तु निर्माण) पर।" दोनों ही सनातन धर्म के लक्ष्य हैं। वैदिक सिद्धान्त एक सत् को इन्द्र वरुण आदि अनेक नामों से अभिहित मानता है और पौराणिक सिद्धान्त एक "सत्" का राम, कृष्ण आदि अनेक रूपों में अवतार स्वीकार करता है। इस प्रकार पुराणों में वेदार्थ का उपबृंहण और जागतिक व्यवस्था को सुदृढ़ करने के लिए समाज कल्याणोपयोगी विषयों का प्रतिपादन हुआ है। इसीलिए महर्षि व्यास ने वेदार्थ से अधिक पुराणार्थ को महत्त्व देते हुए कहा –

> वेदार्थादधिकं मन्ये पुराणार्थंवरानने।
> वेदा प्रतिष्ठिताः सर्वे पुराणे नाना संशयते।।[९]

९. देखिए आचार्य डॉ. जयमन्त मिश्र का "पुराणों का परम प्रयोजन – श्रेय और प्रेय की प्राप्ति" – पुराणकथांक, *कल्याण,* विशेषांक ६३वां वर्ष, संख्या १, पृ. ४३५।

६

भक्ति, भगवत्तत्त्व, भक्ति कथाएँ

(क) भगवत्तत्त्व

भक्ति, ज्ञान तथा कर्म के साथ तीसरा मार्ग है मोक्ष का। भक्ति मोक्ष का उत्तम साधन है। ज्ञानेश्वर जी अपनी *ज्ञानेश्वरी* में भगवान् श्रीकृष्ण से अर्जुन को कहलाते हैं –

> हे अर्जुन ... तुम अपनी कल्पना को छोड़कर देखो ... सारा दृश्यजगत् मैं हूँ ... संकल्प से जीवों का ज्ञान आच्छादित हो गया है, इसलिए एकमवाद्वितीय अखण्ड ब्रह्मसत्ता में उन्हें नानात्व भासित हो रहा है। ... संकल्प की यह सायंवेला जाए तो जगद्रहित परमात्मा अपने अखण्ड स्वरूप में ही है। ... इसलिए तुम इन्द्रियों के कपाट बन्द करके अर्थात् इन्द्रियों को अन्तर्मुख करके इस ज्ञान का आनन्द अनुभव करो।

इस ब्रह्म के साथ एकाकार करने के लिए मोक्ष के लिए सगुणोपासना अर्थात् भक्ति ही श्रेष्ठ साधन है, क्योंकि

> जो ... भक्त ... अपने सब कर्मों के द्वारा मेरा भजन-पूजन करते हैं ... वे मेरे ही स्वरूप में रमते हैं ... मेरे भक्तों का मन मुझ में रहने से मद्रूप ही हो जाता है। ... उसके अन्तःकरण में मेरी ही आस्था है, मेरा ही प्रेम है। वह सब कर्मों में उत्तीर्ण हुआ ... कारण, उसके मन, बुद्धि, चित्त, शरीर के सब व्यापार मत्स्यरूप निष्ठा की मंजूषा में रख कर मुझे अर्पण कर दिए।

भगवान् का भी उसी प्रकार भक्त के प्रति वात्सल्य-रूप प्रेम का भाव रहता है –

> जिन शिशु-पक्षियों के अभी पंख नहीं निकले हैं, उन्हें खिलाने-पिलाने का उपाय जैसे उनकी माँ को करना पड़ता है अथवा भूख-प्यास का लगना भी जो बच्चे नहीं जानते उनकी सारी चिन्ता उनकी माता को करनी

> पड़ती है, उसी प्रकार समस्त जीवन–प्राण से जो भक्त मेरी भक्ति में लग जाते हैं, उनका सारा भार मैं वहन करता हूँ। उनकी सब इच्छाएँ, सब भावनाएँ मैं पूर्ण करता हूँ।

अतः मोक्ष के तीनों मार्ग भगवत् प्राप्ति हेतु हैं। भगवत् प्राप्ति के लिए हिन्दू–मानस ने भक्ति को सर्वोपरि माना है। भक्ति के अनेक साधन हैं, जिनका हम नीचे उल्लेख करेंगे। उन साधनों में कथा–श्रवण एक सरल, सुगम तथा सर्वव्यापी साधन है।

जैसे *श्रीमद्भागवत* में शुकदेवजी कहते हैं –

> भगवान् श्री हरि में एकाग्र भाव से सुनियोजित भक्ति सम्यक् ज्ञान और वैराग्य का आविर्भाव कर देती है। यह भक्ति भगवान् की कथाओं के आश्रित रहती है। इसलिए जो श्रद्धापूर्वक उन्हें प्रतिदिन सुनता या पढ़ता है, उसे बहुत शीघ्र इसकी प्राप्ति हो जाती है।

"इसकी प्राप्ति ..." अर्थात् भगवत्तत्त्व की प्राप्ति, उस भगवत्तत्त्व की, जिसका वर्णन ज्ञानेश्वरजी ने किया।

यह भक्ति से प्राप्य भगवत्तत्त्व क्या है और इसका स्रोत कहाँ है ? इस भव तत्त्व का मूल स्रोत वेद ही है। भगवत्तत्त्व वह है, जिसकी विभूति यह सम्पूर्ण जगत् है।[१] वही तत्त्व अग्नि, सूर्य, वायु, चन्द्रमा, पूरक प्रकाशमान वेद, ब्रह्म – इन सब रूपों में व्याप्त है।[२] अचिन्त्य शक्ति प्रत्येक वस्तु में पूर्ण है।[३] वह एक ही सत्तत्व भिन्न नामों से पुकारा जाता है – अग्नि, यम, इन्द्र इत्यादि।[४]

वेदों में भगवत्तत्त्व के प्रतिपादक वचन कई हैं, क्योंकि वेदों का प्रतिपाद्य लक्ष्य भगवत्तत्त्व ही है। सार में यह सम्पूर्ण दृश्य वर्ग उसी का आभास है। पर यह दृश्य–जगत् उसका केवल एक अंश है – वह तत्त्व महत्, अनन्त और दिव्य है, जिसका ज्ञान या अनुभूति अलौकिक प्रतिभा, तपस्या, चिन्तन–मनन से ही ग्राह्य है। इस निर्गुण निराकार तत्त्व के सगुण–साकार कल्पित रूप भी हैं।[५] जिनका नाम–रूप है। निर्गुण, निराकार तो वाक्, इन्द्रियाँ, मन, बुद्धि

---

१. *शुक्लयजुर्वेद* ,२५.१२।

२. *शुक्लयजुर्वेद,* २५.१३।

३. *शुक्लयजुर्वेद,* ३२.४।

४. *ऋग्वेद,* १.१६४.४।

५. *शुक्लयजुर्वेद,* ३.६०, ३४ १४३।

इत्यादि मनुष्य के सभी ज्ञान साधनों से परे होने के कारण अ-वर्णनीय हैं – नेति, नेति।

यह परमतत्त्व प्रकृति तथा प्राकृतिक पदार्थों से अतीत होने के कारण, प्रत्यक्ष इत्यादि प्रमाणों से बोधजन्य न होने के कारण, शब्द से भी ग्राह्य नहीं है।[६] क्योंकि शब्द की प्रवृत्ति किसी निमित्त के आश्रय से होती है और यहाँ निमित्त का अभाव है। यह मूल सत्ता है, इसका कोई आधार या कारण नहीं परन्तु यह सबका आधार व कारण है। यह केवल तत् पद से कहा जा सकता है।

विद्वानों ने ब्रह्म-तत्त्व, परमात्म-तत्त्व एवं भगवत्तत्त्व, इन तीनों को एक माना है। आगम ग्रन्थों में उसके दो अवस्था (रूप) माने हैं – निर्विशेष तत्त्व तथा सविशेष तत्त्व। निर्विशेष ब्रह्म निर्गुण निराकार है। जब वह शक्ति उद्बोधित हो जाती है तब वह निर्विशेष तत्त्व सगुण भगवत्तत्त्व कहलाने लगता है। इस सविशेष तत्त्व के छः गुण या अंश हैं। इनसे युक्त होने से परमात्मा का नाम "भगवान्" है।

वैष्णवागमों के अनुसार ब्रह्म ही भगवत् पद से वाच्य है। ब्रह्म निर्गुण (निर्गुण का अर्थ है, प्राकृत गुणों से अस्पर्शित) है तथापि उसे षाड्गुण्य कहा गया है।[७] ये गुण हैं – ज्ञान-शक्ति-बल-ऐश्वर्य-वीर्य और तेज। *नारद पांचरात्र* में भी भगवान् को षाड्गुण्य दिखाया गया है।[८] (यह गुण अपने आप में निर्वचनीय है। परन्तु यह यहाँ संगत नहीं) जगत् के उपकार हेतु यह तत्त्व चतुर्व्यूह रूप लेता है – यह अ-रूप, अ-आकृति तत्त्व की चतुर्विध व्यवस्थिति मन के आलम्बन के लिए है। साधारण और असाधारण मनुष्यों के लिए मूर्त्त रूप अमूर्त्त तत्त्व तक पहुँचने की सीढ़ी है तथा उस मूर्त्त रूप के विग्रह वैभव के लिए श्रद्धा स्वाभाविक रूप से अनुभव हो जाती है। उसका विलक्षण सौन्दर्य आनन्द का स्रोत बन जाता है।

सभी पुराणों में ब्रह्म या परमात्मा को "भगवान्" की संज्ञा दी है। ब्रह्म शब्द का विषय नहीं है – जैसाकि ऊपर लिखा गया – तथापि उपासना के लिए व्यवहार की सुविधा के हेतु "भगवत्" शब्द के द्वारा कथन किया जाता है।

---

६. *कठोपनिषद्,* II.3.14।

७. *अर्हिबुध्न्य संहिता,* २.४२।

८. *नारद पांचरात्र,* २.३.४२-४३।

भज् धातु के "सेवायाम्" अर्थ से भग्, भगवत्, भक्त, भक्ति इत्यादि शब्दों की व्युत्पति है। तदनुसार भगवत् शब्द "पूज्यत्व" का पर्याय है तथा इसका प्रयोग मुख्य रूप से परमात्मा के लिए ही है तथा गौण रूप से गुरु इत्यादि के लिए है। यथा भगवान् पाणिनि। *श्रीमद्भागवत* में भगवान् कहते हैं – "मैं भगवत्तम यज्ञ स्वरूप हूँ"[९] तथा आगे कहते हैं कि "भग् से मेरी ऐश्वर्य सम्पन्नता का द्योतन होता है"।[१०] *विष्णु पुराण* में भगवत् शब्द का अर्थ प्रतीकार्थमयता के आधार पर किया है[११] –

"भ" = दो अर्थ हैं, पोषक और सर्वाधार। "भ" के प्रतीकार्य "भ" उत्तर के अर्थ हैं "नक्षत्र या ग्रह के अनुकूल"।

"ग" = तीन अर्थ हैं – नेता, गमयिता और सृष्टा। "नेता" का अर्थ है "कर्मफल प्राप्त कराने वाला," "गमयिता" का अर्थ है "लय" कराने वाला और "सृष्टा" का अर्थ रचयिता है।

"भ" और "ग" से "भग" शब्द बना है – सम्पूर्ण ऐश्वर्य, धर्म, यश, श्री, ज्ञान और वैराग्य इन छः का नाम "भग" है।[१२] "भ" और "ग" के पाँच अर्थों के साथ विसर्ग (:) के एक अर्थ को मिलाकर यह छः गुण होते हैं। *एकाक्षरी कोष* के अनुसार विसर्ग का अर्थ है – त्याग, मुक्ति, दीप्ति आदि। इन अर्थों के संश्लेष से अर्थ हुआ "वैराग्य," संसार भाव का त्याग। पोषण ऐश्वर्य का, सर्वाधार धर्म का, नेता यश का, गमयिता ज्ञान का और सृष्टा श्री – (आद्याशक्ति, महामाया) का प्रत्यर्थक है।[१३]

विष्णु पुराण के अनुसार व-कार का अर्थ है, वह जो सबमें अधिवासित है और जिसमें सब विवसित है। "व"/वस् का प्रथम अक्षर है और इसका एकाक्षरी कोष के अनुसार अर्थ है 'वास' तदनुसार "भगवत्" शब्द वासुदेव का भी वाचक है।[१४] *श्रीमद्भागवत* में भी यही परिभाषा है "वासुदेव" की।[१५]

---

९. *श्रीमद्भागवत,* ११.१८.३८।

१०. श्रीमद्भागवत, ११.१६.४०।

११. *विष्णु पुराण,* ६.५.७२-७४।

१२. *विष्णु पुराण,* ६.४.७२-७४।

१३. *विष्णु पुराण,* ६.४.७२-७४।

१४. विष्णु पुराण, ६४. ८०.८२।

१५. *श्रीमद्भागवत,* २.८.२४।

श्रीमद्भागवत व शक्तियों में वासुदेव को ही भगवान् माना है और यथा-तथा अनेक स्थलों पर उनकी प्रकृति व गुणों की व्याख्या की है।[१६]

अतः भगवान् के सूक्ष्म और स्थूल दोनों ही रूप हैं और दोनों वन्दनीय हैं। उनके गुणों की चर्चा, जो सभी कथाओं का विषय है, मोक्ष चाहने वाले पुरुषों की बुद्धि सांसारिक विषयों से हटाकर भगवान् में लगाती है।[१७] *श्रीमद्भागवत* के वासुदेव *कठोपनिषद्* परिभाषित भगवत्तत्त्व के प्रत्यक्ष रूप ही हैं –

> यह सब आत्मरूप परम पुरुष समस्त प्राणियों में गुप्त रहता हुआ भी माया के परदे में छिपा रहने के कारण सबको ज्ञात नहीं होता। यह तो सूक्ष्म तत्त्वों को समझने वाले पुरुषों द्वारा अति सूक्ष्म बुद्धि से ही देखा जा सकता है।[१८]

उपनिषदों में "भगवान्" शब्द के अक्षर, ईश्वर, अन्तर्यामी, सत्य, वैश्वानर, अव्यय आदि नाम हैं। परमात्मा का नाम "परम शिव" भी है और उसके ऐश्वर्यादि युक्त रूप का नाम शिव भी है। वेदों में मूल तत्त्व के लिए शिव, विष्णु, इन्द्र, वरुण आदि – "एकं सद् विप्रा बहुधा वदन्ति"[१९] अनेक शब्द प्रयुक्त हैं।

आचार्य शंकर ने भी इस विश्लेषण, विवेचन, विवरण से परे भगवत्तत्त्व की परिभाषा करने का यत्न किया है। वह जिसको देख लेने पर कुछ भी देखने योग्य नहीं रहता, जिसको जान लेने पर कुछ और ज्ञातव्य नहीं रहता, वह भगवत्तत्त्व है। *विवेकचूडामणि* में *कठोपनिषद्* के अनुसार ही उन्होंने परिभाषा की है –

> इस परमात्म-त्तत्व को कोई स्थूल दृष्टि द्वारा प्राप्त नहीं कर सकता। अतः अति शुद्ध बुद्धि वालों को समाधि अवस्था द्वारा सूक्ष्म वृत्ति से उसे जानना पड़ता है[२०]

यहाँ शंकर ब्रह्म-ज्ञान के तीन साधन बताते हैं – समाधि, सूक्ष्म वृत्ति और शुद्ध

---

१६. *श्रीमद्भागवत,* २६.१२.२१, ६.१७.१३-३४, ७.१.६, ६.१७.२३, ४.३.२२-२३, ३.२६.२६, १०.२.६, १०.७३.१६ इत्यादि।

१७. *श्रीमद्भागवत,* ७.१२.१३।

१८. *कठोपनिषद्,* २.३.१२।

१९. *ऋग्वेद,* १.१६४.४६।

२०. *विवेकचूडामणि,* ३६१।

बुद्धि। *प्रबोधसुधाकर* में वे कहते हैं – असाधारण वस्तु को देखने के लिए असाधारण नयन चाहिए इसी कारण से श्री भगवान् ज्ञान से दर्शनीय होते हैं, "ज्ञानगम्यः पुरातनः" (*विष्णुसहस्रनाम स्त्रोत*)। शंकर उसकी भी चर्चा करते हैं, जिसने ब्रह्म का ज्ञान पा लिया। ऐसे व्यक्ति में नित्य-अनित्य की विवेक बुद्धि उदय होती है – यथा ब्रह्म नित्य, जगत् अनित्य और वह व्यक्ति भेद बुद्धि से ऊपर उठ जाता है और शुद्ध आनन्द का अनुभव करता है –

> ब्रह्म का कोई दर्शन कर चुका हो तो उसके लिए सारी सृष्टि मनमोहक उद्यान है। हर वृक्ष कल्पवृक्ष है, सभी भाषाएँ और ग्रन्थ वेद हैं, सभी जल गंगा और सभी भूमि शुद्ध काशी है।[२१]

यह यहाँ ज्ञातव्य है कि आचार्य शंकर के लिए ज्ञान और भक्ति में विरोध नहीं – भक्ति साधन है ज्ञान का और उनके इस सिद्धान्त की चर्चा हम बाद में करेंगे।

रामानन्दाचार्य ने भगवत्तत्त्व का निरूपण अपने ग्रन्थ – *वैष्णवमताब्ज भास्कर* में भगवन्नामों से किया है – ईश्वर,[२२] हरिः[२३] भगवान्,[२४] परमात्मा,[२५] पुरुषोत्तम।[२६] ये नाम अपने शब्दार्थ से ही भगवत्तत्त्व का निरूपण करते हैं, क्योंकि इनका प्रयोग परम्परा से श्रुति से लेकर *महाभारत* तक हुआ है।[२७]

इसी प्रकार शिव-शब्द का भी प्रयोग है। आचार्य शंकर ने कहा है –

"जो परमात्मा एक है ... उन परमेश्वर को मैं भजता हूँ। ... उन परमपावन अद्वैत रूप शिव को मैं प्रणाम करता हूँ।" *श्वेताश्वतरोपनिषद्* में उन्हें महेश्वर भी कहा है – "... तमीश्वराणां परमं महेश्वरम्"[२८]

अब तक के निरूपण से स्पष्ट है कि भगवत्तत्त्व एक होकर भी अनेक नामों व रूपों से ज्ञातव्य है। मुख्यतया इसके मूर्त्त व अमूर्त्त रूप हैं।

---

२१. *धन्याष्टक,* १०।

२२. *वैष्णवमताब्ज भास्कर,* ४२।

२३. *वैष्णवमताब्ज भास्कर,* ७३१।

२४. *वैष्णवमताब्ज भास्कर,* १०६, १४०।

२५. *वैष्णवमताब्ज भास्कर,* ६३।

२६. *वैष्णवमताब्ज भास्कर,* ५८।

२७. देखिए – *माण्डूक्योपनिषद्* ६, *महाभारत,* उद्योग, ७०.१३, शान्ति, ३४१.४२-४३, *विष्णुपुराण* ६.५.७४ पाणिनि की *अष्टाध्यायी* २.२.१०, *गीता* १५.१८।

२८. *श्वेताश्वतर उपनिषद,* ६.७।

यह प्रश्न उठ सकता है कि भेद बुद्धि से ऊपर उठकर अभेद के ज्ञान के बाद इसी तत्त्व की परिभाषा क्या भेदात्मक नहीं है? उत्तर है, नहीं, यह भगवन्नाम परस्पर विरोधी न होकर उसी तत्त्व की समग्र विभूतियों का वर्णन करते हैं। इस तथ्य के संक्षेप में और अत्यन्त सरल ढंग से स्वामी श्री सनातनदेव ने अपने लेख "तत्त्व एक दृष्टियाँ अनेक"[२६] में इस प्रकार समझाया है –

> एक होने पर भी सत्य की अनुभूति विभिन्न व्यक्तियों को एक रूप में नहीं हो सकती। ... परमार्थ के विषय में विभिन्न सम्प्रदायों में जो कुछ कहा गया है, वह उनकी अपनी-अपनी दृष्टि और अनुभूति के अनुसार है। ... अतः ... जो साधन-पद्धतियाँ आविष्कृत की हैं, वे ही विभिन्न सम्प्रदाय हैं। ... परन्तु ऐसा कोई भी सिद्धान्त नहीं, जिसमें परमतत्त्व बंधा हुआ है। ... एक दृष्टान्त ... हमारे सामने स्वर्ण का एक आभूषण है, जिनकी दृष्टि में स्वर्ण ही आभूषण के रूप में परिणत हुआ है। वे शुद्धाद्वैती हैं। जो उसे आकार विशिष्ट स्वर्ण का परिणाम मानते हैं, वे विशिष्टाद्वैती हैं। जो उसे केवल आकार का परिणाम मानते हैं, वे प्रकृति-परिणामवादी सांख्यवादी हैं। जो तत्त्वतः ... स्वर्ण और आभूषण का अभेद और व्यवहार दोनों में भेद मानते हैं, वे द्वैताद्वैतवादी हैं। किन्तु जिनकी दृष्टि तत्त्व प्रधान, अतः जो स्वर्ण को ही सत्य मानते हैं और आभूषण को उसमें कल्पित स्वीकार करते हैं, वे विवर्त्तवादी अद्वैती हैं। उनकी दृष्टि में स्वर्ण रूप तत्त्व परमार्थ है और आभूषण प्रतीति व्यवहार। उनकी दृष्टि तत्त्व प्रधान है। किन्तु इन सबसे विलक्षण तत्त्व की अपनी दृष्टि है। उसमें प्रतीति का अत्यन्त अभाव है। स्वर्ण किसी भी रूप में प्रतीत हो वह स्वर्ण ही है। उससे भिन्न उसकी दृष्टि में आभूषण आदि कुछ भी नहीं है। इसी प्रकार मृत्तिकाकार की दृष्टि में घट, जल की दृष्टि में तरंग और लोह की दृष्टि में कुछ ज्ञादि का अत्यन्त अभाव है। यही अजातिवाद है। ये सब दृष्टियाँ हैं। अपने-अपने दृष्टिकोण से सभी ठीक हैं और सभी परम सत्य का ही स्पर्श करती हैं। परन्तु इनमें किसी के द्वारा परमार्थ का सर्वांश यथावत् निरूपण नहीं होता। वह तो अनिर्वचनीय ही है ... उस अशब्द पद में शब्द की पहुँच ही नहीं है तो वो किस प्रकार निरूपण करें ? ... उसके निर्विशेष होने पर भी उसकी उपलब्धि सविशेष रूप में ही होती है ... स्वर्ण का अपना कोई आकार नहीं कहा जा सकता, फिर भी क्या बिना आकार का स्वर्ण किसी ने देखा है ? आकाश निरूप है, उसमें न उजाला है, न अंधेरा तथापि ऐसा आकाश किसी ने देखा है, जिसमें न प्रकाश हो, न अंधकार?

---

२६. *कल्याण* ५५वां वर्ष, विशेषांक, पृ. ५४-५६।

> वस्तु का जो निज रूप है, वही परमात्मा है और जैसी वह दिखाई देती है, वह व्यवहार है। ये दोनों दृष्टियाँ ही हैं, वस्तु तो एक ही है। अतः जो परमार्थदर्शी है, उसका किसी से विरोध नहीं होता। उसमें सब दृष्टियों का समन्वय हो जाता है। निष्कर्ष यह है कि भगवत्तत्त्व एक है और उसके दर्शन करने की दृष्टियाँ अनेक हैं।

इतने सुन्दर सरल शब्दों में भारतीय चिन्तन की गहराई को स्वामीजी ने मापा है – उनको यथावत् यहाँ रखना ही ठीक समझा।

इस व्याख्या के अनुसार भक्ति का सीधा ध्येय भगवत्तत्त्व का साकार, सगुण रूप ही है। तथापि उस भक्ति से भी अन्ततोगत्वा परमार्थ, निर्विशेष ब्रह्म की ही उपासना होती है, येन केन प्रकारेण भिन्न साधना-पद्धतियों से। परन्तु भक्ति भक्ति में भी सम्प्रदाय अनुसार भेद है, जो उस सम्प्रदाय की भगवत्तत्त्व की अवधारणा पर आधारित है। इसी कारण शुद्ध भक्ति अथवा भक्ति के स्वरूप पर भी भगवत्तत्त्व को लेकर परम्परा में गहन चिन्तन हुआ।

इस सन्दर्भ में पं. बलदेव उपाध्याय के विचार[३०] निर्णायक माने जा सकते हैं। उनके अनुसार

> ... प्रकृति एवं पुरुष के आश्रयभूत परमतत्त्व के नाम, जाति इत्यादि की कल्पना नहीं होती। वह नाम भिन्न तथा जात्यादि भिन्न एक व्यापक सर्वेश्वर सबका परमाश्रय परब्रह्म परमात्मा है और वही ईश्वर के नाम से अभिहित किया जाता है। वही इस अखिल विश्व के रूप में अवस्थित रहता है। सर्वत्र व्यापक होने के कारण वही परमात्मा वेद तथा वेदान्त में "विष्णु" की संज्ञा से सर्वत्र प्रसिद्धि पाता है। ... उस परम तत्त्व की प्राप्ति ही मानव जीवन के कर्म तथा ज्ञान द्वारा जायमान महती उपलब्धि है।

विष्णु पुराण से एक श्लोक उद्धृत करके उपाध्यायजी बताते हैं कि भगवत्तत्त्व की प्राप्ति संसार के जन्म-मरण आदि दुःखों को दूर करने की अचूक औषधि है। इससे जीव को सदा-सर्वदा रोग-मुक्ति मिल जाती है। जीव की यह दशा "आह्लादमयी तथा सुखरूपा" है और यह आह्लाद कल्पना के लिये भी दुष्कर है। वह इस मुक्ति/मोक्ष की तुलना न्याय वैशेषिकों की मात्र दुःख निवारण रूपा मुक्ति से करते हुए कहते हैं कि न्याय-वैशेषिकों की मुक्ति में लेशमात्र भी सुख की अनुभूति नहीं। इसीलिये उपाध्यायजी के अनुसार *नैषधचरितम्*[३१] के

३०. *कल्याण* ५५वां वर्ष विशेषांक, पृ. ४६-६१।

३१. *नैषधचरितम्,* १७.६४।

रचयिता वेदान्ती श्री हर्ष का न्याय के रचयिता गौतम को "पक्का बैल" बतलाना संगत है।

भगवत् प्राप्ति से आनन्दरूपा मुक्ति की उपलब्धि किस प्रकार होती है, इसी की व्याख्या उपाध्यायजी का उद्देश्य है। उनके अनुसार ज्ञान दो प्रकार का माना गया है – १. शास्त्रजन्य तथा २. विवेकजन्य। शास्त्रजन्य ज्ञान शाब्दिक परोक्ष ज्ञान है और उससे शब्द ब्रह्म की अवगति होती है। शास्त्र तथा जीवन पर चिन्तन-मनन जनित विवेक ज्ञान अपरोक्ष ज्ञान होता है और उसके द्वारा परब्रह्म की उपलब्धि होती है। पुराणों में, उपाध्यायजी बताते हैं, इन दोनों ज्ञानों की तुलना यथा क्रम "दीपक" और "सूर्य" से की है। इसके अनुसार विवेक ज्ञान की "दीप्तिमत्ता" कहीं अधिक है। अतः विवेक ज्ञान से प्राप्य परब्रह्म के लिए ही "भगवान्" संज्ञा प्रयुक्त की जाती है। इसके अनन्तर *विष्णु पुराण* (तथा *एकाक्षरी कोष*) आधारित "भगवान्" शब्द की वर्णात्मक व्याख्या (देखिए पीछे पृ. ८०, ८१) के आधार पर उपाध्याय जी भी स्थापित करते हैं कि वही भगवान् "वासुदेव" शब्द से भी लक्षित किए जाते हैं और वैष्णव मन्त्र (ऊँ नमो भगवते वासुदेवाय) में "दोनों शब्दों का साहचर्य उपलब्ध होता है।"

तर्हि *विष्णुपुराण* पर आधारित विश्लेषण के आधार पर ब्रह्म, परमात्मा, परमेश्वर, भगवान् में किसी प्रकार का अन्तर नहीं। परन्तु भक्ति सिद्धान्त और परम्परा, दार्शनिक तथा साहित्यक दोनों के लिए एक अति महत्त्वपूर्ण तथ्य उपाध्यायजी रेखांकित करते हैं। *श्रीमद्भागवत* के एक श्लोक, १.२.११, की टीकाकारों द्वारा व्याख्या में दोनों में अन्तर स्थापित किया गया है। उपाध्यायजी निर्देश करते हैं कि इस श्लोक की व्याख्या में रूपगोस्वामी अपने *लघुभागवतामृत* में *स्कन्दपुराण* का एक श्लोक उद्धृत करते हैं, जिसका आशय है कि "भगवान् अष्टांग योग के आराधक योगियों द्वारा 'परमात्मा' उपनिषदों में निष्ठावान् व्यक्तियों द्वारा 'ब्रह्म' तथा ज्ञान योगियों द्वारा 'ज्ञान' कहे जाते हैं। इस पद्य को आधार मानकर जीव गोस्वामी ने अपने *भागवत सन्दर्भ* में "परमात्मा," ब्रह्म, परमेश्वर, विशेषतः "ब्रह्म" से भगवान् की विशिष्टता का विवेचन प्रस्तुत करते हुए उपाध्यायजी यह निष्कर्ष निकालते हैं कि "अविविक्त शक्ति – शान्तिमद भेद" में (अपृथग्भाव में) प्रतिपाद्यमान तत्त्व "ब्रह्म" होता है तथा "विविक्त शक्ति-शक्तिमद भेद" में प्रतिपाद्यमान तत्त्व "भगवान्" होता है।" जीव गोस्वामी *स्कन्द पुराण* के महत्त्वपूर्ण पद्य की व्याख्या करते हुए समझाते हैं कि मूल तत्त्व एक ही अखण्ड ब्रह्मानन्द-स्वरूप तत्त्व है। तदनन्तर वह दो प्रकार के साधकों का और उनके ध्येय का भेद करते हैं – (१) परमहंस लोग, जो उससे एक तो हो जाते हैं परन्तु उसके विचित्र स्वरूप शक्ति को ग्रहण नहीं

कर पाते – शक्ति तथा शक्तिमान् अभेद रूप से ही गृहीत होते हैं तथा वही ब्रह्म है और एक अनिर्वचनीय विशेष भाव को ग्रहण करता है और अन्य शक्तियों का आश्रय होता है। (२) भागवत परमहंस लोगों द्वारा वह ब्रह्मानन्द को तिरस्कृत करने वाले अनुभवानन्द के द्वारा अनुभूत होता है। वह अन्तर्न्द्रिय एवं बहिर्न्द्रिय में स्फुरित होता है और शक्ति तथा शक्तिमान् में भेद रूप से गृहीत होता है। वही "भगवान्" कहलाता है।

उपाध्यायजी एक और भेद स्थापित करते हैं क्योंकि बहुगुणाश्रय पदार्थ का ग्रहण विभिन्न इन्द्रियों के द्वारा नाना रूपों से होता है, तस्मात् पदार्थ का पूरा ग्रहण चित्त के द्वारा ही होता है। उपाध्यायजी कहते हैं भक्ति का दूसरी उपासना विधियों से यह भेद है कि अन्य उपासना बहिःइन्द्रिय-स्थानीया है जबकि भक्ति चित्त-स्थानीया है क्योंकि यह भगवान् का सम्पूर्ण परिचय अनुभूत करने का उपयुक्त साधन है।

(ख) भागवत धर्म

जीवन का परम पुरुषार्थ मोक्ष है, मोक्ष भगवत्तत्त्व के सम्पूर्ण ज्ञान से सिद्ध होता है, भगवत्तत्त्व के ज्ञान का परम साधन भगवत्तत्त्व की भगवान् रूप में भक्ति ही है। भगवत्तत्त्व को भगवान् रूप में भक्ति द्वारा ग्रहण करने वाला मुख्य सम्प्रदाय परम्परा में वैष्णव या भागवत धर्म से अभिहित है।

भक्ति की दो धाराएँ समय के साथ विकसित हुईं – शैव-भक्ति और वैष्णव-भक्ति। भक्ति का प्रारम्भ द्रविड़ देश में शैव-आलवार सन्तों से ही सातवीं शताब्दी में हुआ। परन्तु भक्ति का, जिस कीर्तन-श्रवण-उपासना पद्धति से सारे देश में बाद में विस्तार हुआ सा-तत् विशेष का राम-कृष्ण – भक्ति के रूप में ही विस्तृत हुई और लोक जीवन का अंग बन गई। परम्परा से प्राचीन समय से नाम भागवत धर्म है। भारतीय समन्वयवादी दृष्टिकोण के अनुरूप शिव-भक्ति राम-कृष्ण।

रामायण में श्री रामचन्द्र शत्रुघ्न से कहते हैं – "शिवे विष्णौ न वा भेदो न च बलमहेशयोः"।[३२] श्रीकृष्ण के द्वारा शिव-पूजन की चर्चा *महाभारत* में उपलब्ध है, जैसे अनुशासनपर्व १४.१३। *यजुर्वेद* में शिव की उपासना के ६६ मन्त्रों में से यह एक है –

---

३२. *रामायण,* ४.२४०।

नमः शम्भवाय च मयोभवाय च नमः शंकराय।
च मयस्कराय च नमः शिवाय च शिवतराय च।।[३३]

श्रीमद्भागवत में भगवान् रुद्र को जगदीश्वर तथा शिव-पूजन को श्रेष्ठ कहा है। शैव धर्म में भी कई साम्प्रदायिक मत और दर्शन हैं।

वैष्णव धर्म अन्य समान धर्मों की तरह, भारत की एक प्राचीन दार्शनिक धारा है, जो बाद में लोक में व्यापक आस्था के रूप में प्रचलित हो गई। यह धर्म भक्ति ज्ञान का धर्म है, जिसमें भगवान् के भिन्न सम्प्रदाय विशिष्ट अलौकिक सौन्दर्य-सम्पन्न रूपों की कई प्रकार से पूजा-उपासना के द्वारा भगवान् के साथ एकाकार स्थापित करके इस जीवन के कष्ट व जन्म-मरण से मुक्ति ध्येय है। प्रायः ज्ञान व भक्ति मार्ग आधारित अद्वैत-दर्शन तथा वैष्णव-दर्शन को दो समानान्तर चिन्तन तथा जीवन दर्शन की धाराएँ माना जाता रहा है।

वैष्णव धर्म के चार सम्प्रदाय मान्य हैं – श्री वैष्णव, ब्रह्म, रुद्र, सनक। इन सम्प्रदायों का उदय।[३४] भगवान् (नारायण) से ही हुआ और प्रत्येक सम्प्रदाय में नारायण से लेकर गुरु-परम्परा का क्रम मिलता है। श्री वैष्णव सम्प्रदाय के प्रधान आचार्य रामानुज "विशिष्टाद्वैत" के, ब्रह्म-सम्प्रदाय के आचार्य आनन्दतीर्थ (मध्व) द्वैत के, रुद्र सम्प्रदाय के आचार्य विष्णु स्वामी तथा उनके अनुयायी, आचार्य वल्लभ "शुद्धाद्वैत" के, सनक सम्प्रदाय के आचार्य निम्बार्क "द्वैताद्वैत" सिद्धान्त के प्रमुख चिन्तक हैं। पाञ्चरात्र का विशेष प्रभाव श्री वैष्णव सम्प्रदाय पर है। वैष्णव पुराणों में *विष्णु पुराण* को रामानुज ने तथा *श्रीमद्भागवत* को बल्लभ तथा चैतन्य ने अपनाया।

वैष्णव धर्म अति प्राचीन है, यह हमने कहा। डॉ. भरतन कुमारप्पा ने इस वैष्णव धर्म का आस्था की परम्परा में उद्भव और विकास पर ग्रन्थों के आधार पर एक छोटा सा वृत्तान्त दिया है। उनके अनुसार यह विष्णु-केन्द्रित धर्म है। इसके आराध्य देवता के तीन और नाम प्रचलित हुए – नारायण, वासुदेव कृष्ण और कृष्ण गोपाल। यह चारों धाराएँ मिलकर एक वह धारा बनी, जो बारहवीं शताब्दी के रामानुजाचार्य के मत का आधार बनी।

---

३३. *यजुर्वेद,* १६.४१।

३४. देखिए आचार्य बलदेव उपाध्याय का *भारतीय दर्शन,* वाराणसी, १६८४, पृ. ३७५-४२६।

वैष्णव धर्म, एक प्राचीन विष्णु-केन्द्रित सम्प्रदाय है। इसके इष्टदेव के लिए वासुदेव-कृष्ण, नारायण तथा कृष्ण गोपाल नामों का भी प्रयोग रहा है। सम्प्रदाय के रूप में यह *महाभारत* के कृष्ण, जो विष्णु के अवतार रूप में प्रतिष्ठित हो गए, के साथ जुड़ गया। *पाणिनि व्याकरण* (700 BCE) में कृष्ण-अर्जुन एक साथ निर्दिष्ट हैं। बेसनगर के शिलालेख (180 BCE) में भगवान् वासुदेव के लिए एक गरुड़ स्तम्भ के निर्माण का वर्णन है। इस तन्त्र का तीसरा धागा है, नारायण को वासुदेव कृष्ण का ही पर्याय मानना। *महाभारत* में वासुदेव कृष्ण को नारायण तथा अर्जुन को नर कहा गया है।[३५] चौथा धागा इस सम्प्रदाय का है, ब्रज के गोपाल को, वासुदेव कृष्ण का ही अनन्य रूप माना जाना। वासुदेव को नारायण और विष्णु का ही रूप मानने का प्रमाण प्राचीन *तैत्तिरीयारण्यक* (X.1.6) में है, जिसमें विष्णु, नारायण और वासुदेव को एक ही परमात्मा के परस्पर रूपों की तरह सम्बोधित किया गया है।

भागवत धर्म के दूसरे नाम पाञ्चरात्र तथा सात्त्वत धर्म हैं। "सात्त्वत" शब्द का प्रयोग यादव क्षत्रियों के लिए होता था और यादवों में इसका प्रचार होने के कारण इसको सात्त्वत धर्म कहा गया, परन्तु *पराशर गृहसूत्र* के अनुसार सात्त्वत भागवत का पर्यायवाची है। *शतपथ ब्राह्मण* के अनुसार नारायण ने एक पांचरात्र संयोजित किया था और एक मत के अनुसार वासुदेव सम्प्रदाय में भगवान् के पाँच व्यक्त रूप पर, व्यूह, विभाव, अन्तर्यामिन् तथा ऊँचा पांचरात्र तन्त्र के पाँच विषयों पर ही आधारित हैं। "रात्र" का अर्थ होता है ज्ञान। परम तत्त्व, मुक्ति, भुक्ति, योग तथा विषय (संसार) – "पंच विषयों का निरूपण करने से इस तन्त्र का नाम पांचरात्र पड़ा है।"[३६]

यह तो है भागवत धर्म का तात्त्विक/दार्शनिक पक्ष। सम्प्रदाय रूप में भागवत धर्म ने एक जीवन दर्शन प्रस्तुत किया, जिसके कारण यह अत्यन्त लोकप्रिय बना तथा उसकी उपासना-पद्धति कीर्तन, भक्ति इत्यादि सामान्य हिन्दू जीवन का एक अभिन्न अंग बन गई। यह जीवन दर्शन विकसित हुआ। विष्णु चरित के उन आदर्शों के अनुरूप ही जिनका मूल *ऋग्वेद* के सूक्तों व कथानकों में ही है। कई विद्वान् *ऋग्वेद* मन्त्र[३७] को विष्णु भक्ति का बीज-मन्त्र मानते हैं। भागवत धर्म में उपनिषदों का तत्त्व ज्ञान प्रतिष्ठित हुआ तथा याज्ञिक

---

३५. *महाभारत* VI. २३.८।८।

३६. देखिए डॉ. बलदेव उपाध्याय, *भारतीय दर्शन*, १९८४, पृ. ४५१।

३७. *ऋग्वेद*, १.११७.७।

कर्म-काण्ड के स्थान पर सामाजिक परिस्थितियों और उपनिषदों की शिक्षाओं के अनुरूप भक्ति की प्रतिष्ठा हुई।

महाभारत, नारायणीयोपाख्यान,[३८] के अनुसार भागवत धर्म में महर्षि नारायण तथा नर परब्रह्म के प्रतिनिधि हैं। *पद्म पुराण* के अनुसार[३९] स्वयं भगवान् ने लोक-कल्याण हेतु इस धर्म का प्रथम उपदेश किया और राजऋषियों में इस धर्म के प्रथम प्रवर्तक राजा ययाति हैं। समय-समय पर प्रमुख मनीषियों ने इसका अभ्युत्थान किया। परम्परा के अनुसार आरम्भ में श्री कृष्ण ने अपनी ही सात्त्वत जाति में इसकी प्रतिष्ठा की और उस युग में श्रीकृष्ण विष्णु के अवतार मान लिए गए परवर्ती काल में नारद और व्यासजी ने इस धर्म को एक स्पष्ट रूप, भक्ति रूप, प्रदान किया। *भगवद्गीता* ने इस धर्म को स्थिर कर दिया। इसका सार यह है कि भक्ति से परमेश्वर का ज्ञान हो जाने पर भगवान् के भक्त को परमेश्वर के समान ही जगत् के लिए सदा निष्काम यत्न करना चाहिए। इसी *गीता* उपनिषदों में निहित परब्रह्म के सभी गुण, संवर्द्धित रूप में पौराणिक विष्णु में प्रतिष्ठित हैं। उनके ये गुण *पद्मपुराण* ४ भूमिखण्ड, अध्याय ६८वें में विस्तार से वर्णित हैं। उनका यह पुराण-प्रतिष्ठित व्यक्तित्व अति लोकप्रिय है। *श्रीमद्भागवत* में भगवान् स्वयं कहते हैं : "मैं भक्तों के आधीन हूँ। साधु पुरुषों का हृदय मेरी भक्ति से ग्रस्त है। भक्ति करने वाले भक्त मुझे प्रिय हैं।"[४०]

उनकी जन-हित की क्षमता तथा उनकी भक्तप्रियता भक्तों को उनके अनुयायी बना देते हैं। सब भक्त-अनुयायी उनके ही गुणों का अनुशीलन करना चाहते हैं। सभी प्राणियों की ओर दया भाव (सब में उनका विराजमान होना), विनय, अहं का अभाव, भौतिक वस्तुओं से अनासक्त, शान्त चित्त, काम और अर्थ के प्रति उदासीन संयमी, सन्तुष्ट, तथा भगवत् नाम में आनन्द अनुभव – यह वृत्तियाँ भागवत धर्म अनुयायी गृहस्थ के आदर्श हैं।[४१] दूसरों के ताप से तपना तथा उनका उपकार – यह "परमाराधन" है।[४२] वैसे रन्तिदेव ने इच्छा की – "मैं ... परमगति की कामना नहीं करता ... मैं चाहता हूँ कि

---

३८. अध्याय ३२१-३६।

३९. भूमिखण्ड, अध्याय ७२।

४०. *श्रीमद्भागवत,* ६.४.६३।

४१. *श्रीमद्भागवत,* ७.१४.१-१३।

४२. *श्रीमद्भागवत,* ८.८.४४।

सभी प्राणियों के अन्दर स्थित होकर उनके दुःखों को अपना लूँ, जिससे वे दुःखरहित हो जाएँ।"[४३] फलतः इसी विरक्त पथ से, मुमुक्षु को परम-तत्व की प्राप्ति न चाहते हुए भी हो जाती है। अतः यही भगवत्तत्त्व की प्राप्ति है।

(ग) भगवत् प्राप्ति में प्रमुख साधन भक्ति

श्रीमद्भगवद् गीता एवं *विष्णु पुराण* आधार-ग्रन्थ हैं भक्ति के। इनमें कर्म, ज्ञान, भक्ति तीनों को भगवत् प्राप्ति, अर्थात् मोक्ष (भगवत् प्राप्ति ही मोक्ष है तथा मोक्ष का एकमात्र साधन है) का साधन बताया है। इनका प्रतिपादन *श्रीमद्भागवत* में दृष्टान्तों के साथ किया गया है। उनमें भक्ति को भी योग कहकर सर्वथा सुलभ और सरल साधन बताया है। इसलिए इन तीनों योगों के अधिकारियों की चर्चा की है –

निर्विंणानां ज्ञानयोगो न्यासिनमिह कर्मसु।
तेष्वनिर्विण्णचिन्तानां कर्मयोगस्तु कागिनाम्।।
यदच्छया मत्कथादौ जात श्रद्धस्तु अःप्रमान
न निर्विण्णो नातिसक्तो भक्तियोगोऽस्यसिद्धिदः।।

– ११.२०.७-८

इसके अनुसार मध्यम मार्ग ही भक्ति योग के अधिकारियों के लिए विहित है। ज्ञान योग के लिए सर्वथा कर्म संन्यास आवश्यक है, तथा कर्मयोग के लिए कर्मफल की आसक्ति होनी चाहिए। परन्तु भक्ति के लिए न तो संन्यास, न ही सांसारिक कर्म में आसक्ति आवश्यक है। इस कारण भक्ति भगवत् प्राप्ति के लिए व्यापक एवं सर्वसुलभ साधन है। भक्ति की श्रेष्ठता का एक कारण यह भी समझना चाहिए कि एक स्पष्ट आलम्बन के भाव, भक्त को एकाग्रचित्त बना देते हैं तथा वैसी एकाग्रता कर्मयोग या ज्ञानयोग से सुलभ नहीं। भक्त जब भगवान् को अपना एकमात्र आश्रय बना लेता है तो वह कामनारहित हो जाता है। ततः भक्ति भगवद् प्राप्ति का सर्वश्रेष्ठ साधन है। तीनों का भेद बताते हुए स्वामी रामसुखदास कहते हैं[४४] –

> कर्म योग और ज्ञान योग – दोनों का परिणाम एक ही होता है। दोनों के परिणाम में मनुष्य मुक्त हो जाता है, अर्थात् जन्म-मरण से सम्पूर्ण दुःखों से छूट जाता है, पर प्राप्ति कुछ नहीं होती। परन्तु भक्ति योग से

---

४३. *श्रीमद्भागवत,* ६.२१.१२।

४४. "भगवत्प्रेम का स्वरूप और महत्त्व" कल्याण *भगवत्प्रेम अंक,* वर्ष ७७, विशेषांक, पृ. १५५-१५८।

> संसार की निवृत्ति के साथ-साथ परमात्मा की तथा उनके प्रेम की प्राप्ति भी हो जाती है। भक्ति में तो जीव स्वयं जीवमुक्त के रस का आस्वादन करने वाला होता है, पर प्रेम (= परा भक्ति) की प्राप्ति होने पर वह रस का दाता हो जाता है।

भक्ति के रूप

विद्वान् जप, नामजप, कीर्तन, नाम-संकीर्तन, शरण इत्यादि भगवत् प्राप्ति के साधन बताते हैं परन्तु यह सब भक्ति के ही प्रकार हैं। भगवद्भक्ति ध्येय भी है और साधन भी। साधन रूप भक्ति नौ प्रकार की *श्रीमद्भागवत* में मान्य है – (१) श्रवण भक्ति, (२) कीर्तन भक्ति, (३) स्मरण भक्ति, (४) पादसेवन भक्ति, (५) अर्चन भक्ति, (६) वन्दन भक्ति, (७) दास्य भक्ति, (८) सख्य भक्ति तथा (६) आत्म निवेदन भक्ति।

इनका संक्षिप्त वर्णन *श्रीमद्भागवत* के आधार पर भिन्न प्रकार के भक्ति-काव्य की पृष्ठभूमि बनाने के लिए यहाँ देंगें। नौ प्रकार की भक्ति पुरुष की भगवान् से नौ प्रकार के सम्बन्धों का ही नामकरण है। पुरुष भिन्न भाव में भगवान् से अपने आप को जोड़ता है – सखा, दास, पुजारी इत्यादि। पहली भक्ति के बारे में *श्रीमद्भागवत* में कहा है –

> हे देव! आपकी कथा-सुधा श्रवण करने से बढ़ी हुई भक्ति से शुद्ध हुए व्यक्तियों को, जैसे वैराग्य के सार का ज्ञान हो जाने से वैकुण्ठ पद मिल जाता है, उसी प्रकार आत्मसमाधि योग बल से बलिष्ठ प्रकृति को जीतने वालों को भी आपकी प्राप्ति हो जाती है, किन्तु योगीजनों को जो घोर परिश्रम से मिलता है, वह श्रवण भक्ति द्वारा बिना श्रम के मिल जाता है। — ३.४.४५-४६

श्रवण भक्ति के लिये सत्संग मूल-स्रोत है – जैसे तुलसीदास ने कहा "बिनु सत्संग न हरि-कथा ..." शुकदेवजी राजा परीक्षित को भागवत कथा सुनाने के बाद कहते हैं कि संसार सिन्धु को पार करने की इच्छा वाले पुरुषों के लिए भगवान् की "लीलाकथारस निषेवण" को छोड़ अन्य कोई भी "प्लव" (नौका) नहीं।[४५]

कीर्तन भक्ति श्रवण, कीर्तन और स्मरण तीनों अंगों में प्रधान मान्य है। भगवान् की लीलाओं व चरित्रों की कथाओं का पाठ अथवा भगवान् के नामों

---

४५. १२.४.४०।

का जप ही कीर्तन है। कीर्तन के भी तीन भेद हैं – लीलाओं का, गुणों का तथा नामों का। यह श्रेष्ठ माना जाता है क्योंकि संगीतात्मक होने के कारण यह चित्त को एकाग्र करने में दूसरे साधनों से अधिक प्रभावी है। *श्रीमद्भागवत* ने कहा है कि कलियुग अति दोषपूर्ण है, परन्तु इसका एक महान् गुण यह है कि कृष्ण के कीर्तन से ही "मुक्तसंग" होकर "परंब्रजेत," परब्रह्म में रम जाता है।[४६] आगे कहा है – "सत्ययुग में जो फल ध्यान द्वारा, त्रेता में ... यज्ञ द्वारा, द्वापर में पूजा के द्वारा प्राप्त होता है, वही फल कलियुग में हरि के कीर्तन मात्र से प्राप्त हो जाता है।"

स्मरण भक्ति भगवान् के नाम, रूप, गुण लीला आदि का ध्यान-मनन करना है। इसका वैशिष्ट्य यह है कि यह हर समय तथा हर स्थान पर सम्भव है। इसके अतिरिक्त भगवन्नाम-स्मरण से भाव और चित्त की भी शुद्धि होती है। *श्रीमद्भागवत* में कहा है कि "विद्या, तम, प्राणनिरोध, मैत्री, तीर्थस्थान, अभिषेक, व्रत, दान, जप से अन्तरात्मा की वैसी अत्यन्त शुद्धि नहीं होती जैसे अनन्त भगवान् को हृदय में स्थित करके"।[४७] भगवान् के विग्रहों का मूर्तिकार द्वारा भाव-सौन्दर्य संयोजन भक्तों के ध्यान के लिए ही है। श्री कपिलदेव *श्रीमद्भागवत* में ध्यान की प्रक्रिया समझाते हुए कहते हैं कि "... भगवान् 'विलरयैकना' सर्वांग हृदय में स्थित हो जाने के बाद उनके सर्व अवयवों का एक-एक करके ध्यान करना चाहिए।"[४८]

पादसेवन भक्ति भगवान् की साक्षात् सेवा का ही रूप है। यह दो प्रकार की है – उनके चरणों का ध्यान और पूजा तथा उनके पाद-पद्मों का भजन, जिसमें उनके चरणों की पूजा करने की उत्कण्ठा अभिव्यक्त हो। भगवान् के चरणों की रज की विभिन्न देवी, देवताओं की पुराण-वर्णित अभिलाषा है। क्योंकि भगवान् ब्रज में खेले-कूदे तो ब्रज की रज, सम्प्रदाय विशेष में, भगवान् के चरण-कमलों की रज के समान ही पूजनीय है। ब्रज में एक लोक-प्रचलित उक्ति है –

"मुक्ति से मुक्ति कहे
मेरी मुक्ति बताए।
ब्रजरज उड़ मस्तक लगे
मुक्ति की मुक्ति है जाए

४६. १२.३.५१-५२।

४७. १२.३.४७।

४८. ३.२६.२०।

एक और आख्यान है, जिसमें कृष्ण की व्याधि की औषधि वैद्य किसी प्रिय की चरण-रज का उनके मस्तक पर लगाना बताता है, इस विचार से ही रानियाँ घबरा जाती हैं क्योंकि वह तो स्वयं उनकी चरण-रज अपने माथे पर लगाती हैं और अपनी रज उनके माथे पर लगाकर वे अपना परलोक नहीं बिगाड़ना चाहती। परन्तु नारद-जी के ब्रज जाने पर राधा हर्ष से अपने पैर यह कहते हुए आगे बढ़ा देती हैं कि उसका सुख, दुःख, जीवन-मरण, इहलोक, परलोक तो स्वयं भगवान् कृष्ण ही हैं। ब्रजवासियों की चरण-रज, ब्रज-रज है और ब्रज-रज कृष्ण के ही चरणों की रज है। यह पाद-सेवन भक्ति बौद्धिक प्रक्रिया न होकर केवल अटूट अ-प्रश्न श्रद्धा का कार्य है। अन्यत्र *श्रीमद्भागवत* में भगवान् के चरण-कमलों को भी संसारसिन्धु को पार कराने वाली "नौका" की उपमा दी गई।

अर्चन भक्ति है, बाह्य या आन्तरिक कल्पित सामग्रियों द्वारा मंगवाने की श्रद्धापूर्वक पूजा करना। पूजा में श्रद्धा मुख्य तत्त्व है – "श्रद्धा से दिया हुआ जल, फूल या फल भी भगवान् को प्रिय है।"[४९] गृहस्थों के लिए यह अर्चन भक्ति ही उत्तम है – " ... गृहस्थ के लिए यही शुभ है कि सन्मार्ग से अर्जित धन द्वारा श्रद्धापूर्वक भगवान् का अर्चन करे।"[५०]

भगवान् को श्रद्धापूर्वक अनन्य भाव से प्रणाम करना वन्दन भक्ति है। भगवान् ने स्वयं कहा है कि "दण्ड की भाँति गिरकर पृथ्वी पर इस प्रकार प्रणाम करो"।[५१] वन्दन भक्ति में पुरुष भगवान् से मृत्युरूप ग्रह से रक्षा का वरदान माँगता है।

दास्य भक्ति से आशय है, भगवान् की दास्य भाव से सेवा करना। यह सेवा समर्पित भाव से की जाती है न कि भगवान् से कुछ पाने के लिए। यह सेवा कई प्रकार की हो सकती है – "मन्दिर का मार्जन, लेपन, सिंचन, मण्डल आदि की रचना स्वस्तिकादि बनाना/सजावट"[५२] इत्यादि। इस सेवा का अवसर भगवान् बहुत विशिष्ट भक्तों को ही देते हैं। प्रह्लाद जैसे भक्त भी मन की शान्ति के लिए "दास्ययोग" की प्रार्थना करते हैं।[५३]

---

४९. *श्रीमद्भागवत,* ११. ११.३६।

५०. १०.८४.३७।

५१. १२.२७.४५-४६।

५२. *श्रीमद्भागवत,* ११.११.३६।

५३. ७.९.१७।

सख्य भक्ति का अर्थ है, भगवान् से मित्र-भाव का प्रेम। इसमें भक्त भगवान् को अपना सखा मानता है, अपने को भगवान् का सखा नहीं – भक्त का तो पूज्य भाव फिर भी रहता है। परन्तु इस पूज्य भाव और सखा के लिए कठोर वाणी में कोई विरोध नहीं। भगवान् जगन्नाथ मन्दिर के बाहर सायंकाल में कई बार भक्त भगवान् को बुरा-भला कहते सुने जाते हैं कि उसने खुद तो प्रसाद ले लिया जबकि भक्त भूखा है। इसी भाव में ब्रज की कृष्ण-गोपियाँ कहती हैं –

> ... जिन्होंने वानरराज का मृगया-अनुरूप वध कर दिया, कामातुर स्त्री को करुण कर दिया, बलि को सर्वस्व अर्पण करने पर भी स्वर्ग से गिरा दिया, यद्यपि ऐसी कथा उचित नहीं फिर भी उनकी (श्रीकृष्ण की) चर्चा किए बिना हमसे रहा नहीं जाता।[५४]

यहाँ तर्क है कि खेल में पराजित होकर कृष्ण दामानक गोप का घोड़ा बन गये। जैसेकि ब्रजवासी कहते हैं – "कृष्ण हमारा सखा, हम कृष्ण को वा का घोड़ा बनाई लें।"

आत्मनिवेदन भक्ति शरणागति का भाव है। *गीता* के अन्त में भगवान् ने अर्जुन को शरणागति की ही आज्ञा दी।[५५] रामावतार में विभीषण शरणागत हुए और कृष्णावतार में अम्बरी शाप तथा उद्धव।[५६] *वाल्मीकि रामायण* में राम कहते हैं –

> जो एक बार भी मेरी शरण में आ जाता है ... उसको मैं प्राणिमात्र से अभयदान दे देता हूँ, यहं मेरा व्रत है। – युद्ध. १७.३३

विभिन्न सम्प्रदायों में भक्ति साध्य-साधन भेद से भक्ति के भेद और भक्ति के फल का सार *भगवद्गीता* के १२वें अध्याय में है। कृष्ण आरम्भ में ही सगुण और निर्गुण उपासना को एक जैसी फलवती मानते हैं।[५७]

रामचरितमानस तथा *अध्यात्म रामायण* में भी भगवान् राम नवधा भक्ति का उपदेश देते हैं और यह विद्या भक्ति *श्रीमद्भागवत* से सर्वथा भिन्न है। *मानस* की नवधा भक्ति इस प्रकार है –

---

५४. *श्रीमद्भागवत,* १०.४०.१०।

५५. २६.६६।

५६. *श्रीमद्भागवत,* १०६.४.६५, १२.१२.१५।

५७. १२.२-४।

प्रथम भक्ति संतन्ह कर संगा।
दूसरि रति मम कथा प्रसंगा।।
गुरुपदपंकज सेवा तीसरि भगति अमान।
चौथी भगति गुन गन करइ कपट तजि गान।।
मन्त्र जाप मम दृढ़ बिसवासा।
पंचम भजन से वेद प्रकासा।।
छठ दम सील बिरति बहुकरमा।
निरत निरंतर सज्जन धरमा।।
सातवं सम मोहि मय जग देखा।
मोते सन्त अधिक करि लेखा।।
आठवं जथालाभ संतोषा।
सपनेहुं नहिं देखई पर दोषा।।
नवम सरल सब सन छल हीना।
मम भरोस हियँ हरख न दीना।।

– शबरी प्रसंग ३

भगवान् राम कहते हैं, जिसमें एक भी यह भक्ति है, वह उन्हें अत्यन्त प्रिय है। *अध्यात्म रामायण* की नवधा भक्ति है – सज्जनों की संगति, मेरी कथा का श्रवण, पाठ या संवाद, मेरे गुणों का गान। मेरी कही वाणी की व्याख्या करना, पवित्र स्वभाव और यम, नियमादि का पालन, पूजा में नित्य निष्ठा, मेरे मन्त्र का जाप, मुझसे अधिक मेरे भक्तों की पूजा, सबमें मैं ही हूँ, यह भावना, ईश्वर तत्त्व विचार (३.१०.२३-२७)। राम-भक्ति और शिव-भक्ति में कोई विरोध नहीं – शिव राम के और राम शिव के भक्त हैं –

संकर भजन बिना नर भगति न पावई मोरि।।

– *रामचरितमानस* ७.४५

मानस और *अध्यात्म रामायण* की नवधा भक्ति में कुछ भक्ति-प्रकार साधारण सामाजिक जीवन से जुड़े हुए हैं तथा अधिक व्यावहारिक हैं। श्रवण, कीर्तन, स्मरण, याद-सेवन, पूजा, वन्दना तीनों में है। *मानस* में भिन्न भक्ति प्रकार हैं – सन्तों का संग, दूसरों के हित में कर्म, यथा लाभ सन्तोष, हर मनुष्य में उसी एक तत्त्व को देखना *अध्यात्म रामायण* में पवित्र स्वभाव और ईश्वर-तत्त्व विचार भिन्न हैं। स्पष्टतया, यह सोलहवीं शताब्दी के बाद समाज की आवश्यकतानुसार प्रतिपादित हैं। इस प्रकार भक्ति बौद्धिक निर्गुण उपासना से आरम्भ होकर, सगुण उपासना का रूप लेते हुए एक समाज-हित की प्रक्रिया के रूप में विकसित हो गई।

इन सबका प्रमाण ग्रन्थ तो *भगवद्‌गीता* ही है। साध्य-साधन भेद से भक्ति के भेद और भक्ति के फल का सार *गीता* में ही है। आरम्भ में निर्गुण और सगुण उपासना दोनों को एक जैसी फलवती बताया है।[५८] साधनों में कर्म का संन्यास, भगवत् प्राप्ति की उत्कट इच्छा और मन को भगवान् में स्थापित करना, कर्मफल का त्याग इत्यादि का वर्णन है।

> ... मर्म न जानकर किए हुए अभ्यास से ज्ञान श्रेष्ठ है, ज्ञान से मेरे स्वरूप का ध्यान श्रेष्ठ है। और ध्यान से भी सब कर्मों के फल का त्याग श्रेष्ठ है।[५६]

इसके उपरान्त सिद्ध भक्तों के गुणों का चित्रण है – सबके लिये समभाव, निरन्तर सन्तुष्टि, इन्द्रिय निग्रह, शुद्ध स्वभाव, उदासीन, आकांक्षा-रहित, सुख-दुःख, मान-अपमान में सम, आसक्ति-रहित – जो इस 'धर्म्मामृत' के साथ भगवान् की उपासना करते हैं, वे 'मुझे प्रिय हैं।" इस दर्शन के अनुसार तीन तत्त्व हैं – चित्, अचित् तथा ईश्वर। ईश्वर अन्तर्यामी तत्त्व है तथा दोनों तत्त्वों से युक्त होता है। चित् व अचित् ब्रह्म के शरीर या प्रकार हैं, यही तीनों सगुण व सविशेष ईश्वर हैं।

"भक्ति" का विकास और विभिन्न सम्प्रदायों में भक्ति का स्वरूप

द्वैत-अद्वैत के अनुरूप कई प्रमुख सम्प्रदाय कई शताब्दियों के बाद विकसित हुए, जिनमें भक्ति आभास्वरूप में फलित हुई सगुण-निर्गुणवाद दोनों में।

वेदों से आरम्भ होकर यह तथ्य प्रायः सभी तत्त्वों द्वारा मान्य है कि "बह्म" की अवधारणा के दो मार्ग हैं – "निर्विशेष" ब्रह्मवाद, जो "अद्वैतवाद" के नाम से प्रसिद्ध है और "सविशेष ब्रह्मवाद"। सविशेष ब्रह्मवाद के पाँच सम्प्रदाय विकसित हुए – (१) विष्णुपरक, (२) शिवपरक, (३) शक्तिपरक, (४) सूर्यपरक, और (५) गणपतिपरक। प्रथम "विष्णुपरक" विभाग के चार विभाग हुए – (अ) विशिष्टाद्वैतवाद, (आ) शुद्धाद्वैतवाद, (इ) द्वैताद्वैतवाद, और (ई) द्वैतवाद।

ये सब दर्शन भक्ति को साधन मानते हैं। इनमें भक्ति का स्वरूप साध्य के नाम और प्रकृति के अनुरूप है।

---

५८. *श्रीमद्‌भागवत* ११.२-४।

५६. *भगवद्‌गीता,* ४.१२।

विशिष्टाद्वैत, जिसके आचार्य रामानुज (ग्यारहवीं-बारहवी शताब्दी) हैं, का ब्रह्म एक है पर उसके तीन अंग हैं – अद्वैत परमात्म तत्त्व तथा चिन्मय आत्मा और जड़ पदार्थ। तदनुसार ब्रह्म का एकत्व दो पदार्थों से "विशिष्ट" है और यही "एक" ब्रह्म "ईश्वर" है। इस सिद्धान्त में ब्रह्म के एकत्व को स्थापित करने के लिए जगत् का भ्रम मानने की आवश्यकता नहीं। जड़ प्रकृति और जीवात्मा ईश्वर के शरीर हैं और जैसे जीवात्मा शरीर में रहने वाला संचालक है वैसे ही ईश्वर जीव के अन्दर रहकर उसका संचालन करता है। जिसके तीन लक्षण हैं – सत्य, ज्ञान और आनन्द। ईश्वर-भक्ति से इन तीनों लक्षणों का अनुभव होता है और यही जीवात्मा का मोक्ष है।

अपने *गीता-भाष्य* में रामानुज कहते हैं कि मनुष्य के लिए अपने धार्मिक व सामाजिक कर्त्तव्यों को निभाना पर्याप्त नहीं। भगवद्-भक्ति भी आवश्यक है। इष्ट-देव केवल नियमन शक्ति नहीं – जीव के लिए प्रेम-भाव उसका गुण है। अतः मनुष्य को "मेरा गुण-गान करना चाहिए, सब कर्म मुझे समर्पित करने चाहिए तथा मेरी विभूतियों का निरन्तन चिन्तन करना चाहिए।"[६०] वे कहते हैं कि मेरे प्रिय गुणों का स्मरण नाम-कीर्तिन द्वारा करने से मनुष्य एक आनन्द समाधि की मुद्रा में पहुँच सकता है (जैसेकि तमिल आल्वर सन्तों को अनुभव हुआ)।[६१] इस दर्शन का साधन मार्ग कर्म और भक्ति का योग है।

> जहाँ शंकर केवल ज्ञान के मार्ग को ही उपादेय मानते हैं वहाँ रामानुज ज्ञान-कर्म समुच्चयवादी हैं। अर्थात् कर्म की सहायता से उपलब्ध ज्ञान-रूप भक्ति को ही जीव के विस्तार के लिए श्रेष्ठ उपाय मानते हैं। भक्ति से प्रसन्न होकर जब भगवान् जीव के समस्त बन्धनों और क्लेशों का नाश कर देता है, तब उसे ब्रह्म-ज्ञान हो जाता है।[६२]

मध्वाचार्य के द्वैतवाद में श्रीविष्णु सर्वोच्च तत्त्व हैं और चेतन दो प्रकार का है – जीव और ईश्वर। भगवत्तत्त्व के यह दोनों रूप हैं परन्तु, जीव बद्ध है और ईश्वर अपरिमित और सर्वज्ञत्व है। जगत् सत्य है क्योंकि श्रुति प्रमाणित सत्य संकल्प भगवान् का बनाया पदार्थ असत्य नहीं हो सकता और जीव-ईश्वर भेद जीव-जड़ भेद और जीवों का परस्पर भेद ईश्वर का जड़ से भेद और सभी जड़ों का चराचर भेद – यह पाँचों भेद वास्तविक हैं। जीव गण सब ईश्वराधीन हैं। जीवों में तारतम्य – बड़ा छोटा भेद – मोक्ष प्राप्ति के बाद

---

६०. *श्रीमद्भगवद्गीता भाष्य,* IX.34.

६१. *भगवद्गीता भाष्य,* IX.14.

६२. बलदेव उपाध्याय, *भारतीय दर्शन,* पृ. ३६६।

भी रहता है। आवरण-शुद्ध आनन्द का साक्षात्कार ही जीव का मोक्ष है तथा मोक्ष का मुख्य साधन, मल-रहित, निष्काम भक्ति ही है। ततः इस मत की तत्त्व मीमांसा के अनुसार परमात्मा साक्षात् विष्णु है – "अनन्तगुण परिपूर्ण"[६३] वे एक होकर भी नाना (अभिन्न) रूप धारण करते हैं। इनके समस्त रूप परिपूर्ण हैं अर्थात् मत्स्यादि अवतार स्वयं परिपूर्ण हैं ... इस दर्शन के साधन मार्ग में श्रवण, मनन, ध्यान के साथ तारतम्य परिज्ञान (एक से दूसरे जीव या पदार्थ का बड़ा-छोटा होना) तथा पंचभेद ज्ञान (जिसका उल्लेख ऊपर किया है) का होना आवश्यक है।

इस दर्शन के आधार पर कई वैष्णव सम्प्रदाय विकसित हुए, जिनमें भक्ति भिन्न रूपों में फलित हुई और आधार बनी भक्ति काव्य का, जिसका एक विशिष्ट रूप शृंगारी या रति-भक्ति बना। ततः रामानन्द सम्प्रदाय में ईश्वर या भगवत्तत्त्व को ही प्राप्य कहा गया है। यह भगवान् सर्वगुणार्णव है। अगर भगवान् निर्गुण है तो संसार में गुण आए कहाँ से? – "मूलं नास्ति कुतः शाखा ? तस्य भासा सर्वंमिदं विभाति"। अतः सभी गुणों के मूल में यह भगवान् सर्वगुणार्णव है। भगवान् के विशेष गुणों के ज्ञापन में उनका सर्वोच्च विशेष गुण "कारुण्य" है। "कारुण्य" का लक्षण है, दूसरे के दुःख को हरने की इच्छा। यही भगवान् का गुण है। इसीलिए *वाल्मीकि रामायण* में भगवान् श्रीराम को अनेक बार "साधुरदीनात्मा महामति" कहा गया है। "साधु" शब्द की परिभाषा है : "जो दूसरों के कष्ट कार्यपूर्ति में साधन बने, वही साधु है।" तुलसी कहते हैं –

पर उपकार वचन मन काया।
सन्त सहज सुभाव खगराया।।

तथा

तुलसी सन्त सुअम्ब तरु, फूले फले पर हेत।
इत ते वे पाहन हने, उत ते वे फल देत।।

भगवान् राम को भी दीनानुकम्पी धर्मज्ञ[६४] कहा गया है।

रामानन्द सम्प्रदाय का भक्ति द्वारा प्राप्त मोक्ष न्याय-दर्शन का *न्यायमंजरी* उक्त "दुःखध्वंस" माना नहीं – इसमें सुख की अनुभूति भी

---

६३. बलदेव उपाध्याय, पृ. ४०४-६।

६४. *वाल्मीकि रामायण,* २.१.११।

है। इसके साधन रूप केवल श्रीराम का ब्रह्म रूप में ग्राह्य नहीं उनके साथ उनकी शक्ति सीता भी गृहीत हैं। भगवत्तत्त्व से आशय भगवान् के नाम, रूप, लीला और धाम चारों हैं। न केवल भगवान्, एक गणना में भक्ति, भक्त और गुरु भी भगवत्तत्त्व के अन्तर्गत मान्य हैं तथा दूसरी गणना में आचार्य, माँ एवं भक्ति भगवत्तत्त्व मान्य हैं। मूल रूप से इस सम्प्रदाय में भगवत्तत्त्व सीतारामात्मक है तथा श्रीराम और सीता भक्त के लिए पूज्य हैं।

पुष्टि मार्ग के वल्लभाचार्य (पन्द्रहवीं–सोलहवीं शताब्दी) के शुद्धाद्वैत ब्रह्मवाद में नवधा भक्ति को साधन माना गया है और मूल-मन्त्र है – "श्री कृष्णःशरणं मम"। श्रीकृष्ण आराध्य हैं और उनकी समस्त लीलाएँ माधुर्य से परिपूर्ण और आनन्ददायिनी हैं। वल्लभाचार्य ने ही सूरदास को भगवत् लीला गाने की प्रेरणा दी। सूरदास *सूरसारावली* में कहते हैं –

श्री वल्लभगुरु तत्त्व सुनायो लीला भेद बतायौ।

उनके मत में भक्ति का प्रधान उपादेय आत्मनिवेदन, शरणागति ही है। क्योंकि ईश्वरीय आनन्द आत्मा में अनुभूति का विषय है इसलिए सांसारिक भोग-लिप्त व्यक्ति अचिन्तनीय निर्गुण ब्रह्म का आत्माभिव्यक्ति श्रीकृष्ण के सगुण रूप की भक्ति के द्वारा ही परब्रह्म की प्राप्ति कर सकते हैं। अपने तत्त्व-दीपनिबन्ध में भक्ति के विधान की चर्चा करते हुए वे कहते हैं कि किसी भी भाव से की हुई भक्ति से भगवान् की कृपा प्राप्त हो जाती है। नवधा भक्ति सेव्य है परन्तु उनके अपने पुष्टिमार्गियों के लिए अनन्य भगवद् सेवा सर्वोपरि है। बलदेव उपाध्याय के शब्दों में "भगवान् की प्राप्ति का सुगम उपाय केवल भक्ति ही है। भगवान् के विविध रूप के अनुसार मार्ग भी तीन हैं। आधिभौतिक कर्म मात्र है; ज्ञान मार्ग आध्यात्मिक है ... ज्ञानी अक्षर ब्रह्म को ही प्राप्त कर सकते हैं। परन्तु परब्रह्म सच्चिदानन्द की उपलब्धि भक्ति के द्वारा ही होती है।" आचार्य का आचार मार्ग "पुष्टि मार्ग" कहलाता है। *भागवत*[६५] में पुष्टि या पोषण का अर्थ "भगवान् का अनुग्रह" है। अतः भगवदानुग्रह को मुक्ति का प्रधान कारण मानने के कारण वह मार्ग, पुष्टि मार्ग कहलाता है। (यह) मर्यादा मार्ग से विलक्षण है। मर्यादा मार्ग वैदिक है ... में ज्ञान तथा श्रवणादि साधनों के द्वारा सायुज्य भक्ति ही ध्येय है परन्तु पुष्टि मार्ग में सर्वात्मना आत्मसमर्पण तथा विप्रयोग-रसात्मिका प्रीति की सहायता से आनन्द धाम भगवान् या साक्षात् अधरामृत का पान ही मुख्य फल है।[६६]

---

६५. २.१०।

६६. *भारतीय दर्शन*, पृ. ४२०।

निम्बार्क सम्प्रदाय के गुरु निम्बार्क मुनीन्द्र (चौदहवीं शताब्दी?) की *वेदान्तदशश्लोकी* में उनके आराध्य श्रीकृष्ण-राधा और उनकी भक्ति स्वरूप का यह वर्णन है –

> जो दोष-मुक्त हैं, कल्याणगुणैकराशिम् (कल्याण गुणों की राशि है), जिनके कमल-रूपी नयन हैं (तथा) ... जिनके वामाङ्ग में उनके ही गुण-स्वरूप वाली "वृषभानुजा" (श्रीराधाजी) विराजमान हैं। हम (उन्हें) सदा स्मरण करते हैं।

बलदेव उपाध्याय के शब्दों में –

> गुरु परम्परा के अनुसार निम्बार्क मत के आद्य आचार्य हंस नारायण हैं, जो राधाकृष्ण की युगलमूर्ति के प्रतीक हैं। उन्होंने इसकी दीक्षा सनत्कुमार को दी ... सनत्कुमार के शिष्य त्रेता युग में प्रेमा-भक्ति के सर्वश्रेष्ठ उपदेशक नारद थे, जिन्होंने इस तत्त्व को सुदर्शन चक्र के अवतार भूत निम्बार्क को बतलाया। ... इस मत में चित्, अचित् तथा ईश्वर का स्वरूप रामानुज मत के अनुरूप ही है। .... निम्बार्क के मत में ब्रह्म की कल्पना सगुण रूप से की गई है। वह समस्त प्राकृत दोषों से रहित और अशेष ज्ञान, बल आदि कल्याण गुणों का निधान है।[६७]

इस मत में साधन का मार्ग शरणागति है। जीव जब तक भगवान् की शरण में नहीं जाता तब तक उसका वास्तविक कल्याण नहीं होता। प्रपन्न होते ही भगवान् का अनुग्रह जीवों पर होता है। अनुग्रह होने से भगवान् के प्रति रागात्मक भक्ति का उदय होता है। भगवान् के प्रति प्रेम होना कोई साधारण घटना नहीं। भगवान् जिस जीव पर अपनी दया की वर्षा करते हैं, वही जीव उनकी ओर आकृष्ट होकर प्रेम करता है। इस प्रेमाभक्ति का फल है, भगवान् से साक्षात्कार।[६८]

वल्लभ सम्प्रदाय में जहाँ सीता-राम की युगल उपासना है, वहीं निम्बार्क सम्प्रदाय में राधा-कृष्ण की युगल उपासना है। (सम्भवतः रति-भक्ति काव्य को स्पष्ट रूप इसी सम्प्रदाय से मिला।)

श्रुति वाक्य "सो वै सः"

यद्वै तत्सुकृतम् रसो वै सः। रसं ह्येवायं लब्ध्वाऽनन्दी भवति। को

---

६७. *भारतीय दर्शन*, पृ. ४१२।

६८. *भारतीय दर्शन*, पृ. ४०७-११।

> ह्यवान्यात्कः प्राण्याद् यदेष आकाश-आनन्दो न स्यात्। एष ह्येवानन्द याति।[६९]

के अनुसार भगवत्तत्त्व रस-स्वरूप है –

> निश्चय ही वह, जो सुकृत है, वही रस है क्योंकि यह (जीवात्मा) इस रस को प्राप्त करके ही आनन्द युक्त होता है। यदि यह आकाश की भाँति व्यापक आनन्द स्वरूप परमात्मा न होता तो कौन जीवित रह सकता? कौन प्राणों की क्रिया (चेष्टा) कर सकता? निःसन्देह यह परमात्मा ही सबको आनन्द प्रदान करता है।

"रस" से ही "रास" शब्द बनता है, जिसके द्वारा आनन्दानुभव होता है। अतः भक्तों के परम-आनन्द हेतु ही भगवान् युगल-रूप में परिणत हो गए। कबीर ने कहा है –

कबिरा धारा अगम की, सद्गुरु दई लखाय।
उलट ताहि पड़िये सदा, स्वामी संग लगाय।।

अर्थात् राधा-कृष्ण बोलकर स्मरण कीजिए, यह एक स्वरूप के दो नाम हैं। सनन्दादि मुनिवरों ने नारद को इसी उपासना का उपदेश दिया था। अतः इसी परम्परा में "राधया सहितो देवो माधवो ... श्री निम्बार्क पदानुगैः।।" जड़-चेतन समस्त विश्व इस उपास्य का अंश होने के कारण, विश्व के कण-कण में अनुराग एवं प्रेम होने पर ही प्रभु सन्तुष्ट होते हैं।

चैतन्य सम्प्रदाय मानता है कि ब्रह्म तो नाम, रूप, गुण, क्रियादि से रहित एक निर्विशेष भाव है परन्तु भक्ति-चक्षुओं से भक्त उसके भीतर ज्योति-रूप रसामृत मूर्ति श्रीकृष्ण के सौन्दर्य और माधुर्य का दर्शन करता है। *श्रीमद्भागवत* में भी तत्त्व को भगवान् कहा गया है।[७०] और "भगवान्" नित्य सगुण स्वरूप श्रीकृष्ण का ही पर्याय है – ऐसी मान्यता है। भगवान् श्रीकृष्ण और उनका मूर्त्त-रूपान्तर, विग्रह, दोनों ही सत् चित्त हैं और आनन्ददायक हैं। इन श्रीकृष्ण में चार विशिष्ट गुण हैं – (१) लोक को चमत्कृत करने वाली लीला शक्ति, (२) प्रेम माधुरी, लोकों को आकर्षित करने वाली मुरली की तान, (४) अतुलनीय रूप, श्री ब्रह्म, परमात्मा, भगवान् श्रीकृष्ण की ही प्रतीतियाँ हैं और भक्त उनमें निर्विरोष ब्रह्म, अन्तर्यामी परमात्मा और सर्वगुणाधार परम ब्रह्म को ही देखते हैं। उनकी भक्ति ही इस आनन्ददायक मोक्ष का साधन है।

---

६९. *तैत्तिरीयोपनिषद्*, वल्ली २, अनुवाक ७।

७०. *श्रीमद्भागवत*, १.२.११।

१०

प्रेमाभक्ति और भक्ति काव्य

वैष्णव सम्प्रदायों में भक्ति का स्वरूप बना भगवान् के लिए प्रेम। इसका मूल, बीज *तैत्तिरीयोपनिषद्* में ही है, जैसे हमने उद्धृत किया, जिसके अनुसार हर उत्कृष्ट कृति रसमय है (११.१३.१-४)। हमने यह भी देखा कि किस प्रकार नारद ने व्यासजी के असन्तोष का कारण बताया कि उन्होंने रसरूप ब्रह्म का निरूपण नहीं किया और कैसे *श्रीमद्भागवत* के निर्माण से उन्हें सन्तोष मिला? इसी *श्रीमद्भागवत* के प्रसिद्ध दशम स्कन्ध में श्रीकृष्ण (भागवत रूप ६७५-७६) का पूरा जीवन इतिहास श्रीकृष्ण भक्ति की आधार कथा है। एकादश स्कन्ध में श्रीकृष्ण उद्धव को भक्ति का रहस्य और माहात्म्य बताते हैं। भक्ति को वह सत्त्वगुण प्रधान क्रिया बताते हैं – "जब सत्त्वगुण की वृद्धि होती है तभी जीव के मेरे भक्ति-रूप स्वधर्म की प्राप्ति होती है। ... शास्त्र, जल, प्रजाजन, देश, समय, कर्म, जन्म, ध्यान, मन्त्र और संस्कार – ये दस वस्तुएँ यदि सात्त्विक हों तो सत्त्वगुण की वृद्धि करती हैं।" इस उपनिषद् सम्मत "सुकृति" की अवधारणा ही काव्य-कथा/साहित्य के भक्ति-रस और भारतीय साहित्य के भक्ति काल और भक्ति काव्य का आधार है। उत्कृष्ट कृति/काव्य वही है, जो भक्ति-रस से ओत-प्रोत हो, क्योंकि वह काव्य मोक्ष का सरल, सुलभ, सरस साधन होता है। आगे सब दर्शनों का तथा भक्ति का सार देते हुए कहते हैं –

> यह जगत् मन का विलास है, दीखने पर भी नष्ट-प्रायः है, अलातचक्र के समान अत्यन्त चंचल है और मनमाना है ... परन्तु आत्मवस्तु का साक्षात्कार करने वाला तथा समाधिपर्यन्त योग में आरूढ़ पुरुष, स्त्री, पुत्र, धन आदि प्रपंच के सहित (इस) शरीर को फिर कभी स्वीकार नहीं करता, अपना नहीं मानता जैसे जगा हुआ पुरुष स्वप्नावस्था के शरीर आदि को। – ११.१३.३४, ३७

अगले चतुर्दशोऽध्याय में उद्धव द्वारा भक्ति को आत्मकल्याण के अन्य साधनों से श्रेष्ठ बतलाने का कारण पूछने पर श्रीकृष्ण भक्ति का सम्पूर्ण मनोवैज्ञानिक दर्शन उसे समझाते हैं –

"समय के फेर से" वेदवाणी लुप्त हो गई तथा सभी जातियों और व्यक्तियों के स्वभाव, उनकी वासनाएँ सत्त्व, रज और तमोगुण के कारण भिन्न-भिन्न हैं; इसलिये उनमें और उनकी बुद्धि वृत्तियों में भी अनेकों भेद हैं ... इसलिये वे सभी अपनी-अपनी प्रकृति के अनुसार उस वेद-वाणी का भिन्न-भिन्न अर्थ ग्रहण करते हैं। वह वाणी ऐसी ही अलौकिक है कि 'उससे विभिन्न अर्थ निकलना स्वाभाविक ही है। ... उद्धव अपने-अपने कर्म-संस्कार और अपनी-अपनी रुचि के अनुसार आत्म-कल्याण के साधन भी एक नहीं अनेकों बतलाते हैं। पूर्व-मीमांसा धर्म को, साहित्याचार्य यश को, कामशास्त्री काम को, योगवेत्ता सत्य और शम दमादि को, दण्डनीतिकार ऐश्वर्य को, त्यागी त्याग को और लोकायतिक भोग को ही मनुष्य-जीवन का स्वार्थ – परम लाभ बतलाते हैं। कर्मयोगी लोग यज्ञ, तप, दान, व्रत तथा यम-नियम आदि को पुरुषार्थ बतलाते हैं। परन्तु ये सभी कर्म हैं; इनके फलस्वरूप जो लोक मिलते हैं, वे उत्पत्ति और नाश वाले हैं। कर्मों का फल समाप्त हो जाने पर उनसे दुःख ही मिलता है और सच पूछो तो उनकी अन्तिम गति घोर अज्ञान ही है। ... उद्धव, जो सब ओर से बेपरवाह हो गया है, किसी कर्म या फल आदि की आवश्यकता नहीं रखता और अपने अन्तःकरण को सब प्रकार से मुझे ही समर्पित कर चुका है, परमानन्द स्वरूप, मैं उसकी आत्मा में स्फुरित होने लगता हूँ। इससे वह जिस सुख का अनुभव करता है, वह विषयलोलुप प्राणियों को किसी प्रकार मिल नहीं सकता ... जिसने अपने को मुझे सौंप दिया ... वह ... बड़ी-बड़ी सिद्धियों और मोक्ष तक की अभिलाषा नहीं करता। ... जो सब प्रकार के संग्रह-परिग्रह से रहित है – ... जिनका चित्त मेरे ही प्रेम के रंग में रंग गया है, जो संसार की वासनाओं से शान्त उपरत हो चुके हैं ... उन्हें मेरे जिस परमानन्द स्वरूप का अनुभव होता है ... वह परमानन्द तो केवल निरपेक्षता से ही प्राप्त होता है। ... उद्धव ! योग साधन, ज्ञान-विज्ञान, धर्मानुष्ठान, जप-पाठ और तप-त्याग मुझे प्राप्त कराने में उतने समर्थ नहीं हैं, जितनी दिनों-दिन बढ़ने वाली अनन्य प्रेममयी मेरी भक्ति। .... जब तक सारा शरीर पुलकित नहीं हो जाता, चित्त पिघल गंगा नहीं हो जाता, आनन्द के आँसू आँखों से छलकने नहीं लगते तथा अन्तरंग और बहिरंग भक्ति की बाढ़ में चित्त डूबने-उतराने नहीं लगता तब तक (चित्त के) शुद्ध होने की कोई सम्भावना नहीं है। जिसकी वाणी प्रेम से गद्‌गद् हो रही है, चित्त पिघलकर एक ओर बहता रहता है, एक क्षण के लिए भी होने का तांता नहीं टूटता, परन्तु जो कभी-कभी खिलखिलाकर हँसने भी लगता है, कहीं लाज छोड़कर ऊँचे स्वर में गाने लगता है, तो कहीं नाचने लगता है, भैया उद्धव ! मेरा

> वह भक्त सारे भुवन को पुनीत कर देता है। ... उद्धव मेरी पवन-पावन लीला कथा के श्रवण-कीर्तन से ज्यों-ज्यों चित्त का मैल धुलता जाता है, त्यों-त्यों उसे सूक्ष्म वस्तु के – वास्तविक तत्त्व के – दर्शन होने लगते हैं – जैसे अंजन के द्वारा नेत्रों का दोष मिटने पर उनमें सूक्ष्म वस्तुओं को देखने की शक्ति आने लगती है। — ११.१४.३-२६

भक्ति-योग, उसके उपरान्त कृष्ण स्वरूप-ध्यान की विधि बताते हुए अपने स्वरूप का वर्णन करते हैं। और कहते हैं –

> मेरा यह स्वरूप ध्यान के लिए बड़ा मंगलमय है ... मेरे इस सुकुमार रूप का ध्यान करना चाहिए और अपने मन को एक-एक अंग में लगाना चाहिए। — ११.१४.३१-४१

तदुपरान्त अध्याय के अन्तिम श्लोक में ऐसे ध्याननिष्ठ भक्त को "योगी" कहते हुए, इस ध्यान से उपलब्ध ज्ञान को इस प्रकार वर्णित करते हैं –

> जो योगी इस प्रकार तीव्र ध्यान योग के द्वारा मुझमें ही अपने चित्त का संयम करता है, उसके चित्त से वस्तु की अनेकता, तत्सम्बन्धी ज्ञान और उनकी प्राप्ति के लिए होने वाले कर्मों का भ्रम, शीघ्र ही निवृत्त हो जाता है। — ११.१४.४६

भगवान् जिस प्रेमभक्ति की व्याख्या करते हैं, उसको एक दर्शन का रूप देने वाले प्रथम आचार्य देवर्षि नारद हैं और उनका पहला शास्त्र उनके भक्ति-सूत्र हैं। *नारद भक्ति-सूत्र* शास्त्रों की सूत्रात्मक शैली में प्रबन्धित हैं। *श्रीमद्भागवत माहात्म्य* में नारद की कलियुग के सन्दर्भ में, अनुपम भक्तरूप में यह स्तुति की गई है –

> अहो नारद जी ! आप धन्य हैं। आप विरक्तों के शिरोमणि हैं। श्रीकृष्ण रासों के अग्रणीय और भक्ति योग के भास्कर हैं। आप भक्ति के लिए जो उद्योग कर रहे हैं यह आपके लिए कोई आश्चर्य की बात नहीं ... भगवान् के भक्त के लिए तो भक्ति की सम्यक् स्थापना करना सदा उचित है ... कलियुग के सारे दोष नष्ट हो जाएंगे (जब) प्रेम रस प्रवाहित करने वाली भक्ति, ज्ञान और वैराग्य को साथ लेकर प्रत्येक घर और व्यक्ति के हृदय में क्रीड़ा करेगी। — २.५४, ५५, ६२, ६३

प्रेमाभक्ति को स्थापित करने में *नारद भक्ति-सूत्र* निमित्त हुए। पुराणानुसार जब-जब भगवान् का अवतार होता है, वीणा धारण किए प्रेमी परिव्राजक नारद उनकी प्रेम-लीला के लिए भूमि बनाते हैं। एक बार उन्होंने भगवान् से पूछा – "देवेश्वर आप कहाँ निवास करते हैं?" भगवान् ने कहा " ...

मद्भक्ताःयत्र गायन्ति तत्र तिष्ठामि नारद।" (*पद्मपुराण* ९२.२२) तब नारद ने *नारद भक्ति-सूत्र* के चौरासी सूत्रों की रचना की। नारद इनमें प्रेम की परिभाषा करते हैं –

> प्रेम का स्वरूप अनिर्वचनीय है, (*नारद भक्ति-सूत्र,* ४७) यह गुणरहित है, कामना रहित है, प्रतिक्षण बढ़ता रहता है, विच्छेद-रहित है, सूक्ष्म से भी सूक्ष्मतर है और अनुभव रूप है (*नारद भक्ति-सूत्र,* ५४)।

भक्ति की परिभाषा करते हुए पहले नारद पूर्वाचार्यों के अनुसार भक्ति के लक्षण बताते हैं। व्यासजी के मतानुसार भगवान् की पूजा आदि में अनुराग होना भक्ति है।[१] गर्गाचार्य के मत से भगवान् की कथा आदि में अनुराग होना ही भक्ति है।[२] शाण्डिल्य ऋषि के मत में आत्मरति के अविरोधी विषय में अनुराग होना ही भक्ति है।[३] परन्तु देवर्षि नारद के मत में "अपने सब कर्मों को भगवान् को अर्पण करना और भगवान् का थोड़ा सा भी विस्मरण होने में परम् व्याकुल होना। प्रेमा रूपा भक्ति है[४] और यह भक्ति कर्म, ज्ञान योग से भी श्रेष्ठतर है।[५] भक्ति को प्राप्त करने के मुख्य साधनों में भगवत्भक्त महापुरुषों की कृपा तथा किंचित् लेशमात्र भगवत्कृपा[६] क्योंकि महापुरुषों का संग भगवत्कृपा से ही मिलता है।[७] और नारद कहते हैं – भक्त और भगवान् में भेद नहीं।[८] आगे नारद बताते हैं कि भक्त स्वयं तो तरता ही है, लोकों को भी तार देता है।[९] ऐसे भक्त से पितर और देवता प्रसन्न होते हैं और पृथ्वी भी "सनाताचेयं"[१०] अन्त में कहते हैं – "सब समय सर्वभाव से निश्चिन्त होकर केवल भगवान् का ही भजन करना चाहिए।"[११]

---

१. *नारद भक्ति-सूत्र,* १६।

२. *नारद भक्ति-सूत्र,* १७।

३. *नारद भक्ति-सूत्र,* १७।

४. *नारद भक्ति-सूत्र,* १६।

५. *नारद भक्ति-सूत्र,* २५।

६. *नारद भक्ति-सूत्र,* ३८।

७. *नारद भक्ति-सूत्र,* ३६-४०।

८. *नारद भक्ति-सूत्र,* ४२।

९. *नारद भक्ति-सूत्र,* ४०।

१०. *नारद भक्ति-सूत्र,* ७१।

११. *नारद भक्ति-सूत्र,* ७६।

श्रीमद्भागवत की श्रीकृष्ण की भक्ति कथा तथा *नारद भक्ति-सूत्र* की तुलना करें तो स्पष्ट है कि *भक्ति-सूत्र* कथा द्वारा निर्दिष्ट विचारों की ही शास्त्रोक्ति है। तथा भक्ति की एक विशिष्ट धारा/परिभाषा प्रेमाभक्ति है।

"भक्ति" शब्द का व्युत्पत्तिक अर्थ है, "सप्रेम सेवा"। तदनुसार बिना प्रेम के भक्ति निःसार है। भक्ति मोक्ष का साधन है, यह सर्वथा सत्य है और यह भी सत्य है कि भक्ति कई प्रकार की है जैसे *श्रीमद्भागवत* तथा *नारद भक्ति-सूत्र* निर्देश करते हैं। भक्ति के दूसरे अंश – ज्ञान इत्यादि – मनुष्य चेष्टा से ग्रहण कर लेता है, परन्तु प्रेम भगवान् की कृपा से ही होता है। ततः सन्त कवि ने कहा –

प्रेम न बाड़ी ऊपजे, प्रेम न हाट बिकाय।
राजा-परजा जेही रुचै, सीस दई लै जाय।।

प्रेमाभक्ति को दर्शन और स्वरूप चैतन्य महाप्रभु (१४८५-१५३३) ने दिया। अपने रसमय कीर्तनों से भाव-विभोर करने वाले चैतन्य को निखिल रसामृत मूर्ति कहा गया। इस मत के अनुसार जैसे बलदेव उपाध्याय ने लिखा है –

> सत्यकामत्व, सत्यसंकल्पत्व, सर्वज्ञत्व, सर्वविद्यत्व आदि अनन्त अपरिमित गुण भगवान् में सदा निवास करते हैं। ... अनन्त गुण भगवान् से पृथक् नहीं हैं ... भगवान् का विग्रह उनके स्वरूप से एकाकार ही है। भगवान् के स्वरूप विग्रह तथा गुणों में किसी प्रकार का भेद या पार्थक्य नहीं है। ... शंकराचार्य मत के अनुकूल चैतन्य मत में भी ब्रह्म सजातीय, विजातीय तथा स्वगत भेद से शून्य है ... अखण्ड सच्चिदानन्दात्मक पदार्थ है ... (उसमें)/भगवान् में अचिन्त्य अपरिमय शक्ति रहती है, जिसके कारण नानात्मक प्रतीत होने पर भी वह एकात्मक ही बना रहता है (इसलिए) भगवान् को वैदूर्य मणि के समान बतलाया है। (उनकी) स्वरूप शक्ति (तीन) रूपों में अभिव्यक्त होती है – (१) "सन्धिनी" ... – सत्ता धारण (करना), सत्ता प्रदान (करना) समस्त देश, काल एवं द्रव्यों में व्याप्त रहना (२) "संवित्" ... (जानना) तथा दूसरे को ज्ञान प्रदान (करना)। (३) "ह्लादिनी" ... स्वयं आनन्दित (होना) ... आनन्द प्रदान (करना) – *भारतीय दर्शन*, पृ. ४२४

इस मतानुसार जगत् सच्चा अवश्य है, तथापि इसे अनित्य कहने का तात्पर्य यही है कि इसमें दुःख की बहुलता के कारण इससे विरक्त रहने में ही श्रेयस् है। सृष्टिकाल में यह जगत् व्यक्त भगवान् में अभिव्यक्त रूप में रहता है और प्रलय काल में भी यह जगत् अव्यक्त रूप से भगवान् में ही रहता है ... (जैसे) रात के समय चिड़िया जंगल के पेड़ों में रहती है परन्तु कालवश उनकी

अभिव्यक्ति नहीं होती। ... (क्योंकि तदनुसार) शक्तिमान् (भगवान्) तथा शक्ति (स्वरूपादि) में भेद और अभेद दोनों सिद्ध होते हैं। इसी विलक्षण दृष्टिकोण के कारण यह मत अचिन्त्यभेदाभेद के नाम से प्रख्यात है। जीव गोस्वामी को उद्धृत करके उपाध्यायजी बताते हैं कि ततः भक्ति के ध्येय रूप में श्रीकृष्ण में उनकी स्वरूप शक्तियों का अभिन्न रूप से चिन्तन भी शक्य भी नहीं। अतः उनका तात्त्विक और स्वरूपगत चिन्तन भेदाभेद रूप से ही शक्य है और ऐसी भक्ति उनको अपने वश में करने का सर्वश्रेष्ठ साधन है। कर्म से चित्त शुद्धि होती है और शुद्ध चित्त ज्ञान और भक्ति का आधार है। ज्ञान दो प्रकार का है और तदनुसार भक्ति भी – "केवल" या तत्त्व ज्ञान और विज्ञान, अर्थात् स्वरूप ज्ञान। "केवल" ज्ञान-रूपा चिन्तन से मुक्ति मिलती है परन्तु "विज्ञान" अर्था स्वरूपात्मक भक्ति से भगवान् का सान्निध्य प्राप्त होता है। भगवान् के दो विशेषण वेद-सम्मत हैं – ऐश्वर्य और माधुर्य। ऐश्वर्य ज्ञान-प्राप्त व्यक्ति स्वः-भाव भूलकर भगवान् के लिए आदर-भाव से संयुक्त हो जाता है। माधुर्य-ज्ञान से परिपूर्ण व्यक्ति अपने वात्सल्य और सख्य इत्यादि भावों से सम्पन्न रहता है। इसी अनुसार भक्ति के भी भेद हैं।

उपाध्याय जी "विधि भक्ति" और "रुचि भक्ति" या राग भक्ति का भेद करते हैं और कहते हैं कि "विधि भक्ति से रागात्मिका भक्ति नितान्त श्रेयस्कर है।" इसमें भक्त भगवान् को अपने प्रियतम रूप से ग्रहण करता है तथा अलौकिक आनन्द का आस्वादन करता है। और यह कहते हुए कि "ब्रजगोपिकाओं में प्रत्यक्ष दृष्टि इसी उत्तमा भक्ति का सुन्दर वर्णन नारद पांचरात्र में किया है" उपाध्याय जी उस ग्रन्थ से यह श्लोक उद्धृत करते हैं –

सर्वोपाधिविनिर्मुक्तं तत्परवेननिर्मलम्।
हृषीकेश हृषीकेश सेवनं भक्तिरुच्यते।।
– *भारतीय दर्शन*, पृ. ४२६

जहाँ भक्ति की धारा ही साहित्य में भक्ति काल और भक्ति काव्य में बहने लगी वहीं, रागात्मक भक्ति ने एक उपधारा के रूप में रति-भक्ति काव्य का रूप लिया। जैसे उपाध्याय जी आगे कहते हैं – प्रायः सभी धर्मों में भक्ति साधन या "उपायभूता" मुक्ति का उपाय है। उपाध्यायजी का उचित शब्द और उपाय रूप में पुरुषार्थ चतुष्टय की सम्पुटी का साधन है। परन्तु वैष्णव सम्प्रदाय में यह "सेवानक" भक्ति अपने में ही अन्तस्थान है, जिसे इस सम्प्रदाय ने "पंचम पुरुषार्थ" रूप से अपना सिद्धान्त बनाया है। "इस भक्ति रस की सांगोपांग कल्पना चैतन्यमत की मुख्य विशेषता है, जिसका पाण्डित्यपूर्ण विवेचन" उपाध्यायजी कहते हैं "रूपगोस्वामी ने *भक्तिरसामृतसिन्धु* में

किया।"[१२] भक्ति काव्य रति-भक्ति काव्य की व्याख्या और चर्चा से पहले इसी भक्ति-रस की चर्चा पहले सापेक्ष है।

प्रेमाभक्ति को रस-रूपा कहा गया है। यथा ब्रह्म को श्रुतियाँ रस-रूप कहती हैं।[१३] तदैव लौकिक आनन्द अथवा रस में भी उसी रस-रूप प्रभु का अंश होता है, जिस कारण लौकिक प्रेम में भी भगवत्तत्त्व का आभास व अनुभव होता है। भेद यह है कि भगवद् सम्बन्धी रति (भगवद्-प्रेम) पूर्ण रस-रूप होने के कारण सांसारिक रति से उत्कृष्ट होती है क्योंकि उसका विषय भक्ति और आश्रय भगवान् दोनों ही श्रुति-सम्मत रस रूप होते हैं। यह भगवान् के लिए प्रेम बौद्धिक नहीं हृदयात्मक होता है और भक्त को उन्मत्त कर देता है और यदा-कदा दूसरों को पागल-सा दिखने वाला व्यवहार करने लगता है। इसमें राजस्थान की प्रसिद्ध भक्त कवयित्री मीरा का जीवन साक्ष्य है। यह अनन्य भाव से ओत-प्रोत भगवद्प्रेम भक्त को एकाकी बना देता है – उसे कुछ और नहीं दिखता या सूझता।

परम्परा ने प्रेमाभक्ति को सर्वाधिक सम्मान दिया है। राधा-कृष्ण का प्रेम और ब्रज-गोपिकाओं का श्रीकृष्ण के लिए भावात्मक आवेग ही प्रेमाभक्ति के रूप हैं। उस प्रेम में अनन्यता, एकाकार होने की आकुलता तथा वियोग-विरह की सभी अवस्थाओं की दीप्ति रहती है। अतः भक्ति, जो मूल रूप में मोक्ष का एक साधन थी, उपाय थी, समय की चिन्तन धारा में साध्य या उपेय रूप हो गई और उसके भिन्न प्रकारों में से एक, प्रेम-भक्ति समय के साथ समाज और विचार में विशेष रूप से समाहित हुई। इसमें *श्रीमद्भागवत* जैसे ग्रन्थों और तमिल आल्वार तथा हिन्दी के कबीर, सूरदास जैसे कवियों का योगदान रहा। धीरे-धीरे प्रेमाभक्ति एक विपुल, सामाजिक मार्ग और पद्धति के रूप में जनसाधारण के साधारण जीवन का अंग बन गई। यह प्रेमाभक्ति स्रोत बनी भारतीय भाषाओं के विशाल भक्ति काव्य-कथा साहित्य का, जहाँ दर्शन में भी जिसमें श्रुति-सम्मत "रस" एक अंग था, का सिद्धान्त एक चिन्तन परम्परा में विकसित हुआ, उसी प्रकार प्रेम का सिद्धान्त साहित्य में कथा-वस्तु और रस-रूप में विकसित हुआ। इनके संयोग से प्रेमाभक्ति इस विशाल भक्ति काव्य-कथा साहित्य का कारण बनी। यह प्रेम तत्त्व ही साहित्य में शृंगार रस का रूप लेता है। इस विकास दर्शन के भक्ति सिद्धान्त, जिसमें श्रुति-सम्मत "रस" एक अंग था और साहित्य के रस सिद्धान्त का प्रयाण हुआ और उसके

---

१२. *भारतीय दर्शन*, पृ. ६६३।

१३. *भारतीय दर्शन*, पृ. ४२६।

उत्तर फल रूप "भक्ति रस" सिद्धान्त की स्थापना हुई, जिसका मुख्य ग्रन्थ *भक्तिरसामृतसिन्धु* और मुख्य चिन्तक रूपगोस्वामी हुए।

इसी भक्ति रस का एक मुख्य रस मधुर रस ही रति-भक्ति काव्य-कथा परम्परा का आधार बना। भारतीय साहित्य दर्शन में रस ही अर्थ है। भारत की बौद्धिक परम्परा में सब कलाएँ और सब ज्ञान मूल्यों की विभक्ति युक्त अपेक्षित हैं। ज्ञान को सद्वृत्तियों और मूल्यों के साधन से धर्म की वृद्धि करनी चाहिए। मन्दिरों की तथा गृहों की वास्तु, बौद्ध विहारों का अपेक्षित आचरण सब अभिव्यक्ति हैं, उन सद्वृत्तियों की, जो वैयक्तिक व सामाजिक समतोलन के लिए नितान्त आवश्यक हैं। कला भी दूसरी सकल मानवी चेष्टाओं की तरह पुरुषार्थ-सम्पुष्टक होनी चाहिए। जैसेकि भरत मुनि मानते हैं कि नाट्य (साहित्य) "धर्म और अर्थ की प्राप्ति कराने वाला, "धर्म तथा अर्थ के प्रयोजन का उपपादक या उनके अनुकूल, यश प्रदाता, उपदेश तथा संग्रह से युक्त, भावी जगत् के सभी कार्यों का पथ-प्रदर्शक, सब शास्त्रों के अर्थों से परिपूर्ण और सभी शिल्पों को प्रदर्शित करने वाला होगा।" कला में जीवन की प्रतिबिम्बात्मक अभिव्यक्ति सहृदय के चित्त को पिघलाकर उसे आनन्दित करती है। यह आनन्द रसानुभूति है। तदनुसार, साहित्य में रस ही अर्थ है। जीवन अनुभव काव्य-कथा के भीतर चिदावस्थाओं (रसों) की शृंखला के रूप में निहित होता है। तर्क यह है कि चित्त-अवस्था समूह है उन संस्कारों का, जो घटनाएँ भाव-रूप में व्यक्ति के चित्त पर चिह्नित हो जाती हैं। इस दर्शन में, पाश्चात्य साहित्य सिद्धान्त से भिन्न, "भाव" और "विचार" में विरोध नहीं। ग्रीक चिन्तन में भी, अरस्तू के भी (पोयटिक्स) साहित्य में भाव ही अर्थ रूप से महत्त्वपूर्ण हैं। लांजईनस के लिए भी भाव साहित्य में महत्त्वपूर्ण विचार का रूप लेते हैं (ओन दी सबलाइम)। परन्तु, प्लैटो द्वारा विचार को प्रतिष्ठित करने के प्रभाव में पाश्चात्य चिन्तन में "भाव" और "विचार" का भेद स्थापित हुआ। तदनुसार अंग्रेज़ी साहित्य में अठारहवीं शताब्दी में डॉ. जॉनसन अपने *प्रीफेस टू शैक्सपीयर* में भावों को ही शेक्सपीयर की समादृित किंग लियर इत्यादि ट्रेजडियों में अर्थ का महत्त्वपूर्ण अंग मानते हैं।

उन्नीसवीं शताब्दी में अंग्रेज़ी कवि वर्डसवर्थ अपने *प्रीफेस टू लिरिकल बैलेडज़* में कविता को "भावों की पुनर्स्मृति" कहते हैं। बीसवीं शताब्दी में प्रसिद्ध लेखक और चिन्तक टी.एस. एलियट वर्डसवर्थ की अवधारणा से असहमत होते हुए भी नाट्य और काव्य में साधारण भावों का उत्कृष्टीकरण ही कवि का कार्य मानते हैं और भावों का स्पष्टीकरण रस द्वारा ही होता है। ततः कवि का कार्य है रसानुभूति सम्भव करना।

११

रस ही काव्यार्थ

कला मात्र एवं मात्र निश्चय ही सद्वृत्तियों के विकास से धर्म की अभिव्यक्ति करने वाले होने चाहिए। मन्दिर-स्थापत्य, वास्तु, बौद्ध-विहारों की अभिक्रियाएँ सद्वृत्तियों के ठोस उदाहरण हैं – वे विधिपरक मूल्य जो ऋतु के निर्धारक हैं, जोकि सभी प्रकार के अस्तित्व वैयक्तिक, सामाजिक एवं ब्रह्माण्डीय, का आधार है। सभी कलाओं को उपयुक्त मानव व्यवहारों की तरह ही धर्म की अभिवृद्धि करने वाला होना चाहिए – जो सामान्य रूप से स्वीकृत पुरुषार्थ चतुष्टय में प्रथम एवं सबसे प्रधान है। सांसारिक एवं आध्यात्मिक उद्यमों की तरह, सभी कलाएँ, भाषिक कला सहित, सामाजिक एवं वैयक्तिक मूल्य, जीवन के किस लक्ष्य को कैसे समृद्ध करते हैं – इन आधारों पर मूल्यांकित होती हैं। भरत मुनि का कथन है कि भाषिक कला ज्ञानात्मक ग्रन्थ स्रोत है क्योंकि यह दर्शन एवं सामान्य जन के बीच मध्यस्थता करती है एवं प्राथमिक रूप से धर्म को सुनिश्चित करती है। "धर्म, यश, दीर्घायु, सम्पन्नता, मानसिक क्षमता की अभिवृद्धि एवं सामान्य लोगों को व्यवहार की शिक्षा एवं शास्त्रीय अर्थ का ज्ञान भी प्रदान करती है।" (नाटयशास्त्र)

कलानुभव की प्रकृति

कला इसकी उपलब्धि कैसे करती है एवं कलानुभव का प्रमाण क्या है? कला उदात्त भावनाओं की अनुकृति अथवा अनुकीर्तन से धर्म की अभिवृद्धि करती है। ऐसी अनुकृति अनुभावक को गहराई से द्रवित कर एवं आनन्दानुभूति के द्वारा उसका रूपान्तर करती है। यह आनन्द रसानुभव से निष्पन्न होता है।

भारतीय सिद्धान्त तर्क उपस्थित करता है कि सभी अनुभवों का अन्तिम सत्त्व या अर्थ रस है। भरत[1] स्थापना रखते हैं : "न हि रसादृते कश्चिदर्थः

---

१. *नाट्यशास्त्र* ६.२२।

प्रवर्तते" (रस से रहित कोई अर्थ प्रवर्तित नहीं हो सकता)। अभिनवगुप्त "अन्य अर्थ" की व्याख्या चरित्र एवं घटनाओं के रूप में करते हैं, जो अनुकृति, कथन अथवा वर्णन की वस्तु होते हैं।

काव्य-रचना में अनुभूति, रस-भाव संरचना है – जीव की अवस्थाओं की संरचना। तर्क यह है कि जीव संस्कारों का ही विस्तार है, जो कि घटनाओं द्वारा भावनात्मक स्थितियों एवं प्रतिक्रियाओं के रूप में निश्चित रूप से व्यक्ति से सम्बद्ध संचित होते हैं। कलानुभव का यह सिद्धान्त "भावना" एवं "विचार," "अनुभवकर्त्ता" एवं "मननकर्त्ता" के अविरोधी-युग्म पर आश्रित है। अरस्तू ने दया एवं भय की चर्चा की है एवं अरस्तू के लिए भावनात्मक कथ्य साहित्य में अत्यन्त महत्त्वपूर्ण हैं और यही सोफ़ोक्लीज़ के दुःखान्त नाटकों की गुणवत्ता है। लौंजाइनस के लिए, उदात्त भावों की शाश्वतता साहित्य के मूल्य की सृष्टि करता है। लेकिन, कहीं इसी क्रम में, "भावना" एवं विचार का विरोध भी विकसित हो जाता है। तब अचानक हम डॉ. जॉनसन को (अपने *Preface to Shakespeare* में) पाते हैं, जो भावना की शेक्सपीयर के दुःखान्त नाटकों के सबसे मूल्यवान् तत्त्व/घटक के रूप में पहचान करते हैं। और तब वर्डसवर्थ का काव्य-सिद्धान्त,[२] "भावना के उद्रेक" एवं "मानसिक निस्तरंगता के क्षणों में भावना का संचयन अथवा स्मृति" को काव्य के अनिवार्य तत्त्व के रूप में चर्चा करता है। टी.एस. इलियट, जबकि वर्डसवर्थ के सिद्धान्त "मानसिक निस्तरंगता के क्षणों में भावना का संचयन" को स्वीकार नहीं करते, तथापि वे सन्देह में नहीं हैं कि कला भाव का अनुकीर्तन है। वे नाटक के द्वारा प्रदत्त संरचनात्मक भावनाओं की चर्चा करते हैं एवं कहते हैं कि कवि का व्यापार नई भावनाओं का संधान नहीं, वरन् सामान्य भावनाओं का उपयोग एवं काव्य के अनुकूल उनका संस्कार करना है (Tradition and Individual Talent)।

जबकि हम दूसरी परम्पराओं में सादृश्यता के लिए दृष्टिपात करते हैं तब हमें यह स्मरण रखना चाहिए कि "emotion" भाव का उपयुक्त समानार्थी नहीं है। "भाव" एक अत्यन्त सूक्ष्मता से संस्कारित कोटि है – धातु रूप भू का अर्थ है होना एवं भाव का अर्थ है, जो सत्ता का कारक है। भाव एक दार्शनिक कोटि है, जो "सत्ता" के लिए प्रयुक्त होता है। इस प्रकार भाव विचार/चिन्तन का विरोधी नहीं है वरन् सम्पूर्ण चिन्तन का एक चरण है।

---

२. Perface to the *Lyrical Ballads.*

भारतीय साहित्यिक सौन्दर्यशास्त्र उपस्थापित करता है कि रस-भाव इस प्रकार का सम्पूर्ण अनुभव लोक की कला से जुड़ी अपेक्षाओं का निर्माण करता है। कला का अनुभव कैसे होता है? सौन्दर्यानुभूति की प्रयाण/ज्ञान (मीमांसा) क्या है? व्यक्ति एवं घटनाओं के परस्पर संवाद से उद्भूत होने वाले भाव अनुभव का सृजन करते हैं। मन, बुद्धि, चित्त अहंकार चतुर्विध निर्मित अन्तःकरण के तन्त्र से छनकर यह अनुभव विभिन्न प्रकार की वृत्तियों के रूप में हमारी आत्मा में संचित होता रहता है। संस्कार अनुभवों के अनुरेख (face), हमारी "अस्मिता" को रचते हैं और उसे एक विशेष रूपाकार भी देते हैं, जो भावों के प्रति हमारी उन्मुखता (रस) को सुनिश्चित भी करता है एवं सहभागिता भी। यह सब अनुभव और सत्ता में प्रतिफलित होता है।

रसबोध ज्ञान है। रस संरचना क्या है? भाव के चतुर्दिक निर्मित रस-सिद्धान्त के पाँच अवयव हैं – स्थायी भाव, विभाव, अनुभाव, संचारी भाव एवं सात्त्विक भाव (देखिए, चित्र १)। रस ११ नाट्यांगों में प्रथम है और यह प्रथम अथवा प्राथमिक इसलिए है क्योंकि (i) रस ही सारे अवयवों (विभाव आदि) को सार्थक बनाता है एवं काव्यार्थ को प्रकाशित करता है। (ii) रस के अभाव में रचना का ज्ञान-रूप में (क्या ग्रहणीय एवं क्या त्याज्य है) उद्देश्यपूर्ण नहीं होता। (iii) प्रेक्षक/अनुभवकर्त्ता/पाठक में रस ही आनन्द-सृष्टि करता है। भाव एक स्थिति विशेष का कारण है अथवा वह स्थापित/निश्चित होता है (जो घटित होता है उसके माध्यम से)।[३] *अमरकोष* [४] में, यह विद्वान् का पर्यायवाची है और इसलिए अपनी अर्थव्याप्ति में यह ज्ञान अथवा जो कुछ भी सीखा जाता है, को समाहित करता है। *अमरकोष* [५] में भाव की परिभाषा "विकारो मनसो" है एवं विकार का अर्थ है, स्वभाव का बदलना।[६] अतः भाव का अर्थ है, मन की मूल अवस्था में परिवर्तन। *अमरकोष* [७] भाव के १३ पर्यायवाचियों की सूची प्रस्तुत करता है, जिनमें प्रथम है – सत्। प्रचलन के अनुसार, भाव सत् है। *भगवद्गीता* में यह छह बार सत् के अर्थ में,[८] तीन बार गुण के अर्थ

---

३. देखिये, *नाट्यशास्त्र* ६.३१ पर *अभिनवभारती*।

४. अमरकोष, १.७.१२।

५. अमरकोष, १.७.२१।

६. *अमरकोष,* ३.२.१५।

७. अमरकोष ३.३.२०८।

८. *भगवद्गीता,* २.१६, ८.३, १०.११, १७.२६, १८.२०, १८.२१।

में[९] एवं एक बार स्वभाव के अर्थ में[१०] प्रयुक्त हुआ है। यह इसका एक अन्य साक्ष्य है कि भाव का सबसे केन्द्रीय अर्थ "सत्" है।

भरत का रस-सूत्र

"तत्र विभावानुभावव्यभिचारीसंयोगाद्रसनिष्पतिः"[११] – विभाव, अनुभाव, व्यभिचारी के संयोग से रस निष्पन्न होता है।

अमरकोष[१२] के प्रमाण से रस का अर्थ है, जो आस्वादन का विषय है। स्वाद के पाकशास्त्र एवं औषधि में छह रूप हैं – मधुर, लवण, तिक्त, कटु, अम्ल, कषाय, Tangy।[१३] नाट्य में आठ रस हैं।[१४] पारद (पारा) का भी एक नाम रस है।[१५] तो कलानुभव में उसके कठिनाई से ग्रहणीय गुण को व्यक्त करता है। द्रवण अर्थ के साथ इसके नौ अर्थ हैं,[१६] जो इस पद की अर्थ-विस्तार को आपूरित करता है।

भरत ४६ भावों की गणना करते हैं – यह मानव अनुभव के सम्पूर्ण विस्तार की स्थापना है। उनमें से आठ/नौ स्थायी (अपेक्षाकृत) हैं, क्योंकि (i) अत्यधिक प्रबल कारणों से उत्पन्न होने के कारण वे अपेक्षाकृत अधिक काल तक स्थिर होते हैं, (ii) प्रायः सभी मनुष्य उनका अनुभव करते हैं, एवं (iii) ये अपेक्षाकृत अधिक आवृत्ति में अनुभव होते रहते हैं। ये अधिक प्रबल एवं मौलिक हैं। उदाहरण के लिए शोक एवं दैन्य (चित्र १ में सं. १७) की तुलना करें, जो अधिक अपरिहार्य कारणों से उत्पन्न हो सकते हैं। ये अवस्थाएँ किसी व्यक्ति विशेष (आश्रयालम्बन) में किसी वस्तु-विशेष के कारण (विषयालम्बन) एवं स्थिति/घटना (उद्दीपन) के कारण व्यक्त होती हैं। एक बार जब भाव की स्थिति प्रकट होती है, तब व्यक्ति एक विशेष प्रकार के व्यक्त रूप से व्यवहार करने लगता है (अनुभाव)। लेकिन हम सदैव विपुल रूप से

---

९. *भगवद्गीता,* ७.१२, ७.१३, ८.४।

१०. *भगवद्गीता,* ७.१५।

११. *नाट्यशास्त्र,* ६.३२।

१२. *अमरकोष,* १.५.७।

१३. *अमरकोष,* १.५.६।

१४. *अमरकोष,* १.७.१७।

१५. *अमरकोष,* २.६.६६।

१६. *अमरकोष,* ३.३.२२७।

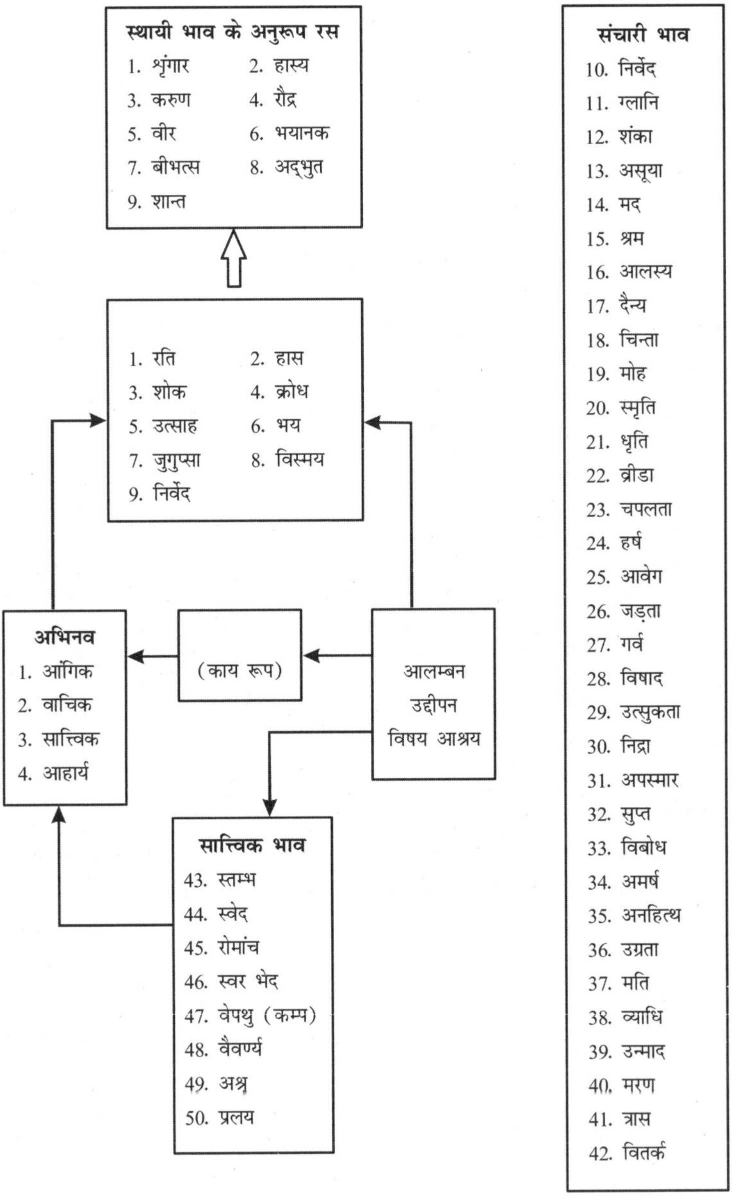
स्थायी भाव के अनुरूप रस
1. शृंगार 2. हास्य
3. करुण 4. रौद्र
5. वीर 6. भयानक
7. बीभत्स 8. अद्भुत
9. शान्त
1. रति 2. हास
3. शोक 4. क्रोध
5. उत्साह 6. भय
7. जुगुप्सा 8. विस्मय
9. निर्वेद
अभिनव
1. आंगिक
2. वाचिक
3. सात्त्विक
4. आहार्य
(काय रूप)
आलम्बन
उद्दीपन
विषय आश्रय
सात्त्विक भाव
43. स्तम्भ
44. स्वेद
45. रोमांच
46. स्वर भेद
47. वेपथु (कम्प)
48. वैवर्ण्य
49. अश्रु
50. प्रलय
संचारी भाव
10. निर्वेद
11. ग्लानि
12. शंका
13. असूया
14. मद
15. श्रम
16. आलस्य
17. दैन्य
18. चिन्ता
19. मोह
20. स्मृति
21. धृति
22. व्रीडा
23. चपलता
24. हर्ष
25. आवेग
26. जड़ता
27. गर्व
28. विषाद
29. उत्सुकता
30. निद्रा
31. अपस्मार
32. सुप्त
33. विबोध
34. अमर्ष
35. अनहित्थ
36. उग्रता
37. मति
38. व्याधि
39. उन्माद
40. मरण
41. त्रास
42. वितर्क

(चित्र १)

विचलित होते हैं – इसका कोई एक भाव अथवा स्थिति – विशेष नहीं होते। ये अधिक सम्भावित हैं, संचारी भावों के समूह के मध्य कोई एक अधिक प्रबल भाव हो। यह जटिल मानसिक स्थिति जीवन में निश्चित भौतिक/आंगिक चेष्टाओं एवं व्यवहार रूपों से जुड़ी है, जिसे कला के परिप्रेक्ष्य में "अभिनय" कहते हैं। प्रबल भाव अनिवार्य रूप से भौतिक प्रभाव उत्पन्न करते हैं। उदाहरण के लिए भय कम्प अथवा रोमांच में परिणत/परिलक्षित होता है। यह सब – सात्त्विक भाव, विभाव, व्यभिचारी (संचारी भाव), अनुभाव एवं अन्य दृश्यमान् अभिव्यक्तियाँ (अभिनय), जब समन्वित रूप साथ-साथ उपस्थित होती हैं तो स्थायी भाव को प्रकाशित करती हैं। जीवन में, स्थायी भाव का प्रेक्षक/श्रोता, समानानुभव के साथ, स्थायी भाव से मानसिक सन्नद्धता के द्वारा तदनुसार रस का अनुभव करता है। जब किसी जटिल घटना का ग्रन्थ में अथवा मंच पर, अभिनय होता है, तब पाठक/दर्शक समान रूप से रस का अनुभव करता है, जो इस काल में उसके समानानुभव की क्षमता एवं अभिनय/प्रस्तुतीकरण की सफलता पर निर्भर करता है। यही भरत कहते हैं – विभाव, अनुभाव एवं संचारी भाव के संयोग से रस निष्पन्न होता है।

इसे करुण रस के सन्दर्भ में (देखिए, तालिका-२, पृ. १३६ पर) अधिक साक्षात् रूप से देख सकते हैं, जिसकी व्याख्या आचार्य अभिनवगुप्त करते हैं – यह उन सामाजिकों के हृदयों में रूप लेता है, जो शोक का अनुभव करते हैं, अनुकर्त्ता/नट में विद्यमान है। अनेक विभाव, जैसे प्रियजन की मृत्यु, हानि, दुर्भाग्य, शोक के स्रोत हैं, जो विभाव के विषय, आश्रय एवं उद्दीपन के अनुसार कम अथवा अधिक तीव्र होते हैं – एक युवक पुत्र (नवजात की तुलना में), वृद्ध पिता, एकमात्र सन्तान इत्यादि। एक बार जब यह हृदय में प्रकट होता है, शोक अन्य भावों के साथ जैसे स्मृति अथवा निर्वेद-गहराता है (देखिए चित्र २)। यह स्थायी भाव अनुभवकर्त्ता की प्रकृति (उत्तम-मध्यम-अधम अथवा सात्त्विक, रजस्, तमस् के अनुसार) विविध भौतिक, दृश्यमान् रूप लेता है। यह अभिनय (जिसमें अनुभाव एवं सात्त्विक भाव सम्मिलित हैं) स्थायी भाव का संकेतक है। प्रेक्षक भोगने वाले का दुःख अनुभव करता है, जो करुण रस के रूप में उसमें परिणत होता है। यह रस किस प्रकार उदित होता है? क्या यह वस्तुनिष्ठ है ? भरत "निष्पत्ति" पद का प्रयोग करते हैं, जिसका अर्थ है, आस्वादन रूप में प्रस्तुति अथवा उत्पत्ति अथवा मुक्ति। भावों एवं सहृदय के विस्तार के होते हुए रस की उत्पत्ति उद्बुद् होने के दृष्टान्त से समानता रखती है। शोक (भाव) से करुण रस तक की प्रक्रिया की तीन वैकल्पिक व्याख्याओं के लिए तीन शब्द परम्परा में प्रयोग

किए जाते हैं – (i) अभिव्यक्ति, (ii) सिद्धि, (iii) परिणति। इन तीनों में रस एवं भाव का सम्बन्ध अन्तर्निहित है। द्वितीय प्रस्थान जो सिद्धि का है, अभिनवगुप्त के प्रतिनिधित्व का है और यह सबसे प्रधान है। यह प्रस्थान मानता है कि भाव रस है एवं रस-भाव। भाव के बिना रस नहीं। इस सिद्धान्त में रस स्थायी भाव से सन्निकर्ष के परिणामस्वरूप चित्त की एक अवस्था विशेष है। भरत रस-भाव सम्बन्ध पर पूर्णतः स्पष्ट हैं – भाव की परिणति रस में होती है, न कि रस की भाव में, यद्यपि विविध अवयवों/तत्त्वों/घटकों के प्रयोजन की स्थापना में रस हमें समर्थ बनाता है और इसलिए रस एवं भाव परस्पर एक-दूसरे के प्रकाशक हैं।

इसके बाद प्रश्न है – रसों की संख्या कितनी है? हम यहाँ इसके विस्तार में नहीं जाएंगें कि कैसे भक्ति, वात्सल्य एवं माया रस भी रसों की सूची में परिगणित होने के निमित्त प्रस्तावित हैं। साथ ही इसके भी कि आठ रस कैसे चार मूलभूत रसों से निःसृत हैं – हास्य शृंगार से, करुण रौद्र से, अद्भुत वीर से एवं भयानक वीभत्स से। यह भी कि कैसे एक मूल रस का संधान – करुण, शृंगार, शान्त – भारतीय चिन्तन का वैशिष्ट्य है? अभिनवगुप्त के बाद कोटिगत आधार पर स्थायी भाव नौ हैं, इसलिए रसों की संख्या भी नौ स्वीकार कर ली गई है।

> क्योंकि मनुष्य केवल इन्हीं (नौ स्थायी भावों) से युक्त जन्म लेता है। दुःख से निवृत्ति एवं सुख के आस्वादन की सार्वभौम परिभाषा के कारण, प्रत्येक – (१) मूलभूत स्वभाव के कारण सुख की प्राप्ति चाहता है (यह "रति" का सूचक है), (२) दूसरों पर हँसता है (यह "हास" का सूचक है), (३) प्रिय-जन-वियोग से दुःखी होता है (यह "शोक" का सूचक है), (४) उस वियोग के कारण क्रोधित होता है (यह "क्रोध" का सूचक है), (५) निःसहाय होने के कारण भयभीत होता है (यह "भय" का सूचक है), (६) कुछ प्राप्ति की इच्छा अथवा उद्योग करता है (यह "उत्साह" का सूचक है), (७) अनुचित वस्तुओं के प्रति श्रद्धा से पूर्ण होता है (यह "जुगुप्सा" का सूचक है), (८) अपने अथवा अन्य के प्रत्याशित कार्यों पर आश्चर्यित होता है (यह "विस्मय" का सूचक है) (६) सब कुछ त्याग करना स्वाभाविक/आंतरिक रूप से इच्छा करता है (यह "निर्वेद" का सूचक है)। कोई भी व्यक्ति इन चित्त-वृत्तियों से रहित जन्म नहीं लेता। केवल अन्तर इतना है कि किसी एक में मात्रा अधिक होती है, किसी में कम। कुछ व्यक्तियों में ये वृत्तियाँ उचित वस्तुओं से सम्बद्ध होती हैं कुछ में ठीक इसके विपरीत वस्तुओं से।
>
> – *नाट्यशास्त्र* ६.३१ पर *अभिनवभारती*

रस-सिद्धान्त में मानव-प्रकृति एवं मूलभूत गुणों की यह महत्त्वपूर्ण एवं अत्यन्त अन्तर्दृष्टि सम्पन्न अवधारणा है।

पुनः भरत के अनुसार प्रत्येक रस के तीन उपरूप अथवा विभाग हैं। अभिनवगुप्त व्याख्या करते हैं कि सांख्य की त्रिगुणात्मक प्रकृति (तीन गुणों – सत्त्व, रजस् एवं तमस् के आधार पर सभी वस्तुओं का त्रिविध विभाजन) इस उपरूप/विभाग के लिए आधार प्रदान करती है।[१७] स्थायी भाव का स्रोत, विभाव की प्रकृति अथवा गुण उसके समकक्ष रस की कोटि को निश्चित करते हैं। उदाहरण के लिए शोक के स्रोत के अनुसार करुण रस तीन प्रकार का है – धर्म उपघातज के कारण उत्पन्न सात्त्विक है, सांसारिक प्रतिष्ठा एवं ऐश्वर्य की हानि के कारण उत्पन्न राजसिक हैं, तथा किसी अपने सम्बन्धी की मृत्यु से उत्पन्न शोक तामसिक हैं। यह निर्दिष्टि है कि एक विशेष प्रकार का शोक, एक विशेष प्रकार के मनुष्य-वर्ग (उन्हीं समान आधारों पर वर्गीकृत) में प्राप्त होता है – इस प्रकार हम ऐसे मनुष्य के विषय में सोच सकते हैं, जो समभाव से अपने प्रियजन की मृत्यु को स्वीकार करेगा लेकिन साथ ही धर्म की हानि से उद्भूत गम्भीर दुःख से भी आप्लावित होगा। इसी प्रकार करुण रस भी तीन प्रकार का है और इसमें से प्रत्येक विशिष्ट गुण से अन्वित आह्लाद या आनन्द प्रदान करता है – करुण रस के कारण आनन्द का अनुभव, जो कि दोनों सात्त्विक शोक के हैं – न केवल विषय से विशिष्ट हैं, वरन् शोक के आश्रय से भी भिन्न हैं।

यह कला-अनुभव की प्रकृति है, यह रूपान्तरण करने वाला अनुभव है क्योंकि इसका आनन्द प्रकाशित करने वाला, बुद्धि प्रदीप्त करने वाला एवं मुक्तिदायक है। अनुभवकर्त्ता, नवीन एवं विधेयात्मक ज्ञान प्राप्त करता है तथा इसके द्वारा वह अपने संकुचित "स्व" तथा लौकिक ऐषणाओं से मुक्त होता है तथा जो वह वास्तव में है, उससे अधिक उदात्त बनता है।

कलानुभव का ग्रहण एवं प्रभाव

रसबोध कैसे निष्पन्न होता है? कौन-सी ज्ञानात्मक प्रक्रिया इससे सम्बद्ध होती है तथा इस रसानुभव की प्रकृति क्या है? यह कैसे आनन्द की ओर उन्मुख अथवा आनन्द में परिणत होता है ?

---

१७. देखिए *नाट्यशास्त्र* ६.५२ पर *अभिनवभारती*।

भरत का रस-सिद्धान्त उपस्थापित करता है कि आठ स्थायी भाव हैं – स्थायी इसलिए क्योंकि वे अपेक्षाकृत अधिक स्थित होते हैं। ये स्थायी भाव चित्त-वृत्तियों की प्रकृति हैं – विभाव जो कि कारण-रूप हैं, के द्वारा आत्मा की ज्ञानात्मक प्रक्रिया उद्बुद् होती है। संचारी भाव आठ स्थायी भावों को पुष्ट करते हैं। ये प्राथमिक चित्त-वृत्ति भाव हैं, जो रसानुभव में निर्मित होते हैं।

ये वृत्तियाँ चैतन्य में विद्यमान होती हैं, जो अन्तःकरण, अन्तर्ज्ञाता या ज्ञान-तन्त्र है। यह ज्ञान-तन्त्र इन्द्रिय, मन, बुद्धि, चित्त – इन चार व्यावहारिक/क्रियात्मक विभागों वाला होता है। यह तन्त्र "अहंकार" (अहं का आकार) को निर्मित करता है। यह सब आदि शंकर के द्वारा व्याख्यायित हैं, जो कहते हैं, "संकल्प-विकल्प मन का स्वाभाविक धर्म है, निश्चिन्तता से पदार्थों का निर्णय बुद्धि का, 'मैं' का प्रत्यय अहंकार का एवं अपने ही गुणों का चिन्तन चित्त का धर्म है।"[१८] मन master switch की तरह है – स्थिर/जड़ परिपथ का एक करण है – एक संरचना, जो परिपथ से युक्त है। यह ज्ञान के लिए प्रबुद्ध होता है और तब यह परिपथ क्रियाशील होता है और जब यह उचित आवृति से समायोजित होता है तब संस्कारों का ग्रहण आरम्भ कर देता है। परिपथ का संस्कारों के प्रसंस्करण एवं उन्हें पहचानने की क्षमता बुद्धि का कार्य है। मन में संस्कारों के ग्रहण का सामर्थ्य है। बुद्धि का तन्त्र इनको विश्लेषित करता है एवं इनकी कोटियाँ निर्मित करता है। जब ये एक प्रकार से ज्ञात हो जाते हैं तो ये संस्कार चित्त पर अपना प्रभाव-चिह्न निर्मित करते हैं – जैसेकि सूखी भूमि पर वर्षा की पहली बूँद। चित्त अनुभवों को समाहृत/अवशोषित कर लेता है और इस प्रकार से "दिद्रित" अथवा चिह्नित हो जाता है – जैसेकि पाव रोटी/डबल रोटी का टुकड़ा। इस प्रकार का भारयुक्त चिह्नित चित्त, जो विचलन का कारण है, एक संरचित स्वात्म है। एक दर्शन के अनुसार चित्त के दो धर्म हैं – प्रकाशमय (स्वयं को जानने की क्षमता) एवं विमर्शमय अर्थात् ज्ञान को संयुक्त करना, पुनः संयोजित करना, प्राप्त सूचनाओं से नए बोध का सृजन करने की क्षमता। यह इनकी व्याख्या करता है एवं इस प्रक्रिया में जो नया बोध प्रकट होता है, वह हमारी जीवात्मा का अंग हो जाता है।

अभिनवगुप्त रस-सिद्धान्त को रचना-मात्र तक विस्तार देते हैं। वस्तुतः रस-विषयक उनकी तार्किक उपस्थापना इसे कला-मात्र के सामान्य सिद्धान्त के रूप में प्रतिष्ठित करती है। चित्त-वृत्ति (स्थायी भाव) पूर्व-वृत्तियों के रूप

---

१८. *विवेकचूडामणि*, कारिका ६५-६६।

अन्तर्निहित होती है। जब वे उपयुक्त अनुभवों के सम्पर्क में आते हैं तो व्यक्त होते हैं, जो साहित्यिक अभिव्यक्ति/प्रस्तुतीकरण में साधारणीकृत होते हैं। प्रेक्षक का स्वतन्त्र व्यक्तित्व शिथिल हो जाता है एवं उसकी चेतना विश्व-अनुभूति में तन्मय हो जाती है और वह रस का अनुभव करता है। रस इस बोध में विद्यमान रहता है और जब व्यक्त होता है तो अलौकिक आनन्द उत्पन्न करता है। यद्यपि यह केवल आस्वादन में विद्यमान होता है तथापि यह ज्ञाप्य है क्योंकि यह लोकोत्तर चेतना के विषय को रचता है, जो प्रत्यक्ष एवं अन्य सामान्य प्रतीतियों से भिन्न है। इसके अनुसार मनुष्य अपने जीवन में अनेक अवस्थाओं में कई भावों का अनुभव करता है – वह किसी से प्रेम करता है, किसी के प्रति चिन्ता करता है, किसी पर क्रोध करता है, किसी से घृणा करता है, किसी से भयभीत होता है, किसी पर हँसता है या किसी के द्वारा विस्मित होता है। अनेक अवसरों पर, यद्यपि बहुत ही कम, वह सम्यक् शान्ति का अनुभव करता है। ये अनुभव अस्थिर होते हैं लेकिन इनके प्रभाव संस्कार के रूप में उसके हृदय में संचित हो जाते हैं। मानव-हृदय में वासना रूप में विद्यमान ये भाव साहित्य के स्थायी भाव हैं। स्थायी भाव इस प्रकार से चित्त-वृत्तियाँ हैं। जब हम आत्मा में (प्रकाशमय आत्मानन्द) बोधात्मक आनन्द के द्वारा इन भावों को जानते हैं अथवा प्रत्यभिज्ञान करते हैं तो यही भाव रस की उपाधि लेते हैं। बोधात्मक इसलिए क्योंकि चित्त स्वयं की अभिज्ञता रखता है – तीव्र आवेगात्मक अनुभवों में हम अपने प्रति संज्ञानशील होते हैं और इसलिए भी कि यह आनन्दानुभूति हमारी जीवात्मा/संवेदनशीलता को समृद्ध करती है क्योंकि उस क्षण हम दूसरों के दुःख को अपने दुःख की भाँति अनुभव करने की क्षमता से पूर्ण होते हैं। क्षण भर के लिए, हमारा रूपान्तरण हो जाता है एवं सामान्य स्थिति की अपेक्षा हम अधिक उदात्त हो जाते हैं।

भाव का प्रत्यय आनन्द रूप में कब घटित होता है? यह तब होता है, जब हम अपने अनुभवों में समुचित रूप से शिक्षित होते हैं, अर्थात् जब हमारा स्वात्म अज्ञानावरण से मुक्त होता है। इसलिए यद्यपि शोक सब में अन्तर्निहित पूर्व-वृत्ति है, सभी करुणा-विगलित नहीं हो सकते। यह अज्ञानावरण कैसे दूर होता है? साधारणीकरण की प्रक्रिया से अथवा भाव की सामान्य प्रकृति के ज्ञान से? जैसे शोक, विशेष उदाहरणों से जो कि वस्तु-विशेष और घटनाओं से स्वतन्त्र होते हैं। तब यह आत्मानुभव के रूप में अनुभूत होता है। दृष्टान्त के द्वारा इसे व्याख्यायित करते हैं – घट से आवृत्त प्रदीप न तो स्वयं दृश्यमान होता है और न ही किसी अन्य वस्तु को प्रकाशित करता है लेकिन जब यह आवरण हटा लिया जाता है तो प्रदीप अपने आलोक में अन्य

वस्तुओं को भी उद्घाटित करता है और साथ में स्वयं को भी। इसी प्रकार स्वयं प्रबोधित चैतन्य (प्रात्मा के रूप में चैतन्य) जब अज्ञानावरण से मुक्त होता है और अन्तःकरण (मन-बुद्धि-चित्त संरचना) के गुणों की प्रकृति होने के कारण, स्थायी भावों को प्रबुद्ध करता है, जो विभावादि से संयुक्त होता है तथा भावों से अविच्छिन्न होने के कारण रसानन्द का विषय बनता है।

इस आनन्द की प्रकृति क्या है? क्योंकि इसका चरम स्रोत लौकिक अनुभूति है, यह लौकिक है। यह ब्रह्मानन्द नहीं है। यह कुछ ऐसा भी नहीं है, जिसका विषय से कोई सम्बन्ध न हो। तब भी यह उन सांसारिक सुखों जैसा नहीं है, जिसमें ज्ञानेन्द्रिय सहित ज्ञान-तन्त्र प्रत्यक्ष रूप से जुड़ा होता है। काव्यानुभूति के सम्बन्ध में चित्त ही आनन्द अथवा सुख में परिणत हो जाता है। इसलिए काव्यानन्द विषयानन्द एवं ब्रह्मानन्द दोनों से ही भिन्न है। रसानुभूति को बौद्धिक ज्ञान के रूप में विश्लेषित किया जा सकता है, जिसमें चैतन्य भाव-प्रत्यय के द्वारा अथवा भाव चैतन्य के द्वारा संस्कारित होता है। इस रसास्वाद में, भावात्मक अवस्था की चर्वणा में एक प्रकार का सुख है (हर्ष का एक पर्याय)।[१९] आनन्द प्रत्येक भाव में, यहाँ तक कि गहरे दुःख में भी है। इस विषय में दो प्रकार के प्रमाण हैं, जैसे (१) "श्रुति – रसो वै सः"। (२) कला-अभिनय के प्रति सहृदयों की प्रतिक्रिया का ज्ञान। इस प्रकार प्रियजन से वियोग भौतिक लोक में दुःख का जनक होता है लेकिन इसका काव्य अभिनय अथवा चित्र में अनुकीर्तन या प्रस्तुतीकरण अलौकिक होता है। इसलिए शृंगार रस की रचना एवं करुण रस की रचना, दोनों ही समान आनन्द देती हैं। दिव्यता, करुणा एवं दुःख के साक्ष्य से उत्पन्न अश्रु आनन्द के संकेतक हैं। ये सम्पूर्ण भाव स्वतः प्रकाशमान् एवं ज्ञान-चर्वणा एवं आनन्दमय होने के कारण सुख के सबसे प्राथमिक स्रोत हैं।[२०]

इस काव्यानन्द का स्तर क्या है? इसे विषयानन्द एवं ब्रह्मानन्द से भिन्न कहा जाता है। यद्यपि कुछ आचार्यों के अनुसार भक्ति-रस ब्रह्मानन्द के सबसे निकट है जबकि दूसरे कहते हैं, यह लौकिक/भौतिक है एवं इसमें भौतिक प्रक्रिया समान है। ध्यान दें कि भक्ति के क्षणों में भी हम गहराई से द्रवित होते हैं और प्रायः करुण-रस के प्रति आकृष्ट होते हैं। उदाहरण स्वरूप, कृष्ण का अपनी कनिष्ठिका उँगली से बहते रक्त को रोकने के लिए द्रौपदी से कपड़े का एक टुकड़ा माँगना। ऐसे कृष्ण, जिन्होंने द्रौपदी की लाज की रक्षा के लिए

१९. *अमरकोष,* १.४.२५।

२०. अभिनवगुप्त, *नाट्यशास्त्र* ६.३१।

थान के थान वस्त्र जुटा दिए और द्रौपदी भगवान् की असीम दया के लिए अपनी आँखों में आँसू भरे प्रतिज्ञा करती है कि वह अपने विवाह की अमूल्य साड़ी के किनारे को फाड़कर कृष्ण की उँगली में बाँधेगी – हम सहृदय भी यह दृश्य देखकर आँसुओं में विगलित हो जाते हैं।

इन आँसुओं की व्याख्या हम कैसे करें? हम मानव स्वाभाविक रूप से स्वार्थ-केन्द्रित होते हैं। हमें केवल अपने वास्तविक अथवा काल्पनिक दुःखों की ही अभिज्ञा होती है। तब भी आश्चर्यजनक रूप से हम दूसरे के दुःख में रोते हैं। हमें इस कला-अनुभव, रसानुभूति के प्रभाव की व्याख्या करनी है।

हम दूसरों के दुःख के लिए अश्रुपूरित हो जाते हैं और उस क्षण के लिए जैसाकि हमें बताया गया है कि हम जो सामान्य जीवन में हैं, उससे अधिक उदात्त हो जाते हैं, अपने संकुचित "स्व" से कहीं अधिक बृहत्तर। इस प्रकार कलानुभव से हम अपने संकुचति "स्व" का अतिक्रमण कर जाते हैं। कुछ क्षणों के लिए हमारा मोक्ष हो जाता है, क्योंकि हम दूसरों के दुःख को अपने दुःख की तरह अनुभव करते हैं। विश्वनाथ कहते हैं कि महान् कला के सान्निध्य में सत्त्व सर्वोपरि होता है और हमें आह्लाद/आनन्द की प्राप्ति होती है – यह हमारे मानस का द्रवीभूत होना है – "सत्त्व प्राथमिकता से एकीभूत, स्वतः प्रकाशमान्, आनन्दमय, ज्ञानात्मक रूप में, वस्तुओं से असम्पृक्त, ब्रह्मस्वाद सहोदर, एक रूपाकार रहित सत्ता।"[२१] यही कला का मूल्य है – यह मानवीय गुणों की शिक्षा देता है। हमें द्रवीभूत करके, हमारी अन्तरात्मा का परिष्कार/रूपान्तरण करके।

लेकिन हमारी अन्तरात्मा का रूपान्तरण करने वाली वह अनुभूति किस प्रकार की है? उसमें ऐसा कौन-सा तत्त्व है, जो हमें इतने गहरे द्रवीभूत करता है? प्रामाणिक रूप से यह अनुभूति ही हमें उदात्त बनाती है अथवा उदात्त की अनिवार्यता बताती है। यह हमें द्रवीभूत/साधारणीकृत इसलिए करती है क्योंकि यह हमारी उदात्त भावनाओं को उद्बुद्/प्रकट करती है। यह वह अनुभव है, जो पवित्र अथवा दिव्य (रति-भक्ति) की सीमा-रेखा से मिलता है। व्यक्ति, वस्तु, घटनाक्रम, प्रतिक्रियाओं की एक निश्चित संरचना अनुभूति का सृजन करती है एवं सारी अनुभूतियाँ अनुभवकर्त्ता की अन्तरात्मा को पुनःसृजित करती हैं एवं इस प्रकार से उसके प्रकट व्यवहार एवं कर्म को पुनः आकारित करती हैं। एक अनुभूति, दूसरी अनुभूति के द्वारा आवृत्त हो जाती है, सदैव नए अनुभवों के लिए अवकाश प्रदान करती है। लेकिन इस

---

२१. *साहित्य दर्पण* ३.२-३।

परिणामस्वरूप आन्तरिक भावात्मक अवस्था चित्त पर सदैव एक प्रभाव छोड़ जाती है – यह अन्तरात्मा एवं इन संस्कारों का समूह मनुष्य की जैविक सत्ता को पुनर्निमित करते हैं।

अनुभव हमें रचते हैं एवं कला एक परकीय अनुभव की भाँति अपनी सौन्दर्यानुभूति के रूप द्वारा अधिक प्रभावशाली रीति से हमें रचती है। लेकिन सौन्दर्य है क्या? ऐस्थेटिक्स (Aesthetics), सौन्दर्य का विज्ञान है। यह दृश्यमान् रूपों का विज्ञान है, जो प्रकृति, स्रोत, हेतु, कला में रचना-प्रक्रिया को व्याख्यायित करता है। इसका मुख्य सम्बन्ध कलानुभव की प्रकृति एवं स्रोत से है। पारम्परिक रूप से, पश्चिम में, प्लेटो से रस्किन तक सौन्दर्य को कलानुभव के मानक के रूप में स्वीकार किया जाता रहा है। कुछ ऐसी भी वैचारिक ध्वनियाँ हैं, जो कलानुभव में सामाजिक एवं नैतिक दायित्वों के लिए भी तर्क उपस्थित करती रही हैं। क्योंकि ऐस्थेटिक्स (सौन्दर्यशास्त्र), जो मूलतः दृश्यमान् रूपों का विज्ञान है, भारत में ऐस्थेटिक्स जैसा कोई शास्त्र नहीं रहा। एक समुदाय, जिसकी मूल स्थापना है कि प्रत्यक्ष का विषय आभास मात्र है, सम्पूर्ण सत्ता का केवल एक बाह्य अंश है, वह प्रत्यक्ष आधारित शास्त्र क्योंकर विकसित करता? प्लेटो भी इस पर सहमति रखते हैं कि सौन्दर्य वस्तु के प्रकट दृश्यमान् रूप में नहीं है। पश्चिम में सौन्दर्य के इस मानदण्ड का क्षोभयुक्त इतिहास है – विशेषकर उन्नीसवीं एवं बीसवीं शताब्दियों में रस्किन के नैतिक विधेयात्मक विचारों का बेंथम के उपयोगितावादी विचारों के साथ द्वन्द्व रहा। भारतीय चिन्तन में सौन्दर्य तथा लोक-कल्याण का कोई विरोध नहीं है क्योंकि सभी मानवीय कार्य-कलाप पुरुषार्थ चतुष्टय की अभिवृद्धि को ही लक्ष्य कर किए जाते हैं। सौन्दर्य अथवा सौन्दर्य के मानदण्ड की परिभाषा इस रूप में दी जाती है – कोई वस्तु, कोई व्यक्ति, कोई भावना अथवा विचार जिससे हमारा मन "श्रद्धा" से संयुक्त होता है और जिसमें बाह्य अनुपात एवं आकार की अनिवार्यता न हो, वह सुन्दर है। भारत में सौन्दर्यानुभूति दिव्य अनुभूति है – प्रकट मात्र का, प्रत्यक्ष रूप (प्रातिभासिक सत्ता) का ज्ञान नहीं है अपितु तत्त्वार्थिक सत्ता, "भाव" का ज्ञान है। कला में सौन्दर्य प्रत्यक्ष रूप का नहीं, भाव का होता है और इसलिए सम्पूर्ण कला मूल सत्ता के ज्ञान का साधन है। इसलिए वह शिक्षा का साधन भी है।

यह बताना सापेक्ष है कि भारत में कला सदैव ज्ञान एवं पुरुषार्थ से युक्त रही है। किसी भी एक कला की परीक्षा – जैसे आख्यान की एक काव्य-कला के रूप में – यह प्रस्तुत करेगी कि उसका विकास वैयक्तिक कल्याण से लोकसंग्रह की ओर किस प्रकार हुआ है।

सौन्दर्य भारतीय कला का वह सार्वभौम "मानक" नहीं अपितु "गुण" है, जो इस लक्ष्य को पूर्ण करता है। लेकिन यह पारिभाषिक केन्द्र स्थानीय (आत्मा) गुण नहीं है। गुण के रूप में भी इसे शास्त्रीय रूप से परिभाषित नहीं किया गया है। इसकी प्रकृति को केवल काव्याचार्यों के विश्लेषण के द्वारा ही नहीं, बल्कि इसके प्रयोग एवं व्यवहार (कवि एवं अन्य कलाकार) तथा दार्शनिकों (जैसे आचार्य शंकर कृत *सौन्दर्यलहरी*) की चर्चा के द्वारा समझा जाना चाहिए। इससे यह तथ्य उद्घाटित होगा कि भारतीय परम्परा में सौन्दर्य एवं लोक-संग्रह में कोई विरोध नहीं रहा। सम्पूर्ण मानव कार्य पुरुषार्थ चतुष्टय – धर्म, अर्थ, काम एवं मोक्ष – की सिद्धि के लिए है। इस संरचना में धर्म नियन्त्रक कोटि है – काम, अर्थ एवं मोक्ष (*सांख्यसूत्र* में मोक्ष त्रिविध दुःखों से सद्यः मुक्ति है) लक्ष्य है। इसलिए कला स्वयं में लक्ष्य नहीं है अथवा कोई भी "मूल्य" नहीं है। इसे पुरुषार्थ चतुष्टय की वैयक्तिक एवं सामूहिक जीवन में अभिवृद्धि करने वाला साधन माना गया है।

अन्य लौकिक एवं आध्यात्मिक उद्यमों की तरह ही साहित्य का भी मूल्यांकन सामाजिक एवं वैयक्तिक मूल्यों के द्वारा होता है कि इसने जीवन के किस लक्ष्य को एवं कितनी अच्छाई से परिवर्द्धित किया है? भारतीय आचार्य इस पर सहमत हैं। एक लम्बी परम्परा है, इस चिन्तन की। भरत कहते हैं – "धर्म, यश, दीर्घायु, समृद्धि, मानसिक क्षमता की वृद्धि" एवं "सामान्य लोगों को लोक-व्यवहार में दिशा-निर्देश (एवं उनकी मदद) . . . शास्त्रीय अर्थ"।[२२] ये सभी साहित्य के प्रयोजन हैं।

भामह (छठी शताब्दी), दूसरे बड़े आचार्य कहते हैं कि काव्य "धर्म, अर्थ, काम, मोक्ष में क्षमता उत्पन्न करना है"।[२३] वामन (आठवीं-नौवीं शताब्दी) ने कहा है – काव्य प्रीति/आनन्द का हेतु होने के कारण दृष्ट/लौकिक सुखों का उत्पादक है। वामन ने यह नया विचार दिया एवं संकेतित किया कि काव्य कैसे लौकिक सुखों की प्राप्ति से जुड़ा है? रुद्रट (आठवीं/नौवीं शताब्दी) कलाप्रिय कवियों की चर्चा करते हैं, जो पुरुषार्थ की प्राप्ति की इच्छा करते हैं[२४] – "क्योंकि वे (कवि) ज्ञानियों के ज्ञान को पूर्ण करते हैं क्योंकि उनकी भाषा व्याकरण एवं तर्क से समृद्ध होती है, जिसकी परिणति सर्वप्रिय काव्य में होती

---

२२. *नाट्यशास्त्र*, १.१४-१५।

२३. *काव्यालंकार*, १.२।

२४. *काव्यालंकार*, १.१२।

है"।[२५] यह महत्त्वपूर्ण है क्योंकि लोक शुष्क नीरस दर्शन से भीत होता है लेकिन काव्य के द्वारा वह सरलता से चतुर्वर्ग की प्राप्ति कर लेता है।[२६] साहित्य कैसे चतुर्वर्ग की प्राप्ति करता है? वामन सम्भवतः प्रथमतः इस प्रश्न की व्याख्या करते लगते हैं, जब वे कहते हैं कि काव्य का प्रधान लक्षण प्रीति अथवा आनन्द है, जिसका अनुभव श्रोता करता है। जहाँ तक प्रामाणिक चिन्तन का सम्बन्ध है, अभिनवगुप्त (दसवीं/ग्यारहवीं शताब्दी) लोचन में कहते हैं कि "काव्य के सभी हेतुओं में प्रीति प्रधान है यद्यपि = श्रेष्ठ रचनाएँ धर्म, अर्थ, काम, मोक्ष को स्थापित करती हैं एवं शिल्प, कीर्ति एवं प्रीति में क्षमता प्रदान करती है।"

प्रीति प्रधान है। दो प्रभाव हैं – श्रोताओं को व्युत्पत्ति (ज्ञान) होता है एवं वे आनन्द का भी अनुभव करते हैं। यदि प्रीति को काव्य के लक्षण के रूप में न पहचाना गया तो काव्य एवं अन्य विचार-प्रधान विधाओं से इसका अन्तर नहीं रह जाएगा। वेद और शास्त्र प्राथमिक रूप से ज्ञान-प्रक्रिया से सम्बद्ध हैं और वे पारम्परिक रूप से अपौरुषेय एवं प्रभु-सम्मित कथन के रूप में स्वीकृत हैं। "इसलिए साहित्य/काव्य का प्रधान उद्देश्य आनन्द साधना है।"

वे सार्थक रूप से इस चर्चा को आगे बढ़ाते हुए कहते हैं कि किसी मनुष्य के समस्त कार्यों का अन्तिम लक्ष्य यहाँ तक कि पुरुषार्थ-ज्ञान का भी आनन्द है – "चतुर्वर्ग व्युत्पत्ते रपिचानन्द एव पार्यन्तिकं मुख्यं फलम्।"

"केवल विचार की उपस्थिति के आधार पर किसी विमर्श को कला अथवा साहित्य नहीं कहा जा सकता क्योंकि सामान्य दैनिक वाक्य एवं वैदिक वाक्य/कथन कला/साहित्य के रूप में अभिहित नहीं हैं।"[२७] अभिनवगुप्त विमर्श-रचना के "सौन्दर्य" शब्द को संरक्षित रखते हैं, – क्योंकि रचना, जो आनन्द एवं नए ज्ञान के प्रति श्रोताओं को जागरूक बनाए, वही विमर्श है –

---

२५. *काव्यालंकार,* १.१३।

२६. वही, १२.१।

२७. *ध्वन्यालोक* पर *लोचन,* प्रथम उद्योत।

> जो गुण, अलंकार, औचित्य के द्वारा सौन्दर्य ग्रहण करे ... (गुण, अलंकार औचित्य सुन्दर शब्दार्थ – शरीरस्य ... *लोचन*)। इस प्रकार सौन्दर्य, काव्य-कला के प्राथमिक लक्ष्य की प्राप्ति का साधन है, साध्य नहीं। इसके अनन्तर, कुन्तक (ग्यारहवीं शताब्दी उत्तरार्द्ध) कहते हैं – "साहित्य राजकुमारों, सुकुमार मति वालों के लिए भी जो कि कठिन श्रम नहीं कर सकते एवं जिनकी मनीषा पूर्ण शक्तिमान् नहीं है, धर्मादि का अनुभव का मार्ग है।" – *वक्रोक्तिजीवितम्* १.३

राजकुमार समाज के लिए आदर्श होते हैं। कुन्तक सामान्य जन एवं उनके व्यवहार के सम्बन्ध में कहते हैं – "सामान्य लोग औचित्य तथा सुन्दर सत्काव्य के अनुकूल व्यवहार करते हैं।" साहित्य निरन्तर आनन्द/चमत्कार प्रदान करता है।

क्षेमेन्द्र कहते हैं, "साहित्य के उस अलंकार, गुण का कोई प्रयोजन नहीं, यदि वह जीवनोचित्य को केन्द्र में नहीं रखता।"[२८]

चौदहवीं शताब्दी में विश्वनाथ साहित्य के अन्तर्भूत आचार-सम्बन्धी आयाम की चर्चा करते हैं।[२९] सत्रहवीं/अठारहवीं शताब्दी में पण्डितराज जगन्नाथ समन्वय का प्रयास करते हुए कहते हैं, रमणीय अर्थ का प्रतिपादक शब्द काव्य है। रमणीयता उस ज्ञान में है, जो अलौकिक ज्ञान का विषय है।[३०]

अभिनवगुप्त तक आचार्यों ने प्रीति एवं आनन्द दोनों ही शब्दों का प्रयोग किया है। प्रीति साहित्यिक रचना को लोक में प्रिय बनाने वाला गुण है। अभिनवगुप्त के बाद "आनन्द" शब्द का प्रयोग ज्ञान से अधिक महत्त्व के रूप में हुआ है। यह आनन्द ज्ञान से उद्भूत है और यह ज्ञान लोकाचार है।

हमने आरम्भ में यह संकेत किया है कि वामन ने सौन्दर्य; शब्द का प्रयोग पहली बार किया है – "सौन्दर्यमलंकारः"।[३१] "काव्य," वे कहते हैं शब्द संस्कृत शब्द, अर्थ, गुण और अलंकार के लिए प्रयुक्त होता है।

आनन्दवर्धन (नौवीं शताब्दी) "कमनीयता" शब्द का प्रयोग करते हैं और कहते हैं कि ये सबसे वांछनीय तत्त्व हैं, विशेष रूप से शृंगार-रस में, जो

---

२८. *औचित्यविचारचर्चा*, ५, ६।

२९. *साहित्यदर्पण*, अध्याय १।

३०. *रसगंगाधर*, प्रथम आनन।

३१. *काव्यालंकार* सूत्रवृति, १.१२।

केन्द्रस्थानीय रस है।[३२] इसलिए सभी रस एवं व्यभिचारी भाव शृंगार के अनुषंगी होने चाहिए।

अभिनवगुप्त साधुकाव्य गुण, अलंकार एवं औचित्य से सौन्दर्य ग्रहण करता है (*लोचन*)।

ग्यारहवीं शताब्दी के आसपास साहित्य चिन्तन में एक मोड़ आया। कुन्तक भी सौन्दर्य शब्द का प्रयोग करते हैं "शोभासौन्दर्यमुच्यते।"[३३] यह ध्यातव्य है कि भोजराज ने स्थापना दी कि शृंगार मूल रस है – जीव की प्राथमिक अवस्था। आठवीं शताब्दी से ग्यारहवीं शताब्दी तक, हम देखते हैं कि भारतीय कला में शृंगार एवं रति उत्तरोत्तर अधिक महत्त्वपूर्ण होते गए हैं।

यह अवधि महान् मन्दिर स्थापत्य (खजुराहो एवं कोणार्क) की है। यह काल शक्ति एवं शाक्त तन्त्रों की उत्तरोत्तर सबलता है, जिससे स्त्री-रूप का श्रद्धा-पूजा के रूप में परिणत हुआ। पार्वती, लक्ष्मी एवं सरस्वती की कुछ सबसे सुन्दर मूर्तियाँ सभी गुणों एवं अलंकारों से विभूषित हैं। इस सन्दर्भ में शंकराचार्य की *सौन्दर्यलहरी* अत्यन्त महत्त्वपूर्ण रचना है, जिसमें प्रत्येक पद्य त्रिपुरसुन्दरी के सौन्दर्य के पक्ष विशेष को समर्पित है। शंकर की महान् उपलब्धि एवं लोक-चिन्तन में योगदान चरम भौतिक एवं शारीरिक सौन्दर्य को भक्ति में रूपान्तरित कर देने में है। इस सौन्दर्य का द्रष्टा साधक बन जाता है। सौन्दर्य की वस्तु शृंगार न उत्पन्न कर शान्ति की प्रतिष्ठा करती है। यही शान्ति आगे चलकर आचार्य अभिनवगुप्त के सिद्धान्त में जीवात्मा की मूल अवस्था एवं समस्त तपों की चरम परिणति है।

भारतीय कला किस मूल्य को प्रतिष्ठित करती है? भारतीय साहित्य एवं कला सिद्धान्त में भाव – मानसिक अवस्था – सौन्दर्यानुभूति के स्रोत को सृजित करता है। कला इसी मानसिक अवस्था को रचती एवं सम्प्रेषित करती है एवं सहृदय इसी अवस्था का अनुभव करता है। यदि कला इस मानसिक अवस्था को सृजित करती है तो कला-कृति सौन्दर्यात्मक रूप से पूर्ण होती है। सौन्दर्य वस्तुतः अप्रधान है। यदि कलाकृति सहृदय को गहराई से द्रवित/प्रभावित करती है, तो वह सुन्दर है।

हम ऊपर कह चुके हैं कि हमारा भाव-विगलित होना इस बात पर निर्भर करता है कि हमारा जीवन-दर्शन क्या है? सांस्कृतिक विविधताएँ उन समुदायों

३२. *ध्वन्यालोक*, ३.२०।

३३. *वक्रोक्तिजीवितम्* ।

के विविध सौन्दर्य बोध को निर्धारित करती हैं। यह स्पष्टतः कहा जा सकता है कि भारतीय सौन्दर्यशास्त्र में यह तत्त्व करुणा का है, स्व-रहित हृदय/करुणा एवं शान्ति भारतीय कला एवं साहित्य के दो केन्द्रीय तत्त्व हैं। ये शृंगार के एवं अभिनवगुप्त के शान्त रस के अनुषंगी हैं। उदाहरण के लिए, साक्षी, असम्पृक्त, समाधिस्थ, अन्तःस्थित पद्मासन में बैठे महात्मा बुद्ध। सौन्दर्य प्रस्तुतीकरण का गुण एवं विषय के निर्माण का शिल्प है – कला का प्रधान लक्ष्य नहीं। अतः भारतीय साहित्य-सिद्धान्त में जहाँ भी सौन्दर्य एवं इसके समानार्थी शब्द प्रयुक्त हुए हैं, वे सदैव वाणी के अलंकार, रीति, औचित्य, गुण आदि के लिए ही प्रयुक्त हुए हैं।

सौन्दर्य लोक के जीवन-दर्शन से निश्चित होता है, हमने ऊपर कहा है। वे कौन से जीवन-मूल्य हैं, जो भारतीय मानस को प्रिय हैं? भारतीय सौन्दर्यशास्त्र में "निःस्वार्थता" सुन्दर है – मानवीय सद्‌गुण, आवश्यक नहीं कि वे उचित नैतिक आचार ही हों, लेकिन भावना की अच्छाई एवं सद्‌वृत्तियों का अधिकार – "अद्वेष/अक्रोध, मैत्री, करुणा, निर्मम, निरहंकार, समदुःखसुख स्वभावता, क्षमा, सन्तुष्टि ... तेज, अहिंसा, शान्ति ... धर्म एवं शास्त्र से विहित कर्म।"[३४]

इस प्रकार भारत में स्व-अभिव्यक्ति का कोई साहित्य नहीं, जिसका सम्बन्ध व्यक्ति/कवि/कलाकार विशेष के दुःख-सुख हो। वस्तुतः विषय के चयन में रचनाकार स्वतन्त्रता नहीं चाहता – समाज से कला/साहित्य को जोड़ने के लिए परम्परा के आख्यान एवं विषयों को ही रचनाकार नए रूपों में सृजित करता है एवं उनका निर्वचन करता है। अनुभव का उद्देश्य नवीनता नहीं है और परवर्ती रचनाकार का उद्देश्य गहरा बोध है। कला कभी भी स्वायत्त विधा नहीं रही। इसलिए रचनाकार अपने विषयों का चयन इतिहास, पुराण, श्रुति आदि से करता है। सभी ज्ञान धर्म के अन्तर्भूत हैं। यह अकारण नहीं है कि प्राचीन भारत में केवल देवता-देवियों की मूर्तियाँ एवं मन्दिर ही बनते रहे हैं, कोई सामुदायिक भवन नहीं। भक्ति एवं श्रद्धा भारतीय जीवन एवं कला के उत्स-बिन्दु हैं। निर्जीव, सजीव, दिव्य इन सबके बीच एक निरन्तरता है। इसलिए पशुओं के सुन्दरतम आख्यान का सत्य देवता और मनुष्य दोनों के लिए है। जब भी कोई भयानक पशु/पक्षी जैसे बकासुर कृष्ण की बाल-लीला में आता है तो वह कोई मनुष्य या असुर है, जो यह रूप लेता है। हमारे देवता पशु-रूप जैसे – मत्स्य एवं वराह में भी अवतरित हुए हैं।

---

३४. *भगवद्‌गीता,* १२, १३, १६.२, ३।

ये आधे पशु और आधे मनुष्य भी हैं – जैसे – गणेश एवं नरसिंह।

यह सब जीवन के प्रति गहरे सम्मान एवं मनुष्य के विशिष्ट वर्चस्व के स्तर का तिरस्कार है। पशु, पक्षी और मनुष्य – इनमें कोई भेद नहीं। ये स्वयं ही जीवन के एक महान् मूल्य हैं। यह उसका भी अंश है कि सभी सत्ताएँ सार्वभौम सत्ता से अभिन्न हैं तथा महाकाव्य, नाटक, गीतिकाव्य सभी इसी सार्वभौम विषय की अभिव्यक्ति हैं।

चिकित्सा ही सभी कलाओं (काव्य सहित) का कार्य है। दो निर्मितियाँ सामान्य भारतीय की जीवन-दृष्टि को निर्मित करती हैं तथा जीवन के प्रति दृष्टिकोण, व्यवहार एवं कला को नियन्त्रित करती हैं। वेदान्त की तात्त्विक व्याख्या है कि सम्पूर्ण ब्रह्माण्ड चैतन्य विशिष्ट पदार्थ से निर्मित है और हम अपने चतुर्दिक जिस रूप को देखते हैं, वह अन्ततः उसी चैतन्य पदार्थ में अन्तर्निहित हो जाता है। ये सभी रूप क्षणिक हैं केवल चैतन्य पदार्थ ही नित्य है। उदाहरण के लिए, लहरें, तरंगें, झाग, नदी के सतह पर बनने और विलीन होते रहते हैं, लेकिन नदी का जल बहता रहता है। यह सत्ता का अत्यन्त गतिमान् दृष्टिकोण है – जो निरन्तर परिवर्तनशील है – वह, जो मनुष्य को इन रूपों से मुक्त करता है। इसलिए भारतीय कला का सम्बन्ध दृश्यमान् रूप भर से नहीं है बल्कि उस सत्ता से है, जो इस रूप के उस पार है। यह इसे उस दूसरी निर्मिति की ओर ले जाता है, जो भारतीय लोक-दृष्टि को निर्मित करता है। जैसेकि मनुष्य इन अनगिनत रूपों में केवल एक रूप विशेष है, उसका स्थान अन्य रूपों के सम्बन्ध में विश्व में क्या है? यहाँ हम हिब्रू जीवन-दृष्टि के मौलिक भेद पाते हैं। हिब्रू-ईसाई जीवन-दृष्टि में मनुष्य सृष्टि के मूल में है – ईश्वर (God) के रूप में निर्मित। God उसे सम्पूर्ण सृष्टि पर अपना वर्चस्व स्थापित करने के लिए आमन्त्रित करता है।[३५] इस अनुमति से पश्चिमी मनुष्य ने प्राकृतिक स्रोतों का दोहन आरम्भ कर दिया। प्रकृति को मनुष्य के उद्देश्य के लिए झुका दिया – आज पर्यावरण का संकट मनुष्य-मात्र का संकट है। एकदेवतावाद के इस आदेश ने – एक God और वह भी मेरा God, तुम्हारा नहीं – द्वन्द्वात्मक प्रारूप को निर्मित किया, जो विरोधिता, शोषण, दासत्व पर आधारित है एवं जो मनुष्य-ईश्वर (दण्ड देने वाला ईश्वर) प्रकृति-मनुष्य (प्रकृति मनुष्य की सुख-सुविधाओं के लिए), मनुष्य-मनुष्य (मार्क्सवाद) एवं अब मनुष्य-स्त्री (नारी विमर्श) के बीच संघर्ष को रचता है।

---

३५. जेनेसिस, *बाईबिल* १.२६।

इसके विपरीत भारतीय दार्शनिक चिन्तन समन्वय, एकता, कल्याण एवं सभी जीवों की मुक्ति का विधान करता है। इस अनन्त सृष्टि में मनुष्य जीव-शृंखला का एक भाग है (१,८४,००० योनियाँ)। जगत् की रचना केवल उसके लिए नहीं की गई है और इसके संसाधनों पर सबका अधिकार है।[३६] यह दृष्टि अभेद की है जो सर्वश्रेष्ठ ज्ञान है और स्व एवं पर के भेद को नष्ट करता है।

वैदिक जीवन और कला में, इसलिए सार्वभौम सत्ता के प्रति समर्पण, पश्चिमी सभ्यता से भिन्न शक्ति के प्रति नहीं आधारभूत प्रेरणा शक्ति है, चिन्तन एवं रचना की। यह कला एवं साहित्य में छठी-सातवीं शताब्दी ई.पू. से, जब भागवत आन्दोलन आरम्भ हुआ, सत्रहवीं शताब्दी तक – सम्पूर्ण भारत में भक्ति की सुदीर्घ परम्परा का भी सार है।

इसलिए भरत मुनि कहते हैं – "सर्वप्रथम हम रसों की ही व्याख्या करेंगे क्योंकि रस के बिना अर्थ की प्रवृत्ति नहीं होती।"[३७]

रस काव्यार्थ है – तथापि रस जीवन का भी अर्थ है। जीवन घटनाओं की शृंखला है और हर "कथा" और किसी घटना का कथन है। हर घटना में कुछ घटता है (१), किसी को घटना है (२) घटना उसका आश्रय विषय और परिवेश होता है। (३) उस घटना का प्रत्यक्ष (४) अप्रत्यक्ष (५) प्रभाव होता है उस पर, जिस पर वह घटती है और इस सबसे उस व्यक्ति में एक भाव बनता है। (६) जिसे देखकर, समझकर किसी सहृदय को, संवेदनशील व्यक्ति को रसानुभूति होती है। यह है जीवन अनुभव की रस-संरचना। उदाहरणतया "चकोफ की कहानी ग्रीफ़ (शोक) में मास्को के कैब (तांगा) चलाने वाले वृद्ध आयना पोटापोफ़ के जवान बेटे की मृत्यु हो जाती है।" यह उस कथा की घटना है और यह वृद्ध आयोना के साथ घटती है। इस घटना का विभाव है "बेटे की मृत्यु"। उस विभाव का आश्रय है, बेटा और विषय है, मृत्यु। इसका उद्दीपन है "बेटे की युवा अवस्था" (क्योंकि अगर वह नन्हा-सा बालक होता तो घटना का भाव संसार भिन्न होता)। आयोना का बिल्कुल चेष्टाहीन रूप से बैठे रहना इस घटना का प्रत्यक्ष प्रभाव अनुभाव है और उसका गहरा शोक दूसरों के लिए अदृश्य अप्रत्यक्ष स्थायी भाव है। संवेदनशील सहृदय को उसके अनुभाव को देखकर उसके स्थायी भाव शोक की संविति होती और उसके

---

३६. *भगवद्गीता* अध्याय, ६.२८, ३०, ३२।

३७. *नाट्यशास्त्र*, ६.३२।

चित्त में यह शोक करुण रस रूप में भासित होने लगता है। यह शोक "रस" ही अन्ततः उस जीवन और कथा होनी का विषय व अर्थ है।

रस-सिद्धान्त की क्या संरचना है? इस नाट्य के ग्यारह अंगों का यह प्रथम अंग रस, भाव, अभिनय, धर्मी, वृत्ति, प्रवृत्ति, सिद्धि, स्वर, अत्योद्य, गान, रंग, ये ग्यारह अंग हैं।[३८] इसमें दो और जोड़ते हैं – उपचार, मन्त्र (६. २२) क्योंकि जैसे अभिनवगुप्त व्याख्या करते हैं (१) रस ही दूसरे अंगों को विभाव इत्यादि, को सार्थक बनाता है, (२) रस के अभाव में उचित-अनुचित, यथार्थ, कर्त्तव्य-अकर्त्तव्य, तथ्य इत्यादि ज्ञानात्मक अर्थ ग्राह्य नहीं, तथा (३) रस ही आनन्द का स्रोत है, रसानन्द[३९] रस ही भाव और भाव ही रस है जैसेकि हमने चैकोफ़ की कहानी के विवरण में देखा। भाव, वह अवस्था या वृत्ति विशेष है, जो बन जाती है। दुर्गसिंह के *अमरकोष* में भाव का एक पर्याय विद्वान् है,[४०] जो सूचित करता है कि भाव में "ज्ञान" अर्थ भी समाविष्ट है। *अमरकोष* में ही भाव की परिभाषा "विकारो मनसः" है – क्योंकि विकार का अर्थ "स्वभाव का बदलना" है।[४१] भाव का अर्थ हुआ मन की बदली हुई वृत्ति-विशेष।[४२] *अमरकोष* में भाव के तेरह (१३) पर्यायवाची शब्द उल्लिखित हैं (भाव मन की अवस्था है; रस चित्त की)। पहला पर्याय है सत्त् परम्परा अनुसार भाव, सत्त् है – अर्थात् "वह जो है, जिसकी सत्ता है।" भाव शब्द सत् अर्थ में *श्रीमदभगवद्गीता* में छः बार प्रयुक्त है[४३] और तीन बार गुण अर्थ में[४४] और एक बार स्वभाव अर्थ में[४५] रस सिद्धान्त के घटक हमने कहे हैं – (१) रस, (२) स्थायी भाव, (३) विभाव, (४) अनुभाव, (५) सात्त्विक भाव, (६) संचारी भाव, (७) अभिनय। हर घटक की आन्तरिक संरचना है।

नाट्यशास्त्र में स्वीकृत आठ रस हैं – (१) श्रृंगार, (२) हास्य, (३) करुण, (४) रौद्र, (५) वीर, (६) भयानक, (७) वीभत्स तथा (८) अद्भुत।[४६] रसों

३८. *नाट्यशास्त्र,* ६.१०।

३९. अभिनवभारती, *नाट्यशास्त्र* ६.३१ पर।

४०. *अमरकोष,* १.०.१२।

४१ *अमरकोष,* ३.२.१५।

४२. *अमरकोष,* ३.३.१०७।

४३. *श्रीमद्भगवद्गीता,* २.१६, ८.३, १०.१२, १७.१६, १७.२०, १७.२१।

४४. *गीता,* ७.१२, ७.१३, ८.१।

४५. *गीता,* ७.१५।

४६. *ना.शा.* ६.१६।

के उल्लेख-क्रम के मनोवैज्ञानिक तथा पुरुषार्थक अन्तर सम्बन्ध को अभिनवगुप्त अपनी *अभिनवभारती* में प्रतिपादित करते हैं –

> उनमें रति के सब जातियों (प्राणियों) में सुलभ होने से सबके प्रति आह्लादक होने के कारण सबसे पहले शृंगार के बाद हास्य रस का उल्लेख किया गया है।" निरपेक्ष (नैराश्यमय) भाव होने के कारण उस (हास्य) से विपरीत करुण उसके बाद कहा गया है। उसके बाद (करुण-रस) का निमित्त भूत रौद्र (रस रखा गया है)। और वह (रौद्र-रस) अर्थ-प्रधान होता है। (इस प्रकार काम तथा अर्थ प्रधान रसों का उल्लेख किया गया है) उसके बाद काम तथा अर्थ दोनों के धर्म मूलक होने से (धर्म-प्रधान) वीर-रस रखा गया है। क्योंकि वह धर्म-प्रधान होता है। और उसका प्रयोजन (सार) भयभीतों को अभय प्रदान करना है इसलिए उसके बाद भयानक (रस) का निर्देश किया गया है। उन भयानक तथा वीभत्स के विभाव समान हो सकते हैं इसलिए उसके बाद वीभत्स-रस का उल्लेख किया गया है। वीर के बाद अद्‌भुत आया है "क्योंकि अद्‌भुत-रस या उसका स्थायी भाव विस्मय वीर-रस से आशिप्त (वीर-रस का) फल होता है इसलिए उसका ग्रहण बाद में किया गया है। जैसाकि आगे कहेंगे कि अन्त में अद्‌भुत-रस ही रखना चाहिए।[४७]

इसके अनुरूप आठ ही स्थायी भाव हैं – रति, हास, शोक, क्रोध, उत्साह, भय, जुगुप्सा तथा विस्मय।[४८] तैंतीस संचारी भाव हैं[४९] – (१) निर्वेद, (२) ग्लानि, (३) शंका, (४) असूय, (५) मद, (६) श्रम, (७) आलस्य, (८) दैन्य, (९) चिन्ता, (१०) मोह, (११) स्मृति, (१२) धृति, (१३) व्रीड़ा, (१४) चपलता, (१५) हर्ष, (१६) आवेग, (१७) जड़ता, (१८) गर्व, (१९) विषाद, (२०) औत्सुक्य, (२१) निद्रा, (२२) अपस्मार, (२३) सुप्त, (२४) प्रबोध, (२५) आमर्ष, (२६) अवहित्था, (२७) उग्रता, (२८) मति, (२९) व्याधि, (३०) उन्माद, (३१) मरण, (३२) त्रास, तथा (वितर्क)। आठ सात्त्विक भाव हैं[५०] – स्तम्भ, स्वेद, रोमांच, स्वरभंग, वेपथु, वैवर्ण्य, अश्रु तथा प्रलय। अभिनय के चार प्रकार हैं – (१) आंगिक, (२) वाचिक, (३) आदार्य, तथा (४) प्रलय।

---

४७. देखिए अभिनवगुप्त, *अभिनवभारती*, *नाट्यशास्त्र* का अध्याय १५, हिन्दी अनुवाद, सम्पादक तथा भाष्यकार आचार्य विश्वेश्वर सिद्धान्त शिरोमणि, १९६०, पृ. ४३२।।

४८. *ना.शा.* ६.१८।

४९. *ना.शा.* ६.११-२२।

५०. *ना.शा.* ६.२३।

रस एक अलौकिक वस्तु है। *रस-सूत्र*[५१] में भरत मुनि कहते हैं "विभाव, अनुभाव तथा संचारी भावों के संयोग से रस निष्पन्न होता है।" रस की व्याख्या करते हुए एक पूर्व आचार्य का अनुमोदन करते हुए अभिनवगुप्त ६.३१ पर टिप्पणी करते हुए कहते हैं कि रस न तो प्रतीत होता है, न उत्पन्न होता है, न अभिव्यक्त होता है। यह वह तत्त्व है जो काव्य के अर्थ को प्रकाशित करता है और इसे सहृदय अपने चित्त में अनुभव करता है। इसकी अनुभूति ही काव्य का "फल" है। उनके शब्दों में यही काव्यार्थ रस है। काव्यार्थ वाक्य से भी अधिकारी सहृदय व्यक्ति को रसात्मक व्यंग्यार्थ की प्रतीति होती है। निर्मल, प्रतिभाशाली हृदय वाला व्यक्ति "अधिकारी" है, जिसे मानसी एवं साक्षात्कारात्मिका प्रतीति होती है। *अमरकोष* के अनुसार रस रसना का आस्वादन, का विषय है।[५२] पकाने में तथा औषधि में छः स्वाद हैं – "मधुरः (मीठा), लवणः (खारा), कटुः (कडुआ), तिक्तः (तीता, जैसेकि चिरैता में) अम्लः (खट्टा) ये पाँच और प्रथम कषाय ऐसे ६ रस हैं"।[५३]

परन्तु काव्य में आठ अन्येतर रस हैं। *अमरकोष* उनकी भी गणना क्रम-भेद से करता है।[५४]

शृंगार-वीर-करुण-अद्भुत-हास्य-भयानक-वीभत्स-रौद्र (२.७.१७) अम्लादि छः रस, जो *अथर्ववेद* से लिए गए, वे इन्द्रिय-ग्राह्य हैं। अतः नाट्य में उपयुक्त नहीं। नाट्य का रस इन्द्रिय-ग्राह्य नहीं – यह "निर्विघ्न अनुभूति की विश्रान्ति रूप आस्वादन नाम लेकर कहे जाने वाले व्यापार के द्वारा गृहीत होने के कारण 'रस' शब्द से कही जाती है"।[५५] *अमरकोष* के अनुसार रस शब्द पर्याय है, पारा का।[५६] जिसमें असुगम-ग्राह्य की ध्वनि तथा रस शब्द के नौ अर्थ हैं, जिसमें एक अर्थ है "पिघलना" "द्रवित होना" और यह अर्थ रस-अनुभव के लिए अति-उपयुक्त है।

"रस" कैसे निष्पन्न होता है? जैसेकि ६.३२ में भरतमुनि ने कहा – रस विभाव, अनुभाव, संचारी भाव के संयोग से निष्पन्न होता है। "स्थायी भाव"

---

५१. ६.३२।

५२. १.७.८/२,३।

५३. २.७.१७।

५४. *अभिनवभारती, नाट्यशास्त्र* पृ. ४२७।

५५. २.६.६६।

५६. *नाट्यशास्त्र* ६.३७।

इसमें उल्लिखित नहीं क्योंकि स्थायी भाव का अभिनय नहीं होता। स्थायी भाव अभिनय का विषय है। स्थायी भाव का अभिनय नहीं होता – आंगिक, वाचिक अभिनय इत्यादि रति आदि स्थायी भावों को बोधित करते हैं। क्रिया, शब्द, वस्तु, अंग संचार आदि से अप्रत्यक्ष स्थायी भाव बोधित होता है, जो एक संवेदन शक्ति अधिकारी में चित्त-वृत्ति रूप रस-रूप की अनुभूति होती है। जैसे भरत मुनि ने कहा है[५७] – "काव्य के अर्थों के आश्रित विभाव, अनुभाव "तथा संचारी भावों द्वारा ... स्थायी भाव ही रसत्व की अवस्था को प्राप्त करता है ... विभाव, अनुभाव और संचारी भाव स्थायी भाव के आश्रित .. हैं।" अभिनवगुप्त, जो शान्त को नवम रस स्थापित करते हैं, सम्यक् रूप से कहते हैं कि स्थायी भाव नौ ही हैं क्योंकि ये वासनाएँ हैं, जो जन्म से ही प्राणी में स्वाभाविक होती हैं।

> स्थायी भाव तो इतने ही होते हैं क्योंकि उत्पन्न हुआ प्राणी इतनी ही वासनाओं से युक्त उत्पन्न होता है। जैसेकि – दुःख के सम्पर्क से द्वेष करने वाला तथा सुखास्वाद में तत्पर होता है। इस नियम से प्रत्येक व्यक्ति अपने भीतर उत्कर्ष को प्राप्त, रमण करने की इच्छा से युक्त होता है। (इससे रति का स्थायी भावत्व सूचित होता है)। रमणेच्छा के कारण दूसरे का उपहास करता है (इससे हास का), प्रिय वस्तु के वियोग से दुखी होता है (इससे शोक का), उस (वियोग) के कारणों के प्रति क्रोध करता है (इससे क्रोध का), शक्ति न होने पर उनसे डरता है (यह भय का), किसी को प्राप्त करने की इच्छा करता है (इससे उत्साह का), कभी अनुचित वस्तु-रूप विषय के प्रति घृणा से भर जाता है किसी को अनभीष्ट सा मानता है (इससे जुगुप्सा का), अपने तथा दूसरों के उस प्रकार के (आश्चर्यजनक) कार्यों को देखकर विस्मित होता है (इससे विस्मय का) और किसी की त्याग करने की भी इच्छा करता है (इससे निर्वेद का स्थायीभावत्व सूचित किया है)।
>
> – हिन्दी *अभिनवभारती, ना.शा.का.* ३१४६, पृ. ४७६१

अभिनवगुप्त आगे समझाते हैं कि कोई भी प्राणी श्रम चित्त-वृत्तियों के (स्थायी भावात्मक) संस्कारों से रहित नहीं होता है। केवल इतना अन्तर होता है कि किसी की कोई चित्त-वृत्ति अधिक होती है, किसी की कोई तथा किसी की कोई कुछ कम होती है। किसी की चित्त-वृत्ति उचित विषय में लगती है और किसी की इसके विपरीत अनुचित विषय में नियन्त्रित होती है। इसलिये कोई-कोई

---

५७. *ना.शा. वृत्ति क.* ७.७ पर।

ही पुरुषार्थ, धर्म, अर्थ, काम, मोक्ष आदि में उपयोगिनी होने से उपदेश करने योग्य होती है।[५८]

उपयोगिनी चित्त-वृत्तियाँ ही स्थायी भाव हैं। इन्हीं स्थायी भावों के बोध के लिये ग्लानि, शंका आदि संचारी भाव हैं, जो स्थायी भाव का संचार करते हैं। यह संचारी भाव भी चित्त-वृत्तियाँ हैं परन्तु अस्थायी – अभिनवगुप्त के सुन्दर शब्दों में "उदय-अस्त रूप"[५९] यह विभावों के होने पर कुछ समय के लिए

रस-निष्पत्ति संरचना

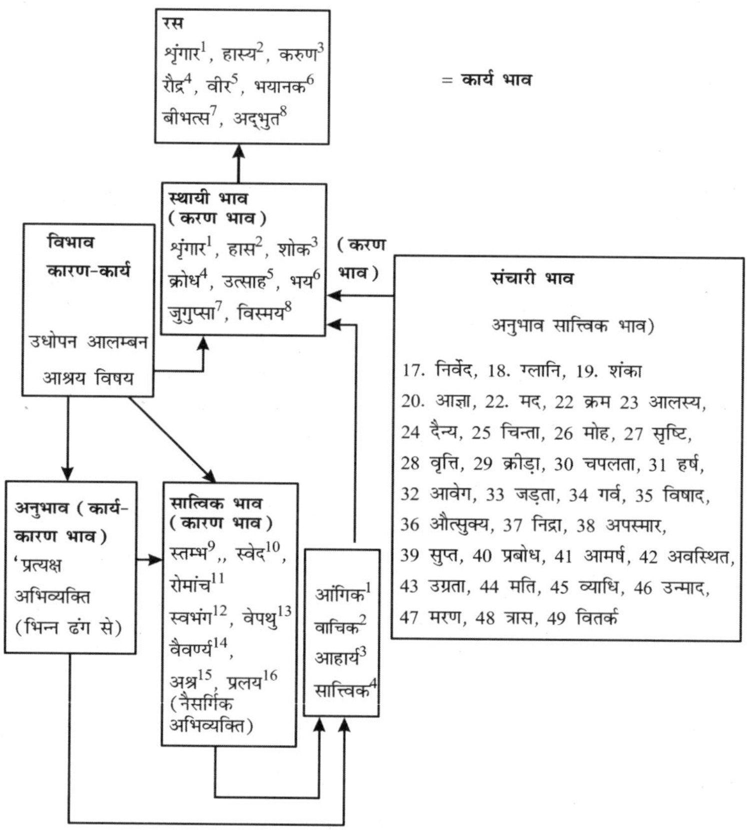

५८. हिन्दी *अभिनवभारती*, गद्य *ना.शा.का.* १५, पृ. ४८०।

५९. हिन्दी *अभिवनभारती नाट्यशास्त्र कारिका* १५ गद्य, पृ. ४८०।

होते हैं और उनके नष्ट होने पर अपना अस्थायी कार्य करके नष्ट हो जाते हैं और उनका संस्कार भी नहीं रहता। परन्तु स्थायी भाव उत्साहादि अपने आवश्यक कार्य कर चुकने से विलीन-प्रायः हो जाने पर भी संस्कार रूप से अवश्य विद्यमान रहते हैं। क्योंकि अन्य कार्यों के विषय में उत्साहादि की समाप्ति तो नहीं होती।[६०] ततः जब किसी पात्र को ग्लानि होती है तो "हेतु-विषयक प्रश्न" पूछा जा सकता है – इसको किसलिए ग्लानि हो रही है? परन्तु स्थायी भाव शोक के लिए कहा नहीं जा सकता कि इसको शोक हो रहा है ताकि स्थायी भावों की तरह संचारी भावों के भी विभाव, अनुभाव, सात्त्विक भाव संरचना होती है। स्थायी विभाग तथा संचारी विभावों के अनुभाव सात्त्विक भाव तो जीवन-सिद्ध हैं ही – काव्य में उनका चित्रण अभिनय द्वारा होता है और यह अभिनय ही संवेदनाशील प्रेक्षक, अधिकारी में स्थायी भाव को बोधित करता है। इस पूर्ण प्रक्रिया को इस प्रकार देख सकते हैं–

यह चित्र जीवन और काव्य दोनों के अनुभव-विषय की संरचना है। जीवन और काव्य में भेद क्या है? भेद है अभिनय का। जीवन में जो घटता है अभिनय, काव्य में उस घटना को प्रतिबिम्बित करता है। दूसरा भेद है पुनर्वृत्ति का – जीवन में अनुभव की पुनरावृत्ति नहीं होती। इस रचना के अनुसार *विभाव-अनुभाव-सात्त्विक भाव-संचारी भाव-अभिनय-स्थायीभाव* के कारण-कार्य-भाव सम्बन्ध से रस-निष्पत्ति होती है। *विभाव* कारण है अनुभाव-कार्य का। *अनुभाव* स्वयं कारण-कार्य सम्बन्ध से अभिनय से जुड़ा हुआ है। विभाव सात्त्विक भाव का कारण है, जो स्वयं कारण है, *अनुभाव-सम अभिनय* का। प्रत्येक संचारी भाव कारण है, अपने अनुभाव-सात्त्विक भाव का जो स्वयं कारण है, अभिनय का। अभिनय कार्य है अनुभावों, सात्त्विक भावों का तथा कारण है स्थायी भाव के बोधित होने का। स्थायी भाव कार्य है अभिनय का तथा कारण है रसानुभूति का।

भरत मुनि के भाव-संसार में ४९ भाव हैं, जिनमें से आठ स्थायी हैं, आठ सात्त्विक हैं तथा तैंतीस संचारी हैं। यह भाव-जगत् भरत मुनि के अनुसार मानव जीवन-अनुभव का सार है। यह सोचा जा सकता है कि इतना विविध जीवन, जिसमें इतना कुछ घटता है और मनुष्य का मन "समुद्र से गहरा" – कथा के ४९ भाव इन सब तथ्यों का समग्र विश्लेषण है। इसकी प्रतिक्रिया में यह कह सकते हैं कि भरत मुनि के २२०० वर्ष पहले के इस

६०. हिन्दी *अभिवनभारती नाट्यशास्त्र कारिका* १५ गद्य, पृ. ४८०।

विश्लेषण में केवल एक शान्त-रस अभिनवगुप्त द्वारा ग्यारहवीं शताब्दी में जोड़ा गया। किसी भी जीवन की घटना में या उसके काव्य प्रतिबिम्ब में भावों का अन्तर्गुम्फित समूह होता है और स्थायी भाव, जो बोधित होता है, उसकी प्रकृति विभाव इत्यादि की त्रिगुणात्मक प्रकृति से नियन्त्रित रहती है। इसलिए भाव बोध अनन्त हैं। काव्य (और जीवन्त घटना) में पुरुषार्थ-सम्बन्धी कोई रसानुभूति ही प्रधान होती है। जैसे रति, काम, धर्म, अर्थ तथा "तत्त्व-ज्ञान-जन्य निर्वेद – प्रधान (मुनि आदि रूप) विभाव वाला (शान्त-रस) मोक्ष के उपाय हैं, से सम्बन्ध होने के कारण प्रधान होती है और क्योंकि ऐसी कोई घटना घटित होने पर हमारे मन के भाव समुद्र में पचासों लहरें उठती हैं, जो समुद्र और गुम्फित अनुभव को रचती हैं। केन्द्र में एक स्थायी भाव रहता है, जिसके साथ संचारी भाव के सम्मिश्रण से कई रंगों का भावोदय होता है। अभिनवगुप्त इन स्थायी संचारी भावों के सम्बन्ध का स्पष्टीकरण माला के दृष्टान्त से करते हैं–

> स्थायी भाव रूप चित्त वृत्ति के सूत्र में बँधे हुए ही ये संचारी भाव उदय-अस्त रूप अनेकों विचित्रताओं से युक्त अपने स्वरूप को प्राप्त कर, लाल-नीले आदि छोरों में पिरोए हुए, अलग-अलग रूप में पाए जाने के कारण सहस्रों भेद सम्भव होने से स्फटिक, काँच, अभ्रक, पद्मराग, मरकट और महानील आदि (मणियों) के दानों के समान उस (स्थायी भाव रूप) सूत्र के द्वारा किए जाने वाले अनेक उपकारों को धारण करके स्वयं अपने को और विचित्र अर्थ वाले उस स्थायीभावात्मक सूत्र को भी नाना रूपों में प्रकट करते हुए ... आगे-पीछे के व्यभिचारी भव रूप रत्नों की छाया से अवश्य ही मिश्रित रूप से दिखलाते हुए प्रतीत होते हैं।
>
> – हिन्दी *अभिनवभारती, नाट्यशास्त्र कारिका* ३१ गद्य, पृ. ४८१
>
> जैसे गुड़ आदि पदार्थों, भाजियों तथा (अन्य) जीरा, हल्दी आदि औषधियों से युक्त व्यंजन द्वारा छः प्रकार के लौकिक रस निष्पन्न (सम्पन्न आस्वादित) होते हैं, ठीक उसी तरह अनेक भावों से युक्त स्थायी भाव 'रसत्व' की प्राप्ति कर लेते हैं। – *अभिनवभारती* में ६.३१, पृ. २८२

उदाहरण के लिए हम *करुण रस* की निष्पत्ति संरचना को *नाट्यशास्त्र* के अनुरूप ऐसे समझ सकते हैं –

क्योंकि भक्ति में रति स्थायी भाव तथा शृंगार रस की बहुलता होती है हम यहाँ, नाट्यशास्त्र अनुगत, शृंगार की भी प्रथम संरचना चित्रित करते हैं तथा अनन्तर शृंगार रस की संक्षिप्त व्याख्या करेंगे। *नाट्यशास्त्र* में हर रस का वर्ण और देवता है। तदनुसार शृंगार रस का श्याम वर्ण है (भगवान् कृष्ण की

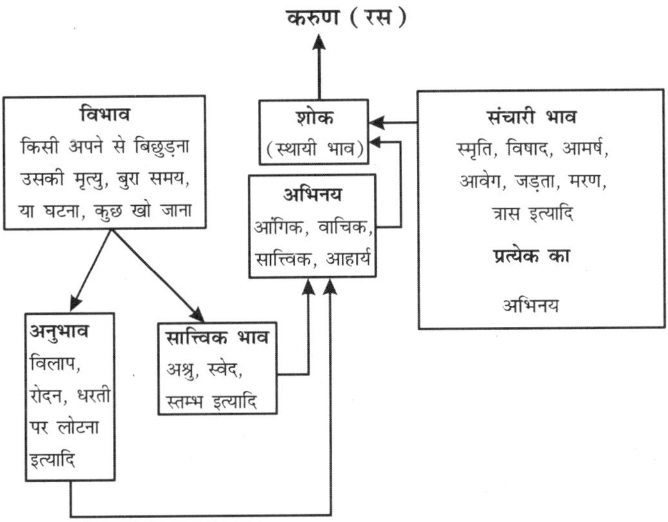

तरह) तथा उसका देवता विष्णु है (जिसके कृष्ण अवतार हैं।)[६१] ४७ कारिकोपान्त गद्य भाग में भरत मुनि के कथनानुसार शृंगार "उज्ज्वल वेषात्मक है। संसार में जो शुभ, पवित्र, उज्ज्वल (तेज सम्पन्न) तथा दर्शनीय हो, वह 'शृंगार' से निदर्शित होता है।"[६२] यह रस उत्तम प्रकृति के नायक तथा नायिका को लेकर अपने स्वरूप को प्रकट करता है। इसके दो भेद हैं – (१) संयोग तथा (२) विप्रलम्भ। इसकी संरचना इस प्रकार है –

अभिनवगुप्त इष्ट की व्याख्या करते हैं। काम के पुरुषार्थ रूप फल होने से और सबके हृदय के अनुकूल होने से सबसे पहले भरत मुनि ने काम-प्रधान शृंगार का ही लक्षण किया है। इसमें आस्वादन की जाती हुई रति ही मुख्य रूप से शृंगार है। इस रति के आस्वादन में यथायोग्य विभावादि उपयोगी होते हैं – शास्त्र में अनिषिद्ध, अनिन्दित और उज्ज्वल है, वही शृंगार के विभाव होते हैं। यह स्थायी भाव-रूपा रति लोक की सुरत-क्रीड़ा है, जो लोक में कामियों में होती है। परन्तु काव्य में अनुभूति ही प्रधान है और यह अनुभूति ही परम भोग है और यह अनुभूति उत्तम युवक-युवती की रति संवित आस्वाद योग्य होने से शृंगार-रस बन जाती है। फिर अभिनवगुप्त शृंगार की प्रकृति पर एक अत्यन्त महत्त्वपूर्ण बात कहते हैं –

---

६१. *नाट्शास्त्रम्* शास्त्री श्री बाबूलाल शुक्ल (सम्पादक एवं व्याख्याकार), वाराणसी, १९८२, कारिका ६/४४, ४५, पृ. २९६।

६२. *नाट्शास्त्रम्,* शास्त्री श्री बाबूलाल शुक्ल (सम्पादक एवं व्याख्याकार), वाराणसी, १९८२।

> उत्तम न होने पर वह रति स्थिर नहीं होती। ... इसलिए (अनुक्रम अथवा/अयुवक स्त्री-पुरुषों की) वह (क्षणिक आवेश की स्थिति) रति संवित् नहीं कहलाती ... (इसलिए अनुत्तम अथवा अयुवक स्त्री-पुरुषों के क्षणिक कामावेश को रति या शृंगार नहीं कहते हैं क्योकि रति की सतत रहने वाली चिरस्थायिनी प्रतीति ही शृंगार-रस का प्राण है।

यद्यपि शृंगार की दो अवस्थाएँ वर्णित हैं – सम्भोग और विप्रलम्भ। परन्तु अभिनवगुप्त कहते हैं कि दोनों दशाओं का मिश्रण रहता है। सम्भोग में

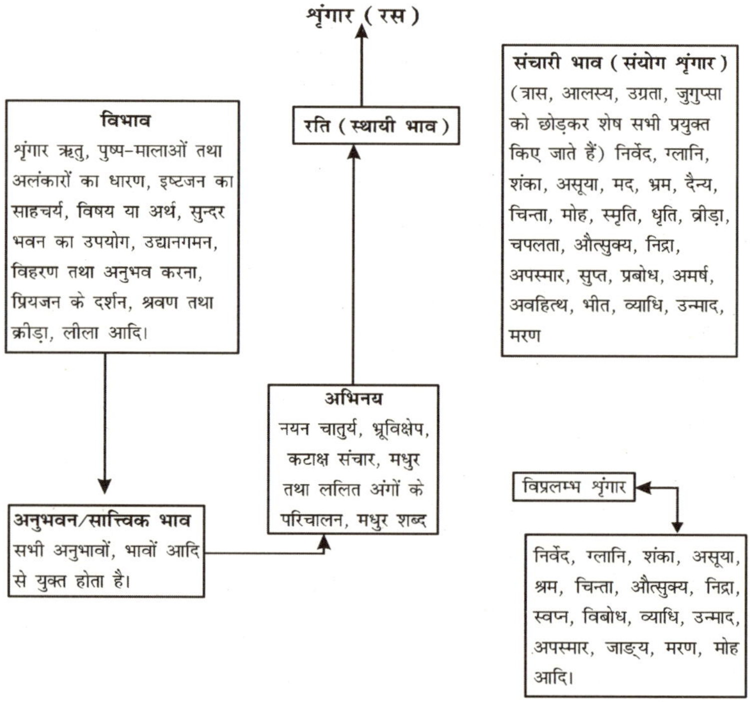

विप्रलम्भ की संभावना से भय रहता है और विप्रलम्भ में सम्भोग की कामना का सम्बन्ध रहता है। इसी में इस भाव का चमत्कार है। विप्रलम्भ शृंगार और करुण रस दोनों में निर्वेद आदि दुःखप्रधान व्यभिचारी भाव रहते हैं। परन्तु विप्रलम्भ तथा करुणा में भेद है – विप्रलम्भ शृंगार में मिलने की आशा रहती है, करुण-रस में नहीं। मृत्यु के पहले के वियोग की अवस्था विप्रलम्भ के अन्तर्गत आती है। प्रेमियों में किसी एक की वास्तविक मृत्यु हो जाने पर विप्रलम्भ शृंगार की सीमा समाप्त हो जाती है और करुण-रस की सीमा प्रारम्भ हो जाती है।" विरह का भी सौन्दर्य हृदय को छू लेता है।

१२

भक्ति रस काव्य

भक्ति आन्दोलन सामाजिक चेतना का आन्दोलन रहा है। स्वानुभूति, अलौकिक सत्ता की सार्वत्रिक उपस्थिति के ज्ञान के लिए भक्ति आन्दोलन उदित हुआ। अवतारों का स्वरूप एवं लीला, मायास्वरूप ज्ञान से बाह्य जगत् को आन्तर जगत् से जोड़ा गया। अलौकिक सत्ता के साथ ऐक्य के लिए मुक्ति का द्वार भक्ति को बनाया गया। इस भक्ति आन्दोलन ने महत्त्वपूर्ण साहित्य प्रदान किया, जो भारत की सभी भाषाओं में रचित हुआ। भक्ति आन्दोलन का स्रोत साहित्य जैनों, बौद्धों, शैवों, वैष्णवों एवं शाक्तों इन सभी के द्वारा प्रभूत मात्रा में निर्मित हुआ। सेव्य-सेवक भाव की प्रस्तुति भी भक्ति की देन है। पूर्ण के साथ ऐक्य का भाव भी इसी भक्ति आन्दोलन का योगदान है। भक्ति की परम्परा संस्कृत एवं तमिल में अत्यन्त प्राचीन है। यह धीरे-धीरे उत्कर्ष को प्राप्त होती रही। जयदेव तक आते-आते नए उत्कर्ष पर पहुँच गई। नर-नारायण भक्ति हिन्दू परम्परा की सेव्य-सेवक, उपास्य-उपासक की दृष्टि को प्रस्तुत करती है। भक्ति ने वर्ण, जाति, वंश, लिंग आदि के भेद को तोड़कर मानवीयता का स्वरूप प्रस्तुत किया जिसे समझना आवश्यक है। भक्ति कविता इतनी व्यापक है कि इसका अखिल भारतीय स्वरूप है। भारत की प्रत्येक भाषा व बोली में भक्ति कविता लिखी गई है। हजारों भक्त कवियों ने अपनी रचना से इस भक्ति काव्य-धारा को आगे बढ़ाया। इन भक्ति रचनाओं को क्षेत्र एवं भाषा के आधार पर इस प्रकार बाँटा जा सकता है –

१. ब्रज भक्ति कविता

२. गौड़ीय भक्ति कविता

३. आधुनिक हिन्दी भक्ति कविता

४. मलयालम भक्ति कविता

५. राजस्थानी भक्ति कविता

६. बंगाली भक्ति कविता

७. उड़िया भक्ति कविता

८. कन्नड़ भक्ति कविता

९. मराठी भक्ति कविता

१०. पंजाबी भक्ति कविता

११. अवधी भक्ति कविता

१२. कश्मीरी भक्ति कविता

१३. तमिल भक्ति कविता

१४. असमी भक्ति कविता

वल्लभ सम्प्रदाय के अनेक भक्त कवियों ने अपनी रचनाओं के द्वारा ब्रज भक्ति कविता को नया आयाम दिया। इस ब्रज कविता की भक्ति धारा को गौड़ीय भक्ति कवियों ने आगे बढ़ाया। इन्होंने अपनी भक्ति कविता में राधा भाव को रेखांकित किया। हरिराम व्यास और ध्रुवदास ब्रज भक्ति कविता के प्रमुख कवि थे। ध्रुवदास का *भक्त नामावली* ग्रन्थ भक्ति कवियों की एक विस्तृत सूची प्रस्तुत करता है। निम्बार्क सम्प्रदाय के भक्त कवियों की कविता का मुख्य प्रतिपाद्य विषय "राधा" को बनाया गया। श्रीभट्ट, निम्बार्क सम्प्रदाय के भक्ति कवियों में अग्रगण्य हैं। इनकी रचना *युगल शतक* अत्यन्त महत्त्वपूर्ण है। सूरदास, मीरा आदि अन्य भक्त कवियों का जो लोक परम्परा पर प्रभाव पड़ा वह आज भी परिलक्षित होता है। आधुनिक हिन्दी में भी मैथिलीशरण गुप्त की *साकेत,* सूर्यकान्त त्रिपाठी निराला की *राम की शक्तिपूजा,* धर्मवीर भारती की *कनुप्रिया* आदि रचनाएँ भक्ति रचनाएँ कही जा सकती हैं।

मलयालम में भक्ति साहित्य की एक लम्बी परम्परा है। *रामायणम्* (बारहवीं शताब्दी) मलयालम की प्राचीनतम रचना मानी जाती है। यह भक्ति आन्दोलन की ही भेंट है। तमिलनाडु के आल्वार सन्त, जो विष्णु भक्त थे नायनार सन्त शिव भक्त थे। इन दोनों ही परम्पराओं के सन्तों का बहुत ही व्यापक प्रभाव दक्षिण की भक्ति कविता पर पड़ा।

नारायण गुरु एवं उनके शिष्य कुमारन मलयालम भक्ति कवियों में अपना एक अलग स्थान बनाते हैं। राजस्थान के भक्ति कवियों में दादूदयाल, हरिदास, नरहरिदास, जम्भो, मुरारीदास, सन्त माधव, गौरीबाई, मीराबाई आदि प्रमुख हैं। वे सभी कवि बाद में थे, सन्त पहले थे। इनकी रचनाओं में जो

भक्ति-धारा बही है। वह अवर्णनीय है। बांग्ला की भक्ति कविता पुरानी है। कीर्तिवास की *रामायण* बंगाली भक्ति कविता का एक उत्कृष्ट उदाहरण है। इनके बाद अनेक कवियों ने इस भक्ति-धारा को आगे बढ़ाया। भक्ति आन्दोलन मध्यकालीन भारत की एक अद्‍भुत देन है। उड़ीसा की भक्ति कविता वैष्णव परम्परा की वाहिका रही है। अनेक भक्त कवियों ने अपनी रचनाओं से इसे समृद्ध किया। कन्नड़ भक्ति-धारा वीरशैव आन्दोलन के साथ जुड़ी हुई है। पम्पा, पोन्ना, रत्ना, आदि जैन भक्ति कवियों ने भक्ति के अनेक स्वरूपों की चर्चा की है। "वचन साहित्य" भक्ति कविता की अनुपम परम्परा है। ज्ञानेश्वर, नामदेव, एकनाथ, तुकाराम, वरकरी आदि मराठी भक्त कवियों ने भक्ति साहित्य को नया स्थान दिलाया। "अभंग साहित्य" मराठी भक्तिगान को अत्यन्त प्रसिद्धि प्राप्त हुई। पंजाबी की भक्ति परम्परा गुरु नानक से शुरू होती है। *भक्तमाला* जो नाभादास की रचना थी, पंजाबी भक्ति साहित्य में महत्त्वपूर्ण रचना है। अवधी भक्ति कवियों की एक लम्बी परम्परा है। जायसी का *पद्मावत* और तुलसीदास का *रामचरितमानस* अवधी भक्ति कविता के प्रतिमान हैं।

कश्मीरी भक्ति कविता *रामायण* और *महाभारत* के राम और कृष्ण को आधार बनाकर आगे बढ़ती है। परमानन्द कश्मीरी भक्ति धारा के प्रमुख कवि हैं। लक्ष्मण रैना, प्रकाशराम, कृष्णा राजदान और साहेब कौल कश्मीरी भक्ति कवियों में अग्रगण्य हैं। तमिल भक्ति काव्यधारा अत्यन्त प्राचीन है। इसके बिना भारत का भक्ति साहित्य अपूर्ण है। इसकी लम्बी परम्परा है। आल्वार और नायनार सन्त कवियों ने जो भक्ति की धारा बहाई उसका प्रभाव सम्पूर्ण भारत पर पड़ा। रामानुजाचार्य आदि अनेक भक्ति मार्गी आचार्यों की उद्‍भव भूमि वस्तुतः भक्ति-भूमि कही जा सकती है। असमी भक्ति साहित्य का नेतृत्व भक्ति कवि सन्त शंकरदेव ने किया। उनकी रचनाओं में वैष्णव मत का उपदेश है। इस भक्ति कवि ने नाटक का भी प्रणयन किया। इसी परम्परा में शंकरदेव के शिष्य माधवदेव, अनन्त कन्दली और राम सरस्वती आदि वैष्णव भक्ति कवियों ने असमी भक्ति कविता को नया आयाम दिया। राम सरस्वती को असमी भक्ति साहित्य में "व्यास" माना जाता था।

१३

रस-शृंगार से रस-भक्ति यात्रा

श्रीभक्तिरसामृतसिन्धु

प्रो. प्रेमलता शर्मा अपने अति प्रतिष्ठित श्री *श्रीभक्तिरसामृतसिन्धु*[१] के अनुवाद की भूमिका में बताती हैं कैसे वेद सम्मित माता-पिता के लिए श्रद्धा ही नमन-पूजन का रूप लेती है।[२] जैसे-जैसे ज्ञान बढ़ता है या संवेदनात्मक अनुभव बढ़ता है, यह श्रद्धा-भाव सब में उसी एक परम तत्त्व को मानते हुए, "उस" एक शक्ति या तत्त्व के लिए सम्पूर्ण नमन का रूप ले लेता है। आरम्भ से ही ऋचाओं में उस तत्त्व को पिता, माता,[३] या सखा-रूप में ग्रहण किया गया इस पहचान से एक मधुर भाव, एक विशेष आनन्द का अनुभव स्वाभाविक है।[४] क्योंकि "वह" रस-रूप है उसका ग्रहण, उसका चिन्तन भी रस-अनुभव ही है। यह भाव ही मूल भक्ति है। इस भाव की अभिव्यक्ति वैदिक संहिताओं में ही है और उसके उपरान्त सारे वाङ्मय में इस ब्राह्मण, इस प्रकृति, इस जगत् और ऋषि-मुनियों व महापुरुषों के वर्णन में यह श्रद्धा, यह व्याप्त भक्ति-भाव भारतीय मानस की विशिष्टता रही है। "आदि कवि वाल्मीकि, पाराशर, व्यास तथा कालिदास, भवभूति आदि महाकवियों की वाणी में चर-अचर प्रकृति से मानव सम्बन्ध एवं तदाधारित भाव सम्बन्ध व्यक्त होते रहे।"[५] जैसे नागरी संस्कृति और सभ्यता का भारत में विकास होता गया। इह-लोक सम्बन्धित शास्त्रों, स्मृतियों की रचना हुई और जीवन-सम्बन्धी कलाओं तथा साहित्य का विकास हुआ। जैसे-जैसे जीवन ज्यादा-ज्यादा विषम

---

१. इस विभाग के लिए हम आभारी हैं डॉ. प्रेमलता शर्मा के।

२. १२.१८१.१६।

३. देखिए *महाभारत,* ३.२१४-२१५।

४. इसकी पुष्टि वह *ऋ.* १.९०.६-७ से करती है।

५. हिन्दी *अभिनवभारत,* पृ. ५४४।

होता गया और संभ्रम तथा व्याकुलता बढ़ने लगी तो पुरुषार्थ चतुष्टय और जीवन के तीन मार्गों की अवधारणाओं की आवश्यकता बढ़ती गई। नितान्त आरम्भ से धर्म जीवन-यापन के केन्द्र में रखा गया। इसलिए जैसे डॉ. प्रेमलता शर्मा कहती हैं लौकिक ज्ञान, मूल्य और वाङ्मय के साथ-साथ यह दर्शन भी सुदृढ़ होता गया कि "'इन विविध रूपों में कोई एक ही तत्त्व अनुस्यूत है', 'उस एक से ही वस्तुतः हमारा सम्बन्ध है, 'हमारी विविध कामनाओं में मूलतः कोई एक ही अपूर्णता बोध निहित है', 'हमारे जीवन का उद्देश्य इस अपूर्णता से पूर्णता में पहुँचना है' – इत्यादि चिन्तन भी बना रहा।"[६] सम्प्रति, भौतिक हेतुकता की परम्परा भी अति प्राचीन है, जिसमें पूरण कश्यप, मस्करी परिव्राजक इत्यादि के साथ कौत्स भी हैं, जिनकी मान्यता है कि "वेदमन्त्र निरर्थक हैं" यास्क वेदाङ्ग ग्रन्थ *निरुक्त* (ईसा से नौ शताब्दी पूर्व) की हेतुक, प्रेरक, प्रवर्तक सिद्ध हुई। उसी भौतिकवादी चिन्तन-धारा में महात्मा बुद्ध का अवतरण हुआ और शनैःशनैः निर्गुणवाद, तापस-वृत्ति तथा श्रम की विचार-धारा प्रभावी रूप से स्थापित हो गई। इस काल में कलाओं को सुखपरक मानकर बहिष्कृत किया गया तथा जीवन तापसी वृत्ति से नियन्त्रित होने के कारण न्यूनाधिक आनन्द-विहीन सा हो गया। शुंग काल में इसकी प्रतिक्रिया हुई तथा कुषाण काल में मूर्ति-कला का पुनः आविर्भाव हुआ। गुप्त काल तक आने-आते श्रेयस् तथा प्रेयस् दोनों एक जैसे समादृत हुए और धीरे-धीरे प्रेयस् का, इस भौतिक अभ्युदय का प्रभाव बढ़ने लगा। मन्दिरों की मूर्तिकला में सुन्दरियों तथा शालभंगिमाओं में नारी सौन्दर्य बढ़ते हुए सगुण भाव का द्योतक है। तत्रत्य

> लोकानुगामी साहित्य और उसका शास्त्र अधिकाधिक लोक-भोग्य रचनाओं से भरता गया, जिनमें मूल आकर्षण का प्रेरक तत्त्व ... भुलाकर आकर्षण का बाह्य रूप-काम (... स्थूल सुख की इच्छा) प्रधान हो गया ... उसी से लौकिक कवि दृष्टि ... अर्थ गाम्भीर्य से हटकर शब्द-छिलकों के चमत्कार में रत होती गई। अर्थ प्रकाशन हुआ भी तो तथाकथित 'रसराज' शृंगार के लौकिक स्थल रूप का ही। – वही, पृ. xxi-xxiii

कला और साहित्य में रति रीति-काल का मूल मन्त्र बन गया और इसी रीति काल में इसके विपरीत तमिल आल्वार कवियों में भक्ति का उदय हुआ। ततः बाह्य रति-रूप सुख-प्रधान चिन्तन की प्रतिक्रिया रूप भक्ति का उद्भव हुआ

---

६. वही, पृ. xxi।

और अन्ततोगत्वा शृंगार मानू रस का भक्ति रस में विपरिणमन हो गया। रीति काव्य से भक्ति काव्य और भक्ति काव्य से प्रेमाभक्ति-रस काव्य – यह रही साहित्य की यात्रा। प्रायः सभी भारतीय भाषाओं के साहित्य में प्रेमी-भक्त चैतन्य महाप्रभु, भक्ति रस के आधार ग्रन्थ रूपगोस्वामी के भक्ति रस के प्रेरक बने। जैसे डॉ. प्रेमलता ने लिखा है –

> मानव-चेतना (को) पुनः वास्तविक रस – उत्स की ओर लौटाने की प्रेरणा करुण-परायण रसिक अनुभवियों में उठी तब भारत की प्रायः सभी दिशाओं में सद्-वाणी (सन्त-वाङ्मय) – उस क्षेत्र की संस्कार भूमिका तथा अपेक्षा के अनुरूप शैली में प्रकट हुई ... इनमें भक्ति के विविध रूप प्रकट हुए और काव्य के शास्त्र में भी भक्ति को "रस" रूप में पहचाना गया। – वही, पृ. xxiii

रूपगोस्वामी ने रस-सिद्धान्त के पूरे ढाँचे का विनियोग करके भक्ति-रस को प्रतिपादित किया। हम यहाँ भक्ति-रस के स्वतन्त्र अस्तित्व की काव्यशास्त्रीय चर्चा में नहीं जाएंगे। हम "भक्ति-रस" की संरचना और उसका अन्य रसों से भेद का ही कथन कहेंगे। इस रस का जैसे इसे रूपगोस्वामी ने प्रतिपादित किया, दूसरे रसों से भेद यह है कि इस रस का आस्वादन "आश्रय-विषय स्वयं, उनका दर्शन पाने वाले भक्तजन तथा उन लीलाओं का अभिनय करने वाले एवं दत्त-चित्त देखने वाले प्रेक्षक-पर्यन्त सभी"[७] करते हैं। यह सिद्धान्त मूलतः वैष्णव भक्ति का सिद्धान्त है और इसका आधार ग्रन्थ, इसका शास्त्र "एक विधिवत व्याकरण" जैसाकि श्रीवत्स गोस्वामी उसी ग्रन्थ की भूमिका में कहते हैं।[८] रूपगोस्वामी का *श्रीभक्तिरसामृतसिन्धु* १५४०-४१ में रचित यह ग्रन्थ भक्ति और भक्ति-रस का निरूपण करता है। जैसे कपिला वात्स्यायन डॉ. प्रेमलता शर्मा अनुवादित इस ग्रन्थ के प्रकाशन में इतने सरल ढंग से इस ग्रन्थ का सार-वर्णन करती हैं –

> *श्रीभक्तिरसामृतसिन्धु* एक लक्षण ग्रन्थ है। गौड़ीय वैष्णव सम्प्रदाय के प्रवर्त्तक महाप्रभु श्री चैतन्य के पार्षद् रूपगोस्वामीपाद ने अपने सम्प्रदाय के सिद्धान्त के अनुसार "रस" तत्त्व के निरूपण के लिए *श्रीभक्तिरसामृतसिन्धु* के अतिरिक्त *उज्ज्वलनीलमणि* एवं *नाटकचन्द्रिका* दो अन्य ग्रन्थों की रचनाएँ भी की थीं। ... *श्रीभक्तिरसामृतसिन्धु* प्रमुख इसलिये है कि इस ग्रन्थ में सभी रसों के विषय में सांगोपांग सोदाहरण विवेचन प्रस्तुत किया

७. वही, पृ. xxiv।

८. पृ. xiv, भाग १।

> गया है। गौड़ीय सम्प्रदाय के सिद्धान्त के अनुसार भक्ति ही मूल रस है एवं परम्परा में स्वीकृत शृंगार, हास्य, करुण, वीर, भयानक, वीभत्स, रौद्र, अद्भुत एवं शान्त ये नौ रस मूल भक्ति-रस के ही विस्तार हैं। गोस्वामी श्री रूप ने भक्ति-रस के मुख्य एवं गौण ये दो विभाग किए हैं। मुख्य रस के अन्तर्गत भक्ति-रस की मूल श्रेष्ठता शृंगार-सहित है। शेष सात रस – हास्य, करुण, वीर, भयानक, वीभत्स, रौद्र एवं अद्भुत – गौण भक्ति के अन्तर्गत हैं। – वही, पृ. x, भाग-१

पूरा ग्रन्थ आर्या तथा अनुष्टुप् छन्दों की कारिकाओं में रचित है तथा आदि से अन्त तक *श्रीमद्भागवत* तथा अज्ञात स्रोतों से सुन्दर श्लोकों में उदाहरण दिए हुए हैं –

ग्रन्थ संयोजन

१ पूर्व विभाग

लहरी	कारिका	श्लोक
1-74	188	(उदाहरणार्थ 239)

२ दक्षिण विभाग

लहरी	कारिका	श्लोक
1-5	486	419

३ पश्चिम विभाग

लहरी	कारिका	श्लोक
2-5	231	246

४ उत्तर विभाग

लहरी	कारिका	श्लोक
1-9	109	152
23	1094	1035

इस ग्रन्थ का विषय-संसार इस प्रकार है –

सामान्य भक्ति

उत्तमा

साधन भाव प्रेम

उत्तमा भक्ति का लक्षण है "अनुकूल भाव से श्रीकृष्ण का अनुशीलन"[९] इसके तीन भेद हैं – साधन, भाव और प्रेम[१०] (सब उद्धरण पूर्व उपन्यास, डॉ. प्रेमलता शर्मा द्वारा सम्पादित व अनुवादित *श्रीभक्तिरसामृतसिन्धु* से हैं) उनमें से "वह साधन-नामिका भक्ति कृति से साध्य है और उसका साध्य है, भाव।[११] इनमें से एक है, रागानुराग भक्ति, जिसका उदाहरण *भागवत* से उद्धृत है "... गति को प्राप्त हुए हैं। जैसे कि काम से गोपियाँ, भय से कंस, द्वेष से शिशुपाल ... सम्बन्ध से वृष्णिगण, देह से तुम लोग और भक्ति से हम लोग।"[१२] "शुद्ध सत्त्व-विशेष जिसकी आत्मा है, जो प्रेमरूपी सूर्य की किरण के समान है, जो अपनी किरणों से चित्त को मृदु बनाता है, वह भाव कहलाता है"।[१३] इसमें रति चित्त-वृत्ति कृष्ण आदि को कर्म या विषय बनाने वाले आस्वाद का हेतु बनती है[१४] और रति को भी परिभाषित किया है – "रति सदैव स्वाभाविक रूप से ऊष्ण अर्थात् उष्मा से भरी हुई प्रबलतर आनन्द के पूर-रूपिणि है।" इसका एक भेद कामरूपा रागात्मिक भी है "जो सम्भोग-तृष्णा को अर्थात् अपने सुख की अभिलाषा को 'स्वता' अर्थात रागात्मिकता में ढाल लेती है, वह कामरूपा है, क्योंकि इसमें केवल कृष्ण के सौख्य के लिए ही उद्यम होता है।"[१५] यह सुप्रसिद्ध रूप में ब्रज देवियों अर्थात् गोपियों में विराजती है। इनका यह प्रेम विशेष किसी अपूर्व माधुरी को प्राप्त हुआ है,[१६] जो चित्त को भली-भाँति मृदु या चिकना बनाता है और अतिशय ममत्व से अंकित होता है, वह भाव ही अपने गाढ़े रूप में बुद्धजनों द्वारा प्रेम कहा जाता है।[१७] प्रेम दो प्रकार का है –

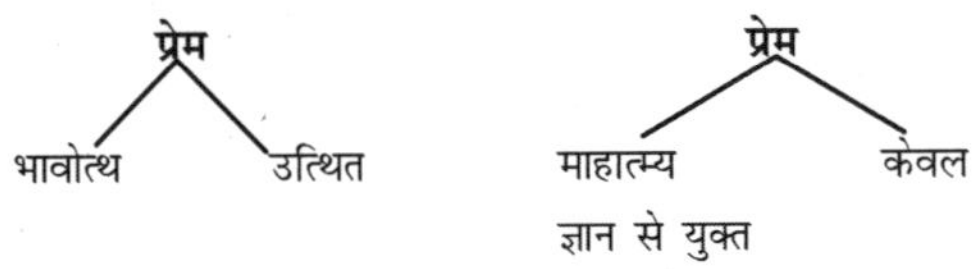

९. १.१.४।

१०. १.८.१।

११. १.२.२-३।

१२. *भा.* ७.२.२६-३०।

१३. १.३.१-२।

१४. १.३.४।

१५. १.२.१००।

१६. १.२.१०१।

१७. १.४.१।

"अन्तरंग अंगों की अनुसेवा से परम उत्कर्ष पा आरूढ़ भाव ही भावोत्थ प्रेम कहलाता है"।[१८] हरि के अति प्रसाद से उत्थित प्रेम "उनके अपने संगदान आदि के रूप में होता है"[१९] जैसेकि *भागवत* से उदाहरण-श्लोक से बताते हैं "उन्होंने न तो श्रुतियों का अध्ययन किया था, न बड़े से बड़े वेदान्तों की उपासना की थी, न कोई व्रत धारण किया था और न कोई तप किया था। मेरे संग से ही वह मेरे पास पहुँच गए"।[२०] इसी प्रकार यह प्रेम दो प्रकार का है। प्रथम, "माहात्म्य के ज्ञान से युक्त, सबसे अधिक सुदृढ़, स्नेह भक्ति कहलाता है"[२१] तथा "हरि में मन की अखण्ड गति, जो कि प्रेम से परिलुप्त है अर्थात् जिसमें प्रेम की बाढ़ आई हुई हो ... "।[२२]

इस भक्ति की सरल स-विभाग व्याख्या के उपरान्त रूपगोस्वामी दक्षिण विभाग में भक्ति-रस की व्याख्या करते हैं – "यह कृष्ण रति-रूप स्थायी भाव, विभावों, अनुभावों, सात्त्विक भावों और व्यभिचारी भावों के द्वारा श्रवण आदि के बल से भक्तों के हृदय में जब आस्वाद्य बनता है तब वही भक्ति-रस हो जाता है"।[२३] इस रस का आस्वादन करने के लिए सहृदय की क्या प्रकृति होनी चाहिए? "जिसमें प्राक्तनी अर्थात् पहले की और आधुनिकी सद्भक्ति-वासना है, इस भक्ति का रसास्वाद उसी के हृदय में होता है"[२४] भक्ति-रस की संरचना और उसका ढाँचा निम्नांकित है –

भरत-अभिनवगुप्त का रस-सम्बन्धी दार्शनिक चिन्तन रूपगोस्वामी की परिभाषा व उप-वर्गीकरण के गहन रूप में उद्भूत हुआ है।

प्रथम 'भावों' का लक्षण दिया है –

"कृष्ण, उनके भक्त, मुरली-नाद आदि, जो रति के हेतु हैं, जो स्मित आदि रति के कार्यभूत हैं और जो आठ स्तब्धता आदि (सात्त्विक भाव) हैं, जो निर्वेद आदि सहायक हैं, वे रस के भावन अर्थात् आस्वादन के क्रमशः

---

१८. १.४.४।

१९. १.४.५।

२०. १.४.१०।

२१. १.४.६।

२२. १.४.७।

२३. १.१.४।

२४. २.१.६।

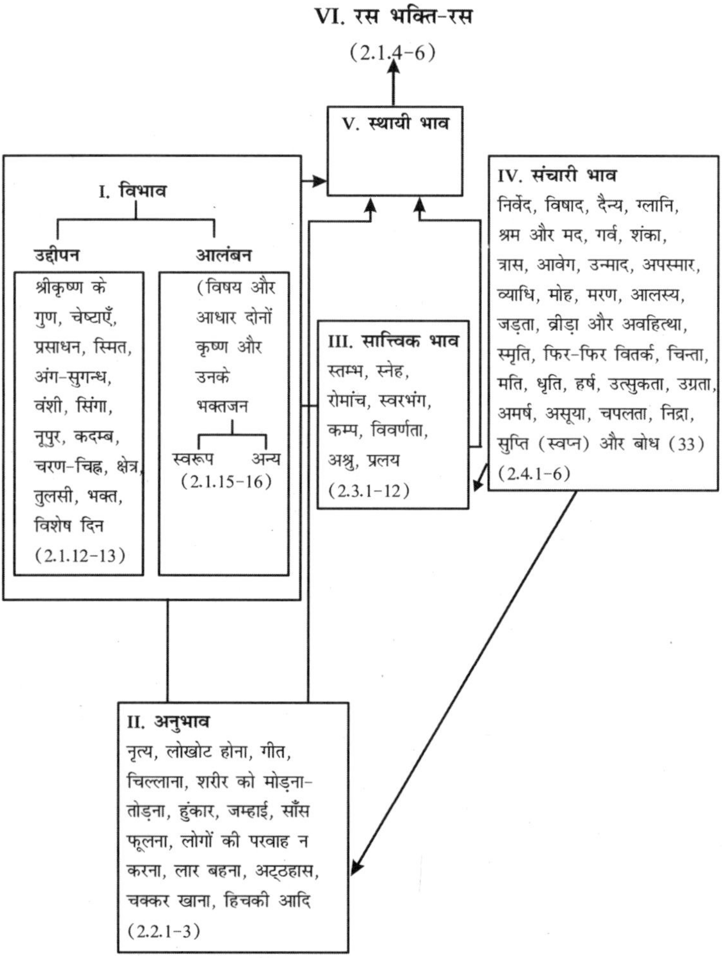

टिप्पणी : "अभिनय" काव्य का विषय है, जीवन का नहीं। ततः अभिनय की व्याख्या नहीं करते।

विभाव, अनुभाव, सात्त्विक और व्यभिचारी हैं, ऐसा जानना चाहिए।"[२५] इनमें से विभाव तो "रति के आस्वादन के हेतु जाने जाएं। वे दो प्रकार के हैं, एक तो आलम्बन उसी प्रकार दूसरा उद्दीपन।"[२६] अनुभाव चित्त में स्थित भावों का बोध कराते हैं। वे बाहर प्रकट होने वाले विकारों के तुल्य कहे गए हैं और

---

२५. ८२.२.२२-२३।

२६. २.२.१४।

उन्हें उद्भास्वर नाम दिया गया है।"[२७] "कृष्ण के सम्बन्धी भावों से साक्षात् अथवा किंचित् व्यवधान से आक्रान्त या भय हुआ चित्त यहाँ बुद्धजनों द्वारा सत्त्व कहा जाता है। इस सत्त्व से जो भाव उत्पन्न होते हैं, वे सात्त्विक हैं"।[२८] "... तैंतीस व्यभिचारी-भाव ... जो कि स्थायी-भाव के प्रति विशेष रूप से अभिमुख होते हुए विचरण करते हैं ... वाणी, अंग (शरीर) और सत्त्व अर्थात् मन के द्वारा जो सूचित होते हैं, वे व्यभिचारी हैं। वे भाव की गति को संचारित करते हैं, इसलिए संचारी भी हैं। स्थायी भाव रूपी अमृत-समुद्र में वे डूबते और उतराते रहते हैं, लहरों की भाँति उसे बढ़ाते हैं और उसकी तदरूपता को प्राप्त होते हैं।"[२९]

इसके उपरान्त स्थायी भाव की परिभाषा करते हैं –

> अविरुद्ध और विरुद्ध भावों को वश में करते हुए जो अच्छे राजा की भाँति सुशोभित हो, वह स्थायी भाव कहलाता है। श्रीकृष्ण-विषयक रति को स्थायी भाव कहा गया है। रसज्ञों द्वारा वह रति मुख्या और गौणी दो प्रकार की कही गई है। शुद्ध सत्त्व विशेषात्मिका रति मुख्या कही गई है। मुख्या भी दो प्रकार की कही जाती है – स्वार्था और परार्था। अविरुद्ध भावों के द्वारा जो अपने आपको ही पुष्ट करती हैं और विरुद्ध भावों से जिसकी ग्लानि नहीं हो सकती, वह रति स्वार्था कही गयी है। जो रति अपने आपको संकोच करते हुए अविरुद्ध और विरुद्ध भाव पर अनुग्रह करती है अर्थात् उसका पोषण करती है, वह परार्था रति कही गई है। शुद्धा या केवला रति, प्रीति अर्थात् दास्य, सख्य, वात्सल्य, प्रियता अर्थात् शृंगार रति, इस प्रकार वह स्वार्था और परार्था मुख्या रति पुनः पंचविधा होती है। – २.६.१-६

स्थायी भाव रति का विधान, ततः कुछ इस प्रकार है –

रति स्थायी भाव को "स्वेच्छा" कहा गया है। "जब-जब, जैसे-जैसे भक्त में रति की स्थिति होती है, तब स्फटिक की भाँति वैसे रूप को वह धारण करती है। इसलिए यह स्वेच्छा कही गई है"।[३०] ततः "मन में निर्विकल्पना अर्थात् विकल्पशून्यता श्रम कहलाती है। प्रायः श्रम-प्रधान जनों की ममता-गन्ध से वर्जित रति, जो कि कृष्ण को परमात्मा मानकर उनके प्रति उत्पन्न होती

२७. २.२.७।

२८. २२.३.१-२।

२९. २.४.१-३।

३०. १.४.११।

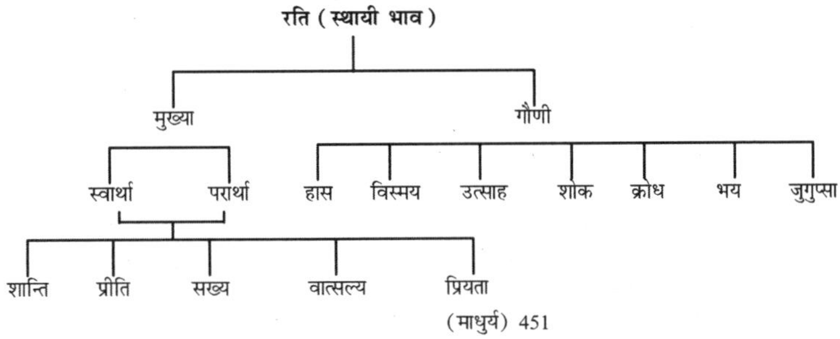

है, वह शान्ति मानी गई है"।[३१] जो अपने से छोटे हैं, वे हरि के अनुग्राह्य अर्थात् अनुग्रह के पात्र होते हैं। उनकी रति आराध्यभाव रूपा होती है और उसे *प्रीति* कहा गया है"[३२] *सख्य-रति* – "जो मुकुन्द के तुल्य या समान है, वे सत्पुरुषों द्वारा सखा माने गए हैं। इनकी रति समानता के कारण विभ्रम अथवा घनिष्ठतामयी होती है और इसे सख्य कहा जाता है। यह परिहास, प्रहास आदि कराती है और इसमें अधीनता का भाव नहीं होता"।[३३] "जो इन हरि के गुरुजन हैं, वे पूज्य कहकर प्रसिद्ध हैं। उनकी अनुग्रहमयी रति वात्सल्य कहलाती है। इसमें लालन, भव्य आशीर्वाद, ठोड़ी छूना आदि होता है"।[३४] "जो हरि और मृगलोचनी स्त्रियों के परस्पर सम्भोग का आदि कारण है, उस प्रियता नाम की रति का पर्याय अर्थात् अन्य नाम है, मधुरा। इसके कटाक्ष, भ्रूक्षेप, प्रियवाणी, स्मित आदि होते हैं। यह रति उत्तरोत्तर स्वाद-विशेष के उल्लास से भरी है। किसी को वासना या संस्कार के कारण कोई-सी रति स्वादु लगती है"।[३५]

गौणी रति वह भाव विशेष है, जो "स्वयं संकुचित होती हुई रति के द्वारा विभाव के उत्कर्ष से जनित, जो विशेष अनुग्रहीत होता है, वह गौणी रति कहलाता है। यह भाव-विशेष हास, विस्मय, उत्साह, शोक, क्रोध, भय और जुगुप्सा इस प्रकार सत्पधा कहा गया है।"[३६]

---

३१. २.४.१३-१४।

३२. २.४.२२।

३३. २.५.२३।

३४. २.५.२४।

३५. २.५.२५-२६।

३६. २.५.२०-२५।

इस विधान में यह आवेक्षणीय है कि स्थायी भाव एक ही है, रति – जिसे रूपगोस्वामी ने द्वादश प्रकार में प्रतिपादित किया है, जिसे उन्होंने दो वर्गों में रखा है – मुख्य रति, गौणी रति। *मुख्य रति* पाँच प्रकार की है – शान्ति, प्रीति (दास्य), सख्य, वात्सल्य तथा प्रियता (माधुरी)। यही पाँच मुख्य भक्ति रस रूप आस्वादित होते हैं – शान्त रस, दास्य रस, साख्य रस, वात्सल्य रस तथा माधुर्य रस। ये पाँच रस भरत मुनि के शृंगार रस के ही अन्तर्गत आते हैं। विभिन्न भाषाओं के भक्ति काव्य में सभी रस हैं। यद्यपि मुख्य रस ही उस काव्य की भूमि हैं। रूपगोस्वामी ने इन सात रसों को गौण भक्ति श्रेणी में लिया है, जो प्रीति से सीधे नहीं जुड़े हैं – तदर्थ "गौण"।

शान्त भक्ति रस – "श्रमशील भक्तों का आस्वाद्य बनने वाला शान्ति रति रूपी स्थायी भाव शान्त भक्ति रस माना गया है।"[३७]

1. शान्त भक्ति रस

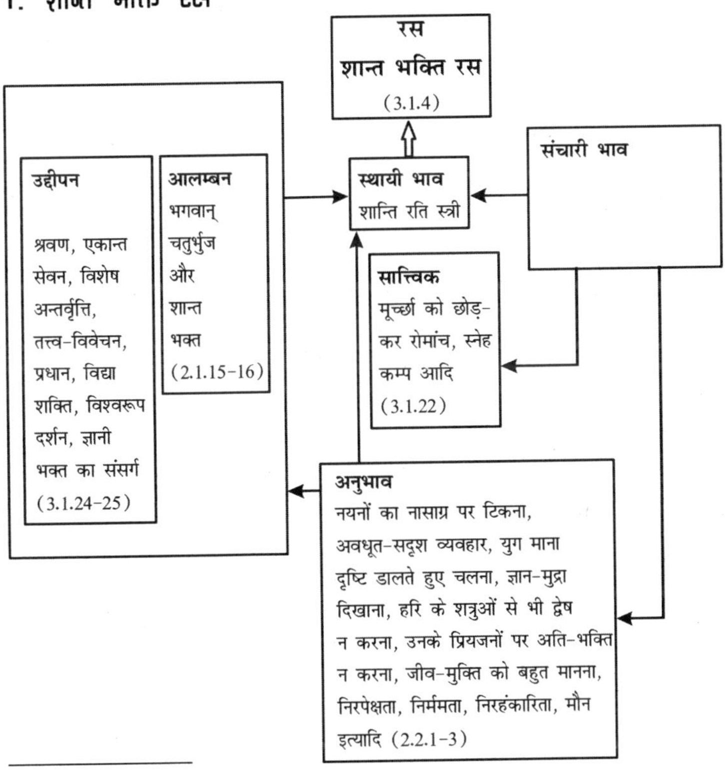

३७. ३.२.४।

प्रीत भक्ति – " जिनमें दास होने का 'अभिमान' (मैं दास हूँ – ऐसी भावना) है, उनकी श्रीकृष्ण पर ऐसी प्रीति होती है, जिसका पर्यवसान सम्भ्रम में होता है। पूर्ववत् पुष्ट होता हुआ यह रस सम्भ्रम प्रीत कहलाता है" ।[३८]

2. प्रीत भक्ति रस

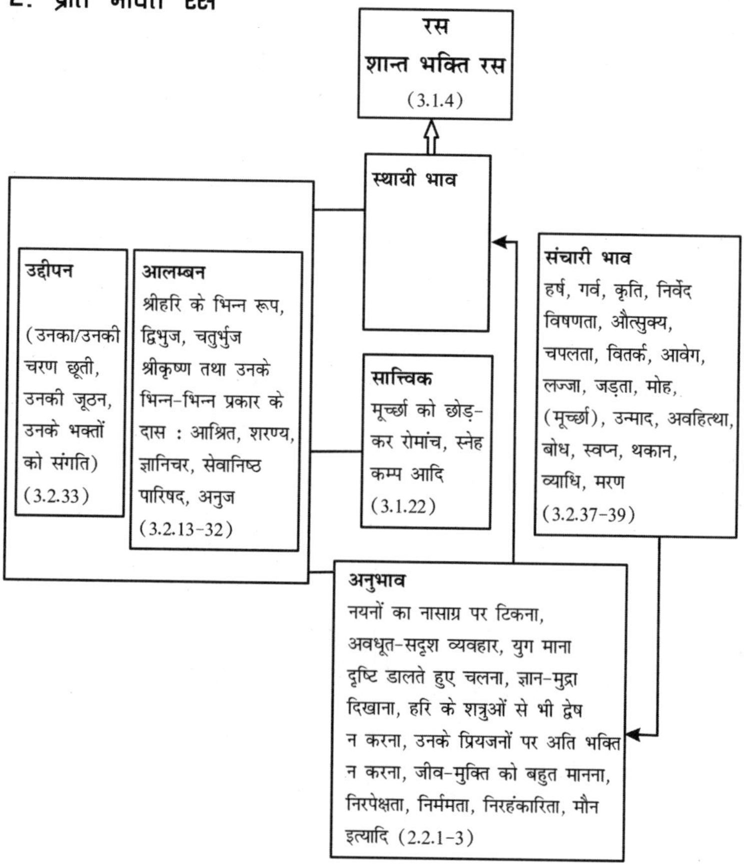

---

३८. ३.२.४।

3. प्रेयो भक्ति रस (साख्य)

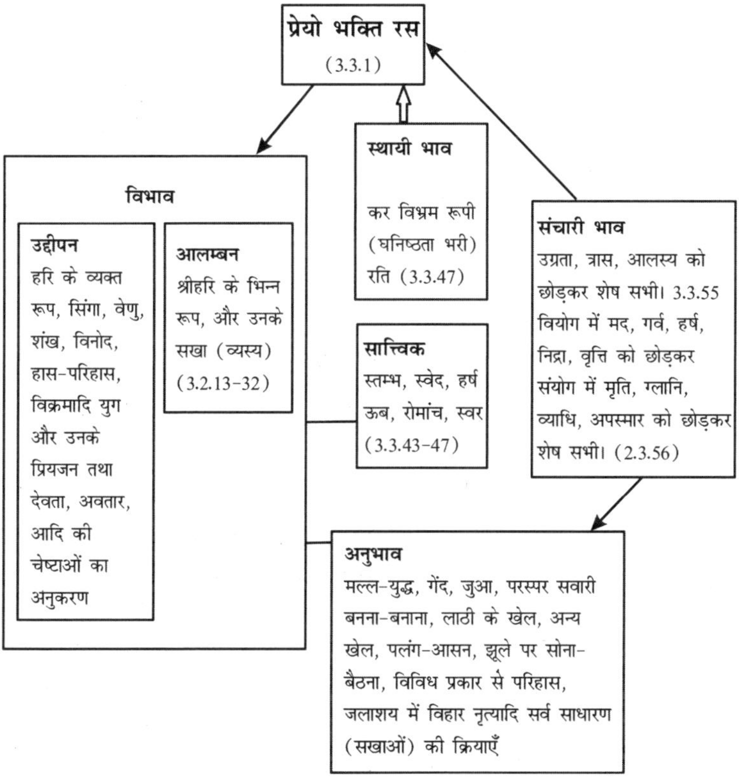

4. वात्सल्य भक्ति रस

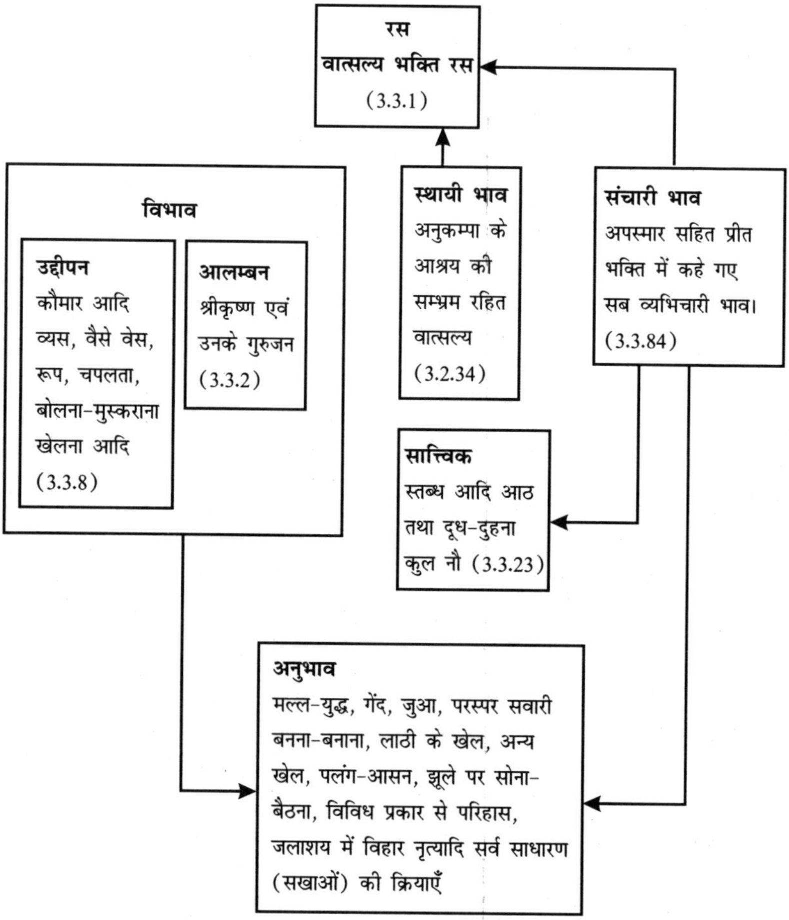

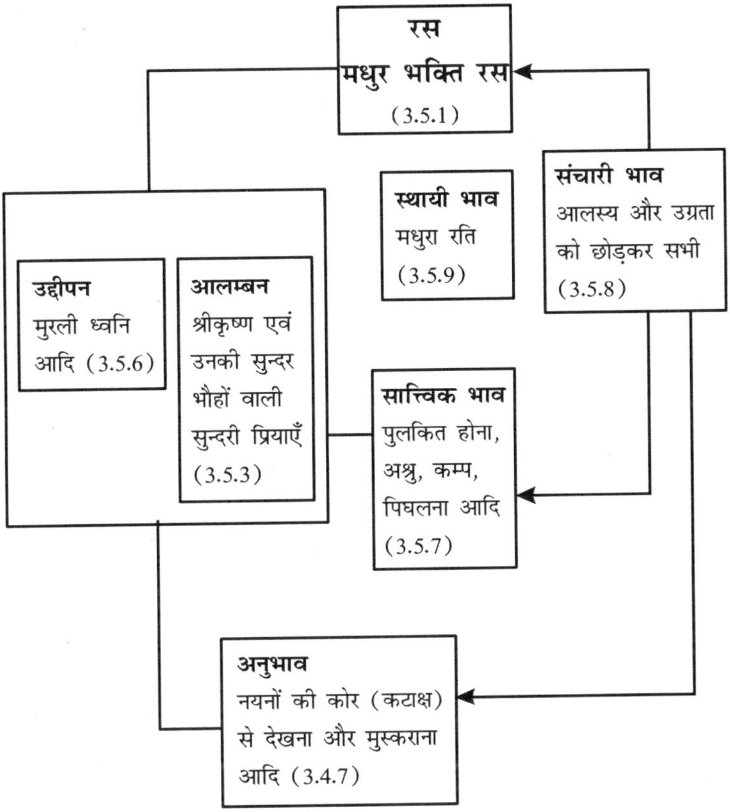

5. मधुर भक्ति रस

इस मधुर रस की व्याख्या के आरम्भ में ही रूपगोस्वामी कह देते हैं कि "निवृत्त के लिए अनुपयोगी होने का कारण, दुरूह होने के कारण और रहस्यमय होने के कारण यह रस विस्तीर्ण अंगों वाला होने पर भी संक्षेप से कहा जा रहा है"[३६] यद्यपि यह पाँचों प्रकार की भक्ति काव्य का विषय है, रति-भक्ति काव्य का विषय तो विशेषतः मधुरा भक्ति रस ही है।

भगवान् के लिए अनुकूलतायुक्त अनुशीलन ही भक्ति है। ज्ञान से भगवान् के स्वरूप और भजन का रहस्य जानना, योग से चित्त की वृत्ति का भगवान् के स्वरूप, गुण, लीला में तल्लीन हो जाना, कर्म से भगवान् की सेवा करना

३६. ३.५.२।

– यह सब ज्ञान-योग-कर्म भक्ति के अंग हैं, उपाधि नहीं। जिस भक्ति में भोग कामना रहती है, वह सकाम भक्ति या सगुण भक्ति है। जिस भक्ति में मोक्ष कामना रहती है, वह सात्त्विकी भक्ति है। इसी सात्त्विकी भक्ति को उत्तमा भक्ति कहा गया है। यह चित्तस्वरूपा है और इसके तीन भेद हैं – जैसे ऊपर रूपगोस्वामी के विवेचन में देखा – *साधन, भाव* तथा प्रेम-भक्ति। इन्द्रियों के द्वारा जिसका साधन हो सकता है, उसे साधन भक्ति कहते हैं। इस साधन भक्ति के द्वारा भाव और प्रेम सिद्ध होते हैं। *भाव* और *प्रेम* निरपसिद्ध हैं, साध्य नहीं। परन्तु साधन के द्वारा हृदय में स्थित यह भाव और प्रेम प्रकट हो जाते हैं। भगवत्प्राप्ति की अभिलाषा द्वारा चित्त को स्निग्ध करने वाली जो मनोवृत्ति है, उसी को *भाव* कहते हैं और भाव का ही दूसरा नाम *रति* है। साधन भक्ति के परिपक्व होने से ही भगवान् और उनके भक्तों की कृपा से यह प्रेम भक्ति प्राप्त होती है। इसके नौ लक्षण हैं –

१. क्षोभ के कारण प्रस्तुत होने पर भी चित्त का चंचल न होना।
२. क्षण मात्र भी सांसारिक विषयों में न बिताकर हर पल मन, वाणी, शरीर से भगवत-सेवा में लगना।
३. समस्त भोगों से विरक्ति।
४. मान-सम्मान का त्याग।
५. भगवत्प्राप्ति की दृढ़ आभा।
६. भगवत्प्राप्ति के लिए उत्कण्ठा।
७. नाम-जप-गान में रुचि।
८. उनके गुणगान में आसक्ति (रूपगोस्वामी, १.३.२४-४०)।
९. उनके वास-स्थल से प्रेम।

ये लक्षण यदा-कदा न्यूनाधिक ज्ञानियों में भी होते हैं। परन्तु वह भगवत्तत्त्व में रति नहीं उस रति का आभास है, रत्याभास – जहाँ भोग और मोक्ष की इच्छा बनी हुई है, वहाँ *मतिबिम्बरत्याभास* और जहाँ भक्तों के संज्ञ, कथा-कीर्तन आदि से बिना ज्ञान के यह धर्म पाए जाएँ वहाँ *छाया रत्याभास*[४०] भाव की मूल रस-उद्बोधक परिपक्व अवस्था[४१] ही भगवद् प्रेम है, जो वैधी

४०. १.३.४१-४३ ।

४१. रूपगोस्वामी : १.३.१-४ ।

मार्ग (शास्त्रों की आज्ञा से भजन-पूजन करना) से प्राप्त हुआ हो, उसकी महिमा के *ज्ञान से युक्त प्रेम* कहलाता है तथा जो कृष्ण के लिए स्वाभाविक प्रेम-पिपासा से प्राप्त हो, वह शुद्ध माधुर्यमय प्रेम है।[४२]

श्रीकृष्ण रति-रूप स्थायी भाव, विभाव, अनुभाव, सात्त्विक भाव और व्यभिचार के साथ मिलकर जब भक्त के हृदय में आस्वादित होता है तो वह भक्ति रस कहलाता है। इस कृष्ण रति के पाँच भेद हैं – *शान्त, दास्य, सख्य, वात्सल्य* और *मधुर*। इनमें पूर्व-पूर्व से उत्तर-उत्तर से श्रेष्ठ है। तदनुसार पाँच ही मुख्य भक्ति रस हैं और उनमें मधुर भक्ति रस सबसे श्रेष्ठ मान्य है – रूपगोस्वामी इसे "दुरूह" तथा रहस्यमयी कहते हैं।

चित्त में अचल-स्थित भाव, स्थायी भाव है। कृष्ण-रतिरूप यह स्थायी भाव एक ही है तथा हर जीव में अप्रकट रूप से रहता है। एक होते हुए भी यह भाव विभिन्न रूपों में प्रकट होता है – ततः रूपगोस्वामी ने भिन्न *रति*-प्रकारों को ही बारह भक्ति-रसों का स्थायी भाव बताया है। ततः शान्त रस का स्थायी भाव शान्ति रति है जबकि अलंकार शास्त्र में शान्त रस का स्थायी भाव निर्वेद या राम है। *श्रीमद्भागवत* के अनुसार भगवान् में अनुराग होना ही राम है। परन्तु शान्त रस के इस अनुराग या प्रेम में भगवान् के साथ व्यक्तिगत प्रेम सम्बन्ध नहीं रहता। इसलिए भक्ति रस-क्रम में शान्त से ऊपरी अवस्था है प्रीति रस की, जिसमें प्रेमी भक्त अपने को भगवान् का दास समझता है (दास-भक्त के चार प्रकार हैं : १. अधिकृत जैसे इन्द्र, कुबेर, २. आश्रित शरणागत, ज्ञाननिष्ठ, सेवानिष्ठ जैसे विभीषण, शुकदेव, हनुमान् आदि, ३. पारिषद्, ४. अनुग)। तथा भगवान् को प्रसन्न करना अपना कर्त्तव्य समझता है – यह सम्भ्रम भाव-रूपी प्रीति है। अथवा भक्त अपने को भगवान् के द्वारा रक्षित और पालित मानता है – यह *गौरव प्रीति* है। इस भक्ति में चित्त की दीनता रहती है – इसलिए इससे ऊपर है, साख्य भाव (सख्य-भक्त भी चार प्रकार के हैं – १. सुहृदसखा, २. सख्य, ३. प्रियसखा, ४. प्रियलर्भ सख्य)। इसमें भक्त दीन-हीन नहीं। प्रेम स्वरूप भगवान् के साक्षात्कार की सम्भावना से प्रेरित है, यह भक्ति रस।

सख्य रस *प्रत्मावस्था* तक नहीं पहुँचता, क्योंकि सख्य-भाव में सम-भाव के कारण श्रद्धा भावान्दोलित करने वाली नहीं हो पाती। वात्सल्य रस में मातृत्व, ममता का भाव, जैसे यशोदा में था, उत्कृष्ट प्रेम का रूप लेता है। ततः

---

४२. १.४.४-६।

वात्सल्य की अवस्था, स्नेह का उद्रेक होने के कारण सख्य भाव के ऊपर है परन्तु रस की सर्वोच्च परिणति मधुर रस में ही होती है। यह काव्यशास्त्र के शृंगार रस का उज्ज्वल, अतीन्द्रिय स्वरूप है। यद्यपि इसका आधार काम ही है परन्तु भक्ति रस के रूप में यह प्रेम लौकिक स्त्री-पुरुष या दाम्पत्य प्रेम से सर्वदा भिन्न है। यह अभिनवगुप्त की उस परिभाषा के अनुरूप है, जिसमें वह इस उज्ज्वल वेषात्मक प्रेम को सम्भोग से भिन्न तथा श्रेष्ठ बताते हैं। लौकिक प्रेम स्वार्थमूलक है तथा मिलन पर भी एक अपूर्णता के भाव वाला है, जबकि भगवत्प्रेम परमसुख-मूलक है। इस मधुर की सर्वोच्च अवस्था राम-सीता तथा राधा-कृष्ण का प्रेम है। जैसे स्वामी करपात्री ने अन्तिम-शब्द रूप में समझाया है –

> प्रेम तत्त्व को रसिक लोग "कूकर सास्वादनवत" कहते हैं। कोई आतुर मधुर वेदना को तो कोई स्नेहात्मक अन्तःकरण की वृत्ति को ही प्रेम कहते हैं। यद्यपि वधू आदि में राग, योगादि में श्रद्धा, गुरु आदि में भक्ति तथा सुवादि की इच्छा – ये सभी प्रेम के ही रूप हैं, तथापि सुख मात्र का अनुवर्त्तन करने वाली अन्तःकरण की सात्त्विकि वृत्ति ही प्रेम है। यह प्राप्त, अप्राप्त तथा नष्ट में भी रहती है। इच्छा नष्ट और प्राप्त में नहीं होती। प्रेमरासज्ञ लोग रसस्वरूप परमात्मा को ही प्रेम कहते हैं। इसलिए द्रवीभूत अन्तःकरण पर अभिव्यक्त रसस्वरूप परमात्मा ही प्रेम के रूप में प्रकट होता है। ... यद्यपि लोक में प्रेम त्रिदल होता है – पहला आश्रय दूसरा विषय और तीसरा प्रेम। तथापि अन्तरंग स्थिति में तीनों एक ही वस्तु हैं, एक में ही औपाधिक त्रैविध्य की कल्पना होती है, जैसे जल और तरंग में वास्तविक भेद न होने पर भी काल्पनिक भेद को लेकर व्यवहार होता है –
>
> गिरा अरथ जल बीचि सम कहिअत भिन्न न भिन्न।
> बेदऊँ सीता रामपद जिन्हहिं परम प्रिय खिन्न।।
>
> श्री भगवान् की आह्लादिनी शक्तिरूपा जनकनन्दिनी तो इतनी अन्तरंग हैं जैसे अमृत में माधुर्य। परमानन्द सुधा-सिन्धु भगवान् में माधुर्य सार सर्वस्य ही उनकी आह्लादिनी शक्ति है। उन्हीं का प्रेम वास्तविक प्रेम है।
>
> – *कल्याण,* ७७वां वर्ष विशेषांक, पृ. ७२-७४

१४

प्रेमा-भक्ति काव्य-कथा

वेद में भगवत्प्रेम तत्त्व बीज रूप से निहित है।[१] उपनिषदों में भी ज्ञानात्मक भक्ति की अनेक कथाएँ हैं – सत्यकाम की गुरु-भक्ति, नचिकेता की सत्य-भक्ति इत्यादि। पुराण तो भक्ति-भक्त-भगवान्-भगवत्प्रेम के ही आख्यान हैं – शिवि, अम्बरीष, सत्यव्रत भक्त, उत्तथ्य, महर्षि सौमीर, भक्त ध्रुव, भक्त प्रह्लाद, दधीचि तथा वे सब कथाएँ, जिनका प्रयोजन ही भगवत्प्राप्ति है। पुराणों में चौबीस अवतारों की भी कथाएँ हैं और इन सब में जीवों के प्रति प्रेम तथा उनके उद्धार के लिए अवतार-ग्रहण करने का वर्णन है। विशाल कथा-बाहुल्य वाङ्मय में भक्ति, भगवान् का स्वरूप, पुरुषार्थ चतुष्टय तथा जीवन मूल्य विषय हैं, कथाओं के। तदनन्तर *महाभारत* कथा-सागर है, उन कथाओं का जिनके विषय वही चार हैं। सत्यवान-सावित्री, महाराज विदुर, भगवान् कृष्ण के परम भक्त भीष्म पितामह, रन्तिदेव, नल-दमयन्ती इत्यादि। काल-क्रम में इसके अनन्तर *श्रीमद्भागवत* मुख्य कथा-ग्रन्थ है, जो प्रायः सभी भारतीय भाषाओं के भक्ति काव्य-कथा साहित्य का स्रोत बना। *श्रीमद्भागवत* के दशम स्कन्ध में भक्ति-भक्त-भगवान् के अटूट सम्बन्ध को जीवन और काल यथोक्त परिभाषित किया है। भगवान् के द्वारा पृथ्वी को आश्वासन[२] से लेकर भगवान् श्रीकृष्ण के लीला-विहार-वर्णन तक पूरा कथानक है। भगवान् की भक्तोन्मुख करुणा का, अपने भक्तों का, उनके द्वारा उद्धार का तथा उनके भक्तों का – पूतना, यमलार्जुन, बकासुर, अधासुर, धेनुकासुर, कालियनाग, प्रलम्बासुर, सुदर्शन, शंखचूड़, अरिष्टासुर, अक्रूर, केशी, व्योमासुर, कुब्जा, चाणूर,

---

१. *ऋ.* ७.१६.७७, १.४.१ नाटक अट्टकथा (मूल पालि के साथ हिन्दी अनुवाद) शिवशंकर त्रिपाठी (संशोधन सम्पादन) भाग १, २ इलाहाबाद, २००६।

२. *श्रीमद्भागवत,* १०.१।

मुष्टिक, कंस, उद्धव, भौमासुर, शाल्व, दन्तवक्त्रा, विदूरथ, बल्वल, सुदामा। तदोपरान्त महाभारत युद्ध के सम्बन्ध में द्रौपदी तथा भीष्म पर कृपा।

बौद्ध *जातक* की अतीत व वर्तमान की कथाएँ, *थेरगाथा* व *थेरीगाथा* की उद्‌बोधन रूपी कथाएँ (देखिए अमृतपद प्राप्ति हेतु साधन मार्ग का उद्‌बोधन, *सुत्तपिटक* के खुद्दक निकाय के अष्टम भाग थेरगाथा की उन्नीसवीं वर्ग की गाथा "स्थविर का स्वचित्त को उद्‌बोधन"। *थेरिगाथा* पालि[३] पुनः पुरुषार्थ-सम्बन्धी, विशेषकर धर्म-सम्बन्धी आख्यान हैं। इस ग्रन्थाक्रम में पर-पर ग्रन्थों में यदा-कदा पूर्वकथित कथाओं की पुनरुक्ति भी होती है।

इनमें से कुछ दृष्टान्त रूपी भक्ति कथाओं का नाम लेते हैं, यथा – हनुमान् की *दास्य भक्ति*। *अध्यात्म रामायण* में अपना परिचय देते हुए वे कहते हैं –

> देह-बुद्धि से मैं, अपने आराध्य श्रीराम का दास हूँ, जीव-बुद्धि से अपने अंशी का अंश हूँ और आत्मा से अभेद वही हूँ, जो मेरे इष्टदेव स्वयं हैं।

जब सीता को ढूंढकर पहुँचे रघुनाथ ने पूछा – तुमने लंका दहन कैसे किया ? तो उन्होंने कहा –

> सौ सब तव प्रताप रघुराई।
> नाथ न कछु मोरि प्रभुताई – *रा.च.मा.*, ४.३३.८

बहुत समय बाद शाह हुसैन सूफ़ी ने "घुम चरखड़िया घुम" (पंजाबी) कविता में कहा –

> मैं नां ही सब तूं।

राम के सब काम किए तथा राम-दरबार में स्थान पाया "राम काज किए बिनु मोहि कहाँ विश्राम।" पहली भेंट में ही श्रीराम ने उन्हें कहा –

> सुनु कपि जियँ मानसी जनि ऊना।
> तै मम प्रिय लछमन ते दूंना।।

अयोध्या लौटकर राम भरत को कहते हैं –

> "भरत भाई, कपि ऊऋण हम नांही।
> जहाँ पठायो तहिं जाई।"

---

३. हिन्दी अनुवाद सहित) स्वामी द्वारकादास शास्त्री, सम्पादक/अनुवादक, वाराणसी, पृ. २०२-०५।

हनुमान् विभीषण को कहते हैं –

सुनहु बिभीषन प्रभु कै रीति।
करहिं सदा सेवक पर प्रीति।।
कहहु कवन मैं परम कुलीना।
कपि चंचल सबहीं बिधि हीना।।
– *रा.च.मा.*, ५.७६-७

प्रभु-रक्षित प्रह्लाद। दैत्य-पुत्र प्रह्लाद ने अपने चारों ओर क्रूरता का ही साम्राज्य देखा, किन्तु पूर्वजन्मों के पुण्य-कर्म-स्वरूप उसका मन भगवान् में ही लीन रहा, जिसके फलस्वरूप वह सर्वथा निडर और सत्य-निष्ठ हो गए। जब पिता हिरण्यकश्यिपु ने क्रोध में पूछा कि तेरा जगदीश्वर है कहाँ? तो उन्होंने कहा –

व्यापक व्याप्य अखंड अनंता।
अखिल अमोध सक्ति भगवंता।।
अगुन अदभ्र शिरा गोतीता।
सबदासी अनवध अजीता।।
– *रा.च.मा.*, ७.७२.४-५

जब प्रह्लाद ने श्रीहरि की खम्भे में भी होने की पुष्टि की और दम्भ में चूर राजा ने खम्भे पर तलवार से प्रहार किया तो श्रीहरि अपने भक्त की सत्य वचनता पुष्ट करने के लिए गर्जना के साथ प्रकट हो गए। उन्होंने हिरण्यकश्यिपु का संहार कर आतंक का अन्त किया –

राम नाम नरकेसरी कनककलिपु कलिकाल।
जापक जन प्रह्लाद जिमि पालिहि दलि सुरसाल।।

अहंकारशून्य अनन्य वात्सल्य-मूर्ति प्रभु-रक्षित शबरी दोनों भाइयों के दर्शन पाकर कहती है –

> श्रीराम! आपके पदार्पण से मेरी तपस्या सफल हो गई। आज मेरा जन्म सफल हुआ, गुरुजनों की उत्तम पूजा भी सफल हो गई।

निषादराज का सखा-प्रेम

राम बनवास से, जब शृंगवेरपुर में राम ने गंगा पार की, अयोध्या राज्याभिषेक तक निषाद राज प्रभु के "पद पंकज" के भक्त रहे। जब भरत राम को लौटाने गंगा किनारे पहुँचे, उनके प्रयोजन न समझकर निषादराज ने पहले उनका प्रतिरोध किया और फिर मित्र-भाव की सूचना पाकर उनका भेंट-सत्कार

किया। चित्रकूट से जहाँ वह प्रभु के साथ ही गए थे, वहाँ से लौटते समय श्रीराम ने कहा –

तुम्ह मम सखा भरत सम भ्राता।
सदा रहेऊं पुरआवत जाता।"

प्रभु-भक्त केवट की सेवकाई – सेवा-भक्ति

राम गंगा पार जाने के लिए उसे कहते हैं तो वह इन्कार कर देता है – उसने सुन रखा है कि उनके चरणों की धूलि से अहल्या पत्थर से स्त्री बन गई। क्या होगा अगर उसकी नाव भी स्त्री बन जाए? यही उसकी जीविका का एकमात्र साधन है। वह नाव में बैठाने से पहले उनके चरण पखारने का आग्रह करता है और इस बहाने प्रभु के चरण पखारता है और फिर गंगा पार ले जाता है। पार जाकर राम उसे उतराई देना चाहते हैं पर वह इन्कार कर देता है – *रामचरितमानस* में तुलसी कहते हैं –

बहुत कीन्ह प्रभु लखन सियं नहीं कछु केवट लेइ।

आग्रह करने पर केवट कहता है –

नाथ आजु मैं काह न पावा।
मिटे दोष दुख दरिद्र दावा।।
बहुत काल मैं कीन्ह मजूरी।
आजु दीन्ह बिधि बनि भलि मूरी।।
अब कछु नाथ न चाहिअ मोरें।
दीनदयाल अनुग्रह तोरें।।
– *रा.च.मा.*, २.१०२.४-७

सखा-भक्त उद्धव

उद्धव सखा-भक्त थे, जिन पर श्रीकृष्ण का पूर्ण विश्वास था और जिनके साथ उनकी चिन्तन एकता थी। ततः वियोग-ग्रस्त ब्रज की गोपांगनाओं को समझाने-बुझाने जैसे संवेदन-शील प्रसंग में वह उद्धव का सहारा लेते हैं। उद्धव उन ब्रजांगनाओं से अलौकिक प्रेम के सामने अपनी ज्ञान-गाथा भूल गए। जब श्रीकृष्ण द्वारकाधीश बनते हैं तो उद्धव उनके साथ जाते हैं और प्रभु अपनी लीला को समाप्त करने वाले थे तो उद्धव ने उनसे प्रार्थना की –

त्यक्तुं समुत्सहे नाथ स्वधाम नय मामपि
– *श्रीमद्भागवत*, ११.६.४३

"मुझे भी नाथ अपने साथ ले चलिए।" प्रभु ने सरस्वती के तट पर प्रभास में शरीर त्याग दिया। परन्तु भगवान् की आज्ञानुसार वह बद्रीकाश्रम चले जाते हैं। परन्तु भगवान् के वियोग में वह रोते रहते हैं। संयोग से उन्हें विदुर मिल जाते हैं और उनको यदु वंश का यह ह्रास सुनाकर कहते हैं "कृष्णरूपी सूर्य के अस्त होने पर ... हमारे कुल की अब कुशल-क्षेम क्या पूछते हैं?"[४] उन उद्धव के बारे में श्रीकृष्ण कहते हैं –

> मेरे इस लोक से चले जाने के पश्चात् उद्धव मेरे ज्ञान की रक्षा करेंगे।
>
> – *श्रीमद्.,* ३.४.३०-३१

इस प्रकार पुराणों में, *महाभारत एवं रामायण* में अनेक भक्तों की कथाएँ भरी पड़ी हैं। लोक में भी अनेक कथाएँ हैं तथा जगह-जगह यदा-कदा ऐसे भक्तों की कथाएँ प्रचलित होती रहती हैं – जैसे बिल्वामंगल कथा, पंजाब के धन्ना भगत, जिनकी कथा प्रान्त भर में गाई जाती है।

यह तो है भक्तों का कथा-साहित्य। इसी धारा में कालान्तर में भारतीय भाषाओं में भक्ति-काव्य का सृजन हुआ। सकल भक्ति-काव्य भगवत्-प्रेम से ओत-प्रोत है। सभी कवियों में पाँचों प्रकार का भक्ति-रस विद्यमान रहता है तथापि एक रस प्रधान होता है, जिसकी दार्शनिक प्रेरणा भी वही है, जो भक्त-कथाओं की रही। सन्त-कवि भक्तों ने एक निर्बद्ध धारा-स्वरूप भगवान् की स्तुति का साहित्य रचा।

इसका उद्गम द्रविड़ देश के आल्वार सन्तों में हुआ। बारह तमिल आल्वार सन्त परम्परा में गिने जाते हैं तथा वह सब आस्तिक ईश्वर-विश्वास और भक्ति के आदिश्री रामानुजाचार्य (= ईस्वी १०१७ – ११३७) से पहले हुए। उनमें अन्तिम आल्वार, तीरुमंगई, आठवीं शताब्दी के परार्द्ध में रहे। आल्वार सन्तों की गहन ईश्वर-भक्ति और अनुभव निबद्ध है ४००० श्लोकों की *वालापिय प्रबन्धम्,* जो आज तक वैष्णव पूजा का अंग है। इन श्लोकों में कोई नया ईश्वर-दर्शन नहीं – अपितु उनमें उस गहरे ईश्वर अनुभव का चित्रण है, जो इस अवधारणा से उद्बोधित होता है कि भगवान् प्रेमवश अपने भक्तों की भलाई के लिए इस धरती पर अवतरित होते हैं। एक आल्वार सुप्रसिद्ध आण्डाल एक नारी थी तथा कई आल्वार सन्त अ-ब्राह्मण थे। ततः नाम्माल्वार, कदाचित् सबसे महान् आल्वार सन्त, शूद्र थे तथा तिरुपण आल्वार द्विजेतर जाति के थे।

---

४. *श्रीमद्.* ३/२/७-८।

सन्त कवियों में[५] रामाल्वार जी सबसे दार्शनिक ढंग से 'ईश्वर' की परिभाषा करते हैं – अन्य आल्वार भगवान् के अवतारों की केवल विभूतियाँ ही गिनवाते हैं। नाम्माल्वार कहते हैं –

> उसका यह गुण है, यह नहीं – ऐसा नहीं कहा जा सकता। उस तक हम पहुँच नहीं सकते विचार से भी न पृथ्वी पर न ब्रह्माण्ड में। वह भूत जगत् से अभिन्न है पर भिन्न है। – *तिरुवायमोली* शतक १.१.३

> वह कारण है, इति आम्नाय का। ... जीव रूप में सब जगह, वह सबमें व्याप्त है। – *तिरुवायमोली* शतक ८.१.१.७

> वह परे से परे है ... परन्तु मेरे लिए उसकी एक प्रकृति है। वह भक्तों के लिए सरल – ग्राह्य है ... वह अनेक गुण सम्पन्न है ... द्रव्यात्मक है, आनन्ददायक है – *तिरु.* शतक १.१.७, शतक १.२.२, ७, ३, २

> वह सबका है – भक्त व अभक्त सबका है, सबसे प्रेम करता है।
> – *तिरु.* शतक १.६.३-५

भगवान् का प्रेममय होना, उसका सबके लिए अगाध प्रेम भाव ही आल्वार कवि-भक्तों के लिए भक्ति-केन्द्र है और वह उसके सगुण रूप के ही उपासक हैं। सगुण रूप के यह प्रेमी-भक्त उनके ग्वाल-कृष्ण रूप के साथ एक-भाव हो जाते हैं। नाम्माल्वार अपने को एक गोपी मानते हैं। अपने १०० पदों के काव्य *तिरुविरुन्तम्* में एक विप्रलम्भ-ग्रस्त विरहिणी गोपी के रूप में अपने प्रियतम कृष्ण के लिए अपना अनुराग प्रकट करते हैं। उसी प्रकार आण्डाल एक भक्तिनी-कवयित्री अपने को गोपी-स्वरूप मानती है, जो अन्य ग्वालिनों के साथ सोए हुए श्रीकृष्ण को जगाने जाती है। तथापि यह आण्डाल का ही चित्र है, जो सुबह-सुबह मन्दिर में जाकर भगवान् रंगनाथ को मंगल गीत से जगाती हैं। इन भक्तों का प्रेम केवल कृष्ण के लिए ही नहीं अपितु उनके सुन्दर मन्दिर-प्रतिष्ठित विग्रह के लिए भी है। श्रीमुख, श्रीविग्रह तथा श्रीस्थान (मन्दिर), तीनों उनको प्रिय हैं। उन्हें भी आण्डाल की तरह प्रातः मन्दिर जाकर श्रीभगवान् को जगाना अत्यन्त प्रिय है –

> उठो, भगपान्, उठो
> प्रण्य सलिला कावेरी में सुषुप्त भगवान्
> तुलसी लेकर तुम्हारे द्वार पर खड़े

---

५. देखिए – भरतन कुमारप्पा, *दी हिन्दू कन्सैपशन ऑफ दी डीअटी एज़ कल्मीनेटिंग इन रामानुजा, लन्दन,* १९३४, पृ. १२७-४७।

हम तुच्छ जीवों को
आशीर्वाद दो।"
— *तोण्डाराडाप्पोड़ी-तिरुपल्ली चेलुची, १०*

वह सब भक्तों का आह्वान करते हैं —

आओ भक्त-गण नारायण की स्तुति से
वन-वाटिका को भर दो
— *पेरी आल्वार-तिरुमालण्डु, ७४-५*

इन भक्त-कवियों को मन्दिर इतना प्रिय है कि कुलशेखर आल्वार, जो पहले त्रावणकोर के राजा थे, कहते हैं कि "एक सम्राट् होने से अधिक वह चाहते हैं कि मन्दिर के पुष्कर का पक्षी या मछली हो या मन्दिर का पेड़ हो या मन्दिर को जाने का रास्ता, या मन्दिर की पहली सीढ़ी — कुछ भी, जो मन्दिर में या पास हो।"[६] उनके काव्य, अवतारों का गुणानुवाद तथा भगवान् द्वारा कष्ट-पीड़ित जीवों के उद्धार की स्तुति करते हैं। भगवान् का यह वत्सल भाव आल्वार कवियों को सबसे अधिक अनुभूत है। भगवान् की प्रेममयी भक्ति आल्वार भक्तों का चिह्न है। रात्रि में एक सारस पक्षी को अकेले आकाश में उड़ते देखकर नाम्माल्वार उससे पूछते हैं, क्या वह भी एक प्रेमी है, जिसे अपनी प्रेमिका (भगवान्) को अभाव बोध होता है? अन्दरील पक्षी के दुःख भरे गीत का अशान्त समुद्र की गहरी शोक-ध्वनि, वायु, जो वन पर्वत में कुछ ढूंढती है, वर्षा का काला मेघ, जो इतने आँसू बहाता है, घटते हुए चन्द्रमा को, जिसका तेज क्षीण हो गया है, धरती को आच्छादित किए हुए अन्धेरे को तथा उस घटती-बढ़ती शिक्षा को, जो अपनी प्रेम-ज्योति को जीवित रखने में खोई हुई है। वे निष्कर्ष निकालते हैं कि इन सबमें प्रगाढ़ प्रेम है, जो प्रभु को पाकर शान्त होगा।[७]

ये आल्वार भक्त भगवान् से एक होने के लिए इस संसार को छोड़ने के इच्छुक रहते हैं — उनकी भगवान् से एक होने की ऐसी तीव्र उत्कण्ठा है। नाम्माल्वार कहते हैं — वे नहीं जानते कि कब वे भगवान् के सेवकों की पंक्ति में पहुँचेंगे।[८] अपने को एक विरहिणी प्रेमिका मानकर जो दिन-रैन, अपने प्रेमी से दूरी के कारण, अश्रु बहाती है और तन से सूखती जाती है।

---

६. *पेरुमाल तिरुमोली* ४।

७. *नाम्माल्वार,* तिरुवायमोली २.१।

८. *तिरु.* २.३.१०।

नाम्माल्वार प्रभु से एक हो जाने की संकल्प व्यथा वर्णन करते हैं।[९] इस ध्येय को पाने के लिए न संन्यास, न यज्ञ, न ज्ञान, न उच्च वर्ण आवश्यक है। तिरुमंगई आल्वार, जो चोर-जाति का था और जिसमें इन चारों में से एक भी गुण नहीं था। सबसे प्रत्यक्ष रूप से काव्य-वचन कहते हैं भगवान् की उस कृपा-दृष्टि तथा वात्सल्य भाव को जिस कारण भगवान् नीच से नीच व तुच्छ से तुच्छ व्यक्ति को बिना भेद के अपनाते हैं –

> वेद ज्ञान के लिए मैंने कोई गुरु-आचार्य नहीं बनाया; इन्द्रियजनित ज्ञान पर ही मन-चिन्तन किया। तदनुसार मैं तो अशक्त ही हूँ। साधारण जन के भीषण से भीषण दुःखों की निवृत्ति के लिए मैं परिव्राजक बन गया। ततः भगवत्-कृपा हुई और मैं दीप्तिमान् हो गया। नारायण नाम ग्रहण करके मैं मोक्ष पा गया। – पेरिया तिरुमोली, पृ. १.८

तोण्डाराडाप्पोड़ी कहते हैं कि नीच से नीच भक्ति परिपूर्ण व्यक्ति भगवान् को ज्ञानी द्विजों से अधिक प्रिय है। नारायण स्वयं उन्हें, जो उसे प्रिय हैं, प्रेम और भक्तिमय बनाकर मोक्ष के रास्ते पर ले चलता है। भक्त में प्रेम का अंकुर नारायण ही रोपते हैं। इसका सर्वोत्तम उदाहरण है प्रतिख्यात, यशस्विनी आण्डाल, आल्वारों में अकेली भक्त नारी, जो बचपन से ही विष्णु-भक्त थी, जिसने सयानी होकर विवाह से इन्कार कर दिया और जिसका उनके पिता ने स्वप्न में नारायण के आदेशानुसार विवाह पूरे दुल्हन शृंगार में भगवान् रंगनाथ के मन्दिर में रचा और जो उस विवाह समय भगवान् रंगनाथ का आलिंगन कर उनमें ही समा गई। अपने इस विलक्षण प्रेम और भक्ति को उन्होंने अपने दो काव्यों, *तिरुपावई* (३० पद) तथा *नाचियार तिरुमोली* (१४३ पद), में किया। तिरुपावई के स्तोत्र आज भी सुप्रभात-रूप वैष्णव मन्दिरों में गाए जाते हैं। नारायण ही विष्णु हैं तथा राम कृष्ण के रूप में इस जगत् में प्रकट हुए। विशिष्ट रूप से प्रेम के अवतार-कृष्ण हैं, जो अपने भक्तों के नाम जाप, गुणानुवाद, स्तुति तथा अनन्य प्रेम से प्रसन्न होते हैं।

आल्वार भक्तों के गहरी भक्ति-अनुभव का प्रभाव बौद्धिक परम्परा पर पड़ा तथा प्रसिद्ध आचार्यों ने उनके काव्य के आधार पर द्वैतवाद तथा विशिष्ट द्वैतवाद जैसे दर्शन को विकसित किया। इसमें सबसे प्रथम हैं नाथमुनि (ईस्वी ८२०), जिन्होंने सारे आल्वार भक्तों के स्तोत्रों को एक ही ग्रन्थ *नालायिर दिव्य प्रबन्धम्* में एकत्रित किया। उन्होंने उन स्तोत्रों को रागों में भी निबद्ध

९. *तिरुवायमोली* ८१.२.४।

किया और वैष्णव मन्दिरों में स्तोत्र-सुप्रभात-गायन की प्रथा भी प्रतिष्ठित की। उनके दार्शनिक ग्रन्थ *न्याय-तत्त्व* तथा *योग रहस्य* काल-क्रम में लुप्त हो गए। तदुपरान्त उनके पौत्र यमुनाचार्य में आल्वार भक्तों का भक्ति अनुभव तथा शास्त्रों तथा टीका-परम्परा का ज्ञान दोनों थे और उन्होंने अपने ग्रन्थ सिद्धीत्रय में आत्मा की परमात्मा से स्वतन्त्र सत्ता का प्रतिपादन किया। अपने दूसरे ग्रन्थ *आगमप्रामाण्य* में उन्होंने जिस प्राचीन भागवत् धर्म जिसका अद्वैत ने खण्डन किया था, पुनःप्रतिष्ठित किया अपने तीसरे ग्रन्थ *गीता अर्थसंग्रह* में उन्होंने अपने सिद्धान्त अनुसार *गीता* के सार को प्रकट किया। उन्होंने *स्तोत्ररत्न* भी रचा, जिसमें वही आल्वार भक्तों का गहन भगवत्प्रेम-अनुभव है। आल्वार सन्तों की तरह वही भगवत्-एकीकरण की अभिलाषा उन स्तोत्रों में है –

> मैं कब तुम्हारी दृष्टि पाऊँगा; कब तुम्हारे पद-कमल देखूँगा ... तुमने ही तुम्हारा ही नित्य होने का ज्ञान मेरे में अंकुरित किया ... मुझे उस प्रेम का आशीर्वाद दो, जो केवल तुम्हारे लिए हो ... मुझे अपना दास बना लो, मुझे अपना लो। – *स्तोत्ररत्न*, ३०, ८४, ४७, ४८

इसके अनन्तर रामानुजाचार्य (दसवीं-ग्यारहवीं शताब्दी) प्रकट हुए, जिनका हम ऊपर भागवत-धर्म के परिपेक्ष्य में उल्लेख कर चुके हैं, जिन्होंने एक होने पर भी, मोक्ष-अवस्था में आत्मा-परमात्मा की स्वतन्त्र सत्ता होने का सिद्धान्त प्रतिपादित कर अपने मोक्ष के लिए स्वयं इस सम्यक् जगत् में चेष्टा करने की प्रेरणा दी। इसके उपरान्त मध्वाचार्य, जिन्होंने ईश्वर-भक्ति को ही मोक्ष का साधन माना।

१५

मधुर रस-भक्ति काव्य-कथा

इस दर्शन तथा अनुभव के प्रयास ने एक ऐसी सशक्त भक्ति-धारा को जन्म दिया, जो आने वाली कुछ शताब्दियों में सारे भारतवर्ष में बहने लगी। इस भक्ति के अंग-प्रत्यंग का तथा कुछ पौराणिक और अर्वाचीन भक्तों का सीमित सा वर्णन हमने ऊपर किया है। आल्वार भक्ति, प्रेमा-भक्ति है तथा उसमें भी विशेषकर दास्य-भाव की प्रभुरक्षित प्रेमा-भक्ति – भक्त भगवान की असीम अनुकम्पा का प्रार्थी एवं दास है। नारायण उन्हें इतना चाहते हैं कि वह उनका हर प्रकार से मोक्ष-पथ-प्रदर्शन तथा रक्षा करते हैं। इसी प्रेमाभक्ति स्तोत्रों में मधुर-रस की अभिव्यक्ति, रति-भक्ति का भी बीज है – विशेषकर नाम्माल्वार तथा आण्डाल के स्तोत्रों में।

प्रेमा-भक्ति में मधुर रस रति-भक्ति का रूप लेता है, जब अलौकिक नारायण/वासुदेव कृष्ण के लिए भक्त के प्रेम की पूर्णतः या सिद्धि लौकिक काम-सिद्धि रूप में ही लभ्य या प्राप्य होती है। ततः आण्डाल का अलौकिक प्रेम अलौकिक ढंग से उसके शरीर के भगवान् रंगनाथ के शरीर के साथ एकीकार होकर ही पूर्णतः सिद्धि हो पाता है, अतः यही आण्डाल का मोक्ष है – वह इस शरीर के साथ ही भगवान् की अंगी हो गई। यही रति-भक्ति, प्रेमा-भक्ति का प्रारूप है। अतएव राधा-कृष्ण की पौराणिक कथा, राधा-कृष्ण के अनन्य प्रेम एवं रति-भक्ति काव्य कथा का प्रारूप है। इस रति-भक्ति में प्रभु इहलोक के प्रेमी-स्वरूप ग्रहण होता है तथा इहलोक का प्रेमी प्रभु-स्वरूप।

ततः भक्ति काव्य-कथा में प्रेम के कई रूप हैं। प्रेम का पथ अद्‌भुत है। राठौर-राजकुमारी, सिसोदिया मेवाड़ की वधू, गिरिधर प्रेम में दीवानी होकर नाचने लगी। ब्रजांगनाओं ने श्रीकृष्ण के हेतु घर त्याग दिया और प्रभु को पाकर भक्ति का एक ऐसा अनूठा उदाहरण बन गई कि उद्धव को कहना पड़ा –

> वन्दे नन्दव्रजस्त्रीणां पहरेणुमभीस्णशः।
> यासां हरिकथोद्‌गीतं पुनाति भुवत्रयम्।।
>
> – *श्रीमद्.* १०.४७.६३

महाभारत का कथानक लीजिए। जब सव्यसाची अर्जुन शान्तनुनन्दन के सामने युद्ध में शिथिल पड़ने लगे, तो श्रीकृष्ण सुदर्शन का ध्यान कर तथा चक्र हाथ में ले भीष्म पितामह की ओर बढ़ने लगे।

ऐसे भयंकर क्रोधावेश में भगवान् को अपनी ओर आते देखकर प्रभु प्रेमी भीष्म पितामह निर्भय होकर धनुष को खींचते हुए भगवान् श्रीकृष्ण का आह्वान करते हुए बोले –

> एह्येहि देवेश जगन्निवास
> नमोऽस्तु ते माधव चक्रपाणे।।
> प्रसह्य मां पातय लोकनाथ
> रथोत्तमात् सर्वशरण्य संख्ये।।
> – *महाभारत,* भीष्म-पर्व ४६.६६-६७

आइए, आइए, हे देवेश्वर ! जगन्निवास ! आपको नमस्कार है। हाथ में चक्र लिए आए हुए माधव ! सबको शरण देने वाले लोकनाथ ! आज युद्धभूमि में बलपूर्वक इस उत्तम रथ से मुझे मार गिराइए।

कैसा अनोखा भगवत्प्रेम है? भीष्म बाणों की वर्षा भी कर रहे हैं और यह भी जान रहे हैं कि ये ही परमेश्वर हैं। और उन्हें मार भी सकते हैं। वे प्रणाम भी कर रहे हैं तथा यह भी कह रहे हैं कि आपके द्वारा मारे जाने पर भी संसार में सब ओर उनका परम कल्याण ही होगा –

> सम्भावितोऽस्मि गोविन्द त्रैलोक्येनाद्य संयुगे।।
> प्रहरस्व यथेष्टं वै दासोऽस्मि तव चानध।
> – *महाभारत,* भीष्म-पर्व, १०६.६६-६७

हे गोविन्द ! आज इस युद्ध में, मैं तीनों लोकों द्वारा सम्मानित हो गया। हे अनघ ! मैं आपका दास हूँ, आप अपनी इच्छानुसार मुझ पर प्रहार कीजिए।

संसार के इतिहास में ऐसे अनूठे भगवत्प्रेम का उदाहरण दुर्लभ है।

श्रीमद्भागवत् में पितामह भीष्म द्वारा अन्त समय में भगवान् की जो स्तुति की गई है, वह भी मननीय एवं स्मरणीय है –

> युधि तुरगरजोविधूम्रविष्वक् –
> कचलुलितश्रमवार्यलङ्कृतास्ये।
> मम निशितशरैर्विभिद्यमान –
> त्वचि विलसत्कवचेऽस्तु कृष्ण आत्मा।।
> – १.६.३४

युद्ध में घोड़ों की टापों से उड़ी हुई रज से धूसरित तथा चारों ओर छिटकी हुई अलकों वाले, परिश्रमजन्य पसीने की बूँदों से सुशोभित मुख वाले और मेरे तीक्ष्ण बाणों से विदीर्ण हुई त्वचा वाले, सुन्दर कवचधारी श्रीकृष्ण में मेरी आत्मा प्रवेश करे।

स्वनिगममपहाय मत्प्रतिज्ञा –
मृतमधिकर्तुमवप्लुतो रथस्थः।
धृतरथचरणोऽभ्ययाच्चलद्गु –
र्हरिरिव हन्तुमिभं गतोत्तरीयः।।
शितविशिखहतो विशीर्णदंशः
क्षतजपरिप्लुत आततायिनो मे।
प्रसभमभिससार मद्वधार्थं
स भवतु मे भगवान् गतिर्मुकुन्दः।।
– *श्रीमद्भागवत* १.९.३७-३८

मेरी प्रतिज्ञा को सत्य करने के लिए अपनी प्रतिज्ञा छोड़कर रथ से उतर पड़े; जैसे सिंह हाथी को मारने के लिए दौड़ता है, उसी तरह चक्र को लेकर पृथ्वी कँपाते श्रीकृष्ण (मेरी ओर) दौड़े। उस समय शीघ्रता के कारण उनका दुपट्टा (पृथ्वी को सान्त्वना देने के लिए) गिर पड़ा था। मुझ आततायी के तीक्ष्ण बाणों से विदीर्ण होकर फटे हुए कवच वाले घाव और रुधिर से सने हुए, जो भगवान् मुकुन्द मुझे हठपूर्वक मारने को दौड़े, वह मेरी गति हो।

ऐसी अनोखी अनुपम आराधना, विश्व के इतिहास-पटल पर असम्भव है।

सन्त कबीर*

तेरहवीं-चौदहवीं सदी के वाराणसीय कबीर एक महान् सन्त और भक्त थे। उनका भगवत्प्रेम गुरु-श्रद्धा रूप है।

कबीर ने प्रेम-रस को अनेक रूपों में व्यक्त किया है –

राम रसाइन प्रेम रस, पीवत अधिक रसाल।
कबीर पीवन दुर्लभ है, मांगै सीस कलाल।।
हरि रस पिया जांणिये, जे कबहुं न जाइ खुमार।
मैं मंता घूँमत रहै, नांही तन की सार।।
– *कबीर-ग्रन्थावली*, रस कौ अंग, साखी २, ४

* इस विभाग में उदाहरण-काव्यों के लिए *कल्याण* के ७७वें वर्ष के "भगवत्प्रेम अंक" का मैं आभारी हूँ।

अपनी आत्मा को प्रेयसी और परमात्मा को प्रियतम मानकर वह अपनी आत्मा की विरह-कथा –

रात्यूं संनी बिरहनी, ज्यूं बचौ कूं कुंज।
कबीर अंतर प्रजल्या, प्रगट्या बिरहा पुंज।।
– *कबीर ग्रन्थावली,* बिरह कौ अंग, साखी १

ईश-प्रेम से सराबोर तथा आध्यात्मिकता का पुट लिए उनके कुछ पद यहाँ उद्धृत किए जा रहे हैं –

घूँघट का पट खोल री तोहे पीव मिलेंगे।
घट घट रमता राम रमैया कटुक बचन मत बोल रे।
रंगमहल में दीप बरत है, आसन से मत डोल रे।।
कहत कबीर सुनो भाई साधू, अनहद बाजत ढोल रे।।१।।
– *भजन-संग्रह,* पद २२८

कुछ लेना न देना मगन रहना।
पाँच तत्त का बना पींजरा जामें बोले मेरी मैना।।
तेरा साँई तेरे अन्दर अब देख सखी तू खोल नैना।
गहरी नदिया नाव पुरानी, खेवटिया से मिले रहना।।
कहें कबीर सुनौ भई साधौ, गुरु के चरन में लिपट रहना।२।

सन्त कबीर संसार की असारता किस रूप में दर्शा रहे हैं, जरा देखिए –

रहना नहिं देस बिराना है।
यह संसार कागद की पुड़िया, बूँद पड़े घुल जाना है।
यह संसार काँट की बाड़ी, उलझ पुलझ मरि जाना है।।
यह संसार झाड़ औ झाँखर, आग लगे बरि जाना है।
कहत कबीर सुनौ भाई साधो, सतगुरु नाम ठिकाना है।।
– *भजन-संग्रह,* पद २१७

भगवान् के भजन को ही जीवन में महत्ता दी जानी चाहिए, इसे कबीर कितने सुन्दर ढंग से दर्शा रहे हैं –

भजौ रे भैया राम गोबिंद हरी।
जप तप साधन नहिं कछु लागत, खरचत नहिं गठरी।।
संतत संपत सुख के कारन जासौं भूल परी।।
कहत कबीरा राम न जा मुख ता मुख धूल भरी।।
– *भजन-संग्रह,* पद २०६

सन्त गोस्वामी तुलसीदास

गोस्वामी तुलसीदास की श्रीराममयी कविता तो दिव्य प्रेम का ही मूर्त्त-रूप है। *रामायण* तो भक्ति-प्रवाह का अलौकिक रूप बन गया। उन्होंने अनेक पदों की रचना कर अपनी प्रेममय राम-भक्ति को उजागर किया है।

देव –

तू दयालु, दीन हौं, तू दानि, हौं भिखारी।
हौं प्रसिद्ध पातकी, तू पाप-पुंज-हारी।।
नाथ तू अनाथ को, अनाथ कौन मोसो।
मो समान आरत नहिं, आरतिहर तोसो।।
ब्रह्म तू, हौं जीव, तू है ठाकुर, हौं चेरो।
तात-मात, गुरु-सखा, तू सब बिधि हितु मेरो।।
तोहिं मोहिं नाते अनेक, मानियै जो भावै।
ज्यों त्यों तुलसी कृपालु ! चरन-सरन पावै।।

– *विनय-पत्रिका* ७९

इस पद में राम के साथ जीव के कई नाते बताए गए हैं। कितने भक्ति-भाव से वे श्रीराम से कहते हैं कि हे राम ! आपके अतिरिक्त मैं अन्य किसी के आगे हाथ फैलाने वाला नहीं –

जाउँ कहाँ तजि चरन तुम्हारे।
काको नाम पतित-पावन जग, केहि अति दीन पियारे।।
कौने देव बराइ बिरद-हित, हठि हठि अधम उधारे।
खग, मृग, ब्याध, पषान, बिटप जड़, जवन कवन सुर तारे।।
देव, दनुज, मुनि, नाग, मनुज सब, माया-बिबस बिचारे।
जिनके हाथ दासतुलसी प्रभु, कहा अपनपौ हारे।।

– *विनय-पत्रिका* १०१

राम से अधिक दयालु और कौन हो सकता है, इस भाव को महात्मा तुलसीदास ने कितने सुन्दर ढंग से दर्शाया है –

ऐसो को उदार जग माहीं।
बिनु सेवा जो द्रवै दीनपर राम सरिस कोउ नाहीं।।
जो गति जोग बिराग जतन करि नहिं पावत मुनि ग्यानी।
सो गति देत गीध सबरी कहँ प्रभु न बहुत जिय जानी।।
जो संपति दस सीस अरप करि रावन सिव पहँ लीन्हीं।
सो संपदा बिभीषन कहँ अति सकुच-सहित हरि दीन्हीं।।

तुलसीदास सब भाँति सकल सुख जो चाहसि मन मेरो।
तौ भजु राम, काम सब पूरन करैं कृपानिधि तेरो।।
– *विनय-पत्रिका,* पद १६२

जिन्हें सीता-राम से स्नेह नहीं, वे लोग तो त्यागने योग्य ही हैं। इसी आशय का मीराबाई को एक पत्र के उत्तर में पद लिखकर तुलसीदास ने बताया –

जाके प्रिय न राम-बैदेही।
तजिये ताहि कोटि बैरी सम, जद्यपि परम सनेही।।
तज्यो पिता प्रह्लाद, बिभीषन बंधु, भरत महतारी।
बलि गुरु तज्यो कंत ब्रज-बनितन्हि, भये मुद-मंगलकारी।।
नाते नेह रामके मनियत सुहृद सुसेब्य जहाँ लौं।
अंजन कहा आँखि जेहि फूटै, बहुतक कहौं कहाँ लौं।।
तुलसी सो सब भाँति परम हित पूज्य प्रानते प्यारो।
जासों होय सनेह राम-पद, एतो मतो हमारो।।
– *विनय-पत्रिका,* पद १७४

सब कुछ अपने आराध्य पर छोड़, गोस्वामी तुलसीदास ने भक्तिदान की याचना की है –

रघुबर तुमको मेरी लाज।
सदा सदा मैं सरन तिहारी तुमहिं गरीब निवाज।।
पतित उधारन बिरद तुम्हारो, स्रवनन सुनी अवाज।
हौं तो पतित पुरातन कहिये, पार उतारो जहाज।।
अध-खंडन दुख-भंजन जनके यही तिहारो काज।
तुलसिदास पर किरपा कीजै, भगति-दान देहु आज।।
– *भजन-संग्रह,* पद १०

मन को सभी प्रकार से राम-चरणों में लगा देने और राम की भक्ति में लीन हो जाने का सन्देश देते हुए वे कहते हैं –

भज मन रामचरन सुखदाई।
जिहि चरनन से निकसी सुरसरि संकर जटा समाई।
जटासंकरी नाम पर्‍यो है, त्रिभुवन तारन आई।।
जिन चरननकी चरनपादुका भरत रह्यो लव लाई।
सोइ चरन केवट धोइ लीने तब हरि नाव चलाई।।
सोइ चरन संतन जन सेवत सदा रहत सुखदाई।
सोइ चरन गौतम ऋषि-नारी परसि परमपद पाई।।
दंडकबन प्रभु पावन कीन्हो ऋषियन त्रास मिटाई।

सोई प्रभु त्रिलोक के स्वामी कनक मृगा सँग धाई।।
कपि सुग्रीव बंधु भय-व्याकुल तिन जय छत्र फिराई।
रिपु को अनुज बिभीषन निसिचर परसत लंका पाई।।
सिव सनकादिक अरु ब्रह्मादिक सेष सहस सुख गाई।
तुलसिदास मारुत-सुतकी प्रभु निज मुख करत बड़ाई।।
— *भजन-संग्रह,* पद ५७

महात्मा सूरदास

वैराग्य, संसार की अनित्यता, विनय, प्रबोध और चेतावनी स्वरूप सुन्दर मधुर पदों द्वारा सूरदास ने लोकजीवन के अन्दर प्रेममयी संगीत-लहरी घोल दी है।

ईश्वर पर पूर्ण विश्वास को कितने मार्मिक ढंग से सूरदास ने दिखाया है –

प्रभु तेरो बचन भरोसो साँचौ।
पोषन भरन बिसंभर साहब, जो कलपै सो काँचौ।।
जब गजराज ग्राह सौं अटक्यौ, बली बहुत दुख पायौ।
नाम लेत ताही छिन हरि जू, गरुड़हिं छाँड़ि छुड़ायौ।।
दुस्सासन जब कही द्रौपदी, तब तिहि बसन बढ़ायौ।
सूरदास प्रभु भक्तबछल हैं, चरन सरन हौं आयौ।।
– *सूर-विनय-पत्रिका,* पद ३२

भक्त को तो भगवान् का ही आसरा होता है। उन्हें छोड़कर वह औरों का सहारा क्यों माँगे ? इस भाव को सूरदास ने बड़े सुन्दर रूप में गाया –

तुम तजि और कौन पै जाउँ।
काकैं द्वार जाइ सिर नाऊँ, पर हथ कहाँ बिकाउँ।।
ऐसौ को दाता है समरथ, जाके दिऐं अघाउँ।
अन्त काल तुम्हरैं सुमिरन गति, अनत कहूँ नहिं दाउँ।।
रंक सुदामा कियौ अजाची, दियो अभय पद ठाउँ।।
कामधेनु, चिंतामनि दीन्हौं, कल्पबृच्छ-तर छाउँ।।
भव-समुद्र अति देखि भयानक, मन में अधिक डराउँ।
कीजै कृपा सुमिरि अपनौ प्रन, सूरदास बलि जाउँ।।
– सूर-विनय-पत्रिका, पद २३३

सूरदास को भगवद्-भजन में ही सारा सुख दिखाई देता है, इस भाव को उन्होंने कैसे प्रकट किया है, इस पद में देखिए –

जो सुख होत गुपालहि गाऐं।
सो सुख होत न जप-तप-कीन्हें, कोटिक तीरथ न्हाऐं।।
दिऐं लेत नहिं चारि पदारथ, चरन-कमल चित लाऐं।
तीन लोक तृन सब करि लेखत, नंद-नँदन उन आऐं।।
बंशीबट, बृंदाबन, जमुना तजि बैकुंठ न जावै।
सूरदास हरि कौ सुमिरन करि, बहुरि न भव-जल आवै।।
– *सूर-विनय-पत्रिका,* पद १४४

सब कुछ त्यागकर केवल भगवान् का भजन करने की सम्मति कितने सरल शब्दों में इस पद में सूरदास ने बखानी –

रे मन, गोबिंद के ह्वै रहियै।
इहिं संसार अपार बिरत ह्वै, जम की त्रास न सहियै।।
दुख, सुख, कीरति, भाग आपनैं आइ परे सो गहियै।
सूरदास भगवंत-भजन करि अंत बार कछु लहियै।।
– *सूर-विनय-पत्रिका,* पद ७१

जो कुछ होता है, ईश्वर के करने से ही होता है। इसे सूरदास ने ऐसे गाया –

करी गोपाल की सब होई।
जो अपनौं पुरुषारथ मानत, अति झूठौ है सोइ।।
साधन, मंत्र, जंत्र, उद्यम, बल, ये सब डारौ धोइ।
जो कुछ लिखि राखी नँदनंदन, मेटि सकै नहिं कोइ।।
दुख-सुख लाभ-अलाभ समुझि तुम, कतहिं मरत हौ रोइ।
सूरदास स्वामी करुनामय, स्याम चरन मन पोइ।।
– *सूर-विनय-पत्रिका,* पद २७६

राधाकृष्ण के प्रेम को सूरदास ने कितने सरल तथा मार्मिक रूप से दिखाया –

बूझत स्याम कौन तू गोरी।
कहाँ रहति, काकी है बेटी, देखी नहीं कहूँ ब्रज-खोरी।
काहे कौं हम ब्रज-तन आवतिं, खेलति रहतिं आपनी पौरी।
सुनत रहतिं स्रवननि नँद-ढोटा, करत फिरत माखन-दधि-चोरी।।
तुम्हरौ कहा चोरि हम लैहैं, खेलन चलौ संग मिलि जोरी।
सूरदास प्रभु रसिक-सिरोमनि, बातनि भुरइ राधिका भोरी।।
– *सूरसागर,* पद १२९१

मोहन की मुरली की सुन्दर तान के विषय में वे कहते हैं –

> सुनहु हरि मुरली मधुर बजाई।
> मोहे सुर-नर-नाग निरंतर, ब्रज-बनिता उठि धाईं।।
> जमुना नीर-प्रबाह थकित भयौ, पवन रह्यौ मुरझाई।
> खग-मृग-मीन अधीन भए सब, अपनी गति बिसराई।।
> द्रुम-बेली अनुराग-पुलक तनु, ससि थक्यौ निसि न घटाई।
> सूर स्याम बृंदाबन बिहरत, चलहु सखी सुधि पाई।।
>
> – *सूरसागर,* पद १६०६

सन्त रसखान

रसखान के *भजन-संग्रह* में कृष्ण-प्रेम प्राप्त करने की कैसी मधुर अभिलाषाएँ हैं –

(1) मानुष हौं तो वही रसखानि, बसौं बुज गोकुल गाँव के ग्वारन।
जो पसु हौं तो कहा बसु मेरो, चरौं नित नंद की धेनु मँझारन।।
पाहन हौं तो वही गिरिको, जो धर्यौ कर छत्र पुरन्दर-धारन।
जो खग हौं तो बसेरो करौं, मिलि कालिंदी-कूल कदम्ब की डारन।।

–*भजन संग्रह,* पद ७३५

(2) या लकुटी अरु कामरिया पर, राज तिहूँ पुरकौ तजि डारौं।
आठहु सिद्धि नवो निधिकौ सुख, नन्द की गाइ चराइ बिसारौं।।
रसखानि, कबों इन आँखिन सो, ब्रज के बन-बाग तड़ाग निहारौं।
कोटिक हों कलधौत के धाम, करील की कुंजन ऊपर बारौं।।

– *भजन संग्रह,* पद ७३६

(3) धूरि-भरे अति सोभित स्यामजु, तैसी बनी सिर सुन्दर चोटी।
खेलत-खात फिरैं अँगनाँ, पगपैजनी बाजती, पीरी कछोटी।।
वा छबिकों रसखानि बिलोकत, बारत कामकलानिधि-कोटी।
काग के भाग कहा कहिए, हरि-हाथसों लै गयो माखन-रोटी।।

– *भजन संग्रह,* पद ७४३

(4) प्रान वही जु रहैं रिझि वा पर, रूप वही जिहिं वाहि रिझायौ।
सीस वही जिन वे परसे पद अंग वही जिन वा परसायौ।।
दूध वही जु दुहायो वही सों, दही सु सही जु वही ढुरकायौ।
और कहा लौं कहौं रसखान री भाव वही जु वही मन भायौ।।

– *भजन संग्रह* पद

(5) सेस, महेस, गनेस, दिनेस, सुरेसहु जाहि निरन्तर गावैं।
जाहि अनादि, अनन्त, अखण्ड, अछेद, अभेद सुबेद बतावैं।।

नारद से सुक व्यास रटैं, पचिहारे, तऊ पुनि पार न पावैं।
ताहि अहीर की छोहरियाँ, छछियाभरि छाछ पै नाच नचावैं।।

— भजन संग्रह पद

सन्त गुरु नानक

दयालु स्वभाव के नानक ने अपना सम्पूर्ण जीवन लोकहित में व्यतीत किया। उनकी भक्ति-भावना-पूर्ण वाणी *गुरुग्रन्थसाहिब* में वर्णित है, जिसे सम्पूर्ण हिन्दू-समुदाय पूजता है। एक पद में कहा गया है –

प्रेम पदारथु पाईऐ गुरमुखि ततु वीचारु।।

– सिरीरागु महला-१

शरणागत प्रेमभाव में नानक कहते हैं –

जो सरणी आवे सरब सुख पावे तिलु नई मनै पालिआ।
हरि गुण निधि गाए सहज सुभाऐ प्रेम महारल माता।
नानक दास तेरी सरणाई सो हरि भगत चितुलावऐ।।

–आसा महला-३

इस संसार में कोई किसी का संगी-साथी नहीं, सब मतलब के गरजी हैं, अपना तो केवल राम ही है।

जगत में झूठी देखी प्रीत।
अपने ही सुखसों सब लागे, क्या दारा क्या मीत।।
मेरो मेरो सभी कहत हैं, हित सों बाध्यौ चीत।
अंतकाल संगी नहिं कोऊ, यह अचरज की रीत।।
मन मूरख अजहूँ नहिं समुझत, सिख दै हार्‌यो नीत।
नानक भव-जल-पार परै जो गावै प्रभु के गीत।।

– *भजन-संग्रह,* पद ४४०

सच्चा साथी तो एक हरि ही है –

सब कुछ जीवत कौ ब्यौहार।
मातु-पिता, भाई-सुत, बांधव, अरु पुनि गृह की नारि।
तनते प्रान होत जब न्यारे, टेरत प्रेत पुकार।
आघ घरी कोऊ नहिं राखै, घरतें देत निकार।
मृग तृिस्ना ज्यों जग रचना यह देखौ हदै बिचार।
कह नानक, भजु रामनाम नित, जावें होत उधार।।

(*भजन-संग्रह,* ४३१)

सिख गुरुओं की वाणी के साथ-साथ कबीर, रविदास, नामदेव, धन्ना, पीपा एवं शेख़ फरीद आदि भक्तों की रचनाओं से समलंकृत *श्रीगुरुग्रन्थसाहिब* में भगवत्प्रेम, नाम-स्मरण एवं शरणागति का अनूठा संगम दृष्टिगोचर होता है। एक गुरूजी का पद है –

प्रभु मेरे प्रीतम प्रान पियारे।
प्रेम भगति निज नाम दीजै, घाल अनुग्रह धारे।।
सुमिरौं चरन तिहारे प्रीतम, हदै तिहारी आसा।
संत जनां पै करौं बेनती, मन दरसन को प्यासा।।
बिछुरत मरन, जीवन हरि मिलते, जनको दरसन दीजै।।
नाम आधार, जीवन-धन नानक प्रभु मेरे किरपा कीजै।।
(*भजन-संग्रह,* ४३५)

आदि अमृतमय वचन *गुरुग्रन्थसाहिब* में साकार हुए भगवत्प्रेम को मुखरित करते हैं। *श्रीगुरुग्रन्थसाहिब* का यह निश्चित सिद्धान्त है कि साधक में भगवत्प्रेम का प्रकटीकरण एकमात्र प्रभु-कृपा से ही सम्भव है।

यहाँ यह जिज्ञासा होना स्वाभाविक है कि भगवत्प्रेम को उत्पन्न करने में कारणभूत प्रभु-कृपा को कैसे प्राप्त किया जा सकता है ? *श्रीगुरुग्रन्थसाहिब* की निश्चित मान्यता है कि परमेश्वर अपनी प्रेममयी भक्ति से उन्हीं साधकों को अनुगृहीत करते हैं, जिनके हृदय निष्कपट हैं।

पलटू साहब

आपकी सुरति संसार तथा इन्द्रियों की ओर से पलटकर अन्तर में आध्यात्मिक मण्डलों की वासी हो गई थी। इसी कारण उनके गुरु ने उन्हें "पलटू" उपनाम दिया। उनके रचित आध्यात्मिक एवं प्रेम-भक्ति-रस के कुछ पद निम्नांकित हैं –

बैरागिन भूली आपमें, जल में खोजे राम।
    जल में खोजे राम, जाय कर तीरथ छानी।
भर में चारों खूंट नाहिं सुधि अपनी आनी।
    फूल माहि जो बास काठ में अगिनि छिपानी।
खोद बिना नाहिं मिले आहि धरती में पानी।
    दूध माहि घृत रहे छिपी मेहन्दी में लाली।
ऐसे पूरन ब्रह्म कहँ इक तिल नहीं खाली।
    "पलटू" सतसंग बीच में कर ले अपना काम।
बैरागिन भूली आपमें, जल में खोजे राम।।
– *कल्याण* भगवत्प्रेम - अंक ७७वां वर्ष-विशेषांक २००३, पृ.३८१

प्रभु को केवल प्रेमा-भक्ति ही प्यारी है, इसे पलटू साहब इस प्रकार बता रहे हैं –

साहब के दरबार में, केवल भक्ति पियार।
केवल भक्ति पियार साहब भक्ति में राजी।
तजा सकल पकवान, लिया दासी सुत भाजी।
जप तप नेम अचार करे बहुतेरा कोई।
खाये सिवरी के बेर, मरा सब ऋषि मुनि रोई।
राजा युधिष्ठिर यज्ञ बटोरा, जोरा सकल समाजा।
मरदा सबका मान सपुच बिन घंट न बाजा।
"पलटू" ऊँची जात का मत कोई करे अहंकार।
साहब के दरबार में, केवल भक्ति पियार।। –वही, पृ. ३८१

सन्त दादू

राजस्थान के दादू पहुँचे हुए सन्तों में से एक हैं। बाहरी आडम्बर से रहित भक्ति की और उन्होंने लोगों का ध्यान आकृष्ट किया। उनके विचार से –

दादू देखा मैं प्यारा, अगम जो पंथ निहारा।
अष्ट कँवल दल सुरत सबद में, रूप रंग से न्यारा।
पिण्ड ब्रह्माण्ड और वेद कितेवे, पाँच तत्त के पारा।
सत्त लोक जहँ पुरु बिदेही वह साहिब करतारा।
आदि जोत और काल निरंजन, इनका कहाँ न पसारा।
राम रहीम रब्ब नहीं आतम, मोहम्मद नहीं औतारा।
सब संतन के चरन सीस धर चीन्हा सार असारा। – वही, पृ. ३८

साँई दीनदरवेश*

"साँई दीनदरवेश" का जन्म-वृत्तान्त प्रसिद्ध सन्त-कवि कबीर के जन्म-वृत्तान्त से प्रायः मिलता है, ऐसा कतिपय विद्वानों का मन्तव्य है।

दीन को जहाँ में भेजिया कृपा किन्हीं जगतात।
सत्तरह सौ अड़सठ में, देश उत्तर-गुजरात।।
देश उत्तर-गुजरात, डभेडा गाँव बखाना।
सोमाजी मम तात, तुलजा मात परमाना।।

---

* स्रोत - दंडीस्वामी श्रीमद् दन्तयोगेश्वर देवतीर्थ जी महाराज 'मुसलिम संत-कवि सांई दरवेश की भगवत्प्रेमोपासना' *कल्याण* भगवत्प्रेमअंक पृ. ३६६-४०२।

कहत "दीनदरवेश", आय के जाऊँ कहाँ मैं ?
खोज तेरा दीदार, साँइयाँ यही जहाँ में।। –वही, पृ. ३६६

उपर्युक्त छन्द से यह बात स्पष्ट होती है कि साँई दीनदरवेश का जन्म विक्रम संवत् १७६८ में हुआ था।

हद को जाने मौलवी बेहद जाने पीर।
हद-बेहद अतीत है वाको नाम फ़कीर।। –वही, पृ. ३६६

कालान्तर में इस्लाम-धर्म में से सूफ़ी-पन्थ निकला। "सूफ़ी" माने बकरी के बालों से बनाई गई कन्था (गुदड़ी) पहनने वाले फकीर। प्रारम्भ में सूफ़ी लोग निवृत्ति मार्ग के थे। संसार त्याग करके फकीरी लेकर एकान्त में वे कठोर तपस्या करते थे और ईश्वर-साक्षात्कार की कामना करते थे। सन्त मंसूर अनलहक (अहं ब्रह्मास्मि) – के उपासक थे। सन्त रबिया भक्ति-मार्ग की साधिका थीं। सन्त मंसूर कहते थे –

अगर है शौक मिलने का, तो हरदम लौ लगाता जा।
जलाकर खुदनुमाई को, भसम तन पर लगाता जा।।
कहै मंसूर मस्ताना, 'हक' मैंने दिल में पहचाना।
यही मस्तों का मयखाना, उसी के बीच आता जा।
–वही, पृ. ३६६

जब मैं था जब हरि नहीं, अब हरि हैं मैं नाहिं।
प्रेम गली अति साँकरी, ता मैं दो न समाहिं।। – वही, पृ. ३६६

कहते हैं कि सूफ़ी-पन्थ के कई साधकों ने भगवान् को माशूक़ (प्रेयसी) और स्वयं को आशिक (प्रेमी) – की भावना करके साधना की थी।

कहने का तात्पर्य यह है कि भगवान् का माशूक़-भाव से चिन्तन करने पर सूफ़ी-साधना सिद्ध हो जाती है।

कहते हैं कि अबु हसन नामक सूफ़ी साधक एक दिन सूफ़ी सन्त रबिया की कुटिया में इस आशय से छिप गए कि इबादत (प्रार्थना) – के समय रबिया प्रभु से क्या माँगती है – यह जान सकें। क़ुछ समय के बाद रबिया की प्रभु-प्रार्थना शुरू हुई, वह प्रार्थना करने लगी –

हे प्रभो ! यदि मैं नरक के भय से तेरी पूजा-प्रार्थना करती हूँ तो तू मुझे नरक की आग में जला दे, यदि स्वर्ग के लोभ से मैं तेरी सेवा-प्रार्थना करती हूँ तो स्वर्ग का द्वारा मेरे लिए बंद कर दे; किन्तु यदि मैं तेरी प्रीति

एवं प्राप्ति के लिए ही तेरी भक्ति-प्रार्थना करती हूँ तो तू मुझे अपने अपार सुन्दर स्वरूप से वंचित मत रख। —वही, पृ. ४००

अरब देश की "मीराबाई" सन्त रबिया की प्रभु-प्रार्थना सुनकर अबु हसन की आँखें खुल गईं।

बारहवीं सदी में ऐसे मस्त फकीरों का एक पन्थ शुरू हुआ, जिसके संस्थापक एवं संचालक अब्दुल क़ादिर और अहमद रिफा नामक सत्पुरुष थे। उन्होंने सूफ़ी-पन्थ का तत्त्व-ज्ञान स्वीकार करके अपने नए पन्थ में मिलाया और भक्तिमिश्रित ज्ञान को इस पन्थ की साधना का लक्ष्य रखा। इसलिए इस नए पन्थ का नाम दरवेश-पन्थ पड़ा। इसके साधक उदार मतवादी अर्थात् सर्वधर्म-समभाव वाले माने गए हैं। उन साधकों को दरवेश या दरवेशी कहते हैं। इस विषय में कहा गया है –

दरवेश सो ही जो दर की जाने
पाँचों पवन अपुष्ठां ताने।
सदा सचेत रहे दिन-राती
सो दरवेश अलख की पांती।। —वही, पृ. ४००

दरवेश के बारे में साँई दीनदरवेश लिखते हैं –

रोटी चादर चाहिए, कहा दाम से काम ?
सो ही दीन फकीर कूँ, भजे निरंजन नाम।।
भजे निरंजन नाम, ब्रह्म-सागर ना भूले।
नंदा वेदा वाकी, आनकमला ना फूले।।
कहत "दीनदरवेश", खरा कहवे नहि खोटी।
कहा दाम से काम, चाहिए चादर रोटी।। —वही, पृ. ४००

दरवेशी साधक अपनी साधना के बारे में कहता है –

फ़ना होने में जो मज़ा है, पाने में वह नहीं।
बुंद समंदर में गिरे सही, बुंद में समंदर नहीं।।

दीनदरवेश जब बीस वर्ष के थे, तब वे गिरनार के दत्तोपासक सन्त बालगिरि से मिले, जो परिभ्रमण करते हुए डभोडा गाँव में आए थे। उनके सम्पर्क में आने के फलस्वरूप सत्संग से विवेक जाग्रत् होने पर वैराग्यवश उन्होंने गृहस्थ-जीवन का त्याग किया और सन्त बालगिरि के साथ चल पड़े। सन्त के साथ तीर्थाटन करते हुए, वे सौराष्ट्र-प्रदेश के सिद्धक्षेत्र गिरनार पहुँचे और उनसे भगवान् श्री दत्तात्रेय की प्रेमोपासना की दीक्षा प्राप्त की। सन्त के

आदेश से वे गिरनार पहाड़ पर स्थित कमण्डलु-कुण्ड नामक स्थान में प्रायः सोलह वर्षपर्यन्त साधनारत रहे। वहाँ पर एक शुभ रात्रि में उन्हें आदिगुरु अवधूत श्रेष्ठ भगवान् श्रीदत्तात्रेय के दर्शन हुए एवं उनकी कृपा प्राप्त हुई। इस विषय में वे स्वानुभव लिखते हैं –

दत्तगुरु के दरस की, दिल में जगेरी आस।
  विकल भयो मन बावरो, बुझत न प्रेम-पियास।।
बुझत न प्रेम-पियास, नैना नीर बहैया।
  ऐसे दिन बीत जाय, पिय दीदार न पैया।।
कहत "दीनदरवेश", रैन को अरूप आए।
  जय गुरु दत्त-दयाल प्रेम से सिर झुकाए।।१।।
अरूप मेरे साँइयाँ, तुम्हीं दत्त गुरुदेव।
  दाता बड़े दयानिधि, आप ही अबधूत-भेव।।
आप ही अबधूत-भेव, मोहे दरसन की आसा।
  भई मेरी गति मीन, जल में मरै पियासा।।
कहत "दीनदरवेश", पियरा पद खोलैया।
  अरूप मेरे साँई, ता दिन दत्तगुरु पैया।।२।।
बड़े अचरज देखिया, ठाढ़े गढ़-गिरनार।
  आँधि-रैन भयावनी, शेर करत हूँकार।।
शेर करत हूँकार, आयके ठाढ़े रहैया।
  मिले नैन से नैन, नैन में नैन समैया।।
कहत 'दीनदरवेश', ता दिन जलवा पाया।
  ठाढ़े गढ़-गिरनार, बड़े अचरज मोहे आया।।३।।
साँई दीन की बिनती, पलटा अरूप-रूप।
  दिव्य तेजमय देखिया, दत्त-दिगम्र भूप।।
दत्त-दिगम्बर भूप, देखत नैन छकैया।
  ज्यों बरखा की धार, प्रेम-वारि बरसैया।।
कहन "दीनदरवेश", याद उर में ही समाई।
  सोही दत्त-गुरुदेव, अरूप-रूप धरै साँई।।४।।
मैं तो दीन फकीर हूँ, मोहे न दूजी आस।
  जब चहूँ "गुरुदत्त" को पाऊँ दीदार खास।।
पाऊँ दीदार खास, उर में अलख बसैगा।
  बाहिर-भीतर सोदी, साँई की सूरत दिखैया।।
कहत "दीनदरवेश", दाता से यों वर पाया।
  ता दिन अरूप-रूप, सब जग मोहे दरसाया।।५।।

–वही, पृ. ४००-४०१

दत्तगुरु ने प्रसन्न होकर दीनदरवेश से कुछ माँगने के लिए कहा तो सच्चे प्रभु-भक्त दीनदरवेश ने हाथ जोड़कर बताया – "और कछु नहीं चाह, पाऊँ नित अलख-दीदारा" अर्थात् मुझे आपके नित्य-निरन्तर दर्शन मिलते रहें, यही चाह है।

इस विषय में दीनदरवेश स्वोनुभव लिखते हैं –

महाशिवरात्रि परव को, भवनाथ में जाय।
जोगी सिद्ध की जमात में, "दत्तगुरु" दरसाय।।
"दत्तगुरु" दरसाय, जाय बैठे सतसंगा।
वो दिन कैसे भुलाय, सुनो री प्रेम-प्रसंगा।।
कहत "दीनदरवेश" भवनाथ मन भाया।
पाया दत्त-दीदार, सतसंगा सुखदाया।।६।।
माँगन हो तो माँग ले, जो तेरे मन भाय।
बाबा मैं मगन रहूँ, मोरे करम भुगताय।।
मोरे करम भुगताय, सतसंग निस्तारा।
और कछु नहीं चाह, पाऊँ नित अलख-दीदारा।।
कहत "दीनदरवेश", अंधे को नैन मिलैया।
दत्त-दयाल गुरुदेव ताहि का दरसन पैया।।७।।
भागवान सोही जीयरा, पूरव-जनम की रेख।
साधसभा में पेखिया, अबधूत दत्त अलेख।।
अबधूत दत्त अलेख, देव के चरन गहैया।
उबारिये मझधार, नाव तुम ही खेवैया।।
कहत "दीनदरवेश", दत्तगुरु बड़े दातारा।
भारी भवसागर से, मिले उबरन का आरा।।८।।

–वही, पृ. ४०२

साँई दीनदरवेश ने गुजराती, हिन्दी, संस्कृत, अरबी और फ़ारसी भाषा का ज्ञान प्राप्त किया था। उन्होंने *श्रीमद्भागवत, श्रीभगवद्गीता* और कुरान आदि धर्म-ग्रन्थों का हिन्दी में (कुण्डलिया छन्द में) सरस अनुवाद किया था। *दत्तात्रेय-अनुराग* नाम से पचीस हज़ार कुण्डलियों वाला ग्रन्थ उन्होंने लिखा था। उस ग्रन्थ के प्रत्येक छन्द में भगवत्प्रेम भरा पड़ा है।

जब साँई दीनदरवेश गिरनार में थे, तब एक दिन इनका मिलन महाराष्ट्रीय सन्त हरबंस स्वामी से हुआ। इन्होंने स्वामीजी को कुछ महीनों तक अपने साथ रखा और उनसे (स्वामीजी से) मराठी भाषा सीखकर *ज्ञानेश्वरी-गीता* पढ़ी बाद में इन्होंने *ज्ञानेश्वरी-गीता* का हिन्दी (कुण्डलिया) –

में सुमधुर रूपान्तर किया था। वह अनुवाद *दरवेश-गीता* नाम से अब प्रकाशित हुआ है। विद्वानों ने इसकी बड़ी प्रशंसा की है। वे स्वानुभव लिखते हैं –

धन्य भाग्य मंगल घड़ी, "गीता" जगे अनुराग।
  प्रेम कटोरा पीजिया, साँई "दीन" बड़भाग।।
रामायण, भारत पढ़े उपनिषद् पुरान।
  गीता ज्ञान नहि पाइया, "दीन" बड़ो अज्ञान।।
सैया वे दिन को लिखे, मिले सन्त हरबंस।
  प्रेमे "गीता" पढ़ाइया, किन्ह पाप विध्वंस।।
किन्ह पाप विध्वंस, उदय भये अनुराग।
  तिमिर भये सब दूर, अंतर प्रेम सजागा।।
कहत "दीनदरवेश", बिलखत नैन बहैया।
  मिले सन्त हरबंस, वो दिन कैसे भूलैया।।
गढ़ गिरनार का बैठना, मानो भये सतसंग।
  गीता अमीघूँट पाइया, जगे प्रेम-प्रसंग।।
जगे प्रेम-प्रसंग, वोही सुख लिबे अखंडा।
  इस मुख कह्यो न जाय, मैं तो साँई का बंदा।।
कहत "दीनदरवेश", गीता का हो गये प्यारा।
  सतसंगा सुख देन, भये री गढ़ गिरनारा।।
साँई तेरी भगवद्गीता मोसे लिखी न जाय।
  मैं तो दीन फकीर हूँ, तुमी हो पाक पीराय।।
हिन्दु कहाँ इस्लाम कहाँ मत कोई भूलो यार।
  गीताज्ञान में नाहिए, "दीन" कहत पुकार।।
अबिगत "गीता" आपकी, ज्ञान-उजागर नाम।
  रहमे-समंदर जान के, "दीन" करत परनाम।
मनुज-हित गीता कथे, करीमा-कृष्णमुरार।
  भव औगाह विदारिये, "दीन" करत जुहार।।
गीता-अमीरस पीजिया, छक रहै आठों जाम।
  साँई "दीन" सोहि लिखे, "दरवेश-गीता" नाम।।
"ज्ञानेश्वरी-गीता" सुने, हुआ ज्ञान उजियार।
  सोही गीता-अमी से लिखे, साँई "दीन" विचार।।
मैं तो दीन फकीर हूँ, तुमी हो गरीबनवाज।
  दीनानाथ दयानिधि, रखो दीन की लाज।।

–वही, पृ. ४०१-०२

साँई दीनदरवेश का अन्तिम उपदेश अपने अनुयायी हिन्दू और मुसलमानों को इस प्रकार था –

माया माया करत है, खाया खरच्या नाँहि।
आया जैसा जायगा, ज्यूँ बादल की छाँहि।।
ज्यूँ बादल की छाँहि, जायगा आया जैसा।
जान्या नहिं जगदीस, प्रीत कर जोड़ा पैसा।।
कहत "दीनदरवेश", नहीं है अम्मर काया।
खाया खरच्या नाँहि, करत है माया-माया।।
मर जावेगा मूरखा, क्यूँ न भजे भगवान।
झूठी माया जगत की, मत करना अभिमान।।
मत करना अभिमान, बेद शास्तर यूँ कहवे।
तज ममता, भज राम, नाम तो अम्मर रहवे।।
कहत "दीनदरवेश", फेर अवसर कब आवे।
भज्या नहीं भगवान, अरे मूरख मर जावे।। –वही, पृ. ४०२

आपस में प्रेमभाव रखकर भगवत्प्रेम साधना करने का उपदेश देते हुए कहते हैं –

हिंदू कहें सो हम बड़े, मुसलमान कहें हम्म।
एक मूँग दो फाड़ हैं, कुण ज्यादा कुण कम्म।।
कुण ज्यादा कुण कम्म, कभी करना नहिं कजिया।
एक भजत है राम, दुजा रहिमान से रँजिया।।
कहत "दीनदरवेश", दोय सरिता मिल सिंधू।
सब का साहिब एक, एक ही मुसलिम हिंदू।।
तेरी जहाँ आबाद हो, अय भोले इन्सान।
दो फरजंद साहिब के, हिन्दु रु मुसलमान।।
हिन्दु रु मुसलमान, दोनों हिलमिल रहियो।
नेकी बखानो यार, काहु से बुरा न कहियो।।
कहत "दीनदरवेश" मान जो बिनती मेरी।
अय भोले इन्सान, जहाँ आबाद हो तेरी।।
–वही, पृ. ४०२

अब्दुर्रहीम खानखाना*

अब्दुर्रहीम खानखाना भगवान् राम के बहुत बड़े प्रेमी उपासक थे। निराकार, निर्गुण, निरीह, निर्विकल्प, अनादि, अनन्त, परब्रह्म परमेश्वर, अनन्त जगदीश्वर की महिमा अनिर्वचनीय बताते हुए कवि रहीम ने लिखा –

---

* देखिए स्रोत, श्री सुरेशचन्द्र जी श्रीवास्तव का लेख 'रहीम का भगवत्प्रेम' कल्याण भगवत्प्रेमअंक पृ. ४१६-२०।

रहिमन बात अगम्य की, कहन सुनन की नाहिं।
जे जानत ते कहत नहिं, कहत ते जानत नाहिं।।

उन्होंने कहा है –

अब रहीम मुसकिल पड़ी, गाढ़े दोऊ काम।
साँचे से जो जग नहीं, झूठे मिलैं न राम।।

उन्हें सांसारिकता में उलझे रहने अर्थात् सत्य-मार्ग से च्युत रहने का कदाचित् बड़ा क्षोभ हुआ, उन्होंने कहा –

राम-नाम जान्यो नहीं, जान्यो सदा उपाधि।
कहि रहीम तिहिं आपुनो, जनम गँवायो बादि।।

राम को जानने का यह प्रथम चरण था। कदाचित् अहल्या-उद्धार-प्रसंग तक पहुँचे तो उन्हें अनुभव हुआ कि सारी दुनिया राम को पाने को आतुर है।

धूर धरत नित सीस पै, कहु रहीम केहि काज।
जेहि रज मुनि पत्नी तरी, सो ढूँढ़त गजराज।।

राम-कथा-स्वाध्याय-क्रम में कवि रहीम को प्रेमी भरत के चरित ने बहुत प्रभावित किया।

अनुचित बचन न मानिए, जदपि गुरायसु गाढ़ि।
है रहीम रघुनाथ ते, सुजस भरत को बाढ़ि।।

राम ने माता-पिता की आज्ञा मानी और राज-पाट त्यागकर वन-गमन किया। वन में कितनी विपदाएँ सहीं। भरत ने माँ कैकेयी के वचन को नहीं माना और अयोध्या का राज्य त्यागकर राम की चरण-पादुका को राज्य कराया, किन्तु फिर भी राम से भी अधिक भरत के त्याग को महान् बताया गया तथा स्वयं भगवान् ने भरत की प्रशंसा की है। इसलिए रहीम कवि ने व्यवस्था दी कि अनुचित आदेश का पालन नहीं करना चाहिए।

भगवान् राम की दानशीलता से कवि रहीम इस प्रकार प्रभावित हुए कि वे कह उठे –

माँगे मुकरि न को गयो केहि न त्यागियो साथ।
मांगत आगे सुख लह्यो ते रहीम रघुनाथ।।

शरणागत होना चाहिए –

गहि सरनागति राम की, भवसागर की नाव।
रहिमन जगत-उधार कर, और न कछू उपाव।

आत्मसमर्पण –

मुनि नारी पाषान ही, कपि पसु, गुह मातंग।
तीनों तारे रामजू, तीनों मेरे अंग।

शरणागत-वत्सल भगवान् राम शरण देते ही हैं –

जौं नर होइ चराचर द्रोही। आवै सभय सरन तकि मोही।
तजि मद मोह कपट छल नाना। करउँ सद्य तेहि साधु समाना।।
जननी जनक बंधु सुत दारा। तनु धनु भवन सुहृद परिवारा।।
सब कै ममता ताग बटोरी। मम पद मनहि बाँध बरि डोरी।।
समदरसी इच्छा कछु नाहीं। हरष सोक भय नहिं मन माहीं।।
अस सज्जन मम उर बस कैसें। लोभी हृदयँ बसइ धनु जैसें।।
– *रा.च.मा.*, ५.४८.२-७

मलिक मुहम्मद जायसी*

जायसी के मतानुसार प्रेम की एक चिंगारी मात्र हृदय में अमिट ज्वाला प्रज्वलित करने में सक्षम होती है –

मुहमद चिनगी अनँग की सुनि महि गँगन डेराइ।
धनि बिरही औ धनि हिया जेहि सब आगि समाइ।।

निष्काम प्रेम का अनुभव –

न हौं सरग क चाहौं राजू। ना मोहि नरक सेंति किछु काजू।।
चाहौं ओहि कर दरसन पावा। जेइ मोहि आनि पेम पथ लावा।।

प्रेम के अतिरिक्त कुछ भी लावण्यमय नहीं दिखता –

तीन लोक चौदह खण्ड सबै परै मोंहि सूझि।
पेम छाड़ि किछु और न लोना जौं देखौं मन बूझि।।
औ जेइँ समुँद पेम कर देखा। तेहँ यह समुँद बुंद बरु लेखा।।

प्रेमाग्नि में जलने वाले का जलना कभी निष्फल नहीं होता –

जेहिं जिय प्रेम चँदन तेहि आगी।
प्रेम बिहून फिरहिं डरि भागी।।
पेम की आगि जरै जो कोई।
ताकर दुख अविरथा होई।।

---

* देखिए आधार स्रोत - 'जायसी की प्रेम-व्यञ्जना' (कल्याण ७७वां वर्ष भगवत्प्रेमविशेषांक, पृ. ४२५-२६।

रत्नसेन की परिस्थितियों की प्रस्तुति में कवि ने प्रेम की प्रभावमयता का अति संवेदनशील वर्णन किया है –

> पेम घाव दुख जान न कोई। जेहि लागे जानै पै सोई।।
> परा सो पेम समुँद अपारा। लहरहिं लहर होइ बिसँभारा।।

पद्मावत महाकाव्य में रत्नसेन "आत्मा" और पद्मावती "परमात्मा" का प्रतीक है। इन्हीं दोनों पात्रों के प्रेमाख्यानों के माध्यम से कवि ने आध्यात्मिक प्रेम का संकेत दिया है।

पद्मावत की कथा के मध्य लौकिक प्रेम का वर्णन करते हुए जायसी ने अलौकिक प्रेम-व्यंजना की ओर ही संकेत दिया है। हीरामन तोता सूफ़ी पन्थानुसार गुरु हैं। कवि ने तोते के माध्यम से ही सूफ़ी प्रेम-तत्त्व का निरूपण किया है। पद्मावती के नख-शिख का वर्णन करते हुए हीरामन तोता बीच-बीच में उस परमसत्ता के अलौकिक सौन्दर्य की झलक तथा आध्यात्मिकता संकेत भी देता चलता है। जायसी के आध्यात्मिक प्रेम-तत्त्व की एक विशेषता है – विरह की व्यापकता। मूर्छित होने पर भी नायक रत्नसेन को ध्यान में पद्मावती "परम ज्योति" के सामीप्य की आनन्दमयी अनुभूति होती रहती है। वह संसार से विरत होकर प्रेम समुद्र में डूब जाता है।

जायसी ने जगत् के नाना व्यापारों को प्रेम की, आध्यात्मिक छाया से प्रतिभासित माना है।

अन्त में प्रेम-पीर के गायक जायसी ने अपनी प्रेमानुभूति के द्वारा अपने आध्यात्मिक प्रेम के मधुमय रहस्य को खोलकर रख दिया है –

> तन चितउर मन राजा कीन्हा। हिय सिंघल बुधि पदमिनि चीन्हा।।
> गुरु सुआ जेई पंथ देखावा। बिनु गुरु जगत को निरगुन पावा।।
> नागमती यह दुनिया धंधा। बाँचा सोई न एहि चित बंधा।।
> राघव दूत सोई सैतानू। माया अलाउदीं सुलतानू।।

मीराबाई*

शुद्ध भगवत्प्रेम का दूसरा नाम 'मीरा' है। 'मीरा' और 'प्रेम' प्रयायवाची हैं।

भक्तिपरायणा मीराबाई का जन्म मारवाड़ के कुड़की नामक ग्राम में संवत् १५५८ के लगभग हुआ था। इनके पिता का नाम राठौर रतनसिंह था। मीरा

---

* इस भाग के लिए हम आभारी हैं हनुमान प्रसाद पोद्दार की (गीता प्रेस द्वारा प्रकाशित) मीराबाई नामक लघु-पुस्तिका के।

अपने पिता-माता की इकलौती लड़की थी। बड़े लाड़-चाव से पाली गई थी। मीरा के चित्त की वृत्तियाँ बचपन से ही भगवान् की ओर झुकी हुई थीं। एक दिन उनके घर में एक साधु आए, साधु के पास भगवान् की एक सुन्दर मूर्ति थी। मीरा ने साधु से कहकर वह मूर्ति ले ली। साधु ने मूर्ति देकर मीरा से कहा कि "ये भगवान् हैं, इनका नाम गिरधरलाल है। तू प्रतिदिन प्रेम के साथ इनकी पूजा किया कर।" सरलहृदया बालिका मीरा सच्चे मन से भगवान् की सेवा करने लगी। मीरा इस समय दस वर्ष की थी। परन्तु दिन भर उसी मूर्ति को नहलाने, चन्दन-पुष्प चढ़ाने, भोग लगाने और आरती उतारने आदि के काम में लगी रहती। सूरदास का एक पद उसने याद कर लिया और उसे भगवान् के सामने बारम्बार गाया करती।

> जो विधना निज वश करि पाऊँ।
> तो सब कहो होय सखि मेरो, अपनी साध पुराऊँ।।
> लोचन रोम-रोम प्रति माँगौं, पुनि पुनि त्रास दिखाऊँ।
> इकटक रहै पलक नहिं लागे, पद्धति नई चलाऊँ।।
> कहा करौं छबि-राशि श्यामघन, लोचन द्वै न अघाऊँ।
> ये ते पर ये निमिष "सूर" सुनु यह दुख काहि सुनाऊँ।।

मीरा यह पद गाते-गाते कई बार बेहोश हो जाती। शायद उसे "छवि-राशि श्यामघन" के दर्शन होते होंगे।

इस समय मीरा स्वयं भी पद-रचना करने लगीं, जब वह स्वरचित सुन्दर पदों को भगवान् के सामने मधुर स्वरों में गाती तो प्रेम का प्रवाह-सा बह जाता। सुनने वाले नर-नारियों के हृदय में प्रेम उमड़ने लगता। इस प्रकार भाव-तरंगों में पाँच साल बीत गए। संवत् १५७३ में मीरा का विवाह चित्तौड़ के सिसोदिया वंश में महाराणा सांगा के ज्येष्ठ कुमार भोजराज के साथ सम्पन्न हुआ। विवाह के समय एक अद्भुत घटना हुई। कृष्ण प्रेम की साक्षात् मूर्ति मीरा ने अपने श्याम गिरधरलाल को पहले से ही मण्डप में विराजित कर दिया और कुमार भोजराज के साथ फेरा लेते समय गिरधरगोपाल के साथ भी फेरे ले लिए।

मीरा की माता को इस घटना का पता था, उसने मीरा से कहा कि "पुत्री! तूने यह क्या खेल किया ?" मीरा ने मुसकराते हुए कहा –

> माई म्हाँने सुपने में बरी गोपाल।
> राती पीती चुनड़ी ओढ़ी मेहँदी हाथ रसाल।।
> काँई औरको बरूँ भाँवरी म्हाँके जगजंजाल।

मीरा के प्रभु गिरधर नागर करो सगाई हाल।।
ऐसे बरको के बरूँ जो जन्मैं और मर जाय।
बर बरिये गोपालजी म्हारौ चुड़लो अमर हो जाय।

ना म्हें पूजा गौरज्याजी ना पूजा अनदेव।
म्हें पूजा रणछोरजी सासु थे काँई जाणो भेव।।

मीरा अपना सारा समय भजन-कीर्तन और साधु-संगत में लगाती थीं। वह कभी विरह से व्याकुल होकर रोने लगती, कभी ध्यान में साक्षात्कार कर हँसती, कभी प्रेम से नाचती, भूख-प्यास का कोई पता नहीं। लगातार कई दिनों तक बिना खाए-पीए प्रेम-समाधि में पड़ी रहती। कोई समझाने आता तो उससे भी केवल कृष्ण-प्रेम की ही बातें करती। दूसरी बात उसे सुहाती ही नहीं। शरीर दुर्बल हो गया, घरवालों ने समझा बीमार है, वैद्य बुलाए गए, मारवाड़ से पिता भी वैद्य लेकर आए। मीरा ने कहा –

हे री मैं तो राम दिवानी, मेरो दरद न जाणे कोय।
सूली ऊपर सेज हमारी, किस बिध सोणा होय।।
गगन मँडलपे सेज पियाकी, किस बिध मिलणा होय।
घायल की गति घायल जाने, कि जिन लाई होय।।
जौहर की गति जौहरि जाने, कि जिन जौहर होय।
दरदकी मारी बन बन डोलूँ बैद मिल्या नहिं कोय।।
मीरा की प्रभु पीर मिटै जब बैद साँवलिया होय।
नातो नावको जी म्हाँसू तनक न तोड़्यो जाय। टेक।
पाना ज्यूँ पीली पड़ी रे, लोग कहें पिंडरोग।
छान लाँघण म्हें किया रे, राम मिलणके जोग।।
बाबल बैठ बुलाइया रे, पकड़ दिखाई म्हारो बाँह।
मूरख बैद मरम नहिं जाणै, कसक कलेजे माँह।।
जाओ बैद घर आपणे रे, म्हारो नाव न लेय।
मैं तो दाझी बिरहकी रे, काहेकूँ औषध देय।।
माँस गलि गलि छीजिया रे, करक रह्या गल आय।
आँगलियाकी मूँदड़ी म्हारे, आवण लागी बौंह।।
रह-रह पापी पपीहड़ा रे, पिवको नाम न लेय।
जो कोई बिरहण साम्हाले रे, पिव कारण जिव देय।।
छिन मन्दिर छिन आँगणे रे, छिन-छिन ठाढ़ी होय।
घायल ज्यूँ घूमूँ खड़ी, म्हारी बिथा न बूझे कोय।।
काढ़ कलेजो मैं धरूँ रे, कागा तू लै जाय।
जिण देसाँ म्हारो हरि बसे रे, वाँ देखत तूँ खाय।।

म्हारो नातो नामको रे, और न नातो कोय।
मीरा ब्याकुल बिरहणी, हरि दर्शण दीज्यो मोय।।

कैसी उत्कण्ठा है ! कैसा उन्माद है !! कितनी मनोहर लालसा है !!! भगवान् इसी से वश में होते हैं; इसी से वे बिक जाते हैं। मीरा ने इसी मूल्य पर उनको खरीदा था। मीरा ने कहा है –

गोबिन्द लीन्यो मोल, माई मैं गोबिन्द लीन्यो मोल।
कोई कहै सस्तो कोई कहै महँगो लीन्यो तराजू तोल।।
कोई कहै घर में कोई कहै वन में, राधा के संग किलोल।
मीरा के प्रभु गिरधर नागर आवत प्रेम के मोल।।

नवयुवती राजपुत्री और राजवधू मीरा ने भी इसी प्रेमरस का पान करने के कारण द्वापर की गोपरमणियों की भाँति अपना सर्वस्व उस विश्वविमोहन मोहन के चरणों में अर्पण कर दिया, संसार का कोई भी प्रलोभन या भय उसे विचलित नहीं कर सका। मीरा अश्रुपूर्ण नेत्रों से गद्‌गद कण्ठ होकर रणछोड़जी से प्रार्थना करने लगी –

मीरा को प्रभु साँची दासी बनाओ।
झूठे धन्धों से मेरा फन्दा छुड़ाओ।।
लूटे ही लेत विवेक का डेरा।
बुधि बल यदपि करूँ बहुतेरा।।
हाय राम ! नहीं कछु बस मेरा।
मरती बिबस प्रभु धाओ धाओ।।
धर्म उपदेस नित ही सुनती हूँ।
मन कुचाल से बहु डरती हूँ।।
सदा साधु सेवा करती हूँ।
सुमिरण ध्यान में चित धरती हूँ।।
भक्ति मार्ग दासी को दिखाओ।
मीरा को प्रभु साँची दासी बनाओ।।

विवाह के बाद इस प्रकार भक्ति के प्रवाह में दस साल बीत गए। संवत् १५८३ में कुमार भोजराज का देहान्त हो गया। महाराणा सांगा भी परलोकवासी हो गए। राजगद्दी पर मीरा के दूसरे देवर विक्रमाजीत आसीन हुए। राणा विक्रमाजीत को मीरा का रहन-सहन, बिना किसी रुकावट के साधु-वैष्णव का महलों में आना-जाना और चौबीसों घण्टे कीर्तन होना बहुत अखरने लगा। उन्होंने मीरा को समझाने की बड़ी चेष्टा की। चम्पा और चमेली नाम की दो दासियाँ इसी हेतु से मीरा के पास रखी गईं, राणा की बहन ऊदाबाई भी मीरा

को समझाती रही, परन्तु मीरा अपने मार्ग से जरा भी नहीं डिगी। मीरा ने समझाने वाली सखियों से पहले तो नम्रतापूर्वक अपना संकल्प सुनाया, अन्त में स्पष्ट कह दिया –

बरजी मैं काहू की न रहूँ।
सुनो री सखी तुम चेतन होके मनकी बात कहूँ।।
साधु-संगत कर हरि-सुख लेऊँ जगसूँ दूर रहूँ।
तन धन मेरो सब ही जाओ भल मेरो सीस लहूँ।।
मन मेरो लाग्यो सुमरण सेती सबको मैं बोल सहूँ।
मीरा के प्रभु गिरधरनागर सतगुरु शरण गहूँ।।

इससे महाराणा बहुत नाराज हैं। मीरा ने कहा –

सीसोद्यो रूठ्यो तो म्हारो काइँ कर लेसी।
म्हेतो गुण गोविन्द गास्याँ हो माई।।
राणाजी रूठ्यो तो वाँरो देश रखासी।
हरिजी रूठ्या किठे जास्याँ हो माई।।
लोक लाजकी काण न मानाँ।
निरभै निसाण घुरास्याँ हो माई।।
राम-नामको झ्याझ चल्यास्याँ।
भवसागर तिर जास्याँ हो माई।।
मीरा शरण साँवल गिरधरकी।
चरणकमल लपटास्याँ हो माई।।

भगवान् ने अपना विरद सँभाला, विष अमृत हो गया, मीरा का बाल भी बाँका नहीं हुआ। बलिहारी है कृष्ण की वह। मीरा ने प्रेम में मग्न होकर गाया –

राणाजी जहर दियो मैं जानी।
जिन हरि मेरो नाम निवेरो,
छर्‌यो दूध अरु पानी।।
जबलग कंचन कसियत नाही,
होत न बाहर बानी।
आपने कुलको परदो करियो,
मैं अबला बौरानी।।
श्वपच भक्त बारौं तन-मनते,
हौं हरि हाथ बिकानी।
मीरा प्रभु गिरधर भजिबेको,
सन्तचरण लिपटानी।

मीरा नाचने लगी –

पग बाँध घुँघरु मीरा नाची रे –

मीरा के आठों पहर भजन-कीर्तन में बीतने लगे।

घड़ी एक नहिं आवड़ै, तुम दरशण बिन मोय।
तुम हो मेरे प्राणजी, कैसे जीवण होय।।
धान न भावे, नींद न आवे, विरह सतावे मोय।
घायल-सी घूमत फिरूँ रे, मेरा दरद न जाणे कोय।।
दिवस तो खाय गामइया रे, रैण गमाई सोय।
प्राण गमाया झूरताँ रे, नैण गमाया रोय।।

मीरा रात को मन्दिर के पट बंद करके भगवान् के आगे उन्मत्त होकर नाचती। सखियों ने कहा – "मीरा ! तुम युवती हो, दिन भर किसकी बाट देखती हो, किसके लिए यों क्षण-क्षण में सिसक-सिसककर रोया करती हो।" मीरा भावोन्मत्त होकर गाने लगी –

दरस बिन दूखन लागे नैन।
जबसे तुम बिछुरे मेरे प्रभुजी,
कबहुँ न पायो चैन।।
शब्द सुनत मेरी छतियाँ कप्पैं,
मीठे लागे बैन।
एक टकटकी पंथ निहारूँ,
भई छमासी रैन।।
बिरह बिथा कासूँ कहूँ सजनी,
वह गई करवत नैन।
मीरा के प्रभु कब रे मिलोगे,
दुख मेटन सुख दैन।।

दासियों ने समझाया कि "बाईजी ! यह सारी बात तो ठीक है, परन्तु इस तरह करने से आपका कुल लज्जित होता है।" मीरा ने कहा –

आली री, मेरे नैनन बान पड़ी।
चित्त चढ़ी मेरे माधुरी मूरत,
उर बिच आनु अड़ी।।
कबकी ठाढ़ी पंथ निहारूँ,
अपने भवन खड़ी।
मीरा गिरधर हाथ बिकानी,
लोक कहैं बिगड़ी।।

कितना पवित्र भाव है, परन्तु "जाकी जेती बुद्धि है, तेती कहत बनाय" के अनुसार लोगों ने कुछ-का-कुछ बना दिया। मनुष्य प्रायः अपने ही मन के पाप को दूसरे पर आरोपित किया करता है। किसी ने जाकर राणाजी के कान भर दिए, उन्हें समझा दिया कि मीरा का तो चरित्र भ्रष्ट हो गया है। दिन भर तो वह विरहिणी की तरह रोया करती है और रात को आधी रात के समय उसके महल में किसी दूसरे पुरुष की आवाज सुनाई देती है। हो-न-हो कुछ-न-कुछ दाल में काला अवश्य ही है।

राणा को यह बात सुनकर बड़ा क्रोध हुआ, उसी दिन रात को वह आधी रात के समय नंगी तलवार हाथ में लेकर मीरा के महल में गए। किवाड़ बंद थे। राणा को भी अंदर से किसी पुरुष की आवाज सुनाई पड़ी, नहीं कह सकते कि यह राणा के दृढ़ संकल्प का फल था या भगवान् की लीला थी। राणा ने अकस्मात् किवाड़ खुलवाए। देखते हैं तो मीरा प्रेम-समाधि में बैठी है। दूसरा कोई नहीं है। राणा ने मीरा को चेत कराकर पूछा कि "बताओ, तुम्हारे पास दूसरा कौन था ?" मीरा ने झट से जवाब दिया – "मेरे छैल-छबीले गिरधरलालजी के सिवा और कौन होता? जगत् में दूसरा कोई हो तो आवे।" राणा इन वचनों का मर्म क्यों समझने लगे। उन्होंने बड़ी सावधानी से सारे महल में खोज की, परन्तु कहीं कोई नहीं दीख पड़ा, तब लज्जित होकर लौटने लगे। मीरा ने पद गाया –

राणाजी ! मैं साँवरे रंग राची।
सज सिणगार पद बाँध घूँघरू,
लोक लाज तजि नाची।।
गयी कुमति लहि साधु की संगति,
भक्ति रूप भइ साँची।
गाय गाय हरि के गुण निसिदिन,
काल-ब्याल तें बाँची।।
उन बिनु सब जग खारो लागत
और बात सब काँची।
मीरा के प्रभु गिरधर नागर,
भक्ति रसीली जाँची।।

दूसरा पद गाया –

बसो मेरे नैनन में नँदलाल।।
मोहनी मूरति साँवरि सूरति, नैणा बने बिसाल।
अधर-सुधारस मुरली राजत, उर बैजन्ती-माल।।

छुद्र घंटिका कटि-तट सोभित, नूपुर सबद रसाल।
मीरा प्रभु संतन सुखदाई, भगत बछल गोपाल।।

मीरा ने बड़े प्रेम से कहा –

मन रे परसि हरि के चरण।।
सुभग सीतल कँवल कोमल त्रिबिध ज्वाला-हरण।
जिण चरण प्रह्लाद परसे, इन्द्र-पदवी-धरण।।
जिण चरण ध्रुव अटल कीन्हें, राख अपनी सरण।
जिण चरण ब्रह्मांड भेंट्यो नखसिखाँ सिरी धरण।।
जिण चरण प्रभु परसि लीने तरी गोतम-घरण।
जिण चरण काली-नाग नाथ्यो गोप-लीला करण।।
जिण चरण गोबरधन धारयो गर्व मघवा हरण।
दासि मीरा लाल गिरधर अगम तारण तरण।।

फिर कहा –

राम नाम रस पीजै, मनुआँ राम नाम रस पीजै।
तज कुसंग सत्संग बैठ नित, हरि-चर्चा सुन लीजै।।
काम क्रोध मद लोभ मोह कूँ, बहा चित्त से दीजै।
मीरा के प्रभु गिरधर नागर ताहि के रंग में भीजै।।

मीरा के दिव्य उपदेश से वह नामधारी साधु, असली साधु बन गया।

राणा ने क्रोधित होकर मीरा की हत्या के लिए एक पिटारी में काली नागिन को बंद करके शालग्रामजी की मूर्ति के नाम से उसके पास भेजी। शालग्राम का नाम सुनते ही मीरा के नेत्र डबडबा आए। उसने बड़े उत्साह से पिटारी खोली, देखती हैं तो सचमुच उसमें एक श्रीशालग्रामजी की सुन्दर मूर्ति और एक मनोहर पुष्पों की माला है। मीरा प्रभु के दर्शन कर नाचने लगी।

मीरा मगन भई हरि के गुण गाय।
साँप पिटारा राणा भेज्या मीरा हाथ दिया जाय।
न्हाय-धोय जब देखन लागी, सालिगराम गयी पाय।।

* * *

मीरा के प्रभु सदा सहाई, राखे बिघन हटाय।
भजन-भाव में मस्त डोलती, गिरधर पै बलि जाय।।

जब राणा बहुत सताने लगे तब मीरा ने गोसाईं तुलसीदास को एक पत्र लिखा।

स्वस्तिश्री तुलसी गुण-भूषण दूषण हरण गोसाँई।
बारहिं बार प्रणाम करहुँ अब हरहु सोक-समुदाई।।
घरके स्वजन हमारे जेते सबन उपाधि बढ़ाई।
साधु संग और भजन करत मोहिं देत कलेश महाई।।
सो तो अब छूटत नहिं क्यों हूँ लगी लगन बरियाई।
बालपने में मीरा कीन्हीं गिरधरलाल मिताई।।
मेरे मात तात सम तुम हो हरि भक्तन सुखदाई।
मोकों कहा उचित करियो अब सो लिखिये समुझाई।।

गोसाँई महाराज ने उत्तर में यह प्रसिद्ध पद लिख भेजा –

जाके प्रिय न राम-बैदेही।
सो छाँड़िये कोटि बैरी सम, जद्यपि परम सनेही।
तज्यो पिता प्रह्लाद, बिभीषन बंधु, भरत महतारी।
बलि गुरु तज्यो कंत ब्रज बनितन्हि, भये मुद-मंगलकारी।।

नाजे नेह राम के मनियत सुहृद सुसेव्य जहाँ लौं।
अंजन कहा आँखि जेहि फूटै, बहुतक कहौं कहाँ लौं।।
तुलसी सो सब भाँति परम हित पूज्य प्राण ते प्यारो।
जासो होय सनेह राम-पद एतो मतो हमारो।।

राणाजी को तो इस बात से बड़ी प्रसन्नता हुई, परन्तु ऊदाजी और मीरा की अन्यान्य प्रेमिका सखियों को बड़ा दुःख हुआ। उन्होंने मीरा को रोकना चाहा, मीरा ने उत्तर दिया –

बाला मैं बैरागण हूँगी।
जिन भेषाँ म्हारो साहिब रीझे, सोही भेष धरूँगी।।
सील संतोष धरूँ घट भीतर, समता पकड़ रहूँगी।
जाको नाम निरंजन कहिये, ताको ध्यान धरूँगी।।
गुरु के ग्यान रँगूँ तन कपड़ा, मन मुद्रा पैरूँगी।
प्रेम प्रीत सूँ हरिगुण गाऊँ, चरणन लिपट रहूँगी।।
या तनकी मैं करूँ कींगरी, रसना नाम कहूँगी।
मीरा के प्रभु गिरधर नागर साधाँ संग रहूँगी।।

राम मिलण रो घणो उमावो
    नित उठ जोऊँ बाटड़ियाँ।
दरस बिना मोहि कछु न सुहावै
    जक न पड़त है आँखड़ियाँ।।

तडफत तडफत बहु दिन बीते
    पड़ी बिरह की फाँसड़ियाँ।
अब तो बेग दया कर प्यारा
    मैं छूँ थारी दासड़ियाँ।।
नैण दुखी दरसणकूँ तरसैं,
    नाभि न बैठे सासड़ियाँ।
रात दिवस हिय आरत मेरो
    कब हरि राखै पासड़ियाँ।।
लगी लगन छूटण की नाहीं
    अब क्यूँ कीजै आँटड़ियाँ।
मीरा के प्रभु कब र मिलोगे
    पूरो मनकी आसड़ियाँ।।

मीरा रो-रोकर पुकारती –

जैसे जल के सुष्क होयतें जिये न मीन बिचारे।
किरपा कीज्यो दर्शन दीज्यो मीरा प्राण दुलारे।।
तुम्हरे कारण सब सुख छोड्या अब मोहि क्यूँ तरसाओ।
अब छोड्याँ नहिं बनै प्रभुजी चरणाँ पास बुलाओ।।

प्रेमरस में छकी हुई मीरा यों विरह के गीत गाती फिरती। जब भक्त भगवान् के लिए व्याकुल होते हैं तब भगवान् भी उनसे मिलने के लिए वैसे ही व्याकुल हो उठते हैं। एक दिन मीरा गा रही थीं –

बंसीवारा आज्यो म्हारे देस
    थारी साँवरी सुरत व्हालो बेस।।
आऊँ आऊँ कर गया साँवरा,
    कर गया कौल अनेक।
गिणताँ गिणताँ घस गई जी
    म्हारी आँगळियाँ री रेख।
मैं बैरागिण आदिकी जी,
    थाँरे म्हाँरे कदको सनेस।
बिन पाणी बिन साबुण साँवरा,
    हो गई धोय सफेद।।
जोगण होय जंगल सब हेरूँ,
    तेरा नाम न पाया भेस।
तेरी सुरतके कारणे मैं तो,
    धार्‌या भगवाँ भेस।।

मोर-मुकुट पीतांबर सोहै
 घूँघरवाला केस।
मीरा के प्रभु गिरधर नागर
 मिल्याँ मिटैगो कलेस।।

भक्त भगवान् को बाध्य कर लेते हैं। मीरा के निकट बाध्य होकर भगवान् को आना पड़ा। उस मनोहर छवि को निरख मीरा मोहित हो गई। नाच-नाचकर गाने लगी –

आजु मैं देख्यो गिरधारी।
 सुन्दर वदन मदन की सोभा चितवन अनिवारी।
बजावत बंसी कुंजन में।
 गावत माल तरंग रंग ध्वनि नचत ग्वाल-गन में।
माधुरी मूरति वह प्यारी।
 बसी रहै निसिदिन हिरदै बिच टरे नहीं टारी।।
वाहिपर तन मन है वारी।
 वह मूरति मोहिनी निहारत लोक-लाज डारी।।
तुलसी बन कुंजन संचारी।
 गिरधर लाल नवल नटनागर मीरा बलिहारी।

श्यामासहित श्यामको निहारि इन आँखिनते।
मीरा भई बावरी सुबावरी सुबावरी।।

मेरे तो गिरधर-गोपाल दूसरो न कोई।
जाके सिर मोर-मुकुट, मेरो पति सोई।।

 तात मात भ्रात बन्धु, आपनो न कोई।
छाँड़ दई कुळ की कान कहा करिहैं कोई।
 संतन ढिग बैठि बैठि लोक-लाज खोई।।
चुनरीके किये टूक ओढ़ लीन्हि लोई।
 मोती मूँगे उतार, बनमाला पोई।।
अँसुवनजळ सींच-सींच, प्रेम-बेलि बोई।
 अब तो बेल फैल गई, आँणद फल होई।।
दूधकी मथनियाँ बड़े प्रेमसे बिलोई।
 माखन जब काढ़ि ळियो, छाछ पिये कोई।।
भगति देखि राजी हुई जगत देखि रोई।
 दासी मीरा लालगिरधर तारो अब मोही।।

स्याम ! म्हाँने चाकर राखो जी, गिरधारीलाल ! चाकर राखो जी।।

चाकर रहसूँ बाग लगासूँ, नित उठ दर्शन पासूँ।
वृन्दावन की कुंजगलिन में गोविंद का गुण गासूँ।।
चाकरी में दरसन पाऊँ, सुनिरन पाऊँ खरची।
भाव-भगति जागीरी पाऊँ तीनों बाताँ सरसी।।
ऊँचे-ऊँचे महल बनाऊँ, बिच-बिच राखूँ बारी।
साँवलिया का दरसन पाऊँ, पहिर कुसूँमल सारी।।
जोगी आया जोग करनकूँ, तप करणे संन्यासी।
हरी भजनको साधू आये, वृन्दावन के बासी।।
मीरा के प्रभु गहिर गँभीरा, हदै रहो जी धीरा।
आधी रात प्रभु दर्शन दीन्हों, प्रेम-नदी के तीरा।।

एक बार मीरा वृन्दावन में श्री चैतन्य महाप्रभु के शिष्य परम भक्त जीव गोस्वामी का दर्शन करने के लिए गई। गोस्वामीजी ने भीतर से कहला भेजा कि हम स्त्रियों से नहीं मिलते। मीरा ने इस पर उत्तर दिया कि "महाराज ! आज तक तो वृन्दावन में पुरुष एक श्रीनन्दनन्दन ही थे और सभी स्त्रियाँ थीं, आज आप भी पुरुष प्रकट हुए हैं।" मीरा का रहस्यमय उत्तर सुनकर जीवजी महाराज नंगे पैरों बाहर आकर बड़े प्रेम से मीरा से मिले।

मीरा श्रीचैतन्यमहाप्रभु के सम्प्रदाय की वैष्णवी थी और शायद जीव गोस्वामी को उसने अपना गुरु बनाया था। सम्भव है कि दो समय में दोनों से दीक्षा ली हो। श्रीचैतन्य की स्तुति का पद इस प्रकार है –

अब तौ हरी नाम लौ लागी।
सब जगको यह माखन-चोरा, नाम धर्‌यो बैरागी।।
कित छोड़ी वह मोहन मुरली, कित छोड़ी सब गोपी।
मूँड़ मुँड़ाइ डोरि कटि बाँधी, माथे मोहन टोपी।।
मात जसोमति माखन कारन, बाँधे जाको पाँव।
श्याम किशोर भ्‌ये नव गौरा, चैतन्य ताको नाँव।।
पीताम्बर को भाव दिखावै, कटि कौपीन कसै।
गौर-कृष्ण की दासी मीरा, रसना कृष्ण बसै।।

कुछ काल वृन्दावन में निवास कर मीरा द्वारका को चली गई और वहाँ श्रीरणछोड़ भगवान् के दर्शन और भजन में अपना समय बिताने लगी। कहते हैं, एक बार चित्तौड़ से राणाजी उसे वापस लौटाने के लिए द्वारका गए थे। मीरा के चले जाने के बाद चित्तौड़ में बड़े उपद्रव होने लगे थे। लोगों ने राणा को समझाया कि आपने मीरा-सरीखी भगवत् की प्रेमिका का तिरस्कार किया

है, उसी का यह फल है। राणा इसलिए मीरा से क्षमा-याचना कर उसे वापस लौटाकर ले जाना चाहते थे। परन्तु मीरा ने जाना किसी तरह भी स्वीकार नहीं किया।

मीरा ने कहा –

राणाजी म्हाँरी प्रीति पुरबली मैं काँई करूँ।।
राम नाम बिन नहीं आवड़े हिबड़ो झोला खाय।
भोजनिया नहिं भावै म्हाँने, नींदड़ली नहिं आय।।
** ** **
राठौड़ाँकी धीयड़ीजी, सीसोद्याके साथ।
ले जाती वैकुण्ठको म्हारो नेक न मानी बात।।

राणाजी को यों ही वापस लौटना पड़ा। मीरा प्रभु के सामने गान लगी –

रमैया मैं तो थारे रंग राती।।
औरों के पिया परदेस बसत हैं, लिख लिख भेजें पाती।
मेरा पिया मेरे हृदय बसत है, रोल करूँ दिन राती।।
चूवा चोला पहिर सखी री, मैं झुरमट रमवा जाती।
झुरमट में मोहि मोहन मिलिया, घाल मिली गलबाँथी।।
और सखी मद पी पी माती, मैं बिन पियाँ ही माती।
प्रेम-भठीको मैं मद पीयो, छकी फिरूँ दिन राती।।
सुरत निरत को दिवलो जोयो, मनसा पूरन बाती।
अगम घाणि को तेल सिंचायो, बाल रही दिन राती।।
जाऊँनी पीहरिये आऊँनी सासरिये हरिसूँ सैन लगाती।
मीरा के प्रभु गिरधर नागर, हरि चरना चित लाती।।

मीरा श्रीद्वारकाधीश के मन्दिर में आकर प्रेम में उन्मत्त होकर गाने लगीं –

सजन सुध ज्यों जानो त्यों लीजै।
तुम बिन मेरे और न कोई कृपा रावरि कीजै।।
दिन नहिं भूख रैन नहिं निद्रा यों तन पल-पल छीजै।
मीरा कह प्रभु गिरधर नागर मिलि बिछुरन नहिं दीजै।।

दूसरा पद –

अब तो निभायाँ सरेगी, बाँह गहे की लाज।
समरथ सरन तुम्हारी सइयाँ, सरव सुधारण काज।।
भवसागर संसार अपरबल, जामें तुम हो जहाज।
निरधाराँ आधार जगत गुरु, तुम बिन होय अकाज।।

जुग जुग भीर हरी भक्तन की, दीनी मोक्ष समाज।
मीरा सरण गही चरणन की, लाज रखो महाराज।।

यों कहकर मीरा नाचने लगी और अन्त में भगवान् रणछोड़जी की मूर्ति में समा गई।

तृत्यत नूपुर बाँधि के गावत लै करतार।
देखत ही हरिमें मिली, तृण-सम गनि संसार।।
मीरा को निज लीन किय, नागर नन्दकिशोर।
जग प्रतीत हित-नाथ-मुख, रह्यो चूनरी छोर।।

कहा जाता है कि संवत् १६३० में मीरा की देह भगवान् में मिल गई था। मीरा के भजन तो प्रसिद्ध हैं, जो गाता और सुनता है, वही प्रेम में मत्त हो जाता है।

वारकरी सम्प्रदाय*

महाराष्ट्र के सन्तों का विशेषतः वारकरी सन्तों के परम दैवत पण्ढरपुर के भगवान् "विट्ठल" हैं। भगवान् विट्ठल भगवान् विष्णु (अर्थात् भगवान् श्रीकृष्ण) के ही एक अलौकिक विग्रह हैं।

वारकरी-सम्प्रदाय के परम दैवत विट्ठल हैं। इन सन्तों ने संसार में रहकर केवल भगवान् विट्ठल से ही निःस्वार्थ भाव से उत्कट प्रेम किया और उनकी प्रेम प्राप्ति के लिए अपना सम्पूर्ण जीवन समर्पित कर दिया। गोरा कुम्हार, जनाबाई सेना नाई, कान्होपात्रा, तुकाराम आदि सन्तों के चरित्र आज भी विट्ठल प्रेम का साक्ष्य दे रहे हैं।

(१) सन्त श्रीज्ञानेश्वर

ज्ञानेश्वर महाराज तो विट्ठल को "सब सुखों का आगार" कहते हैं –

रूप पाहता लोचनी सुख जाले हो साजणी।
तो हा विट्ठल बरवा तो हा माधव बरवा।

एक अभंग में वे कहते हैं –

'वावाचि या जीवा प्रेमभावाचि या भावा।' 'तुज वाचुनि
केशवा अनु नावडे।'

---

* इस भाग का आधार स्रोत है डा. श्री केशव रघुनाथ कान्हेरे जी का प्रबन्ध "महाराष्ट्र के वारकरी संतों का अहैतुक भगवत्प्रेम" (*कल्याण* का ७७वां वर्ष *भगवत्प्रेमअंक* २००३, पृ. ३८५-३८८)

> 'मन हे धाळे मन हे धाळे। पूर्ण विट्ठलचि झाले।' 'अंतर
> बाह्य रंगुनि गेले।
> विट्ठलचि झाले। विट्ठल जळी स्थळी भरला। ठाव कोठे नाही
> उरला। सर्व
> सुखाचे आगरू। बाप रघुमाई देई वरू।'

इनकी छोटी बहन मुक्ताबाई कहती हैं –

> हेतु मातु आम्हा अवघाचि परमात्मा।

इन भाई-बहन के विट्ठल प्रेम से पुलकित होकर वारकरी सम्प्रदाय की भक्तमण्डली आज भी जयघोष करती है –

> 'निवृत्ति ज्ञानदेव सोपान मुक्ताबाई – नामदेव एकनाथ तुकाराम
> विट्ठल विट्ठल'।

(२) सन्त श्रीनामदेव

सन्त श्रीनामदेव ने बाल्यकाल में विट्ठल भगवान् को दूध पिलाया था। भगवान् स्वयं नामदेव से वार्तालाप करते थे। इतना ही नहीं, नामदेव का प्रेम देखकर भगवान् स्वयं उनके कीर्तन में नृत्य करते-करते इतने तल्लीन हो जाते कि अपने को ही भूल जाते थे। उसका आँखों देखा वर्णन सन्त जनाबाई इस प्रकार करती हैं –

> नामदेव कीर्तन करी पुढेवा नाचे पाण्डुरंग।
> नाचता नाचता प्रभुचा गळला पीताम्बर।।

(३) सन्त जनाबाईजी

सन्त नामदेव की दासी सन्त "जनाबाई" परम विट्ठल भक्त थीं। उनके प्रेम में तो प्रभु पागल थे। वे उसके साथ कपड़े धोते, गेहूँ पीसते और झाड़ू लगाते। इसका साक्ष्य स्वयं जनाबाई ने अपनी अभंग रचनाओं में दिया है। उन्होंने भगवान् को गोमाता और स्वयं को बछड़ा माना है। वे लिखती हैं –

> तो हा विटेवरी देव सर्व सुखाचा केशव। विट्ठल देवाचा
> विश्राम। सख्या पंढरीच्या राया। घडो दण्डवत पाया। ऐसे
> करी अखण्डित शुद्ध प्रेम शुद्ध चित्त।।

(४) सन्त एकनारा

"एकनारा" नामक विट्ठल भक्त कहते हैं – "देवा माझे मीपण ठेवी आपुले चरणी।" तो "गोदा" नामक एक भक्त ने सुन्दर उदाहरण देते हुए कहा – जैसा

एक रणशूर अपने जीवन की परवाह न करते हुए युद्ध के मैदान में कूद पड़ता है, उसी प्रकार ईश्वर के प्रेम क्षेत्र में विश्वास से कूदना चाहिए। वे लिखते हैं –

रणा मध्ये कैसा भिडतो रणशूर, होवोनि उदार जीवावरी।।
तैसा पाण्डुरंगी धरा हो विश्वास।।

(५) कान्होपात्रा

जन्म से वेश्या-कन्या होकर भी, जिसने अपने जीवन में सर्वश्रेष्ठ उत्तम पुरुष के रूप में भगवान् विट्ठल को ही स्वीकार कर अन्त में अपनी देह पण्ढरपुर के विट्ठल-मन्दिर में समर्पित कर दी, आज उसका स्मारक मन्दिर-परिसर में ईश्वर प्रेम की पताका के रूप में लहरा रहा है। वह "कान्होपात्रा" भगवान् से कहती है –

'सकल सुखर येथेचि लाधले। देवाचे देखिले चरणांबुज।
कीर्तनाचे रंगी आनंदे नाचिता कान्होपात्रा चिन्ता समाधान।।'

(६) गोरा कुम्हार

सन्त ज्ञानेश्वर, नामदेव आदि सन्त-मण्डली, जिनको "गोरोबा काका" के नाम से सम्बोधित करती थी, वे "गोरा कुम्हार" एक अद्वितीय विट्ठल भक्त हुए हैं। वे ईश्वर के भजन में – उनके प्रेम-भाव में इतनी तल्लीन हो जाते थे कि संसार को ही भूल जाते। एक दिन वे मिट्टी के बर्तन बनाने हेतु पैरों से मिट्टी रौंद रहे थे। वहीं पास में उनका नन्हा-सा पुत्र खेल रहा था। खेलते-खेलते वह बालक मिट्टी में आ गया, पर "गोरा" भजन में इतने मस्त हो गए कि उन्हें बच्चे की सुधि ही नहीं रही और देखते-ही-देखते वह बालक उन्हीं के पैरों तले रुँध गया, फलस्वरूप उसकी जीवन-लीला समाप्त हो गई। जब पत्नी ने पति से पुत्र के बारे में पूछा तब तक सारा खेल समाप्त हो चुका था। अन्त में भगवान् ने प्रसन्न होकर उनका बालक उन्हें लौटाया। ऐसे विरले भगवत्प्रेमी गोरा कुम्हार भगवान् से कहते हैं –

देवा तुझा मी कुंभार।

निर्गुण, निराकार ईश्वर से भेंट करने हेतु सगुण शरीर से आपके पास आया हूँ। बस, आपकी कृपा और प्रेम चाहिए। केवल यही एक इच्छा है –

'निर्गुणाचे भेटी आले सगुणा संगे।'

(७) भक्त नरहरि सुनार

भक्त "नरहरि सुनार" ईश्वर से कहते हैं – "हे भगवान् ! मैं तो आपका ही सुनार हूँ। अब जीवन भर आपके नाम का ही व्यवहार करूँगा" –

> देवा तुझा मी सोनार। नरहरि सोनार हरिचा दास। भजन करी रात्रं दिवस।।'

(८) साँवता माली

साँवता माली को मूली, लहसुन, मिरची तथा धनिया आदि सब्जियों में विट्ठल भगवान् ही दिखाई देते हैं। उनके अभंगों में से प्रसिद्ध अभंग में कहा गया है –

> कांदा मुळा भाजी अवधी विठाबाई माझी। लसूण मिरची कोथिंबिरी। अवधा झाळा माझा हरि। सावता म्हणे केळ मळा। विट्ठल पायी गोविळा गळा।।

(९) सेना नाई

भक्त सेना नाई को तो पण्ढरपुर में आनन्द-ही-आनन्द प्राप्त होता है। वे कहते हैं –

> जाता पंढरीसी सुख वारे जीवा। आनंदे केशवा भेटताचि।।

(१०) बोधळा माणको

"बोधळा माणको" जी ईश्वर से उसके प्रेम की याचना करते हुए कहते हैं –

> बोधळा म्हणे तुजवीण अनुनेणे काही। प्रीती तुझे पायी बैसो माझी।।

(११) चोखा मेळा

भक्त चोखा मेळा महार तो अनन्य होकर भगवान् से कहते हैं, "मैं हाथ में टोकरी लाया हूँ, उसमें केवल आपका जूठा ही एकत्र कर भक्षण करूँगा" –

> जोहार माय बाप जोहार, तुमच्या महाराचा मी महार। बहु भुकेळा जाहळो। तुमच्या उष्ट्या साठी आळो। पाण्डुरंगी ळागो मन। चोखा म्हणे पाटी। आणिळी तुमच्या उष्ट्या साठी।।

(१२) अन्य सन्त

सोयराबाई, बंगा महार, गोदा, निर्मळा – जैसे सन्त सदैव विट्ठल-प्रेम में मस्त रहते। इनकी मान्यता थी –

कीर्तनी गजरी नाचतो श्रीहरि। आनंद सोहळा हरिकथा
माऊळी।।
भज नामाचि आवडी। संसार केळ देशधडी।।

(१३) सन्त एकनाथ एवं सन्त तुकाराम

सन्त ज्ञानेश्वर, नामदेव आदि सन्तों के पश्चात् साढ़े तीन सौ वर्षों के बाद शक-संवत् १५०० में पैठण में सन्त एकनाथ महाराज का उदय हुआ। इन्होंने *एकनाथी भागवत, भावार्थरामायण, भरूड, अभंग, पद,* आरती आदि रचनाओं में भगवान् श्रीकृष्ण, दाशरथी श्रीराम और विट्ठल भगवान् का ही गुणगान किया है। इनके प्रेम में साक्षात् श्रीकृष्ण भगवान् इतने पागल हो गए थे कि वे द्वारका को छोड़कर पैठण में सन्त एकनाथ महाराज के यहाँ एक गरीब ब्राह्मण के वेष में बारह वर्षों तक रहकर उनकी सेवा करते रहे।

पण्ढरपुर के विट्ठल को ये श्रीकृष्ण का ही रूप मानते थे। एक *अभंग* में वे लिखते हैं –

गोकुळी जे शोभळे। ते विटेवरी देखिळे।।
पूतने हृदयी शोभळे। ते विटेवरी देखिळे।।
एका जनार्दनी भळे। ते विटेवरी देखिळे।।
ज्ञानदेवे रचिळा पाया। उभारिळे देवाळया।।
नामातयाचा किंकर। जेणे केळा हा विस्तार।।
तुका वरीळ कळस। भजन करा सावकाश।।

भाव है – सन्त ज्ञानेश्वर महाराज वारकरी-सम्प्रदाय के सन्त-मन्दिर के निर्माता थे तथा सन्त नामदेव ने उसका विस्तार किया। सन्त एकनाथ इस मन्दिर के स्तम्भ बने और ईस्वी सन् १६०८ में देहू नामक गाँव में जन्मे

१६

रति-भक्ति काव्य-कथा

यह तो धारा रही भक्ति की। एक दूसरी धारा वाङ्मय में प्रारम्भ से ही रही, नारी-प्रकृति सौन्दर्य तथा शारीरिक प्रेम की। *ऋग्वेद* में देवियों के मूर्त्त वर्णन उनके सौन्दर्य के लिए कामी-श्रद्धा के भाव को जन्म देने वाले हैं। सृष्टि की रचना का एक दर्शन प्राचीन योनिवाद तथा उपनिषदों में (*बृहदारण्यकोपनिषद्*) स्त्री-पुरुष संसर्ग से सन्तानोत्पत्ति की ऋचाएँ, जातकों में जरा-जीर्ण रमणी की जातक तथा अनभिरत जातक जैसी कथाओं में, विश्वामित्र जैसे कथानकों में काम की प्रबलता, *नाट्यशास्त्र* के नायिका भेद – यह सब काम-पुरुषार्थ के प्रयोजन, उसके सदुपयोग तथा दुरुपयोग का चित्रण करते हुए भारतीय मानस के इस सत्यबोध को चिह्नित करते हैं कि काम भी एक पुरुषार्थ है, जीवन का अंग है। ततः प्रेम काव्य, रति काव्य भी प्रचुर निर्मित हुआ।

प्रचलित भ्रान्त धारणाओं के विपरीत हिन्दू इस जीवन को एक समग्रता के रूप में देखता है। हिन्दू धर्म के दृष्टिकोण में संन्यास एकमात्र जीवन-आदर्श नहीं है। चार अर्थों में काम को सामान्य महत्त्व दिया जाता है।

> काम को जो स्थान दिया जाता है, इसका अर्थ है, नियन्त्रित आमोद-प्रामोद, शारीरिक सुख को नहीं दबाया जाता है ... एक गृहस्थी को धर्म समझाते हुए तथा मोक्ष पाने के महत्त्व पर जोर देते हुए हिन्दू धर्मशास्त्र यह भी आवश्यक समझता था कि गृहस्थी अधिक भोग-विलास न करे तथा दुराचरण से बचे।[१]

वात्स्यायन, जो *कामसूत्र* के विख्यात रचनाकार हैं, अपनी रचना के आरम्भ में ही काम की शुद्धता तथा पवित्रता पर ध्यान देते हैं।

---

१. *Sources of Indian Tradition*, 1958, p. 258

भारतीय कला के नमूने भी काम के दैवीय और शारीरिक रूपों को मान्यता देते हैं, जिसके अनेक उदाहरण हैं – मन्दिरों की मूर्तियाँ हों या काव्य का भण्डार हो।

> कवियों तथा नाटककारों ने दुःख में विशुद्ध हुए प्रेम में आध्यात्मिक संयोग की क्षमता देखी। संस्कृत काव्य के उत्कृष्ट नमूनों में प्रेम को इसी दृष्टि से देखा जाता है। प्रेमियों के दिलों में एक-दूसरे के प्रति जो उत्कण्ठा पैदा होती है, वही एक भक्त की भगवान् के प्रति अनुकम्पा का या एक आत्मा से परमात्मा की खोज का प्रतीक बन गया। भारतीय कामोत्तेजक कला का यही प्रतीकात्मक अर्थ है।[२]

शृंगार, साहित्य में कथानक को आगे बढ़ाने की क्षमता रखता है क्योंकि इससे सभी घटनाएँ सम्बन्धित होती हैं तथा वह विभिन्न अनुभूतियों का आधार है। भरत के शास्त्र में यह कहा जाता है कि कला के सभी रूपों को दर्शनात्मक माना जाता है, इसमें यह तर्क दिया जाता है कि वाङ्मय के सभी रूपों का लक्ष्य है, चाहे नाट्य हो या कथा, मानव की मौलिक अनुभूतियों की पुनर्रचना कराना। आठ स्थायी-भाव का संकल्प आता है, जैसे – (१) शृंगार, (२) हास्य, (३) करुण, (४) रौद्र, (५) वीर, (६) भयानक, (७) वीभत्स, (८) अद्‌भुत। बाद में अभिनवगुप्त ने *रस-सूत्र* के लिए अपनी टीका में इन आठ रसों के साथ शान्त-रस को भी गिना, जिसका पर्याय है, सर्वव्यापी शान्ति की अनुभूति। मगर यह महत्त्वपूर्ण है कि इन नौ रसों का स्रोत प्यार से उत्पन्न होने वाला सौन्दर्य, यानी शृंगार है। भारतीय काव्य-शास्त्र के अनुसार, साहित्यिक रचनाओं की भूमिका है, इन मनोवृत्तियों को जगाकर उनका पाठक के मन में पुनर्निर्माण करना। उनकी पुनर्रचना या जागरण, पात्र की अनुभूति या कर्म के सम्मिश्रण से, या फिर गौरव, शक, स्मृति, चालाकी, चिन्ता, उत्तेजना, चेतना, मृत्यु जैसे अनुभवों अवस्थाओं के सम्मिश्रण से होती है।

ऊपर दी गई सभी मानसिक अवस्थाओं में से शृंगार ने ही सबसे रमणीय काव्य, सशक्त नाटक या भाव्य मूर्तियों की रचना की प्रेरणा दी। मनोवृत्तियों के बीच रति का स्थान सबसे ऊँचा तो है ही, बल्कि काव्यशास्त्री भोजराज (ग्यारहवीं सदी) के अनुसार, मानव के जीवन में रति की प्रबलता, सर्वव्यापकता, समानता को देखकर यह एक आदि मौलिक अनुभूति भी है।

रति को मूल मानते हुए भोजराज *शृंगारप्रकाश* में इस पर ध्यान देते हैं कि रति से जन्मता शृंगार रस वास्तव में महारस है क्योंकि वह चित् को

---

२. *Sources of Indian Tradition*, 1958, p. 258

ऊँचाई तक पहुँचा देता है। परिणाम में रति को प्रेयस् कहा जाता है, यह एक अपने के प्रति प्रेम है, क्योंकि हमारे लिए, केवल वे पात्र या व्यक्ति आकर्षक हैं, जो हमारे अपने सुख को बढ़ा सकते हैं। जैसे जॉन डॉन ने कहा था, जब हम किसी से प्रेम करते हैं, तो सच्चाई में हम अपने से प्रेम करते हैं।

इसी कारण से प्रेम और मौत (यह दोनों अक्सर साथ चलती हैं) का वर्णन करने वाली कथाएँ सबसे लोकप्रिय साहित्यिक रचनाएँ सिद्ध होती हैं। भारत की लगभग सभी भाषाओं के लोक-साहित्य में ऐसी कथाएँ बड़े पैमाने में मिलती हैं। भारतीय साहित्य में ही नहीं, पूरे दक्षिण एशिया के साहित्य में भी रचनाओं के, जो सबसे पहले उदाहरण मिलते हैं, वे इस बात का प्रमाण देते हैं कि शृंगार या रति कितने प्रभावशाली भाव हैं?

ये ही कारण हैं, जिनके लिए भारत की साहित्यिक परम्परा में शृंगार-काव्य प्रचुर और विचित्र रूप में विकसित हुआ। शृंगार काव्य की बहुत विधियाँ हैं, आधुनिक काल तक भारत की लगभग सभी भाषाओं में शृंगार या प्रेम का वर्णन करने वाले काव्य का प्रभुत्व रहता है। यह विषय तीन मुख्य मौलिक भाषाओं में, संस्कृत, प्राकृत एवं तमिल में साहित्य का स्थायी भाग है। वह कई साहित्यिक विधियों में उभरकर आता है, यानी नाटक, कथा और काव्य में, और हर विधि के अंदर रचनाओं के अनेक रूपों में प्रतिभासित होता है। इस तरह मुक्तक में मनोवृत्तियों या अवस्थाओं का चित्रण मिलता है। खण्ड काव्य में एक प्रसंग का वर्णन मिलता है, जबकि महाकाव्य में जीवन-अनुभवों को सम्पूर्ण रूप से दिखाने का प्रयत्न किया जाता है।

तमिल, संस्कृत तथा प्राकृत साहित्य में काव्य परम्परा सम्पन्न है। काव्य साहित्य – प्रेम या भक्ति के माध्यम से एक भावना की अभिव्यक्ति है। काव्य के मूल स्रोत, वेदों की उन स्तुतियों में देखे जा सकते हैं जिनमें प्रकृति तथा देवियों की वन्दना मिलती है।

तमिल काव्य में भी जीवन के चार अर्थ चित्रित हैं। *अरम* (पुण्य), *पोरुल* (सम्पत्ति, राजनीति), *इन्पम* (प्रेम, आमोद-प्रामोद), *वितु* (मुक्ति), लेकिन यह वर्गीकरण संस्कृत साहित्य के प्रभाव में बन गया। आरम्भ में तमिल काव्य दो धाराओं में विभाजित था। अहम और पूरम, यानी इसमें दो मौलिक विषय थे – शृंगार और युद्ध, अहम काव्य में नायक-नायिका के बीच प्रेम का वर्णन दिया जाता है। पदों में नायक का, सखी का या किसी तीसरे व्यक्ति का वचन दिया जाता है।

प्रथम शताब्दी की *गाथासप्तसाई* (प्राकृत : *गाहासत्तसाई*) का मूल विषय मानवीय प्रेम है; यह एक धागा ७०० पदों को पिरो देता है। इस संग्रह का सर्जक दूसरी सदी का आंध्र का नरेश सातवाहन, या हाला बताया जाता है। यह कविताओं का एक अनोखा संग्रह है, जिसमें प्राकृत भाषा में ७०० गाथाओं में प्रेम के अलग-अलग रूपों तथा अवस्थाओं का वर्णन है। अस्थायी भाव (१.४), उदासीनता (१.७), अभिमान (१.११), दुःख (१.१८), आपेक्षाएँ (१.२१), स्मरण (१.२२), बाधक (१.२४), अकेलेपन से उत्पन्न विषाद/कष्ट (१.२६), स्वीकृति (१.३२), क्रोध (१.३३), निराशा (१.३७), आत्मसमर्पण (१.४०), प्रार्थना (१.५०), प्रतीक्षा (१.५६), हृदयों का मिलन (१.६१), विरह (३.६), यौवन से ईर्ष्या (४.८३), प्रेम का अन्त (५.२३), संस्मरण (६.१७०), समय का बीतना (७.६), प्रेम-कलह (७.९९), इस काव्य में हर प्रकार की असंख्य परिस्थितियों का अनेक स्थानों में चित्रण किया जाता है। जैसे : नदी का किनारा (२.७५), वीरान मन्दिर (१.६४), प्रातःकाल में झील (२.१०), शान्त उषा-काल (२.९०), सूर्यास्त (३.८४), आँसू (४.७७)। इसके साथ, एक स्त्री की प्रेम में अवस्था : वह सम्मोहित (२.५५), अभिमानी, अपनी सुन्दरता की अभिज्ञा (२.७४), अपराधिनी (२.८३), प्रेमी से परित्यक्त (२.९४), संस्मरणों में डूबी हुई (३.२६), यौवन के बीतने के बारे में दुःखी (३.४७), उदास (४.४०)।

यह माना जाता है कि भारतीय काव्य-शास्त्रियों के अनुसार *गाहासत्तसाई* काव्य का उत्कृष्ट उदाहरण है। यह ध्वनि-काव्य, संकेतात्मक काव्य है, इस रचना का कल्पना-संसार सम्पन्न है। इसमें प्रकृति से लेकर दैनिक जीवन तक के वर्णन हैं। भाषा अलंकारों से परिपूर्ण है, जो काव्य-शैली का मौलिक निर्धारक है।

संस्कृत काव्य में सन्देश काव्य का विशेष स्थान है। काव्य का एक प्रचलित रूप है – सन्देश-काव्य। संस्कृत काव्य के महान् राज्य में कालिदास का नाम सर्वोच्च है। कालिदास का *मेघदूतम्*, जिसका आगे चलकर बहुत कवियों ने अनुकरण करने का विफल प्रयत्न किया, काव्य की इस विधि में सर्वश्रेष्ठ है।

इस रचना में दो खण्ड हैं – पूर्वमेघम् तथा उत्तरमेघम्। इसमें मन्दाक्रान्ता छन्द का प्रयोग किया गया है, जिससे काव्य-गति में जुलाई के पानी से भारी पड़े भव्य मेघ की गरज सुनाई पड़ती है।

यह परम् प्रेम के चित्रण से मेल खाता है, जो जुदाई के जलते रंगों से मिलकर काले मेघ और उसके अंदर चमकती हुई बिजली के सदृश है। सन्देश

के शब्द साहित्य में सबसे मर्मस्पर्शी और रमणीय हैं। यह काव्य हमारे स्मरण में धरती से उठने वाले इन्द्रधनुष के सदृश उज्ज्वल रहेगा।[३]

ऋतुसंहारम् कालिदास का दूसरा काव्य है। इसमें १४४ पद हैं, यह ६ खण्डों में विभाजित है और हर खण्ड में एक ऋतु का चित्रण दिया जाता है

वसन्त-ऋतु को समर्पित अन्तिम पद इस तरह का है –

वृक्ष प्रफुल्लित हैं, जल कमल खिलाता है,
नारी भावना में प्रेम आया ....
कमसीन रेशम केसर से रंगा हुआ,
चमकता है हल्का सुनहरा, बेजोड़ स्तन-गोलकों पर घूँघट
डालते हैं ...
स्वर्णिम घंटियों से काम-ताडित नारियों के नितंबों को
मेखलित करता है।
बिना आकार के प्रेम अपने को विभिन्न रूप देता है
महिलाओं की इधर-उधर ताकती,
मदालसा आँखों में,
नारी हृदय गंभीर तरस से धकधकाते हैं
आम के पेड़ों को वायु में हिलते हुए देखकर ...
पागल जैसे उत्तेजित मधुमक्खियों की गूँज,
कोयल के मधुर गान, कुसुमित आम-वृक्ष
सुनहरे चंपा आनन्द के फूलों से सजे हुए –
इन नुकीले वर्णों से, फूलों का महीना,
गरिमावती नारियों के अभिमानी हृदयों को कुरेदता है
एवं प्रेम की शिखाएँ प्रज्वलित होकर धधकती हैं।

कालिदास के काव्य में से कोई भी भाग चुना जाए, वह अपनी विविधता, विशालता, जीवन-शक्ति से, कालिदास की सुरम्य इन्द्रियों को छूने वाली कविता के माध्यम से मानव की तथा प्रकृति की सुन्दरता का गुणगान करता है।

चंद्रा राजन के कथनानुसार,

मेघदूतम् काव्य (और अधिक मात्रा में *ऋतुसंहारम्* भी) एक नई काव्य परम्परा का जन्म उद्घोषित करता है। इसकी काव्यात्मक शैली की सहायता से सूक्ष्म भावनाओं के प्रदर्शन पर अधिक ध्यान दिया जाता है जबकि कथा-सृजन पर कम, शृंगार सब अनुभूतियों से शक्तिशाली है

---

३. देखिए Gaurinath Shastri, *History of Classical Sanskrit Literature*, 1987, Ist edn. of 1943, pp. 120-21.

> ... हर पद कलात्मक ढंग से कोई एक विषय, एक भावना या फिर एक अनुभूति है।[४]

कालिदास के इन दो काव्यों के सार, शैली, उनमें प्रस्तुत विचारों पर अपनी टिप्पणियाँ देते हुए, वे आगे कहती हैं –

> शृंगार और उसके कई रूप, काव्य के मूल विषय हैं। सम्पन्न और सुरक्षित प्रेम-संयोग, प्रेम में पराजय या विश्वासघात, प्यार करते हुए क्रोध और ईर्ष्या के भाव, विरह – इन सबकी कालीदास के काव्य में प्रेरक और मार्मिक रूप में अभिव्यक्ति मिलती है। शृंगार के जो कई अलग-अलग रूप *मेघदूतम्* में दर्शाए जाते हैं, उनमें हर एक को एक अलग पद समर्पित है, जो एक लघु-चित्र के सदृश्य बन जाता है। (दे. २६, ३०, ३१, ४१, ४२, ४३) ... *मेघदूतम्* की मौलिक अनुभूति है – अकेलापन, जो संसार की मनोहरता के बावजूद स्पष्ट प्रतिभासित है। ... *ऋतुसंहारम्* में आनन्द का वातावरण मौलिक है। चाहत की पीड़ा अब नहीं रही, क्योंकि प्रिय अब सामने हैं। दूर किए जा रहे प्यार करने वाले प्रकृति की सुन्दरता और प्रियतम की सौंदर्यता के अनुराग-भरे वर्णन, एक-दूसरे की छाया बनकर कल्पना को आगे ले जाते हैं ... *मेघदूतम्* न केवल विरह की पीड़ा के बारे में एक काव्य है बल्कि इसमें प्रकृति के मनोहर चित्र भी मिलते हैं। इसमें मिथकों का और पौराणिक कथाओं का, सपनों का तथा साहित्यिक उदाहरणों का सम्मिश्रण है, ... जिसमें शृंगार-काव्य को गहराई मिलती है। ... प्रकृति और मानव-संसार दोनों ब्रह्माण्ड की दैवीय शक्ति के भाग हो जाते हैं। प्रकृति की तथा महिला की सृजनात्मक शक्तियाँ एक ही स्रोत से उत्पन्न होती हैं ... भरहुत और सांची की मूर्तियाँ, इसी बात का प्रमाण हैं कि उनको बनाए हुए वास्तुकार भी अन्तरिक्ष से आने वाली इसी शक्ति को प्रकृति या स्त्री की सौन्दर्यता में साक्षात् देख पा रहे थे। इस तरह कल्पना की शक्ति से प्रकृति में प्राण बस जाता है।[५]

काव्य की कलात्मकता, भावुकता, संकेतात्मकता पर अपने विचार देने के बाद डॉ. चंद्रा राजन ने सिंहावलोकन को समाप्त करते हुए काव्य में दार्शनिक विचार-धारा की गम्भीरता को दिखाने के लिए १०६वें पद को उद्धृत किया, जिसमें यक्ष, मेघ-दूत द्वारा भेजे जाने वाले अपने सन्देश की अन्तिम पंक्तियों में विरह से पीड़ित अपनी प्रियतमा से यह कह देता है –

---

४. देखिए *The Complete Works of Kalidasa,* vol. 1, *Poems*, tr. Chandra Rajan, 1997, pp. 101-05.

५. वही, पृष्ठ 14, 17, 33-40.

परन्तु मेरे बारे में और नहीं, गंभीर चिंतन करते हुए
मैं अपनी अंदरूनी शक्ति को पुकारता हूँ।
तुम्हें भी, देवी परम् आशीर्वाद से धन्या,
निदारुण हताशा में गिरने से बचना चाहिए।
किसके पास हमेशा खुशियाँ मँडराती हैं ?
वा दैण्य हमेशा ग्रस्त करता है ?
धरती पर मानव की स्थिति चक्र के वृत्त जैसी है
ऊपर-नीचे जाती रहती है।

इस महान् परम्परा में आगे भर्तृहरि का नाम सामने आता है, जिन्होंने तीन शतकों की रचना की : (क) *शृंगार-शतकम्* (शृंगार को समर्पित १०० पद); (ख) *नीतिशतकम्* (जिसमें नैतिक वर्णन तथा परामर्श दिए जाते हैं); (ग) *वैराग्य-शतकम्* (परित्याग के बारे में १०० पद)। भर्तृहरि की मृत्यु सन् ६५१ में हुई होगी।

भर्तृहरि का मन, बुद्धि, शृंगार और त्याग के बीच चयन करने की चेष्टा करता है, किन्तु वे इससे सहमत थे कि बड़े ज्ञानियों तथा ऋषियों के हृदयों पर भी एक रमणी स्त्री का अधिकार होता है। उनकी एक सौ कविताएँ स्त्री के शरीर के लुभाने वाले आकर्षण को समर्पित हैं। वृद्धावस्था में भी वे स्त्रियों से अत्यन्त मोहित रहे थे और उसकी लावण्य शक्ति पर विस्मित रहे। वे हर स्त्री की आराधना करते हैं; जैसे बार्बरा स्टालेर मिल्लेर ने कहा "जवान, स्नेहमय, प्यार में निपुण, सौम्य, आकर्षक हो।"[६]

महती दर्शनों में सबसे महान् क्या है ?
हीरण-नयनी बाला का प्रेम-प्रफुल्लित मुख-मण्डल।
सुगंधों में? उसके मुख का श्वास।
स्वादों में? वृन्त-जैसे लबों का अमृत।
स्पर्शों में? उसकी कोमल काया।
एक प्रेमी का ध्यान खींचने के लिए क्या सबसे उपयुक्त है?
उसकी प्रेम-जनित बिखरापन यौवन के पहले कुसुमों में
या
भरे हुए उद्दण्ड स्तन, छेबती आँखें, लुभाती भौंहें,
और अनुराग से भरे हुए वृन्त जैसे होंठ मुझे अशान्त करते हैं

६. देखिए Barbara Stoller Miller (tr.), *Bhartrihari Poems*, 1967, p. xx.

कर सकते हैं, किन्तु क्यों एक लचीली केश की लकीर
जो काम-देव के कुसुम-शस्त्र ने उसके पेट पर खींचा है,
एक सौन्दर्य का अमोघ चिह्न बनके,
मुझे इतनी बेरहमी से तड़पाती है ?

भर्तृहरि जानते हैं कि इस सबसे मुक्ति अवश्य मिल जाएगी क्योंकि एक दिन वह वृद्ध हो जाएगा। वह जानता है कि इच्छाओं के बन्धनों से अपने को मुक्त करने के लिए उसे भगवान् के प्रति प्रेम सीखना पड़ेगा। मगर उसे यह भी जानकारी है कि कुछ ही लोग यह करने को समर्थ हैं। उसी के लिए तो अनुराग और इच्छाओं से रिक्त होना सम्भव नहीं लगता। भर्तृहरि दुविधा में पड़ जाते हैं : एक तरफ़ मानव के प्रति प्रेम है, दूसरी तरफ़ एक देवता के प्रति भक्ति है, यानी शृंगार और त्याग की द्विविधता। जैसे आगे दिखाया जाएगा, यह वही द्विविधता है, जिसको सुझलाने के रास्ते खोजते हुए भारतीय दार्शनिक चेतना ने रति का विकास किया।

कालिदास से चित्रित स्त्रियों की शारीरिक सौन्दर्यता दैवीय है जबकि भर्तृहरि के काव्य में स्त्रियाँ सुन्दर परियों के रूप में सामने आती हैं, जो पुरुष की बुद्धि को नष्ट कर देती हैं। यही तनाव *अमरूशतकम्* में स्पष्ट प्रतीत होता है, जो १०० पद का स्त्रियों के प्यार और जीवन की अवस्थाओं तथा परिस्थितियों का वर्णन करने वाला काव्य है।

इस भाग को समाप्त करते हुए हम एक और काव्य का उल्लेख करना उचित समझते हैं : बिल्हण का *चौरझशिका* या "बिल्हणकाव्य", जिसमें एक प्रेमी के उसकी प्रियतमा के सत्संग के संस्मरण दिए गए हैं। इस काव्य में कुल ५० पद हैं। बिल्हणकाव्य का जीवनकाल १०७६-११२७ है। भारत की साहित्यिक परम्परा में शृंगार-काव्य प्रचुर और विचित्र रूप में विकसित हुआ। शुरू से ही तमिल काव्य का विभाजन दो मूल विषयों के अनुसार हुआ। अहम काव्य का मुख्य विषय है – प्रेम-पूरक काव्य का – युद्ध, अहम काव्य में नायक-नायिका के बीच प्रेम का वर्णन दिया गया है। पदों में नायक का, सखी का या किसी तीसरे व्यक्ति का वचन दिया जाता है। पुराने तमिल साहित्य में शामिल पाँच कविता-संग्रहों में (*अहनानुरु, नर्रिनै, कुरुन्तोखै, ऐंकुरुनुरु, कलितोखै*) इस प्रकार के १८५० पद इकट्ठे किए गए। तमिल काव्य में प्रेम का वर्णन बहुत सूक्ष्म तरीके से किया जाता है। चित्र की पूर्णता के लिए भू-भाग, ऋतु, समय, आस-पास के पेड़-पौधों तथा जानवरों के नाम अवश्य दिए जाते हैं। इस तरह कुरिण्जि-तिण्णै की कविता में प्रेमियों का पहाड़ी इलाके में गुप्त संयोग का चित्रण है। *मुल्लै-तिण्णै* का विषय है – नायक की वापसी की प्रतीक्षा

में घर की अवस्था। इसकी प्राकृतिक पृष्ठभूमि एक जंगली इलाका है। जैसेकि हमने कहा कि इन दो धाराओं के प्रयोग ने रति-भक्ति का रूप लिया।

शारीरिक प्रीति, रति और दैवीय प्रेम, भक्ति के बीच अन्तर समझने के लिए भारतीय सौन्दर्य-शास्त्र में शृंगार के अर्थ पर विमर्श करना चाहिए।

ग्यारहवीं सदी के कश्मीरी काव्य-शास्त्री अभिनवगुप्त के कथनानुसार

> यह मानव जीवन का मुख्य नियम है। हर मानव अपनी आत्मा का विकास चाहता है, ... यही प्राकृतिक भावना प्रेम का आधार है। भोजराज ने कहा कि शृंगार-रस, जिसमें प्रेम का उद्‌गम होता है एक महारस है, इसमें जीवन का सार है। मूल रूप से प्रेम एक प्रेयस् है, यानी प्रेम सिर्फ ऐसे ही पात्र या व्यक्ति के प्रति हो सकता है, जिनसे आत्मा को आनन्द मिल सकता है। भारतीय सौन्दर्य शास्त्री, जो विश्व के दूसरे देशों में जैसे, समाज की विचारधारा से अलग नहीं रहे। शृंगार-रस का पर्याय देते हुए उसको "चिरस्थायी प्रतीति" कहते थे। उनका जोर इस बात पर था कि शृंगार एक ऐसी मानसिक अवस्था है, जो शारीरिक तृप्ति से समाप्त नहीं होती। कोई सन्देह नहीं है कि जहाँ बात हो रही है, एक पुरुष और एक स्त्री के संयोग की, उसके पीछे एक मानव और भगवान् का सम्बन्ध देखा जा सकता है। इन दोनों में एक मूल समानता है। प्रेम-पात्र या भक्ति-पात्र के प्रति गहरी श्रद्धा और स्नेह। मानवीय प्यार भी ऐसा ही होता है। लोग अपने प्रेमियों के लिए सबसे अच्छी बातों की कामना करते हैं, अपने हितों का त्याग करके उसका कल्याण चाहते हैं। यह एक ऐसी अवस्था है, जब चाहे प्रेमी साथ-साथ ही या एक-दूसरे से दूर दो आत्माएँ एक बन जाती हैं। ऐसी निर्मलता, सौन्दर्य, निःस्वार्थ चाहत और परित्याग सच्ची प्रीति से ही पैदा होते हैं।

अभिनवगुप्त शृंगार की प्रकृति पर विस्तार से व्याख्या करते हैं –

> रति करने से जो "आलोकमय" भावनाएँ उत्पन्न होती हैं, वही शृंगार है। उनका कहना है कि इस लोक में जो भी निर्मल, आलोकमय, देखने तथा अनुभव करने योग्य वस्तु है, उसकी तुलना शृंगार से की जा सकती है।

शृंगार – शारीरिकता से मुक्त रति का प्रतिबिम्ब है, इसलिए वह उदारता और आलोक से परिपूर्ण है। शृंगार दो उत्तम व्यक्तियों का परम भोग है, जिससे दोनों की भावनाएँ गलकर एक-दूसरे में समाहित हो जाती हैं। शृंगार-रस एक अनन्त वासना और अनन्त तृप्ति है। अभिनवगुप्त के शास्त्र में शृंगार उसके दर्शन से मेल खाता है। शृंगार को वे एक उपासना, निःस्वार्थ श्रद्धा मानते हैं,

जिसमें व्यक्ति अपना सर्वस्व खो देता है। ऐसा शृंगार विरह की अवस्था में भी पूर्ण है, वह सच्चाई स्वच्छन्दता और सुन्दरता का परम रूप है।

शारीरिक और ईश्वरीय प्रीति के सम्मिश्रण को समझने के लिए भारतीय कला-शास्त्र में शृंगार का अध्ययन करना चाहिए। नौ भावों के ऊपर अपनी टिप्पणी देते हुए अभिनवगुप्त इस पर विशेष ध्यान देते हैं कि रति, हास, शोक, क्रोध, उत्साह, भय, जुगुप्सा, विस्मय तथा निर्वेद वास्तव में स्थायी भाव हैं यानी मानव को जन्म से प्राप्त प्रवृत्तियाँ हैं। "दुःख तथा अप्रिय वस्तुओं से घृणा, सुख और विश्राम की चाहत" – यही मानव-स्वभाव का मौलिक सिद्धान्त है। हर मानव अपने सर्वस्व को आगे बढ़ाना चाहता है, अपनी आत्मा की उन्नति चाहता है। शृंगार का उत्पन्न होना मानव की इसी सहज प्रवृत्ति पर निर्भर है। इससे और कई भाव जन्मते हैं। आनन्द और परिहास, प्रेम-पात्र की जुदाई से शोक उत्पन्न होता है, जो निराश कर देते हैं। उनके प्रति क्रोध उत्पन्न होता है, अगर कोई निर्बल हो तो वह भय से ग्रस्त होता है। उत्साह अभीष्ट वस्तु को पाने की इच्छा के साथ आता है। कोई वस्तु अप्रिय हो तो जुगुप्सा की अनुभूति होती है। जब कोई अप्रत्याशित घटना घट जाती है तो विस्मय का होना स्वाभाविक है। जब ज्ञान के माध्यम से इच्छाओं पर लगाम लगाई जाती है तो निर्वेद की अनुभूति होती है। इन सबका मूल – शृंगार ही है। भोजराज *शृंगारप्रकाश* ग्रन्थ में इस पर ध्यान देते हैं कि शृंगार रस वास्तव में एक महारस है, क्योंकि इसमें जीवन का सार है, यह प्रेयस् भी है यानी अपने से प्रेम, क्योंकि हमारे लिए केवल वे व्यक्ति प्रिय हैं जो हमारे सुख को बढ़ा पाते हैं।

दार्शनिक परम्परा के अनुसार काम जीवन के लक्ष्यों में से एक है। यह सभी इच्छाओं से जुड़ा हुआ है, विशेषकर कामेच्छा से। भारतीय विचारधारा के अनुसार सामाजिक जीवन में यौन-इच्छाओं को नियन्त्रित करना चाहिए, जिसके लिए आत्मसंयम की और यौन-सम्बन्धों का प्रजनन के लक्ष्य से, वैवाहिक जीवन से सीमित होने की अत्यन्त आवश्यकता है। काम-भावना को मानव जीवन में सबसे महत्त्वपूर्ण शक्ति माना गया है। मानव सम्बन्धों पर तथा सामाजिक एकता पर काम का सम्भव कुप्रभाव स्पष्ट रूप से समझा गया। भारतीय चिन्तन में यह भी धारणा है कि काम पर संयम रखना, जो भारतीय पारिवारिक जीवन की सापेक्ष स्थिरता का एक कारण है। इस तरह भारतीय कला शास्त्र ने, जो भारत की दार्शनिक चेतना का अनुकरण करता है, शृंगार रस को चिरस्थायी प्रतीति की परिभाषा दी। "चिरस्थायी प्रतीति" का पर्याय है, प्रेम की वह स्थायी अवस्था, जिसका फल शारीरिक सम्बन्ध होना

आवश्यक नहीं है। इसमें कोई सन्देह नहीं है कि यहाँ रति का परिप्रेक्ष्य देखा जा सकता है, लेकिन स्त्री-पुरुष सम्बन्ध की भक्त और भगवान् के सम्बन्ध में मानव-प्रेम और श्रद्धा की यह समानता है कि प्रेम-पात्र के प्रति सम्मान किया जाता है, उसकी पूजा की जाती है। मानवीय प्रीति ऐसी ही होती है। लोग अपने प्रेमियों के लिए सबसे अच्छी बातों की कामना करते हैं, अपने हितों का परित्याग करके उसका कल्याण चाहते हैं। यह एक ऐसी अवस्था है, जब प्रेमी चाहे साथ-साथ हों या एक-दूसरे से दूर, दो आत्माएँ एक बन जाती हैं। ऐसी निर्मलता, सौन्दर्य, निःस्वार्थ चाहत और परित्याग सच्ची प्रीति से ही पैदा होते हैं।

मलिक मोहम्मद जायसी हिन्दी साहित्य की रति/रीति धारा के विलक्षण कवि हैं, वे रति-भक्ति की उस शाखा के कवि हैं, जिसमें लौकिक प्रेयसी भगवत-रूप हो जाती है। जायसी से सूफ़ीकवियों तक की शृंखला का यही लक्षण है। वे कहते हैं[७] –

अठहु हाथ तन सरवर हिया कँवल तेहि माँह।
नैनन्ह जानहु निअरें कर पहुँचत अवगाह।।

इस प्रकार जायसी ने जगत् के नाना व्यापारों को प्रेम की आध्यात्मिक छाया से प्रतिभासित माना है। इसी आध्यात्मिक विरह से अभिभूत हो "रत्नसेन" (साधक, जीव) अति व्याकुल हो "पद्मावती" (परमात्मा) – की ओर आकृष्ट होता है। "गुरु" (हीरामन तोता), "ब्रह्म" (पद्मावती) – की प्राप्ति में सम्पूर्ण मार्ग-दर्शन करता है।

इस प्रकार कवि ने कथा-प्रसंगों के माध्यम से लौकिक प्रेम और सौन्दर्य के मध्य आध्यात्मिक प्रेम का अनुपम संकेत दिया है।

इसमें मधुर रस भी है तथा आध्यात्मिक सुकलन भी।

यही रति-भक्ति की उत्तम व्याख्या है। विषय-अनुराग, काम है तथा भगवत्-अनुराग प्रेम है परन्तु इन दोनों में भेदाभेद है। रति-भक्ति दर्शन में "सबसों ऊँची प्रेम-सगाई" है –

दुर्योधन के मेवा त्यागो, साग बिदुर घर खाई।।
जूठे फल सबरी के खाये, बहु बिधि स्वाद बताई।
प्रेम के बस नृप सेवा कीन्हीं आप बने हरि नाई।।
राजसु जग्य जुधिष्ठिर कीन्हों तामें जूठ उठाई।

---

७. पृ. ४२५-२६।

प्रेम के बस पारथ, रथ हांक्यो भूलि गये ठकुराई।।
ऐसी प्रीति बढ़ी बृंदावन, गोपिन नाच नचाई।
सूर सूर एहि लायक नांही, कहँ लगि करौं बड़ाई।।
– सूरदास

राधा-कृष्ण का प्रेम, रति-भक्ति की पराकाष्ठा है। उनकी कालजयी परम्परा-प्रसिद्ध, निषिद्ध परन्तु समाज-प्रतिष्ठित प्रेम-कहानी शृंगार कथाओं में प्रथम तथा रति-भक्ति की कथाओं का प्रारूप है। यह प्रेम-सम्बन्ध कथा करुण-रस प्रधान है। एक बार जो कृष्ण ने गोकुल छोड़ा, वे कभी मुड़कर वहाँ नहीं गए, पुनः राधा से कभी नहीं मिले। उनका यह वियोग अपरिवर्तनीय, अप्रतिकार्य था। परन्तु शताब्दियों से राधा-कृष्ण का नाम एक साथ लिया जा रहा है। यह द्वन्द्व समास शनैःशनैः लोक व्यवहार में तत्पुरुष समास "राधे-कृष्ण" बन गया, कालान्तर में यह केवल "राधे-राधे" ही रह गया। सामाजिक दृष्टि से निषिद्ध इस सम्बन्ध में एक औदार्य, एक उज्ज्वलता है – पाँच हज़ार साल से लोक मानस में यह पूजनीय सम्बन्ध रहा है। "राधे-राधे" जिसमें कृष्ण, राधा में समाए हुए हैं, जन-साधारण में एक लोक-प्रचलित अभिवादन बन गया है। इस सम्बन्ध को नाम नहीं दिया जा सकता – सम्बन्ध, जो निषिद्ध है पर निन्दनीय कभी नहीं रहा। इस सम्बन्ध की सच्चाई और उज्ज्वलता का प्रमाण है, काठियावाड़ की कठी जाति की औरतों का भगवान् कृष्ण के देह-त्यागने के शोक में आज भी काले कपड़े पहनना। वह मानती हैं कि राधा उनकी जाति की थी और उनका यह परिवेदन सम्भवतः इतिहास का सबसे दीर्घकालीन शोक है। इस सम्बन्ध की गहराई कई संचारी-आख्यानों में प्रकट होती है। यह दो उत्तम प्रकृति के युवक-युवती दोनों में एक-दूसरे के लिए प्रगाढ़ प्रेम था। यह अभिनवगुप्त के शब्दों में "चिरस्थायी प्रतीति" थी – वह फिर मिले नहीं, समय बीत गया परन्तु उस प्रेम की प्रगाढ़ता ज्यों-की-ज्यों बनी रही। एक आख्यान के अनुसार एक बार कृष्ण बीमार हो गए। द्वारका में वैद्यों ने कहा कि उनके अपनों के पैरों की धूल उनके माथे पर लगाने से वह स्वस्थ हो जाएंगे। रुक्मिणी इत्यादि कहती हैं कि जिसके चरणों की धूल हम माथे से लगाते हैं, उसके माथे पर हमारे चरणों की धूल लगी तो हमारा इहलोक तथा परलोक दोनों बिगड़ जाएंगे। नारदजी को ब्रज जाने के लिए कहा जाता है और वहाँ पूछने पर राधा अपने दोनों पैर बढ़ा देती हैं। नारदजी कहते हैं – तुम्हें अपने इहलोक या परलोक का डर नहीं। राधा कहती है – "मेरी मुक्ति-युक्ति, स्वर्ग-नरक, जीवन-मरण, सुख-दुःख, हंसी-रुलाई सब कुछ श्रीकृष्ण ही हैं। अगर अनन्त नरक में मैं उनका स्वस्थ शरीर पा सकूं

तो मैं उस अनन्त नरक के लिए हर दिन पूजा-प्रार्थना करूँगी। मैं कोई नरक नहीं जानती, कोई पान नहीं जानती – मैं तो केवल श्रीकृष्ण का आनन्द जानती हूँ।" एक और आख्यान है – एक दिन सुबह श्रीकृष्ण बिस्तर से न उठे क्योंकि उनके पैरों पर रात में फफोले बन गए। बात कुछ ऐसी हुई कि राधा-समेत ब्रज के ग्वाले एक बार द्वारका पहुँचे। कृष्ण ने रुक्मिणी से उन सबको गर्म दूध पिलाने की व्यवस्था करने को कहा। रुक्मिणी समझ गई किसका ध्यान श्रीकृष्ण के मन में है? वह गई और उबलते दूध का गिलास लेकर राधा से कहा – "कृष्ण ने कहा है कि तुम्हें दूध अच्छा लगता है। लो पी लो।" राधा हड़बड़ाकर उबलता दूध पी गई। अगले दिन जब रुक्मिणी ने कहा कि फफोले कैसे हो गए? बहुत आग्रह के बाद कृष्ण उठे और कहा – "तुमने कल राधा को उबलता हुआ दूध पिला दिया और उसके दिल में तो मैं, मेरे चरण रहते हैं।" यह कुछ ऐसा प्रेम था, देवकी ने अपनी बहुओं से कहा कि वह इतना जान लें कि राधा का नाम सुनकर ही कृष्ण महाभाव में आ जाते हैं। वह जानना चाहती थीं कि राधा कितनी मनोहारी रही होगी और उसका और श्रीकृष्ण का क्या सम्बन्ध था?

परम्परा में यह सम्बन्ध एक लीला-रूप में भी लिया गया है। तदनुसार आत्मा में रमण करने वाले परमात्मा की यह सर्व सकल प्रेमलीला कृष्ण और राधा रूप में परम्परा ने कथा बद्ध की है। राधा ब्रज की गोपियों की प्रतिमूर्ति हैं। विषयानुराग काम है परन्तु भगवदनुराग प्रेम है। *श्रीमद्भागवत*[८] में शंकर भगवती सती से कहते हैं कि विशुद्ध अन्तःकरण का नाम ही "वासुदेव" है क्योंकि उस शुद्ध अन्तःकरण में ही भगवान् का अनुभव होता है। उद्धव गोपियों को श्रीकृष्ण का सन्देश सुनाते हैं कि वह सबका उपादान कारण होने के कारण सबकी आत्मा है। सबमें होने के कारण उनसे कभी वियोग हो ही नहीं सकता। गोपियों के समर्पण भाव ने उन्हें उनका ज्ञान वैराग्य भुला दिया और वह भी गोपियों की तरह प्रेममग्न हो गए। गोपियों के अनन्य प्रेम के लिए श्रीकृष्ण उद्धव से कहते हैं – "और तो मैं क्या कहूँ, मैं ही उनकी आत्मा हूँ। वे नित्य निरन्तर मुझमें ही तन्मय रहती हैं।"[९]

इन गोपियों में राधा का वैभव कुछ विशिष्ट है। *ब्रह्मवैवर्त्त पुराण* में श्रीराधा को ब्रह्म आदि देवताओं द्वारा "वन्दित" कहा गया है।[१०] परम-तत्त्व का एक

८. *श्रीमद्भागवत* ४.३.२३।

९. *श्रीमद्.*, ११.१४.१५।

१०. *वै.पु.* श्रीकृष्ण ६२.६३।

विशेषण "आनन्द" है – श्रीकृष्ण आनन्द का स्वरूप हैं तथा उनकी प्रतिमूर्ति हैं राधिका। श्रीराधा श्रीकृष्ण का जीवन हैं तथा श्रीकृष्ण श्रीराधा का। उन दोनों का आनन्द सार, प्रेमविग्रह रूप संसार के समस्त "प्रेमों का एकीभूत समूह है।"[११] सूरदास श्रीकृष्ण को "प्रभु रसिक-शिरोमणि" कहते हैं तथा श्रुतिया राधा की अट्ठाईस नामों से स्तुति करती हैं –

राधा, रासेश्वरी, रम्या, कृष्णमत्राधिदेवता, सर्वाधा, सर्ववन्धा, वृन्दावन विहारिणी, वृन्दाराध्या, रमा, अशेषगोपीमण्डलपूजिता, सत्या, सत्यपरा, सत्यभामा, श्रीकृष्णवल्लभा, कृष्णानुसुता, गोपी मूल प्रकृति, ईश्वरी, गन्धर्वा, राधिका, आरम्या, रुक्मणि, परमेश्वरी, परात्परतरा, पूर्णा, पूर्णचन्द्रनिभानना, मुक्तिमुक्ति-प्रदा, भवव्याधिविनाशिनी।

जैसाकि सर्वविदित है, यह नाम-माला परम्परा, सहना नाम इत्यादि, एक बौधिक विधा तथा विधि है किसी भी पदार्थ के पूर्ण निदर्शन की। "राधा" नाम वेद-सम्मत है[१२] नाम-माला में प्रत्येक नाम एक कथा है तथा वचन-रूपी कथन भी है, उस पदार्थ को पूर्णतया चित्रित करने के लिए। यहाँ यह हमारा विषय नहीं है परन्तु यदि इन अट्ठाईस नामों के अर्थों को उनसे जुड़ी कथाओं द्वारा प्रदर्शित किया जाए तो राधा-कृष्ण सम्बन्ध का तथ्य प्रकट हो जाएगा तथा उससे सम्बन्धित कई भ्रान्तियों का निराकरण हो जाएगा।

राधा-कृष्ण कथाओं में यह भगवत्प्रेम मानवीय रूप ले लेता है (कालान्तर में मानवीय प्रेम कथाओं में मानवीय प्रेम भगवत्प्रेम स्वरूपा हो जाता है)।

भगवान् आदिशंकराचार्य ने भी प्रेम-मीमांसा की है। यह कोई आश्चर्य की बात नहीं कि अद्वैत के अद्वितीय प्रकाण्ड विद्वान् प्रेम तथा भक्ति का भी विवेचन करें। एक तो दक्षिण-भारत में उस समय प्रेम-भक्ति का उदय हो चुका था तथा आल्वार सन्तों की वाणी से एक विशिष्ट वातावरण बन चुका था। दूसरा निराकार-निर्गुण तथा साकार-सगुण के भेद ही अविद्या है। शंकराचार्य जहाँ एक ओर ज्ञान मार्ग के महानतम चिन्तक हैं, वहीं वे श्रद्धा-जन्य भक्ति मार्ग के भी अनुयायी हैं। वे अपनी *सौन्दर्यलहरी* (१-३) में भगवती की उपासना करते हैं। उनका वचन है कि भगवान् शिव शक्ति से युक्त होकर ही

---

११. देखिए श्री हरनारायण सिंह सिसोदिया "प्रेम कल्पलता श्रीराधाजी का महाभाव", *कल्याण* भगवत्प्रेमांक में पृ. २११-१३।

१२. *ऋक्* १.१२७.५, उदाहरणतया।

कुछ करने में समर्थ होते हैं। स्वामी श्री स्वरूपानन्द सरस्वती अपने लेख "भगवान्–आद्यशंकराचार्य की प्रेममीमांसा" में बताते हैं कि *सौन्दर्यलहरी* के ६७वें श्लोक में शंकर कैसे वात्सल्य और प्रेम का चित्र बनाते हैं। इसमें भगवती की ठोड़ी का अनुपम सौन्दर्य वात्सल्य से हिमवान् और प्रेम से शिवजी द्वारा स्पर्शित है। "इसी क्रम में ७२वें श्लोक में वात्सल्यवश स्तनों से दग्धस्राव" (का वर्णन है)। श्लोक ७५ के "तर स्तन्यं मन्ये धरणीधा कन्ये हृदयतः" से लेकर "कवीनां प्रौढ़ानामजनि कमनीयः कवयिता" पर्यन्त कृत वर्णन में माता के करुणामय प्रेम का अद्वितीय चित्रण है।[१३] आदि शंकर ब्रह्मानन्द के भोक्ता थे – परन्तु, भारती के साथ शास्त्रार्थ के प्रसंग में उनके कामशास्त्रीय पूर्वपक्ष का उत्तर देने के लिए उन्होंने राजा अमरू के मृत शरीर में प्रवेश किया था। श्री स्वरूपानन्द बताते हैं कैसे उनके शिष्य प्रभुपाद ने शंकराचार्य परित्य (६.३३) में उनसे कहा – "पहले आप ब्रह्मानन्द के भोक्ता थे और अब साधुजन द्वारा निन्द्य लोकरस का उपभोग कर रहे हैं।" शंकर *विवेकचूडामणि,* श्लोक ११६ में भक्ति द्वारा आनन्द–रस की प्राप्ति रूप परिणाम का वर्णन करते हैं।

ततः शंकर सर्वज्ञ थे। वे वेदान्तनिष्ठ थे, यह तो सर्व–मान्य है परन्तु आप वैष्णव भक्त भगवन्नाम प्रेमी भी थे। उनके जन्मस्थान कालड़ी में उनके आराध्य श्रीकृष्ण का प्राचीन मन्दिर, उनकी माँ की समाधि के सामने है। अपने लेख "आचार्य शंकर प्रदर्शित ब्रह्मोपलब्धि के सहज साधन"[१४] में श्री नीरजाकान्त चौधरी ध्यान दिलाते हैं कि गंगाष्टक ७ में शंकर कहते हैं –

> देवी। मैं आपके तट पर जलमात्र पान कर विषय–वासना से वितृष्ण होकर केवल श्रीकृष्ण की आराधना में रहूँ।

अपने *प्रबोधसुधाकर* (२४३) में वे श्रीकृष्ण को अपना "कुलदेवता" बताते हैं –

> त्रिभुवन का आधिपत्य, जिनका दान मात्र है, सो प्रभु एवं आदिकारण हमारे कुलदेवता चन्द्रपति जी की जय हो।

उन्होंने भागवत के ही अनुरूप बाद के श्रीचैतन्य प्रभु की तरह ही गोपी प्रेम के सर्वोच्च भाव को प्रकट किया है। इसमें भौतिक–आध्यात्मिक भेद नहीं है –

---

१३. देखिए V. Varadhachari, *A History of the Sanskrit Literature,* 1952, p. 95.

१४. *कल्याण* भगवत्तत्त्वांक, ४४वें वर्ष का विशेषांक, पृ. ७२–८१।

> किसी गोपी ने कृष्णवत् होकर पूतनानुकारिणी किसी द्वापर गोपी का स्तन पान किया। साक्षात् नारायण व्यासजी ने कहा है। (*प्र.सु.* २२२)

श्री नीरजाकान्त जी निष्कर्ष निकालते हैं –

> यहाँ गोपीगण की श्रीकृष्ण तन्यत्व साधना की विवृत्ति है। इसका फल है – कृष्णरतिभोग। ... – भगवत्तत्त्वांक, पृ. २७८

आचार्य शंकर ने कई स्रोतों में श्रीराधिका का भी उल्लेख किया है। *अच्युताष्टक* (४) में वह देवकी-पुत्र श्रीकृष्ण का "राधिका-रमण" निर्देश करते हैं।

अभिनवगुप्त, ग्यारहवीं सदी के कश्मीरी काव्य-शास्त्री, शृंगार के स्वभाव का विस्तार समझाते हैं। चार जीवन-लक्ष्य अस्तित्व की विभिन्न अवस्थाओं पर नियन्त्रण रखते हैं। विशेषकर शृंगार, आनन्द, साहस, आश्चर्य के ऊपर। रति से, यानी शारीरिक आकर्षण से जो अनुभव, जो "आलोकमय" भावनाएँ उत्पन्न होती हैं, वही शृंगार हैं। उनका कहना है कि "इस लोक में जो भी निर्मल, आलोकमय देखने तथा अनुभव करने योग्य वस्तु है, उसकी तुलना शृंगार से की जा सकती है।" एक-दूसरे व्यक्ति के प्रति आकर्षण से उत्पन्न होने वाले, मनुष्य के हृदय के लिए प्रिय शृंगार का मुख्य निर्माता काम ही है। काम के पात्र को, प्रेमी या प्रिय को शृंगार कहते हैं। काम के स्रोत को चाहने वाले का मद अधिक समय तक नहीं रहता। प्यार के पात्र के प्रति आवेग शृंगार है। शास्त्रों में तथा संसार में जो भी निन्दा से मुक्त, मन को लुभाने वाला पदार्थ हो, वह शृंगार की कोटि में आता है। किन्तु कला में यह संकल्प एक ऐसी अवस्था तक सीमित है, जो एक व्यक्ति के हृदय में उसके प्रेम-पात्र के प्रति जन्म लेता है। इस इच्छा का पूरा होना ही शृंगार का एक भाग है। कला में शृंगार का पूरा होना ज़रूरी नहीं है क्योकि इस इच्छा की, स्थूल शारीरिकता से मुक्त प्रस्तुति ही से आलोकमय और उदार अनुभव का उदय होता है। यह दो उत्तम एक-दूसरे में लीन व्यक्तियों के परम भोग का अनुभव है। इसी अवस्था में ही परस्पर प्यार चिरस्थायी प्रतीति का रूप धारण कर लेता है। अगर ऐसा न होता तो शारीरिक सन्तोष पाने से प्यार नष्ट हो जाता। शृंगार-रस – एक अनन्त चाहत, एक अनन्त तृप्ति है।

अभिनवगुप्त की शृंगार पर विस्तृत व्याख्या का उद्देश्य – इस संकल्प को अपने दार्शनिक सिद्धान्तों से जोड़ देना है। वे कह रहे हैं कि साँस लेना – देह के जीवित होने का एक बाहरी चिह्न है। जीवन का सच्चा स्रोत शृंगार ही है। शृंगार – केवल मैथुन की चाहत नहीं है, अगर यह सच होता तो शृंगार स्थायी भाव न होकर क्षणिक अवस्था होती। इस भाव को दीर्घकालीन निर्मल

बुद्धि में बसा मानसिक होना चाहिए। यह साधारण परिस्थितियों में उत्पन्न होता है, जब दो जवान लोग एक-दूसरे के प्रति आकर्षित हो जाते हैं। अभिनवगुप्त स्पष्ट ढंग से बताते हैं – स्त्री-पुरुष के बीच कुछ समय के लिए, जो वासना उत्पन्न होती है, वह शृंगार नहीं है। यह एक क्षणिक अनुभूति है। जो शृंगारी हैं, उनको श्रेष्ठ होना चाहिए, नहीं तो उनका सम्बन्ध अधिक अवधि तक नहीं रहेगा। उनको जवान भी होना चाहिए क्योंकि वृद्धावस्था में यह भाव न स्थायी है, न शक्तिशाली है। सच्चे शृंगार को चिरस्थायी प्रतीति कहते हैं। यह अपने में पूर्ण है, उसके लिए किसी बाहरी तृप्ति की आवश्यकता नहीं है। बल्कि तृप्ति से यह नष्ट हो जाता है। अभिनवगुप्त इससे आगे जाते हैं – उनके विचार में मौलिक मानसिक प्रवृत्ति शान्त-रस है, अन्य सब प्रवृत्तियाँ उससे कम महत्त्वपूर्ण हैं। क्योंकि जीवन का मुख्य लक्ष्य – मुक्ति – परित्याग से ही सिद्ध हो जाता है। इस तरह शृंगार को श्रद्धा का रूप समझना चाहिए। शृंगार एक उपासना, निःस्वार्थ श्रद्धा है, जिसमें व्यक्ति अपना सर्वस्व खो देता है। ऐसा शृंगार विरह की अवस्था में भी पूर्ण है। वह सच्चाई, स्वच्छन्दता और सुन्दरता का परम रूप है।

राधा और कृष्ण की सुप्रसिद्ध प्रेम-कहानी इस कोटि में आती है : शृंगार का संकल्प और इस पर आधारित जीवन-दर्शन इस अमर कथा के रगों में है। ग्रामीण बालिका राधा और भगवान् कृष्ण के प्रेम का मनोहर वर्णन करने वाली यह कथा, अपने मूल रूप में *ब्रह्मवैवर्त्त पुराण* से है, जो अट्ठारह मुख्य पुराणों में से एक है। उनके प्रेम की चर्चा दूसरी सदी के *गाथासतसाई* में भी मिलती है –

> अपनी साँसों से (बाँसुरी) राधा के नैनों से दुख हटाते हुए कृष्ण ने गोपियों को हताश करके उनमें ईर्ष्या की ज्वाला जगा दी। (८६)

राधा-कृष्ण की कथा का सार क्या है ? अन्ततः यह स्त्री-पुरुष के संयोग की एक करुणामय कथा है। जब श्रीकृष्ण गोकुल से चले जाते हैं, वह फिर कभी वापस नहीं लौटते और राधा से फिर कभी नहीं मिलते। दोनों प्रेमियों के विरह का कोई अन्त नहीं है। इस वर्जित सम्बन्ध की कहानी में कितनी महानता है कि पाँच हज़ार साल बाद भी वह लोक-चेतना में जीवित रही है। अदृश्य संयुक्त शब्द बनाने के लिए राधा के नाम का परिवर्तन भी हुआ – अब वह राधे बन गया। राधे-राधे दोहराने से दोनों प्रेमियों की अद्वैतता स्वीकार की जाती है।

शृंगार के अनेक रूप, उससे जुड़ी हुई समस्याएँ समझने के लिए हमें

वे आख्यान और कथाएँ देखनी चाहिए जो राधा और कृष्ण की कहानी के आधार पर बने। उनका प्यार परस्पर था। भारत के शास्त्र के अनुसार, "रति, दो जवान श्रेष्ठ प्रकृति के व्यक्तियों के बीच एक-दूसरे के प्रति उत्पन्न होने वाली परस्पर अनुभूति है"।[१५] अभिनवगुप्त की टीका के अनुसार, अगर एक ही व्यक्ति के हृदय में प्यार की अनुभूतियाँ हैं तो यह शृंगार नहीं, इसी तरह, अगर दोनों वृद्धावस्था में हैं तो यह भी सच्चा शृंगार नहीं है। परन्तु शृंगार स्थायी भाव होने पर दोनों प्यार करने वाले व्यक्ति वृद्ध भी हो जाते हैं – यह रस-सिद्धान्त की दूसरी बात है। शृंगार तब भी नहीं उत्पन्न होता जब दो व्यक्ति साधारण स्वभाव के हैं या उनके स्वभाव में अनेक दोष हैं, ऐसी अवस्था में रति या वासना उत्पन्न होती है, शृंगार नहीं। लोक कथाएँ राधा-कृष्ण के पारस्परिक प्रेम की एक ही गुणवत्ता एवं तीव्रता के अभिन्न-भाव को दर्शाते हैं। एक कहानी थी, जिसमें श्रीकृष्ण एक बार अस्वस्थ हो गए थे और तभी स्वस्थ हो सकते थे जब कुछ मरणशील व्यक्तियों के पद-धूल उनके कपाल पर लगाए जाएँ। कैसे इन सारे लोगों ने मना कर दिया, यह सोचते हुए कि ऐसा करने से पाप लगेगा। कैसे उनकी पत्नियों ने (रुक्मिणि व अन्य) और जन-साधारण ने मना कर दिया और कैसे नारद निराशा में खोए हुए थे। तब उन्हें यह अच्छा उपदेश मिला, श्रीराधिका के पास जाने के लिए और राधा ने अपने पैर बढ़ा दिए और जब उनको कहा गया कि वे अपना जीवन कदाचित नष्ट तो नहीं कर रहीं, तो वे बोलीं –

> मुक्ति-भुक्ति, स्वर्ग-नरक, जीवन-मरण, सुख-दुःख, हँसी-रुलाई – सब कुछ श्रीकृष्ण हैं। अगर एक अन्तहीन नरक में मुझे एक स्वस्थ सुन्दर शरीर मिल सकता है तो मैं प्रतिदिन उस नरक के लिए प्रार्थना करूँगी ... मैं, न कोई नरक जानती हूँ, न कोई पाप – मैं केवल मेरे कृष्ण का आनन्द जानती हूँ

और फिर वे कहती हैं, जिसमें श्रीकृष्ण के पैरों पर अकारण फुँसियाँ निकलने लगीं, अर्थात् ऐसा प्रतीत हुआ कि जो गरम दूध रुक्मिणी ने राधा को पीने के लिए दिया, वह उनके हृदय के लिए अधिक गरम था और इसी कारण श्रीकृष्ण के पैर जल गए क्योंकि उनके कमल-चरण राधा के हृदय में रहते हैं। यह और ऐसी दूसरी कथाएँ, निःसन्देह हमें प्रेम और पूजा के बीच में लाकर खड़ा कर देती हैं, जो कि दुविधा का एक बढ़िया गोधूलि-क्षेत्र है, ऊपरी सतह पर यह उनके प्रेम के सम्पूर्ण अलहदापन को दर्शाती है।

---

१५. *नाट्यशास्त्र* की टीका ६.४६।

क्या, प्रेम एक शारीरिक अनुभूति है ? क्या, उनका प्रेम शारीरिक ही था? एक कथा में यह बताया जाता है कि एक बार गहरी नींद में श्रीकृष्ण राधा का नाम जपते रहे, जिससे रुक्मिणी को और दूसरी स्त्रियों को आघात पहुँचा। वे यह सोच रही थीं कि राधा कितनी सुन्दर होगी कि उसने कृष्ण की आत्मा को भी जीत लिया। वे रोहिणी माता से इसके बारे में पूछने जाती हैं। वे कहती हैं कि अगर तुम लोग राधा और कृष्ण के वृन्दावन में हुए संयोग के बारे में सुनना चाहती हो तो मकान के सभी दरवाजे बन्द करो। उसकी कहानी स्त्रियों में इतना अनुराग जगा देती है कि कोई सन्देह ही नहीं रहता कि राधा और कृष्ण का सम्बन्ध मौलिक रूप से शारीरिक ही था। अद्वैत के महान् शास्त्री आदि शंकर *प्रबोधसुधाकर* ग्रन्थ में कृष्णरतिभोगम् का उदाहरण देते हैं – गोपियों की इच्छाएँ पूरी होती थीं और श्रीकृष्ण को सम्बोधित करते हैं ब्रह्माण्ड के उस स्वामी के रूप में, जो अपना आनन्द राधा के सुन्दर शरीर का आलिंगन करते हुए प्राप्त करते हैं।

वे कृष्ण को राधारमण या राधारुक्मिणीरमण की उपाधि देते हैं, जिससे यह स्पष्ट होता है कि राधा को परिणीता की मान्यता मिलती है। इस तरह महान् शास्त्री ने भी शारीरिक भोग की यथार्थता को स्वीकार किया। कुछ सम्प्रदायों ने भी (जैसे, गुजरात का वल्लभ सम्प्रदाय) इस बात को स्वीकार किया।

आदि शंकर शारीरिक संयोग को आध्यात्मिक सम्बन्ध के समान मानते थे। शायद यह इसलिए हुआ कि वे रीति-काल के समय में रहे। भारतीय सौन्दर्य-शास्त्र के इतिहास में, यह वही समय था, जब कोणार्क और खजुराहो के मन्दिरों में सुप्रसिद्ध काम-शास्त्रीय मूर्तियाँ बनाई गईं।

मगर इसी भोग-विलास से पूर्ण काल में शंकर ने भौतिक संसार को जानातीत, जाना-जाने से परे, बताकर सैद्धान्तिक रूप से आध्यात्मिकता को प्रधानता दी। उनके दर्शन में भक्ति-आन्दोलन जो नौवीं सदी में तमिलनाडु के आल्वारों से शुरू होकर चौदहवीं से सत्रहवीं सदी तक सारे भारत में फैल गया, अपने शिखर तक पहुँचा। भक्ति ने सांख्य के प्रकृति के त्रैरूप्य सिद्धान्त के आधार पर शृंगार के नए दर्शन को जन्म दिया, जिसके अनुसार शृंगार के शारीरिक नहीं, उसके आध्यात्मिक पहलू पर जोर दिया गया।

जयदेव के *गीतगोविन्दम्* में भक्ति और रति समान रूप में समाविष्ट हैं। यह महाकाव्य बारह सर्गों में विभाजित है, इसमें चौबीस प्रबन्ध हैं। हर प्रबन्ध में आठ-आठ पद हैं। इसमें राधा और माधव के प्रेम की अलग मनोवैज्ञानिक अवस्थाएँ चित्रित हैं।

इस मोड़ पर आता है, जयदेव का *गीतगोविन्दम्* (बारहवीं शताब्दी), एक संगीत रसात्मक काव्य, जो एक ही साथ भक्तिपूर्ण व शृंगार-रसात्मक भी था। इस काव्य में बारह सर्ग, चौबीस प्रबन्ध – हर प्रबन्ध में औसतन आठ पद हैं। यह एक गीति-काव्य एवं हर अष्टपदीय प्रबन्ध को एक राग से (राग भारतीय संगीत की वह कृति है, जिसका सम्बन्ध हार्दिक भावनाओं, ऋतुओं और दिन के समय से है) जुड़ा हुआ है। कवि राधा-माधव के प्रेम का वर्णन करते हैं, यह प्रतिष्ठित करते हुए कि उस प्रेम अनुभूति के दौरान ये दोनों कौन-सी विभिन्न मनोवैज्ञानिक स्थितियों से गुजरे हैं? यहाँ तक कि कवि ने सर्गों को श्रीकृष्ण की मनोवैज्ञानिक स्थितियों के नाम से नामांकित किया। जैसे अक्लेष (बिना विषाद के), मुग्ध (राधा में तल्लीन), साकांक्ष (अपेक्षाओं से भरा हुआ) इत्यादि। वाचिक अंग, संगीत, कथानक और वर्णनात्मक वक्तव्य, ये सारे एक-दूसरे में महान् कलात्मकता से बुने हुए हैं। यह सम्पूर्ण कविता श्रीकृष्ण, राधा व उनकी सहेलियों के बीच एक संवाद के रूप में है। यह न केवल एक वाचिक कृति है बल्कि यह एक नाटक के रूप में प्रदर्शित किया जाता था।

यह कविता प्रेम की उन सारी अवस्थाओं को छूती है – तरसना, अपेक्षा, निराशा, बिछड़ना, ईर्ष्या, आत्म-ग्लानि, क्रोध, मान जाना और अंततः मिलन का सुख। कवि श्रीकृष्ण की स्तुति-वन्दना से प्रारम्भ से ही तैयार है करता है, जहाँ वे परम-वैभव सम्पन्न प्रभु हैं, जो दशावतारों में आविर्भूत हुए और वेदों का उद्धार किया। श्रोता/पाठक/दर्शक, इस तरह प्रारम्भ से ही इस काव्यात्मक सृष्टि को ईश्वर की लीला के रूप में देखने के लिए, जो हम में अचरज भर दे। फिर प्रथम सर्ग के दूसरे प्रबन्ध के पहले पद में उनका ऐसा वर्णन है। अन्तिम पद, एक प्रायशः-महाजागतिक चित्र में सांवरे श्रीकृष्ण और गोरी राधा के मिलन को दो महान् नदियों, यमुना एवं गंगा के प्रयाग के रूप में दिखाया जाता है। यह कहा गया है कि *गीतगोविन्दम्*, उनके वाङ्मय की छन्दात्मकता के लिए, उसकी आसान अनुप्रास के लिए और हृदय को छूने वाले सूक्ष्म भावनात्मक व्यंजनाओं की अभिव्यक्ति के लिए सांगीतिक साहित्य में कदाचित् प्रथम है। परन्तु इसकी महान् उपलब्धि इसी में है कि यह जागतिक को ईश्वरीय बना देता है। यह न केवल पारमार्थिक व सांसारिक के बीच की सीमा को मिटा देता है बल्कि, कार्यतः सांसारिकता को पारमार्थिक बना देता है। इस तरह श्रीकृष्ण और राधा की प्रेम-लीला भी उनके लिए हमारी श्रद्धा को बढ़ा देती है। यहाँ स्मरण में आते हैं, वह लॉजीनस, जिन्होंने होमेर के बारे में यह कहा था कि वे अपने देवताओं को मानव और मानव-चरित्रों को दैवीय बनाते हैं।

> ये गीत, यद्यपि मुख्यतः शृंगारात्मक, ऐसे आलोचित हुए हैं कि जीवात्मा की परमात्मा से मिलने की तीव्र इच्छा को दर्शाती हुई यह पुस्तक अपनी आनन्दमयी प्रार्थनाओं व भजनों के लिए सर्वदा लोकप्रिय रही है। जहाँ भी संगीत और कविता का साथ-साथ प्रयोग होता है, ईश्वर की स्तुति में, *गीतगोविन्दम्* अग्रणी रहता है।[१६]

यह भी कहा गया है[१७] कि इस शृंगारात्मक-भक्तिभावात्मक काव्य ने अपने में वैष्णव राधा-कृष्ण पूजा का फल लोकप्रिय राधा-कृष्ण पूजन को बढ़ावा देने में अपनी भागीदारी निभाई है। यह महाकाव्य पढ़ने या सुनाने के विचार से ही नहीं बल्कि इससे ज्यादा दर्शाने के विचार से रचा गया। इसके आधार पर बंगाल के लोक संगीत, जो धार्मिक उत्सवों के समय गाए जाते हैं। *गीतगोविन्दम्* की यह विशेषता है कि इसमें सांसारिक सम्बन्धों को दैविक रूप दिया जाता है, यही नहीं, अलौकिक और लौकिक के बीच जो बाधा है, वह मिट जाती है। वास्तव में इस संसार में सांसारिक यथार्थ को पवित्र बताया जाता है। यहाँ लॉंजिनस के शब्दों का उल्लेख करना उचित है कि जिन्होंने होमर के बारे में कहा है कि उसके देवों में मानवीयता है और मानव नायक देवों के समान हैं। *गीतगोविन्दम्* से लिए गए पद भजन बनकर सभी धार्मिक सभाओं में गाए जाते हैं। जो रचनाएँ संगीत तथा कविता के माध्यम से भगवान् के यश गाए जाने के लिए रची गई हैं, उनमें *गीतगोविन्दम्* सर्वोत्तम है। यह भी कहना न भूलें कि इस काव्य ने, जिसमें रति और भक्ति साथ चलते हैं, वैष्णव पन्थ के राधा-कृष्ण की उपासना का एक सुन्दर फल होकर वैष्णव मत को फैलाने में बड़ा योगदान दिया।

जब शुरू में प्रेम-पात्र के रूप में एक नायिका थी, तो बाद में प्रेम-पात्र के रूप में भगवान् को मानने लगे। यह भक्तों की कविता में शुरू हुआ, फिर यह संकल्प सूफ़ीशायरी में भी आ गया। जैसेकि हमने देखा राधा-कृष्ण के प्रेम-सम्बन्ध को समझने में भी एक परिवर्तन हो गया : शारीरिक संयोग को आध्यात्मिक की मान्यता दी गई। अब मिलन की खुशी या सन्तोष, शृंगार का लक्ष्य नहीं रहा, शृंगार करने से शाश्वत् शान्ति प्राप्त करने का संकल्प आया। यह शान्ति केवल भक्ति से और आराद्धेय को अपना सर्वस्व समर्पित करने से मिल सकती है। इस तरह शृंगार के स्रोत से युगल उपासना उत्पन्न हुई। भक्ति मानव प्रेम-सम्बन्ध के अनुरूप ही स्थापित हुई भावनाएँ वही रहीं,

---

१६. देखिए V. Gopala Iyengar, *A Concise History of Classical Sanskrit Literature.*

१७. देखिए V. Varadhachari, *A History of the Sanskrit Literature* 1952, p. 95.

उनका वर्णन करने के लिए उचित शब्द भी वही रहे – दोनों प्रेम में और भक्ति में गहरी भावनाओं का अहसास होता है। मगर एक तरफ़ हम लौकिक, शारीरिक सम्बन्ध की अनुभूति को देखते हैं तो दूसरी तरफ़ आध्यात्मिक अनुभाव को। वही प्रिय से हमेशा साथ रहने की इच्छा, वही विरह की ज्वाला, वही संयोग की आशा, वही अपने हित का परित्याग। भक्ति काव्य में देवता के चेहरे का चित्रण इस प्रकार से किया जाता है कि लगता है, मानो यह एक जीते-जागते मानव का स्नेह से किया जाने वाला वर्णन हो। यह विश्वास इतना सुदृढ़ रहा कि बंगाल के सोलहवीं शताब्दी के वैष्णव सन्त चैतन्य महाप्रभु अपने प्रिय कृष्ण से विरह में या मिलन के आनन्द में आँसू बहाया करते थे।

इस पुनर्व्याख्या के लिए चार प्रकार की रणनीतियाँ अपनाई गईं। उपनिषदों से लेकर जो परम्परा चली आ रही है, उसी के अनुसार ये दोनों एक ही आदि आत्मा के दो अभिन्न रूप हैं : जैसे सूरज और धूप को, चाँद और चाँदनी को, आग और उसकी जलने की शक्ति को, पानी और उसकी ठण्डक को, दूध और उसके सफेद रंग को, मिट्टी और उसकी गन्ध को कोई एक-दूसरे से अलग नहीं कर सकता। राधा और कृष्ण का दो रूप में दिखाई देना – माया ही है। अब वे पुरुष-प्रकृति की शृंखला का एक भाग बन गए – लक्ष्मी-नारायण, उमा-महेश्वर, सीता-राम। इसी तरह साकार और निराकार रूप के जो अन्तर्विरोधी संकल्प है, उनको भी काम में लगाकर संसार को एक दृश्य पदार्थ कहा गया : तब दोनों एकमात्र ब्रह्मण के दो साकार रूप बन गए। एक और उपाय है, जिसको सबसे अधिक कवियों ने प्रस्तुत किया – कृष्ण को एक समय में हर किसी गोपी के साथ नाचते हुए दिखाने के लिए उसने माया का आविष्कार किया। इस तरह यह पूरा दृश्य एक सामान्य व्यक्ति की उसके इष्ट देवता के प्रति भक्ति का तथा देवता का हर एक मानव का अपना होने का प्रतीक है। अन्ततः सात्विक तथा सूक्ष्म संकल्प राधा-कृष्ण के संयोग को दोनों स्थूल तथा सूक्ष्म रूप में दिखाने के लिए उपलब्ध हैं। उनका संयोग सात्विक है, वह सात्विक आनन्द देता है।

यह स्पष्ट प्रतीत होता है कि शृंगार की व्याख्या में जो परिवर्तन हुआ, वह एक महान् बौद्धिक आन्दोलन में समाविष्ट था। यह व्यावहारिक, भौतिकता पर आधारित विचार-धारा से आदर्शवादी, काल्पनिक चिन्तन तक पारगमन था। बाह्य रूप में शृंगार को शारीरिक आकर्षण बताया जा सकता है, जबकि मौलिक रूप में यह निःस्वार्थ आनन्दमय संयोग है और परम् स्तर पर यह दो आत्माओं का संयोग है। महान् कवियों की रचनाओं में शृंगार तीन ही स्तरों में सामने आता है। ऐसा ही मीराबाई के पदों में स्पष्ट रूप में दिखाई देता है –

मैं तो प्रेम दीवानी, मेरा दर्द न जाने कोए ...

इसी भक्ति आन्दोलन की छत्र-छाया में रीति-काल ने भक्ति-काल को जन्म दिया। पूरे देश के कवि, यानी तमिल, तेलुगु, कन्नड़, मराठी, गुजराती, ब्रज, हिंदी, पंजाबी, उड़िया, बांग्ला, असमी भाषाओं में, भक्ति कविता का सृजन करते थे।

बिक्रम सिंह घुमन अपनी सम्पादन की हुई *सोहनी महीवाल* के प्राक्कथन में किस्सा परम्परा पर लिखते हुए कहते हैं कि मध्यकाल से शुरू होकर बीसवीं सदी तक किस्सा-काव्य परम्परा पंजाबी साहित्य पर छाई रही। यह काव्य धारा लोक-साहित्य में उपजीवित हुई तथा लिखित साहित्य में छा गई। इनके कथानक साधारण जीवन तथा साधारण स्त्री-पुरुषों के वृत्तांत हैं। प्रेम (इश्क), "रोमांस", त्याग, भक्ति, युद्ध तथा शौर्य, इन किस्सों की कथा-वस्तु हैं। परन्तु प्राधान्येन मानवी प्रेम, इश्क, उन किस्सों की कथा-वस्तु है, जो बहुत अधिक प्रचलित और प्रसिद्ध हुए तथा जीवन की लोक-धारा में व्याप्त हो गए। एक समय "इश्क" शब्द "किस्सा" शब्द का पर्याय बन गया।

"किस्सा" शब्द अरबी भाषा का शब्द है तथा इसका अर्थ किसी व्यक्ति की कहानी, कथा या वृत्तान्त है। अरब देशों में गद्यात्मक कहानियों के लिए इस शब्द का प्राचीन समय से प्रयोग है। पंजाबी में किस्सा शब्द ऐसे आख्यान-काव्य के लिए अधिक प्रयुक्त हुआ है, जिसमें किसी प्रेम/इश्क की सच्ची कल्पित या अर्ध-कल्पित कहानी को अद्भुत/आश्चर्यभूत ढंग से प्रस्तुत किया गया हो। ... कई किस्सों में किसी नायक/नायिका की जन्म से लेकर मरण तक की कहानी अंकित होती है। ... किस्से की कहानी किसी लोक-कथा के तथ्यों पर आधारित होती है।[१८]

इस भाग के लिए मैं गुमटालजी के विद्वतापूर्ण विवरण तथा विश्लेषण का आभारी हूँ। किस्सा शब्द के लिए "वार" शब्द का भी प्रयोग हुआ है यथा "हीर दी वार" इन किस्सों में भिन्न भावों – इश्क, भक्ति, शौर्य, त्याग में से किसी भाव को प्रधान रूप से केन्द्र में रखकर नायक/नायिका के माध्यम से प्रकट किया जाता है। यथा ससी, सोहनी तथा हीर की कहानी उनके इश्क के सिदक की कहानी है। उनका जीवन शुद्ध निर्लेप प्यार तथा सिदक ही है। हकीकत राय की *वार* में उसके धर्म के सिदक, त्याग की कहानी है। *किस्सा पूरण भगत* उसके त्याग तथा सदाचार की कहानी है।

---

१८. देखिए चरनजीत सिंह गुमटाल, *किस्सा मिरज़ा साहिबा,* अमृतसर, २००५, पृ. ७।

प्रेम/इश्क के किस्से सबसे अधिक प्रचलित हुए – जैसे भोजराज ने अपने *शृंगारप्रकाश* में कहा प्रेम/शृंगार मनुष्य-जीवन में सबसे व्यापक तथा बलवान भाव है।

गुमटालजी इन किस्सों के उद्भव के परिप्रेक्ष्य में उन विद्वानों से मतभेद प्रकट करते हुए कहते हैं कि ये किस्से केवल फ़ारसी मसनवी परम्परा से उपजीवित हुए। वह स्पष्ट कहते हैं कि

> पहले दो किस्साकार, दामोदर गुलाटी तथा पीलू के *हीर-रांझा* तथा *मिरज़ा साहिबा* के छन्द बेशक मसनवी के दो तुके (couplet) से मेल खाते हैं पर भारत में भी ये छन्द पुरातन काल से प्रचलित हैं। तत्कालीन लोकगायक भी अपनीयां वारें इसी छन्द में रचते तथा गाते हैं। ... दोनों की भाषा पर फ़ारसी का प्रभाव मामूली है। दोनों किस्सों में नायक, नायिका की सुन्दरता का वर्णन भी परम्परागत भारतीय है। दामोदर ने भारतीय परम्परानुसार नायिका से अधिक नायक की सुन्दरता का बखान (किया); जैसे राधा-कृष्ण कथा में कृष्ण की सुन्दरता केन्द्र में है। हिन्दू प्रेम धारणा का प्रिया आलम्बन पुरुष (भगवान्) ही रहता है। बाद के कवियों पर मुसलमान साहित्य तथा सभ्याचार के प्रभावाधीन नारी नख-शिख वर्णन की रुचि प्रबल हो गई। दामोदर हीर के हुस्न की उतनी स्तुति नहीं करता जितनी वह उसकी सूरमागती (शौर्यगति) तथा शस्त्र वाहन की योग्यता की करता है। दामोदर की सूरमागती का अंश ही पीलू रचित *मिरज़ा साहिबा* में प्रबल है। ... इनमें पंजाबी के खुले-खुलासे लोक-जीवन का बलवान रूप प्रकट हुआ है। अतः उत्तरकालीन कवियों के समान इस्लामी साहित्य तथा सभ्याचार का प्रभाव नितान्त कम है। दामोदर के किस्सों में नल-दमयन्ती, ससी-पुणु, मादवानल-कामकन्दला, राधा-कृष्ण, ढोल-शमश इत्यादि भारतीय प्रीत-कथाओं के कई संकेत हैं।

वे आगे कहते हैं कि भारतीय कथा साहित्य में लिखित तथा मौखिक परम्परा को बाँटना कठिन है – वह एक-दूसरे में गुँथी हुई हैं। उनके अनुसार

> आधुनिक भारतीय भाषाओं के कथा साहित्य के पीछे अपभ्रंश, प्राकृत, पालि तथा उनके पीछे संस्कृत साहित्य है। इन सब साहित्यों में नाटक, कथाएँ तथा उपाख्यान प्राप्त हैं। संसार में प्रीत-कथाएँ (जिसको हमने रति-भक्ति कथा कहा है) का सबसे प्राचीन उदाहरण *ऋग्वेद* में मिलता है। इस ग्रन्थ में यम-यमी का संवाद प्रेमाख्यान के अंश का प्रमाण है। इसके अतिरिक्त उर्वशी-पुरुरवा के प्रेम की प्रसिद्ध प्रीत-कथा भी विद्यमान है, जिसे संसार की सबसे प्राचीन प्रेम-कथा माना जाता है। इसी कथा को ही उत्तरकाल में श्री गुरु गोविन्द सिंह ने *दशमग्रन्थ* में

> हीर-चरित्र में विस्तार से वर्णित किया। इस तरह वैदिक काल से ही भारत में प्रेमाख्यानों के बीज विद्यमान हैं तथा समय-समय पर प्रेमाख्यान (उनके आधार पर) रचे गए। पुरातन काल में ही यहाँ राधा-कृष्ण, कृष्ण-रुक्मिणी, नल-दमयन्ती, शकुन्तला-दुष्यन्त, अर्जुन-सुभद्रा, शिव-पार्वती, इन्द्र-गौतम-अहल्या आदि प्रेम-कथाएँ प्रचलित थीं। वेद, उपनिषद् तथा पुराणों में आख्यान हैं, जिनमें इन प्रचलित लोक-कथाओं के बीज विद्यमान हैं। प्रेमाख्यानों में शृंगार के साथ-साथ वीर रस भी (अनुमीत) हैं। प्रेम में अभेद प्रेमिकाएँ अपने प्रिय की बहादुरी पर नाज़ करती हैं (तथा प्रेमिकाएँ स्वयं वीरांगनाएँ हैं जैसेकि सोहनी)। पंजाबी किस्सों में शृंगार तथा वीर-रस का संयोग भारतीय कथा-परम्परा की देन है।[१९]

पंजाबी किस्सों को दूसरी भारतीय भाषाओं से जोड़ते हुए विद्वान् गुमटालजी आगे लिखते हैं –

> (ततः) पंजाबी की प्रेम-कथाओं का मूल स्रोत भारतीय कथा साहित्य ही है। (बुद्ध की कहानियाँ, *हितोपदेश, पंचतन्त्र, कथासरित्सागर, रामायण, महाभारत* कथा-कहानियों के आरम्भिक ग्रन्थ हैं) पंजाबी भाषा ने भी अन्य आधुनिक भारतीय भाषाओं मराठी, गुजराती, राजस्थानी, हिंदी, (तेलुगु, मलयालम, तमिल, बांग्ला) की तरह ग्यारहवीं सदी से अपना रूप निखारना आरम्भ किया। प्राचीन तथा मध्यकालीन हिंदी आर्य भाषाओं में जो लोक-कथाएँ किसी समय पंजाब में प्रचलित रहीं वे पंजाबी साहित्य को धरोहर में मिलीं। पंजाबी की पड़ोसी बोलियाँ हिंदी, राजस्थानी, गुजराती इत्यादि में प्रेम-कथाओं का चोखा भण्डार प्राप्त है। तत्कालीन पंजाब में ढोला-शमस, मली-दुंणु, राजा मलवान, रसालु कोकिला, पूरण-सुन्दरा, कामरूप-कामलता, हीर-रांझा, सोहनी-महिवाल, मिरज़ा-साहिबा, गोपीचन्द, मैनावती आदि की कहानियाँ लोक में प्रचलित थीं (तथा अब भी पेशावर लोक गायकों द्वारा गाई जाती हैं)।[२०]

यह किस्सा काव्य लोक कवि तथा गायकों द्वारा हर मेला-त्योहार, ब्याह-शादी के अवसर पर छन्दों, सवैय्या, चौपाई, दोहरे तथा लोक बोली में बद्ध गाए जाते रहे, पीढ़ी-दर-पीढ़ी सम्भले रहे तथा उत्तरकाल में लिपि-बद्ध किए गए। लिपि-बद्ध पंजाबी किस्सों में पहला किस्सा दामोदर गुलाटी का सोलहवीं शताब्दी का *हीर-रांझा* है।

दामोदर से पहले पंजाबी काव्य अधिकतर आध्यात्मिक ही था। इन किस्सों

---

१९. देखिए चरनजीत सिंह गुमटाल, *किस्सा मिरज़ा साहिबा,* अमृतसर, २००५, पृ. ८-९।

२०. वही, पृ. १०।

ने मानवीय जीवन से साहित्य को इस संसार के साक्षात् देवताओं के स्थान पर मनुष्यों को नायक-नायिका बनाकर जोड़ दिया। इन प्रेम-कहानियों में नायक-नायिका के अन्तर्मनोभाव, उनके भगवत्प्रेम के सभी गुणों से परिपूर्ण प्रेम भारतीय रस-विज्ञान अनुरूप उत्तम शृंगार रस का प्रतिपादन किया। चाहे इन किस्सों ने कथाओं को "आध्यात्मिक वायुमण्डल से निकालकर दुनियावी 'हुस्न-इश्क' ला दिया, परन्तु यह समझने की बात है कि इन किस्सा काव्यों का हुस्न-इश्क" भौतिक-शारीरिक न होकर आध्यात्मिक स्तर का ही है – कहना कठिन होता है कि नायक-नायिका का वर्णन हो रहा है कि किसी देवी-देवता का –

मेरे साहिबा मैं तेरी हो मुकी आं ।। १।।
मन न विसरी तूं मैंनु मेरे साहिबा,
हर गल्लों में चुकीआं ।। १।।
औगुणा री नुं कौ गुण नांहीं
बख्शि करो तां मैं छुट्टी आं ।। २।।
जिऊँ भावे त्यों राख प्यारिआ
दावण तेरे मैं लुकीआं ।। ३।।
जे तुं नजर मेहर दी भालें
चढ़ चौबारे मैं सुत्तीआं ।। ४।।

यह "साहिबा" भगवान् है कि मिरज़ा की साहिबा ? आध्यात्मिक तथा भौतिक, आत्मा तथा शरीर घुल-मिलकर एक हो गए इन किस्सा-काव्यों के प्रेम में।

मुसलमान राज आने पर इस पंजाबी किस्सा-काव्य की दो धाराएँ बहने लगीं – एक तो इस्लामी (हाफिज़ बरखुरदार का युसुफ़-जुलेखा जैसे) तथा हिन्दू-सिख, जो इस्लामी किस्साकारी से अलग रहे। इस्लामी संस्कृति अनुरूप उत्तर किस्सा-काव्यों में नायक से अधिक नायिका के नख-शिख सौन्दर्य पर बल दिया जाने लगा। गुमटालजी इसका उदाहरण हाफ़िज़ के जुलेखा वर्णन का देते हैं।

मुंह महताब मनोबर कामत, अखीरोशन दीवे।
पलकां तीर कमानां अबरू, दंद चंबेंदीआं कलिआ।
माज़क लक, सुराही गरदन, उंगलियां जिऊं फलीआं।
ठोडी सेब अलफ़ बीनी, लौंगना वात समाये।
गुल लालां थी रंग सवाइआ, देख परी शरमावे।[२१]

परन्तु हमारे विचार में आराध्य नारी के नख-शिख अलौकिक सौन्दर्य का वर्णन भी भारतीय परम्परा में ही है – ऊपर हमने आदि शंकराचार्य की

२१. गुमटालजी द्वारा *हाराम दे दोहड़े* से १७७वां उदधृत दोहड़ा, पृ. १७।

सौन्दर्यलहरी में सती के वर्णन का ध्यान किया था तथा राधा का सौन्दर्य वर्णन तो भक्ति काव्य में भरा पड़ा है। इन किस्सों की नायिका भी देवी-रूप ही है हाशिम के हीर के लिए इस दोहे में स्पष्ट है –

> पारस इश्क जिनां नु मिलिआ, उहदी जाती शक्ल सब मेरी।
> हाशम हीर बणीं जग-माता, भला कौन कंगाल जटेरी।।[२२]

हाँ, कई संरचनात्मक तथा कथा-वस्तु-प्रकार सम्बन्धी पद्धतियाँ फ़ारसी मसनवी से प्रभावित हैं – एक-दूसरे के लिए जान देना, "कहता है शायर" तथा किसी सत्य-वचन के साथ किस्सा समाप्त करना इत्यादि। परन्तु सबसे महत्त्वपूर्ण यूनानी-फ़ारसी प्रभाव है, किस्सों का दुःखान्त। जीत सिंह सीतल को इस तथ्य पर उद्धृत करते हैं गुमटालजी –

> होनी तथा दुःखान्त का झुकाव यूनानी प्रभाव तथा फलस्वरूप है ... सिर से पैर तक के अंग-अंग की भिन्न-भिन्न रंगसाज़ी सम इरानी सौमे की तरफ़ संकेत करते हैं। जोगी का आना, नायिका की छोटी उम्र में शादी, डोली पैना, बेड़ी पत्तन, कुँए मिलने का स्थान, माँ-बाप का सम्मान रखना, नायक में भगवान् जैसा विश्वास रखना आदि भारतीय परम्परा के प्रतीक हैं।[२३]

वे आगे कहते हैं "हिन्दू कवियों की रचनाओं में प्रचलित सदाचार मूल्यों को दृढ़ किया गया है। कथानक को पर्याप्त सीमा तक (ध्येय मानकर) निभाया जाता है।"

इन किस्सा-काव्यों के विषय सीमित हैं – इश्क (प्रीति), त्याग, शौर्यगीत। परन्तु सबसे अधिक तथा अति प्रसिद्ध किस्से इश्क या प्रीति के ही हैं। यह इश्क (प्रीति) के किस्से शृंगार-रस प्रधान हैं। साथ-साथ सिदक त्याग तथा समर्पण होने के कारण वीर-रस भी है। तथा नायक-नायिका की व्यथा तथा क्लिष्ट घटनाएओं में करुण-रस भी जनित होता है – जैसे सोहनी का वर्षा ऋतु की चढ़ी हुई नदी कच्चे घड़े के सहारे पार करते हुए डूब जाना।

पंजाब की इन प्रीति-गाथाओं में सोहनी-महीवाल की प्रीति-गाथा का

---

२२. वही, पृ. १६।

२३. वही, पृ. १६ "शृंगार रस तथा पंजाबी किस्सा काव्य में शृंगारी प्रवृत्तियाँ", पंजाबी साहित्य द्वारा, पृ. ८५-८६।

महत्त्वपूर्ण स्थान है। यह ज्ञान है कि तथाकथित[२४] "मध्यकाल" में इस गाथा का स्थान आध्यात्मिक साहित्य में ही था। ततः पंजाब के सूफ़ीकवि शाह हुसैन (१५३८-१६००), गुरमत दे विद्वान् भाई गुरदास (१५५१-१६३१) तथा गुरु गोविन्द सिंह जी अपने काव्य में इस गाथा का हवाला देते हैं। गुरु गोविन्द सिंह जी लिखते हैं –

> रावी किनारे एक महीवाल नाम का जाट रहता था। सोहनी नाम की लड़की को उस पर प्रीत हो गई। जब रात होती तो वह अपने प्रियतम से नदी पार करके मिल आती। एक दिन उसके नज़दीकी को पता चल गया कि वह रात-समय कहीं किसी से मिलने जाती है। सोहनी की बन्धु भाव ननद ने पक्के घड़े की जगह कच्चा घड़ा रख दिया जो सोहनी के नदी में जाते ही मिट्टी हो गया। नदी में बहती हुई सोहनी की चीखें सुनकर महीवाल भी नदी में कूदकर डूब गया।[२५]

दूसरे किस्सों में तथा सूफ़ियों में भी इस गाथा का संकेत है – जैसे सांई बुल्लेशाह की एक काफी है –

> सोहणी कच्चे घड़े ढुबाई

वारिसशाह कहते हैं –

> इश्क सोहनी जेईयां सूरतां ने,
> डुब विच दरिया दे मारिआं नीं।[२६]

सोहनी-महिवाल की कहानी उसके एक प्रसिद्ध रचयिता फ़ज़लशाह अनुसार कुछ ऐसे है –

> चिनाब नदी के किनारे गुजरात में एक तुला नाम का कुम्हार रहता था। वह अपने शिल्प में सिद्ध था। उसकी कला की प्रशंसा जगत् करता था। उसके एक बेटी हुई, जिसका नाम उसने सोहनी (beautiful) रखा। वह बेटी चौदहवीं के चाँद स्वरूप थी। उसकी तीक्ष्ण बुद्धि तथा उसका स्वभाव चंचल था। तुले ने उसकी बड़े लाड़-प्यार से परवरिश की। सात साल की आयु तक उसने सारा कुरान पढ़ लिया। चौदहवें वर्ष तक

---

२४. तथाकथित, क्योंकि प्राचीन-मध्य-आधुनिक-श्रेणीय यूरोप के इतिहास के लिए सिद्ध है – भारत में हिन्दू-मुस्लिम-ब्रितानवी श्रेणियाँ अनुपयुक्त हैं, जो शुद्ध ऐतिहासिक हैं। "मध्यकाल" आदि बौद्धिक परम्परा की कोटियों के रूप में अनुपयुक्त हैं क्योंकि भारत की बौद्धिक परम्परा अविछिन्न है।

२५. *दशमग्रन्थ*।

२६. *हीरवारिसशाह*, ४४६।

उसका रूप ऐसा निखरा कि सारे शहर में उसकी चर्चा होने लगी –

> वरे बारहवें विच परवार सोहनी,
> जिवें चौदहवीं चन्द परवार बेली।
> सीना साफ सी दंद बलौर कोलो,
> होर सिफत न विच ख्याल आही।
>
> सोहनी नाम आहा सोहने नैंन उसके,
> सोहनी हंस ते मोर दी चाल आही
> सोहने दंद रुखसार अनार वांगु,
> सोहने मुखड़े ते सोहनी खाल आही।

दूसरी तरफ बल्ख बुखारे के एक अमीर सौदागर के घर एक लड़का हुआ। जिसको सब प्रकार की शिक्षा देकर दिल्ली के बादशाह के पास भेंट देने के लिए भेजा गया। दिल्ली से वापिस बल्ख जाते हुए, वह गुजरात शहर में रुका जहाँ उसने तुला की कला की प्रशंसा सुनकर दो प्याले मँगवाए। एक सेवक से सोहनी के रंगरूप की प्रशंसा सुनकर इ़ज्जत बेग तुला की दुकान पर गया, जहाँ उसे बर्तन दिखाने के लिए तुला ने सोहनी से कहा और इ़ज्जत बेग उसका नूर देखकर आने-बहाने कई घण्टों बर्तन देखता रहा फिर दो प्याले खरीदकर वापिस आ गया। उपरान्त वह हर दिन वहाँ जाने लगा – अधिक दाम दे, सोहनी से बर्तन खरीदता और सस्ते दाम बाजार में बेच देता। तब तक, जब तक उसकी सारी पूँजी खत्म नहीं हो गई। फिर वह तुले के पास नौकर बन गया। कई साल बीत गए। एक दिन उसने निर्मल हृदय ने सोहनी के आगे अपने दिल की बात कह दी। उसके त्याग का ज्ञान होने पर सोहनी के मन में भी उसके लिए प्रीति उदित हो गई।

उनका हद-पार होता प्यार इतना बढ़ा कि जग-जाहिर हो गया तथा महीवाल को नौकरी से निकाल दिया गया तथा सोहनी का निकाह किसी और के साथ कर दिया। पहली रात ही सोहनी ने अपने शौहर को थप्पड़ मार दिया।

महीवाल तड़पता रहा तथा कुछ समय बाद एक सहेली के द्वारा वे दोनों मिले। सोहनी ने उसे सलाह दी कि वह नदी पार डेरा डाल ले। पागलों की भाँति, वह हर दिन नदी पार करता, सोहनी के गाँव में घर-घर अलख जगाता, भिक्षा लेता तथा सांझ को भुनी हुई मछली लेकर सोहनी के पास जाता – दोनों खाते, रात बिताते तथा सुबह वह वापिस नदी पार चला जाता।

एक बार पूरा दिन भारी वर्षा होती रही। नदी तूफानी हो गई। मछली नहीं

मिली। अपना ही माँस काटकर भूनकर वह सोहनी के पास ले गया। खाते ही सोहनी ने थूक दिया और पूछा कि क्या खिला रहे हो। सच जानकर वह पसीज गई और कहा कि अब से वह नदी पार करके उसे मिलने आया करेगी। उसने नदी पार करने के लिए एक पक्का घड़ा नदी-किनारे छुपा दिया। उसके इस भेद का पता लग गया तथा ननद ने एक दिन उसकी जगह कच्चा घड़ा रख दिया। रात बहुत अंधेरी थी, डरावनी थी, झखड़ झूल रहा था, बादल गरज रहे थे, बिजली चमक रही थी पर सोहनी आगे बढ़ती गई, नदी किनारे घड़ा उठाया तथा नदी में कूद पड़ी। कच्चा घड़ा मिट्टी हो गया तथा सोहनी पानी में डूबने-उतरने, बहने लगी। मरने से पहले उसने प्रार्थना की, माँ-बाप का ध्यान किया तथा सहेलियों और महिवाल से क्षमा माँगी और उसकी आत्मा ने शरीर छोड़ दिया।

इस करुणामयी कथा में भी भक्ति-काव्य के अनन्य प्रेम तथा समर्पण भाव विद्यमान हैं। पंजाबी साहित्य में इसी प्रकार अन्य भी प्रसिद्ध किस्सा-काव्य हैं –

१. हीर-रांझा
२. ससि-पुणु
३. मिरज़ा-साहिबा
४. शिरी-फरहाद
५. पूरण-भगत

राधा-कृष्ण की प्रेम-गाथा का इस प्रकार अनेक मध्ययुगीन प्रेमाख्यानों पर प्रभाव पड़ा, जिनमें बहुत सी हिन्दू-मुस्लिम मिली-जुली सभ्यता में उत्पन्न हुई। भक्ति के परिवेश ने ईरान में पले सूफ़ीदर्शन और शायरी को आकर्षित किया। सूफ़ियों के इश्क का अर्थ आत्मपरिपूर्ण नहीं, आत्महनन है। यह अपने सर्वस्व का बलिदान है, जिससे वह ईश्वरीय स्थिति प्राप्त करना चाहता है। शेख़ फ़रीद रति-भक्ति के पहले पंजाबी शायर हैं। यह परम्परा शाह हुसैन (१५३८-६६) की शायरी में फली-फूली। भगवान् के नाम आत्मसमर्पण, मानव-जीवन की क्षणिकता की अनुभूति, विरह की भावना तथा पीड़ा – ये सब उनकी शायरी की पहचान है। इन सबके लिए उनको विश्व-स्तर पर एक महान् शायर समझना चाहिए।

तू ही ताना हौर तू ही बाना सब कुछ मेरा तू,
कहता हुसैन फ़कीर उनके बारे में : मैं कुछ नहीं, सब तू।

सालू का रंग फीका पड़ जाएगा
और जो वापस न लौटेंगे
मेरा सालू उनका है
कोई श्याम बृंदाबन का।
खुद पे घूमो, ऐ चरखा,
तुम्हारा जुलाहा दीर्घजीवी हो
तुम शाह हुसैन बूढ़े हो चुके हो
सुबह नींद से उठके
तुम उनकी खोज करना शुरू करते हो
जो कल साँझ को चले गए थे।
सर्वदा उनका नाम करो स्मरण
तो तुम रहोगे प्रशांत।
चक्र बोले "साईं, साईं"
सुतली बोले "तुम"।
कहत हुसैन फ़कीरा
ना मैं, सब कुछ तुम।

प्रेम को भक्ति के रूप में दिखाने की यह प्राचीन परम्परा आधुनिक समय तक चली आ रही है। अनुभूतियों की जो संरचना है, वह श्रृंगार और भक्ति दोनों के लिए समान है। श्रृंगार के मुख्य रस में ऐसी क्षमता है कि वह आठ रसों में हर किसी को जगा सकता है। जैसे, वीर-रस को, जब नायक अपने प्रेम के लिए बहुत हिम्मत के साथ काम कर सकता है। इस तरह सत्रहवीं सदी के "हीर-रांझा" पंजाबी किस्से में नायिका बाढ़ से उभर गई नदी को कच्चे घड़े के ऊपर बैठकर पार करती है। दुःख की अनुभूति से करुण-रस का उदय तब होता है, जब जवान राजपूत वर्षा में एक झरने को पार करते हुए डूब जाता है और मरते समय उसकी आँखों में तीव्र चाह स्पष्ट रूप में अंकित है। अद्भुत-रस तब सामने आता है, जब प्रेम-पात्र की सुन्दरता के वर्णन में अतिशयोक्ति स्पष्ट रूप से देखी जा सकती है। जैसे, होमर की *इलियड* में हेक्टर से किया जाने वाला हेलेन की सुन्दरता का गुणगान या फिर जायसी के *पद्मावत* में दर्पण के साथ पद्मिनी के वर्णन सुप्रसिद्ध हैं। हास्य-रस तब आ सकता है, जब प्रेमियों का मिलन होता है, जैसे *पृथ्वीराज-रासो* में होता है। श्रृंगार के भाव बहुत हैं। उनकी संरचना कई जुड़े पात्रों तथा परिस्थितियों की सहायता से की जाती है। वैष्णव सन्त भी प्रेम-योग में कई भावों को मान्यता देते हैं। उद्धव के निर्गुण दर्शन की व्याख्या करते हुए विरह से दुःखी ब्रज-बालिकाओं की पीड़ा की आग अचानक ऐसे जल उठती है कि

उनके जलकर मिट जाने के बाद मृत्यु भी उनकी खोज करते-करते उनको ढूँढ नहीं पाती।

> बिरह अगिन तन तापे अंग सबे अकुलाए
> घत सुन जिए पिव महाँ मौन ढूँढ फिरी जाए।

एक दूसरे सन्त कवि ने कहा –

> पी-पी कहते दिन गया, नहीं गई पिया ध्यान
> विरहिन के सहाजे सधि भक्ति जोग तब ज्ञान।

इस तरह, रति और भक्ति एक हो गए। भौतिकता और आध्यात्मिकता के बीच जो तनाव था, वह पूरी तरह मिट गया। आधुनिक काल में भी यह परम्परा जीवित है। हीर और रांझा के बीच सांसारिक प्यार को दैवीय माना जाता है, जबकि मीराबाई या शाह हुसैन जैसे दैवीय प्रेम में सांसारिकता के लक्षण हैं। भक्ति रति से ज़्यादा प्रबल हुई, मगर इन दोनों के मिलन से ही साहित्यिक परम्परा सम्पन्न और समृद्ध हो जाती है – चाहे शंकर का *भजगोविन्दम्* लिया जाए या बुल्ले शाह का *क़िता-ए-महर आली*। प्यार कथाओं में अक्सर जो करुण मिलता है, वह इसलिए है कि सांसारिक प्रेम और भक्ति के लिए समानता की खोज में निराशा उत्पन्न होती है। क्योंकि प्रेम-पात्र और प्रेम करने वाला समान नहीं है। ऐसे मानविक प्रेम के चित्रण में प्रेमियों में निराशा और शोक की भावना का होना स्वाभाविक है। आधुनिक साहित्य में एक शुद्ध भक्ति पर आधारित कहानी है। यह अंग्रेज़ी में लिखने वाली भारतीय लेखिका कमला दास की *पद्मावती* है –

> पद्मावती जो एक वेश्या है, प्रौढ़ औरत, बहुत देर के बाद भगवान् वेंकटेश्वर का दर्शन करने के लिए आई है। वह सोचती है –
>
> बहुत देर हो गई है, मुझे ज्यादा पहले आना चाहिए था लेकिन सच में मैं पहले आ नहीं सकती थी।
>
> उसने विकलांग माँ की बहुत सालों तक सेवा की थी। मगर मरते दम उसने पद्मावती से मुहँ मोड़ लिया। उसकी छोटी बहिन थी, जिसको उसने पाला, जिसका ब्याह उसने कराया, लेकिन बहिन कभी भी उसको देखने के लिए नहीं आई। उसका छोटा भाई भी है, जिसको उसने शिक्षा दिलवाई, अब वह इंजीनियर बन गया। लेकिन वह उससे कोई रिश्ता रखना नहीं चाहता।
>
> मुझमें कोई जलन नहीं है। आखिर, मुझ जैसी औरत से कौन सम्बन्ध रखना चाहेगा ? अगर भगवान् ने भी मेरे लिए दरवाजे न खोले तो कोई

आश्चर्य नहीं।

क्या करूं, अब तो रात का समय है, इससे पहले कि मन्दिर के द्वार बंद हो जाए, मैं पहाड़ी पर चढ़ जाऊँ।

सीढ़ियों के नीचे जवान लड़के उसको देखकर अश्लील ढंग से कहते – "तुम तो अभी तक जवान हो। अरे, यह फल तुम किसके लिए ले जा रही हो? हमें दे दो, हम ही खाएँगे, तुम भगवान् के लिए सिर्फ़ फूल ले जाओ।"

"नहीं, मेरे पास भगवान् को देने के लिए और कुछ भी नहीं है।"

जब तक वह मन्दिर पहुँची, दरवाजे बंद हो चुके थे, जिसका कि उसे भय था।

"मुझ जैसी को भगवान् दर्शन क्यों दें? ऐसा ही होना चाहिए।" और वह मन्दिर के दरवाजे के सामने फलों से भरी टोकरी को झुक कर रखने लगी। तत्क्षण मन्दिर के द्वार अपने आप खुल गए। झुकी हुई वह कमल-चरण देख रही है, फिर दो बाँहें उसको प्रेम से घेर रही हैं, और वह मन्दिर के अंदर है। वह सवेरे मन्दिर से बाहर आती है। उसके चेहरे पर एक अद्भुत श्रृंगार है, एक अलौकिक शान्ति ... वह सीढ़ियों से नीचे आती है, और तलहटी में वे ही लड़के उसको देखते हैं। उसकी ओर हाथ बढ़ाते हुए वे कह रहे हैं – "माँ, हमें प्रसाद दो !"

यही भक्ति है, यही रति है, यही रति-भक्ति है।

निष्कर्ष

यह भगवान् तथा भक्ति की भाषा आज के समय में विडम्बनात्मक है – यह भोग का युग है, भक्ति का नहीं। परन्तु यह देश भक्ति-परायण देश है और रहेगा। आज का अंग्रेज़ी पढ़ा-लिखा व तथाकथित बुद्धिजीवी समाज इस भाषा से अनभिज्ञ है। परन्तु इस देश के जन-मानस के लिए यह भाषा तथा यह शब्दावली आज भी सार्थक है। समकालीन शहरी/महानगरीय पश्चिमी प्रभाव में निर्मित भोग साहित्य के पढ़ने वाले गिने-चुने हैं – परन्तु लाखों लोग नित्य प्रतिदिन अनेक कथा-प्रवचनों को सुनते हैं और अपने को धन्य मानते हैं। पिछले कुछ वर्षों से इस देश को चरित्र के नाम पर, बदलने के अनेक प्रयास हुए हैं और उन प्रयासों का पूर्ण समर्थन दिशाहीन सरकारों ने किया है। परन्तु इस सनातन देश का चरित्र धर्म के लिए की गई कुर्बानियों से भरे हुए हज़ार साल के हिंसात्मक इतिहास के होते हुए भी नहीं बदला। आशा है कि इस देश पर भगवत्कृपा बनी रहेगी।

परिशिष्ट १

ब्रज के हिंडोल गांव में रिकॉर्डिड सख्य-भक्ति का एक लोक आख्यान

क : अब ये (नर) आये वे हैं, मेहमान हैं, बातें हम ० ० ० वैसेइ बोलना पड़राआ अभी-अभी न। और वैसे ० ० आप से हम करेंगे तो वह, राकेंगे अपनी ठाड़ी, ठाड़े पल्ला बरसेगो।

क : देखिये, भगवान् से मुक्ति ने पूछी "मुक्ति कहे गोपाल से मेरी मुक्ति बताए" तो मुक्ति कह रई है "ब्रज रज उड़ मस्तक लगे मुक्ति की मुक्ति है जाय ?" ब्रज की रज में इतना महत्व है कि मुक्ति को मुक्त करने वाली ब्रज की रज है।

ग : मुक्ति मतलब मोक्ष।

क : मोक्ष जिसे योगी ० है ...... "हमन भई ब्रज में प्रगट देवता लोग कर रइ हमन भई हमन भई बृज में प्रगट। यही रही मन भाए। नित प्रत निर्खत युगल छव। कर वृन्दावन वास" वृन्दावन का जो महत्व है "कतरा कतरा ओढ़ के सतरा रहिए सोए। मथुरा कबहू न छाड़िए सिरहाने पथरा होए", अगर इतना कष्ट हो तकिया लगाने को नई हो पत्थर रक्खा हो मथुरा की जमीन है ० नई छोड़ना चाहिए। ब्रजवासी, भगवान् ने कहा है ये, "ब्रजवासी बल्लभ सखा मेरे जीवन प्राण। इनके नेकन बिसरे हो नन्दबाबा की आन" नन्दबाबा की कसम धकि कृष्ण भगवान् कह गए थे कि ब्रजवासियों की ० ० ० क्यों उनके सखे टके छाछ-महेरी, दही, मक्खन, गारी देनी है अरे सारे तू कहाँ ये ब्रजवासिन के अन्दर ही प्रेम ए जयो एक भगवान् शक्ति इतनी के लिए कोई गारी दे सकता। कोई नई दे सकता। वह मानते के हम हमारा कृष्ण है, हम कृष्ण के ए कृष्ण हमारा भईया है ओ वा सब गारी दे लेते और बा पर लदियू लेते,

चढ़ियू लेते घोड़ा बना लेते (   ) हाँ जैसे हम आप (नर) खेले आप बाबू जी है बड़े है पढ़े लिखे में एक, छोटा किसान हूँ परन्तु हम आप जब खेलेंगे तो आपकी आप जब हार जाओगे तो घोड़ा बननो पड़ेगा मैं चढ़ जाऊँगा आपके ऊपर (ख ऐसे ही होता) ऐसे ही कृष्ण के लिए, ग्वाल बाल ब्रजवासी ते घोड़ा बना ले ० ए।

ग : कृष्ण लीला चोरी लीला ० प्रगट कर दे या में (क : ह) माखन चोर करनी ० ०।

क : अच्छा, ले।

ग : है, सब बात, मनसुख की भगवान् की चोरी की गोपियों को सबन मक्खन चोरी का ०।

क : गड़बड़ मामलों न बतावे कोई।

ग : है ठीक ठाक ०।

क : एक सखी ने ये प्रश्न कियो सखी तेरे हां तो कृष्ण रोज आवे हमारे या तो न आवे (० ० ०) वा ने कई सखी यो न आवे भगवान् कृष्ण यू नई आवे, तो कैसे आये देखो भक्ति करो प्रेम करो उनको ध्यान धरो कृष्ण तो भक्ति के बस है। वा ने कई भक्ति हम तो अभेइ न जान कैसी भक्ति हो। वा ने कई भक्ति देखो, भक्ति होते नौ प्रकार की, श्रमणम्, कीर्तनम् विषले सपर्णम् पावसेवनम् अर्चनम् ब्रदनम् दसि साख्य मातनिवेदतम्, दासभाव सखाभाव मित्रभाव और अर्चना बन्दना नौ प्रकार की भक्ति ए। तो सखि, या में भक्ति कौन सी बड़ी ए कीर्तन भक्ति, सखियों, न कई कीर्तन करो गुणानवाद गावो कीर्तन गुणानवाद गाना कीर्तन का नामो तो एक समे भगवान् से नारद जी ने पूछी के भगवान् तुम का बसे हो जो नारानारद भगवान् बोले कृष्ण ने अहम वसामी बैकुठ ..... तो वो सखी कह रइ हैं उनके लिये सखि के लिए है भगवान् ना जी न तो मैं बैकुठ में बसु नई योगी के हृदय में बसु में तो कई भगत के हृदय में बसता हूं जो मेरी भक्ति करता कीर्तन करता है मैं उसके हृदय में रहता हूँ, सखि वो सखि कीर्तन करो, कीर्तन करा तो भगवान् अपने आप ही आ जाएँगे वा ने कई कोरी कोरी मटकिन में दही जमाओ माखन मिली ओ भगवान् की प्रार्थना करो भगवान् तुम हम्हारे या ही आओ तो भगवान् भक्त वत्सल भगवान् तो सबकी हृदय के जाने वाले ० कि

नई सखि बुला रहे हैं हमें तो अब चलना चाहिए।

ग : कैसे ० ० गाय के के बताओ।

क : अच्छा ( ) बंसी वारे तू मेरी गली आ जा रे। तेरे बिन देखे मोए कल न परत है। टुक मुखड़ा दिखला जारे। कोरी-कोरी मटकी में दहि जमाया। या में ते भोग लगा जा रे।

गोपी कह रही है।

क : गोपी कह रई है (ग : ० ० ० ०) संग सखि (ब्रज) बाल कृष्ण ०। अंगना में नाच नचा जा रे वाने कई भगवान् हमारे या तुम जाओ और मार्ग अपने दर्शन देओ ओ या से भोग लगाओ थोड़ा थोड़ा जो नाचो कूदो तो भगवान् जान गए तो वो मन सुखा ० ० हाँ पहले वैसेइ गइ भगवान्, वाने कई बाई कोइ सखा है के नाग बिताया, बाने कई हा महाराज आओ महाराज बड़ी कृपा करी। आपने मोए दर्शन दिए। मैं तो भूख लगी है सखि ले यो महाराज माखन खाओ मिश्रि खाओ आराम से बैठो। वाने कई सखि, तेरो तो माखन है का जो खट्टोए (महाराज जैसी कुछ है तुम ले जाओ मो तो बई ऐसोइए) भगवान् ने कई (ललिता के आ चलो)। ललिता सखि के यहाँ गए। ० ० ० ० आओ आओ महाराज बड़ी कृपा करी आपने। वाने कई कैसे आए महाराज। अरी ललिता मुझे ए जो हमें तो माखन मिश्री मिल जाए ० हाँ महाराज माखन खाओ दूध पीओ तुम्हारो आपको ए। वा ने कई इसमें तो चेंटी मिल रई ऐ सखि वाने कई ये तो गड़बड़ ० (भगवान् की क्या इच्छा ० के राधिका जी के आ दर्शन करने जरूर जाए ये तो एक बहानो ० न उनको) हुक्का भी आ गया वो कएगे ब्रजवासी हुक्का पीवै।

परिशिष्ट २

Telugu Original Song by Kṣātrayya of Seventeenth Century CE

Transcribed, Transliterated, Annotated and Translated by Prof. Poranki Dakshinamurty

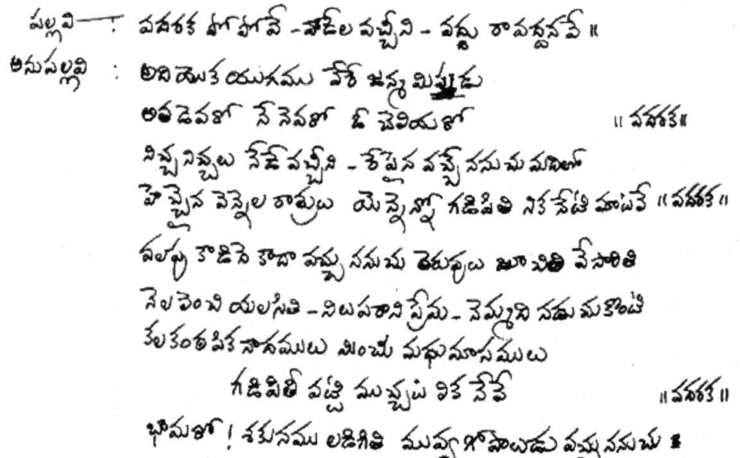

Pallavī : Vadarka popove-vāḍela vaccīni-vaddu rāvaddanavē ॥
Anupallavī: Adi yoka yugamu vere janma mipuḍu
Aka ḍevaro nenevaro o celiyaro ॥*Vādaraka* ॥
Nicca niccalu neḍe vaccīni-repaina
vacce nanucu madito

Heccaina vennela rātrulu yennenno gaḍipiti
nika neeṭi māṭale
Nelalenci yalasiti-niluparāni premanemmadi naḍucukonṭi
Kalakanṭha pikanādamulu mincu madhumāsamulu
gadipitī vaṭṭi muccaṭalika nele ॥*Vādaraka* ॥
Bhāmaro! śakunamu laḍigiti muvva gopāluḍu
vaccunanucu
Kāminci nāthula galayu celula jūci-karigi
cinta nonditi
Rāma! Rāma! yī menito nika vāni
Momu cūḍavalenā, modaṭi ponde cālu! ॥*Vādaraka* ॥

Word-meaning

Pallavī	:	a burden of the song
Anupallavī	:	that which follow(s) the burden of the song
vādaraka	:	without prattling
popove	:	go, get only
vāḍela vaccīni	:	How does He come?
vaddu	:	no, not necessary
Nāvaddanave	:	tell him not to come
adi oka yugamu	:	that was an era (yuga) by itself
vere janma-m-ipuḍu	:	this is a different life now
ataḍevaro nenevaro	:	we are [poles] apart; I have dissociated myself from Him
o celiyaro!	:	Oh, my [female] friend!
nicca niccalu	:	always, everyday
neḍe	:	today itself
vaccīni	:	[He] is about to come
repaina	:	or [at least] tomorrow
vaccenanucu	:	thinking that He would come [to me]
nadilo	:	in the mind [or heart]
heccaina	:	very many
vennela rākrulu	:	moonlit nights

ennenno	:	so many [of indefinite number]
gaḍipitin	:	have been spent by me
ika neṭi māṭale	:	What is the use of saying anymore words?
valapukāḍu	:	the Lover
ide vaccunanucu	:	thinking that he would arrive shortly [at any moment]
teruvulu jūciti	:	I looked towards the paths [of His arrival]
vesāriti	:	I was fatigued or troubled
nelalenci	:	having counted the (number of) months [since He had left me]
alasiti	:	became tired
niluparāni prema	:	uncontrollable love
nemmadi naḍucukonṭi	:	I conducted myself quietly
kalakanṭha pika nādamulu	:	melodious voices of the [Indian] cuckoo
mincu	:	abounding in
madhumāsamulu	:	months of the spring season
gaḍipiti+īvu	:	You (i.e., I, addressing one's own self) have spent
aṭṭi	:	that kind of, such
muccaṭalu+ikan+ela+e	:	Why should there be pleasant talks anymore?
bhāmarō!	:	o maiden!
śakunamulu+aḍigiti	:	I consulted fortune-tellers
muvva gopāluḍu vaccun+anucu	:	thinking that (my Lover) Gopala of Muvva [also known as Mavva or Movva, a village in Krishna district of Andhra Pradesh where a temple was dedicated to Lord Kṛṣṇa, centuries ago] would come to me
kāminci	:	having desired for

nāthula galayu	:	those who meet their lovers.
celula jūci	:	having seen my (female) friends
karigi	:	having lost my heart
cintanonditi	:	I felt grief
rāma! rāma!	:	May God (Rāma) forbid!
ī meniton	:	with this physical body
ika	:	still
vāni momu	:	his face
cūḍavalenā	:	Is it necessary [for me] to see?
modaṭi	:	the first
pond(u)+e	:	[the first] union [or meeting/ mating/experience/gain/ attainment] itself
cālu	:	is [or was] enough [for this life]

Explanation

Burden of the song — Don't Prattle. Get away! How does He come? Tell Him not to come [here].

Following lines — That was an era (*yuga*) by itself. It is a different life now. We have become [poles] apart (i.e. I have dissociated myself from Him), O, my friend!

I spent very many moonlit nights, hoping for His arrival everyday (always) or at least today. What is the ruse of saying anything more?

Thinking that the lover would step in soon, I was looking towards the paths [of His arrival] and became fatigued (or troubled). Having counted the [number of] months [since He had left me] I became very tired. [Of course] my love for Him was uncontrollable. But yet, I conducted myself quietly. You (i.e. I in addressing one's own self) spent the months of the spring season abounding in the mellifluous voices of the [Indian] cuckoo. Why should there be pleasant talks any more?

O Maiden! I consulted fortune-tellers hoping that (my Lover) Gopala would come to me. Having seen my (female) friends who meet their lovers, I lost my heart and felt grief.

May God (Rāma) forbid! Is it necessary for me yet, to see His face with this physical body (i.e. in this life)? The first union itself was [or is] enough [for this life].

The Author

The author of this song is kown as Kshetrayya, Kshetrajna or Muvva Varạdayya, who belonged to the Muvva of Divi taluk in Krishna district in Andhra Pradesh.

Kshetrayya is said to have composed about 4500 song (*sr̥ṅgāra kīrtana*s or *pada*s) of Madhura Bhakti. Out of them, not even 400 songs are found available.

He was invited to several courts of kings in his days. He composed 2000 songs on the King Tirumalendra of Madhura (Madurai in Tamil Nadu), 1000 songs on the King Vijayaraghava Nayaka of Tanjavaru (in the present Tamil Nadu) and 1500 songs on the Muslim ruler of Golkonda (in the present Andhra Pradesh). He also visited the court of the King Raghunatha Nayaka of Tanjavaru and the court of Tupākula Venkata Krishnappa Nayaka of CENJI (Tamil Nadu) where he was greatly honoured.

During his tours, he visited several temples, worshipped the presiding deities and composed songs on them. But the interesting feature was that he could see only his personal God, Gopala of Muvva, in all the deities wherever he worshipped.

Some of his songs have been very popular because of their use in dance performances in temples and other places.

सन्दर्भ ग्रन्थ-सूची

१. बौद्धिक स्रोत

अग्निपुराण

अध्यात्म रामायण

अभिधम्म पिटक

अभिनवभारती, अभिनवगुप्त

अमरकोश, अमरसिंह

अमरुकशतक, शंकराचार्य

अहिर्बुध्न्य संहिता

अष्टाध्यायी, *पाणिनि*

उत्तररामचरित, भवभूति

ऋग्वेद

ऐतरेय ब्राह्मण

कठोपनिषद्

कादम्बरी, बाणभट्ट

कामसूत्र, वात्स्यायन

काव्यप्रकाश, मम्मट

काव्यालंकार, रुद्रट

काव्यादर्श

कुमारसम्भव, कालिदास

कथासरित्सागर, सोमदेव

काव्यमीमांसा, राजशेखर

काव्यानुशासन, हेमचन्द्र

काव्यालंकार, भामह

काव्यालंकारसूत्र, वामन

किरातार्जुनीय, भारवि

कुट्टनीमत, दामोदरगुप्त

क्रैटीलस, प्लेटो

गाथासप्तशती, हाल

गाथासप्तसाई, हाल

गीतगोविन्द, जयदेव

चरक संहिता

जैमिनीय ब्राह्मण

छान्दोग्योपनिषद्

डायलॉग, प्लेटो

ताण्डव ब्राह्मण

तैत्तिरीयोपनिषद्

दशकुमारचरित, दण्डी

दशरूपक, धनञ्जय

ध्वन्यालोक, आनन्दवर्द्धन

न्यायमंजरी, जयन्तभट्ट

न्यायसूत्रभाष्य, वात्स्यायन

नाट्यशास्त्र, भरतमुनि

नारदपुराण

नारदभक्तिसूत्र

निरुक्त, यास्क

नीतिशतक, भर्तृहरि

नैषधीयचरित, श्रीहर्ष

प्रतिमा (नाटक), भास

प्रबोध सुधाकर, आचार्य शंकर

पृथ्वीराज रासो, चन्दबरदाई

पंचतन्त्र, विष्णु शर्मा

पद्‌मपुराण

पद्‌मावत्, जायसी

पोयटिक्स, अरस्तू

बृहत्कथामंजरी, गुणाढ्‌य

बृहद्देवता

ब्रह्माण्डपुराण

बुद्धचरित, अश्वघोष

बौद्धजातक

भजगोविन्दम्, शंकराचार्य

भक्त नामावली, ध्रुवदास

भक्तमाला, नाभादास

भक्तिरसामृतसिन्धु, रूपगोस्वामी

भविष्यपुराण

भागवतपुराण

मृच्छकटिक, शूद्रक

मनुस्मृति

महाभारत, वेदव्यास

महाभाष्य, पतंजलि

मार्कण्डेयपुराण

मुण्डकोपनिषद्

मेघदूत, कालिदास

यजुर्वेद

याज्ञवल्क्य स्मृति

योगवासिष्ठ, वाल्मीकि

रघुवंश, कालिदास

रसगंगाधर, जगन्नाथ

रामचरितमानस, तुलसीदास

रामायण, वाल्मीकि

वक्रोक्तिजीवित, कुन्तक

वाक्यपदीय, भर्तृहरि

वायुपुराण

विनय पिटक

विवेकचूड़ामणि, शंकराचार्य

विष्णुपुराण

विष्णुसहस्रनाम स्तोत्र

विसुद्धमग्ग

वेदान्तश्लोकी, निम्बार्कमुनीन्द्र

वैराग्यशतक, भर्तृहरि

वैष्णवमताब्ज-भास्कर, स्वामी रामानंद

श्वेताश्वतरोपनिषद्

शतपथ ब्राह्मण

शिशुपालवध, माघ

साहित्यदर्पण, विश्वनाथ

सुत्त पिटक

सौन्दरानन्द, अश्वघोष

हितोपदेश

श्रीमद्भगवद्गीता

शृंगारप्रकाश, भोज

शृंगारशतक, भर्तृहरि

२. संस्कृत वाङ्मय के कुछ उल्लेखनीय कथासंग्रह एवं चम्पू

अन्तरकथासंग्रह : या *विनोदकथा संग्रह*। राजशेखर। एक सौ कथाओं का संग्रह।

उपस्थितिभवप्रपंच कथा : सिद्धर्षि। ई. दसवीं शती।

कथामहोदधि : सोमचन्द्र।

कथार्णव : पद्ममन्दिर गणि। ई. सोलहवीं शती। श्लोक ७५६०।

कथारत्नाकर : (या *कथारत्नसागर*) : नरचन्द्र सूरि। ई. तेरहवीं शती।

कथारत्नाकर : हैमविजयमणि। २५६ कथाओं का संग्रह।

कथासरित्सागर : सोमदेव। *बृहत्कथा* का संस्कृत रूपान्तर।

कालकाचार्यकथा : इस नाम के ग्रन्थ, महेन्द्र, प्रभाचन्द्र, विनयचंद्र, शुभशीलगणि, जिनचंद्र आदि अनेक जैन विद्वानों ने लिखे हैं।

तन्त्रोपाख्यान : वसुभाग।

पंचतन्त्र : विष्णुशर्मा। इसके पाँच तन्त्र नामक प्रकरणों में ८७ कथाओं का संग्रह है। साथ में प्राचीन ग्रन्थों के नीति पर सुभाषित अनेक श्लोक उद्धृत किए गए हैं।

पंचाख्यानक : पूर्णभद्र सूरि। *पंचतन्त्र* का संशोधित संस्करण।

प्रबन्धकोष (चतुर्विंशति प्रबन्ध) : राजशेखर। ई. चौदहवीं शती।

प्रबन्धचिन्तामणि : मेरुतुंगाचार्य। ई. चौदहवीं शती।

प्रबोधचिन्तामणि : जयशेखरसूरि। ई. पन्द्रहवीं शती।

बृहत्कथाकोश : हरिषेणाचार्य। १५७ कथाओं का संग्रह। ई. दसवीं शती।

बृहत्कथामंजरी : क्षेमेन्द्र। गुणाढ्य की *बृहत्कथा* (मूल-पैशाली भाषीय ग्रन्थ) का संस्कृत संस्करण।

विविधतीर्थकल्प : जिनप्रभसूरि।

वेतालपंचविंशति : १. शिवदास, २. जम्भलदत्त।

शुकसप्तति : चिन्तामणि भट्ट (ई. बारहवीं शती के पूर्व) *शुकद्वासप्ततिका* (या *रसमंजरी*) सत्यसुन्दरसूरि। ई. सत्रहवीं शती।

सिंहासन-द्वात्रिंशिका : क्षेमशंकर मुनि।

हितोपदेश : नारायण तथा उनके आश्रयदाता राता धवलचन्द्र। इसमें मित्रलाभ सुहृद्भेद, विग्रह और सन्धि नामक चार भागों में *पंचतन्त्र* की कथाएँ समाविष्ट की हैं। इसमें ६७६ नीतिविषयक पद्य हैं जो *महाभारत, चाणक्य नीतिशास्त्र* आदि ग्रन्थों से संग्रहीत किए गए हैं।

भोजप्रबन्ध : बल्लालसेन। ई. सोलहवीं शती।

मदनपराजय : नागदेव। ई. १४वीं शती।

उत्तमचरित्र कथानक

चम्पकश्रेष्ठिकथानक : जिनकीर्तिसूरि। ई. पन्द्रहवीं शती।

पालगोपाल कथानक

आनन्दकन्दचम्पू : ले. मित्रमिश्र (ई. सत्रहवीं शती)। वीरमित्रोदय नामक धर्मशास्त्र विषयक प्रसिद्ध प्रबन्ध के लेखक।

आनन्दवृन्दावनचम्पू : ले. कविकर्णपूर (ई. सोलहवीं शती)।

उपदेशप्रासाद : विजयलक्ष्मी। गुरु विजयसौभाम्य सूरि। ई. उन्नीसवीं शती। सूरत में स्वर्गवास हुआ। इस प्रबन्ध में कुल मिलाकर ३४८ कथाएँ दी गई हैं।

नलचम्पू : ले. त्रिविक्रम भट्ट (ई. दसवीं शती)।

उपदेशमाला प्रकरण : धर्मदास गणि। इसमें ५४२ गाथाओं में दृष्टान्त स्वरूप ३१० कथानकों का संग्रह है।

कथाकोश : अज्ञात।

कथानककोष (कथाकोश) : जिनेश्वर सूरि। ई. सोलहवीं शती। शुभशीलगणि ने प्रभावकथा, पुण्यधननृपकथा, पुण्यसारकथा, शुकराजकथा, जावडकथा आदि अनेक प्रबन्ध लिखे हैं।

कथारत्नाकर : हेमविजय। ई. पन्द्रहवीं शती। इसमें २५८ कथाएँ हैं।

कथासमाप्त : जिनभद्र मुनि। ई. तेरहवीं शती।

गोपालचम्पू : ले. जीव गोस्वामी (ई. सत्रहवीं शती)।

जीवन्धरचम्पू : ले. हरिश्चन्द (ई. दसवीं शती)। *उत्तरपुराण* की कथा पर आधारित।

दानप्रकाश : कनककुशलगणि। ई. सत्रहवीं शती। ८ प्रकाशों में विविध प्रकार के दानों की कथाएँ संग्रहीत हैं। प्रस्तुत लेखक ने शुक्ल पंचमी कथा,

सुरप्रियमुनिकथा, रोहिण्यशोकचन्द्रनृपकथा, अक्षयतृतीया कथा, मृगसुन्दरी कथा इत्यादि कथा प्रबन्ध लिखे हैं।

धर्मकल्पद्रुम : उदयधर्म। ई. पन्द्रहवीं शती के बाद। श्लोक ४८१४। ९ पल्लवों में विभक्त।

धर्मोपदेशमालाविवरण : जयसिंह सूरि। ई. दसवीं सदी। इसमें १५६ कथाएँ समाविष्ट हैं।

***धर्माभ्युदय* (या *संघपतिचरित्र*)** : उदयप्रभसूरि। सर्ग १५, श्लोक ५२००।

नृसिंहचम्पू : ले. सूर्यकवि (ई. सोलहवीं शती)। लीलावती (गणितग्रन्थ) के एक टीकाकार।

नीलकण्ठविजयचम्पू : ले. नीलकण्ठ दीक्षित (ई. सत्रहवीं शती)।

पंचशतीप्रबोधसम्बन्ध : शुभशीलगणि। ई. पन्द्रहवीं शती। ५०० से अधिक कथाओं का संग्रह।

पंचशतीप्रबोधसम्बन्ध : शुभशील गणि। ई. सोलहवीं शती। इस कथाकोश में ४ अधिकारों में ऐतिहासिक धार्मिक एवं लौकिक विषयों से सम्बन्धित ६२५ कथाओं का संग्रह हुआ है।

पुण्याश्रय-कथाकोष : रामचन्द्र मुमुक्षु। ई. बारहवीं शती। इसमें कुल मिलाकर ५६ कथाएँ हैं, जो रविषेणकृत *पद्मपुराण,* जिनसेनकृत *हरिवंशपुराण,* हरिषेणकृत *बृहत्कथाकोश* और गुणभद्रकृत *महापुराण* से ली गई हैं।

परिजातहरणचम्पू : ले. श्रीकृष्णशेष। प्रसिद्ध वैयाकरण। ई. सोलहवीं शती।

भागवतचम्पू : ले. अभिनव कालिदास (ई. ग्यारहवीं शती)। विषय — कृष्णकथा।

भारतचम्पू : ले. अनन्तभट्ट (ई. पन्द्रहवीं शती)।

मदालसाचम्पू : ले. त्रिविक्रम भट्ट (ई. दसवीं शती)। *मार्कण्डेय पुराण* की कथा पर आधारित।

यशस्तिलकचम्पू : ले. सोमदेवसूरि (ई. दसवीं शती)। गुणभद्र कृत *उत्तरपुराण* की कथा पर आधारित।

राजचूड़ामणि दीक्षित : (ई. दसवीं शती)। घनश्याम कवि आदि लेखकों ने पूर्ण किया।

रामायणचम्पू : ले. भोजराज (ई. ग्यारहवीं शती)। इस चम्पू का किष्किन्धा काण्ड के आगे का युद्धकाण्ड तक भाग लक्ष्मणसूरि।

वरदाम्बिकापरिणयचम्पू : लेखिका तिरुमलाम्बा। विजयनगर के अधिपति अच्युतराय की पटरानी। ई. सोलहवीं शती। विषय – अच्युतराय और वरदाम्बिका का विवाह।

सम्यक्त्वकौमुदी : अज्ञात।

३. समकालीन ग्रन्थ

अरविन्द, *भारत का पुनर्जन्म,* १६०५, १६३२।

उपाध्याय, बलदेव, *भारतीय दर्शन,* वाराणसीः शारदा प्रकाशन, १६६७।

कल्याण विशेषांक, ५५वाँ वर्ष, गोरखपुरः गीता प्रेस।

कल्याण भगवत्प्रेम अंक, ७७वां वर्ष।

गुप्त, मैथिलीशरण, *साकेत*।

गुमटाल, चरनचीत सिंह, *किस्सा मिरज़ा साहिबा,* अमृतसर, २००५।

निराला, *राम की शक्ति पूजा : अनामिका,* इलाहाबादः भारतीय भण्डार, १६६६।

पाण्डेय, गोविन्द चन्द्र, *महिलाएँ,* इलाहाबादः राका प्रकाशन, २००२।

पुराण कथांक, कल्याण, विशेषांक, ६३वाँ वर्ष, गोरखपुरः गीता प्रेस।

भारती, धर्मवीर, *कनुप्रिया*।

भगवत्प्रेम का स्वरूप और महत्त्व, कल्याण विशेषांक, गोरखपुरः गीता प्रेस, २००३।

भजन संग्रह, गीता प्रेस, गोरखपुर २००७।

शर्मा, गिरिधर, *पुराणों का क्रम और सृष्टि विद्या का निरूपण,* कल्याण विशेषांक, वर्ष ६३, गोरखपुरः गीता प्रेस, संवत् २०६४।

साघाल, नलिनि, *संस्कृत साहित्य में कथा,* संस्कृत अकादमी, उस्मानिया यूनिवर्सिटी, हैदराबाद, १६८६।

संस्कृत वाङ्मय कोश, गौरीनाथ शास्त्री।

४. अंग्रेज़ी एवं कुछ अन्य पाश्चात्य स्रोत

Chekhov, *Grief* (story).

Coomaraswamy, Anand K., *Dance of Shiva,* Delhi: Munshiram

Manoharlal, 1991 (3rd edn.).

Dickens, Charles, *A Tale of Two Cities*.

Embree, Ainslie T., *Sources of Indian Tradition*, vol. 2, London: Penguin Books, 1998.

Evam : Forum on Indian Representation, vol. 3.

Gerow, E., *Glossary of Indian Figures of Speech*, The Hague: Mouton, 1971.

Gopala lyengar, V., *A Concise History of Sanskrit Literature*.

Horace, *Art of Poetry*.

Kapoor, Kapil, 2005 *Text and Interpretation in the Indian Tradition*, New Delhi: D.K. Printworld.

Kapoor, Kapil, Loss, Recovery and Renewal to Texts in Indian Tradition, in *Evam: Forum on Indian Representation*.

Kumarappa, Bharatan, *The Hindu Conception of Deity: As Culminating in Rāmāyaṇa* London, 1934.

Miller, Barbara Stoller (trs.), *Bhartrihari Poems*, New York: Columbia University Press, 1967.

Mòller, Max, What India can Teach us? Delhi: Motilal Banarsidass.

Plath, Silvia, *Daddy* (Poem).

Rajan, Chandra (tr.), *The Complete Works of Kalidas*, vol. 1 (*Poems*); Delhi: Sahitya Akademi, 1997.

Sedney, *Apology for Poetry*.

Shastri, Gaurinath, *History of Classical Sanskrit Literature*, Delhi: Motilal Banarsidass, 1987.

Shukla, Vagish, *Hindi Language Discourse Writing*, vol. II.

Sri Aurobando, *India's Rebirth* (भारत का पुनर्जन्म).

Varadhachari, V., 1952, *A History of Sanskrit Literature*, Allahabad: Ram Narain Lal.

Warder, A.K., 1974, *Indian Kavya Literature*, vol. 1.

Wordsworth, *Lyrical Ballads*, Preface.

शब्दानुक्रमणिका